刑法理性与解释论

魏 东 著

中国社会科学出版社

图书在版编目（CIP）数据

刑法理性与解释论／魏东著 . —北京：中国社会科学出版社，2015.8

ISBN 978-7-5161-6143-2

Ⅰ.①刑… Ⅱ.①魏… Ⅲ.①刑法—法律解释—研究—中国 Ⅳ.①D924.05

中国版本图书馆 CIP 数据核字（2015）第 107013 号

出 版 人	赵剑英
责任编辑	孔继萍
责任校对	郝阳洋
责任印制	何　艳

出　　版	中国社会科学出版社
社　　址	北京鼓楼西大街甲 158 号
邮　　编	100720
网　　址	http://www.csspw.cn
发 行 部	010-84083685
门 市 部	010-84029450
经　　销	新华书店及其他书店

印刷装订	北京市兴怀印刷厂
版　　次	2015 年 8 月第 1 版
印　　次	2015 年 8 月第 1 次印刷

开　　本	710×1000　1/16
印　　张	21.5
插　　页	2
字　　数	364 千字
定　　价	82.00 元

凡购买中国社会科学出版社图书，如有质量问题请与本社联系调换
电话：010-84083683
版权所有　侵权必究

献 礼
父亲八十大寿　母亲七十大寿

祝 愿
父母双亲寿比南山幸福安康

目 录

前言 …………………………………………………………… (1)
第一章 我国当下刑法解释论之争再检讨 ………………… (1)
第二章 刑法解释的保守性命题 …………………………… (21)
第三章 立法原意对刑法解释的意义 ……………………… (50)
第四章 刑法研究方法检讨 ………………………………… (63)
第五章 风险刑法理论检讨 ………………………………… (91)
第六章 和谐社会的刑事法治理性 ………………………… (137)
第七章 社会危害性理论与实质刑法观的
       关联关系与风险防范 ……………………………… (148)
第八章 我国传统犯罪构成理论的实质与逻辑 …………… (159)
第九章 行为犯原理的新诠释 ……………………………… (171)
第十章 我国不纯正不作为犯之作为义务根据的完善 …… (185)
第十一章 法条竞合之特别关系的具体类型与界定方法 … (224)
第十二章 我国共犯论的知识性考察 ……………………… (239)
第十三章 教唆犯根据论的立体诠释 ……………………… (274)
第十四章 特别防卫权的规范解释与滥用责任 …………… (289)
第十五章 刑法修正案观察与检讨 ………………………… (305)
第十六章 首例"男男强奸案"的刑法解释论分析 ………… (317)
致谢 …………………………………………………………… (332)

前　言

刑法解释是近年来学界最为关注的刑法问题之一。从刑法实践看，许多具有重要影响力案件的司法审判，如许霆在 ATM 机上恶意取款案件、吴英非法集资案件以及重庆打黑活动等司法审判，归根结底就是刑法解释问题，由此可见刑法解释的实践重要性。不止中国当下如此，应当说古今中外概莫能外，人类社会的刑法实践，在本质上就是人类社会解释适用刑法的过程。有学者指出，古代"在法的起源初期，法主要是通过解释得以呈现的。当时法律活动的最初垄断者——牧师、祭司、僧侣、占卜官等，在一定意义上也是最初的立法者与阐释者"。那个时候，"法律被视为神意……法并非'制定'的产物，而毋宁是经解释而得以呈现。法律解释亦无固定确定的'文本'"[①]。其法理根据正在于，法律解释是法律实践的重要内容，文本的法律条文一般认为只是某种意义上的"死法"，徒法不能自行，只有司法中的、解释中的法律才是"真实的法"。正是因应法律解释的实践重要性，法律解释的理论重要性得以凸显。古代中国的"律学"比较盛行，这是一种本源意义上的刑法解释学，尽管学术界对此问题的研究结论尚有较大争议。就西方而言，有学者认为："一部西方法学史，就是一部法律解释史。"[②] 从理论研究的现象学观察可以发现，刑法解释的理论重要性表现在其已经成为西方法学的显学，并且已逐渐成为中国法学的显学。就法理学而言，西方沿袭古希腊、古罗马时期以及中世纪的法律解释文化传统，经由近代法律解释的方法论传统、现代法律解释思想，形成了当下内容丰富多彩的当代法律解释理论，如当下本体论意义上的法律解释理论，法概念的诠释转向和本体回归理论，从司法三段论到

[①] 陈金钊、焦宝乾等：《法律解释学》，中国政法大学出版社 2006 年版，第 54—55 页。

[②] 同上书，第 54 页。

法律论证理论、兼顾法律解释本体论与方法论的法律解释论返璞归真思潮，等等。这方面，从大家耳熟能详的一些法学大家就能感受到，如德国的考夫曼、拉伦茨、茨威格特、哈贝马斯、伽达默尔、魏德士、阿列克西、耶赛克，英国的梅因、哈特、霍布斯、哈耶克，美国的梅利曼、伯尔曼、庞德、博登海默、波斯纳、德沃金、卡多佐，以及其他国家的一些大师级法学家，如福柯（法国）、达维德（法国）、凯尔森（奥地利）等，他们的法解释学论著被大量翻译引进国内。就刑法学而言，现在西方国家主要是发展了一种刑法解释学、刑法教义学的精深学问。[1] 就中国而言，现在中国法律学界比较一致的看法是：中国特色社会主义法律体系基本形成之后，法律解释与适用才是最重要的任务！法律解释学逐渐成为法学主导，昌盛发达。有学者称："当前，中国法学正迎来学者所谓'方法论觉醒'的时代。[2]"一大批法学教授和专家人员专攻法律解释学、法律方法论，比较知名的法律解释学者如谢晖、陈金钊、焦宝乾、桑本谦、杨仁寿、葛洪义、范进学以及最高人民法院法官孔祥俊，民法学界梁慧星、王利明、徐国栋，诉讼法学界陈瑞华、万毅，刑法学界赵秉志、张明楷、陈兴良等。许多高等院校还专门开设了法理学法学方法论、部门法学方法论的课程。正是在这种大背景下，刑法解释学、刑法教义学逐渐成为中国刑法学主导。[3] 现在四川大学法学院的部分老师也开始关注法解释学问题，这是一个十分可喜的现象。刑法解释学实际上是很前卫的，是解释哲学、规范哲学与实践哲学的有机统一体，里面大有学问。几乎所有前卫的哲学思潮、法理学理论、刑法理论都深刻影响着刑法解释学，如法哲学与法神学、哲学诠释学与规范教义学、法政治学与法社会学、概念法学与实证法学、刑事政策学与犯罪学、立法学与司法学，以及刑法学之下的刑法基本原则原理、犯罪论原理、刑罚论原理、风险刑法观、敌人刑法观、行为无价值论与结果无价值论、客观归责论与主观归责论，等等。张明楷教授较

---

[1] 参见［德］沃尔福冈·弗里希《法教义学对法发展的意义》，赵书鸿译，载《比较法研究》2012年第1期；周详《教义刑法学的概念与价值》，载《环球法律评论》2011年第6期；雷磊《法教义学的基本立场》，载《中外法学》2015年第1期。

[2] 陈金钊、焦宝乾等：《法律解释学》，中国政法大学出版社2006年版，第54页。

[3] 参见陈兴良《教义刑法学》，中国人民大学出版社2010年版，序言第1页；周详《教义刑法学的概念与价值》，载《环球法律评论》2011年第6期；冯军《刑法教义学的立场和方法》，载《中外法学》2014年第1期；张明楷《也论刑法教义学的立场》，载《中外法学》2014年第2期。

早地关注并深入展开刑法解释学研究，他强调刑法解释学不是低层次的法律注释，而是兼容了刑法哲学、规范哲学、解释哲学和刑法实证的一门高深学问，应当认识到刑法解释学代表了中国刑法学发展方向，其个人专著《刑法学》被称为是当今刑法解释学的杰出典范，其另一本个人专著《刑法分则的解释原理》也深受法律界同仁的热烈追捧，一版再版，以至于有人惊呼："张明楷时代到来了！"这是有其内在必然性的，"张明楷现象"能很好地诠释刑法解释学的理论价值和实践的重要性。

刑法解释作为本书的核心论题，正是基于刑法解释是近年来学界最为关注的刑法问题之一这样一种判断所作出的选题。笔者对刑法解释的关注和研究，是近十年来作出的一种学术转型，此间形成的学术研究成果尽管尚不十分系统，但是有了一定量的积累并且大致形成了一些初步见解，公开发表了十余篇相关学术论文，出版了《中国当下刑法解释论问题研究——以论证刑法解释的保守性为中心》《刑法观与解释论立场》《刑法解释论丛》（第一卷）和《保守的实质刑法观与现代刑事政策立场》等专著，其中提出了"刑法解释的保守性"命题，对中国当下刑法解释论问题进行了全方位思考和检讨。在刑法解释论问题的思考和检讨过程中，笔者并不局限于学界已有的研究结论，而是本着学术独立性和原创性的治学立场，对学界的既有学术成果进行批判性反思，并力求得出某种更具新意和合理性的理论见解，此种学术努力可以在本书中若干篇目的论述里找到，也成为本书一个较为明显的特点。除了提出刑法解释的保守性命题之外，笔者在刑法解释论研究中还体会到，就解释论刑法解释可能并不周全，甚至难以获得刑法解释结论的正当性，许多刑法解释论问题的理论研究恰恰具有某种"功夫在诗外"的特点，这种学术特点不仅表现在刑法解释论必须借助法理学意义上的法解释学原理，当然包括法解释学通常必须内含研究的哲学解释学、语言哲学（语用哲学）、人类文化学等理论智识，还表现在通常被刑法解释论视为与其并列的其他刑法学原理（其在本原意义上是整理刑法论的主体内容），如罪刑关系论、犯罪构成论（狭义犯罪论）、共同犯罪论、罪数论（与竞合论）、刑罚论以及刑事政策论等理论智识。尤其是后者，刑法解释论者有时会在不经意间将其"贬斥"为刑法解释论的附庸，甚至在某些特定场合罔顾整体刑法论主体内容的逻辑自洽性而对刑法规范作出某种"出格而新奇"的解释结论，形成某种"公说公有理，婆说婆有理"的学术格局。比如，宏观的刑法立法论、罪刑法定原则与现代刑事政策原理所宣扬的"自由最大化、秩序的必要性和最低限度化"等价值权衡原理，微观的不作为犯之特定作为义务根据论、共犯论、法条竞合论等规范法学原理，在某些特定法条和某些特定个案的刑法客观解释、实质解释之中被公然逾越悖逆，沦为某种奇葩解释结论的牺牲品，相应地，特定个案中的行为人也就"被解释"为罪犯并通过刑法解释论成为法治祭品。这方面的典型事例并非偶然或者极为罕见，由此引发的刑法解释论问题尤其值得关注和反思：刑法解释论必须关照和回应整体刑法论原理的全部内容，刑法解释论不能影响或者忽视整体刑法论原理的一体化研究，唯有如此，方能有效杜绝刑法解释论的"任性"！中国学者邓正来、苏力、陈瑞华等对法条主义、法教义学、刑法教义学表达了某种理论质疑和学术担忧，[①] 其中内含了这种学术反思。德国学者沃尔福冈·弗里希更是深刻指出："实定刑法中的许多概念如果仅靠解释的方法也是不可能弄明白的。因此不能幼稚地相信靠着解释就能够回答如下问题：结果犯中行为和结果间必然联系的问题、确定未必故意的合理界限问题、正确区分正犯与共犯的问题，以及在不真正不作为犯中，作为不参与特定流程的保证人在其提供担保后因为不作为的行为等值性而受刑罚处罚的问题。对于这些问题，靠着传统的解释方法是根本不可能作出回答的。在这种情况下，唯一可能起推动作用的就是那些相对复杂一些的理论和理论模式的发展。这种理论和理论模式为现实中出现的具体问题，以及在解决这些问题中应当考虑的具有现实意义的法的价值和原则，它们能够提供一个充满理性，公正以及实用的答案。[②]"按照笔者理解，沃尔福冈·弗里希此处所强调的问题是，刑法解释论并非全知全能地解决刑法适用中的一切问题，刑法解释论不能替代、更不能忽略整体刑法论原理的一体化研究，否则，刑法解释论不但在刑法理论研究中形成阻滞，更无法合理解决刑法适用问题。因此，本书在刑法解释理性检讨之中安排了较多篇幅对整体刑法论原理中的部分内容展开研讨，诸如刑法研究方法、风险刑法理论、犯罪构成论、行为犯原理、不作为犯论、共犯论、防卫过当论、法

---

① 参见邓正来《中国法学向何处去——建构"中国法律理想图景"时代的论纲》，商务印书馆2006年版，第65页；苏力《法条主义、民意与难办案件》，载《中外法学》2009年第1期；陈瑞华《刑事诉讼的中国模式》，法律出版社2008年版，代序言第4页。

② [德] 沃尔福冈·弗里希：《法教义学对法发展的意义》，赵书鸿译，载《比较法研究》2012年第1期。

条竞合论以及刑法修正理论等,其与刑法解释论理性检讨的关联性以及其重要理论价值也就不言自明。

魏东

2015 年 3 月 11 日

于四川大学法学院办公室

第一章

我国当下刑法解释论之争再检讨[*]

中国当下刑法解释论学术之争尽管广泛而深刻，关涉刑法解释的价值、立场与方法等诸方面内容，但是其中最主要的也是最受关注的学术争论是刑法的主观解释与客观解释之争、形式解释与实质解释之争。针对这一状况，笔者近年来提出并初步论证了"刑法解释的保守性"命题，主张在入罪解释场合下，为侧重贯彻刑法人权保障价值，应以刑法主观解释和刑法形式解释为原则（即主张坚守刚性化、形式化的入罪底线的原则立场），同时为适当照顾刑法秩序维护价值，仅应谨慎地准许例外的、个别的且可以限定数量的刑法客观解释与刑法实质解释对被告人入罪（即入罪解释的例外方法）；在出罪解释场合下，为侧重贯彻刑法人权保障价值，应主张准许有利于被告人出罪的刑法客观解释与刑法实质解释这样一种常态化刑法解释立场，不得以刑法主观解释与刑法形式解释反对有利于被告人出罪的刑法客观解释与刑法实质解释；在刑法（立法）漏洞客观存在的场合，应在坚持刑法漏洞由立法填补的原则下，准许有利于被告人出罪的刑法解释填补，反对入罪的刑法解释填补（即司法填补）。[①] 应当说，刑法解释的保守性命题在学界引起了一定关注。有的学者比较认同，[②] 有的学者则在部分认同的基础上提出了较多质疑，其中尤以陈兴良

---

[*] 本章系笔者所承担的 2012 年度国家社科基金项目重点课题《刑法解释原理与实证问题研究》的阶段性成果之一（课题批准号：12AFX009）。

[①] 参见下列论著：魏东：《论社会危害性理论与实质刑法观的关联关系与风险防范》，载《现代法学》2010 年第 6 期；魏东：《保守的实质刑法观与现代刑事政策立场》，中国民主法制出版社 2011 年版，第 8—10、17—30 页；魏东主编：《中国当下刑法解释论问题研究——以论证刑法解释的保守性为中心》，法律出版社 2014 年版，第 125—130 页。

[②] 参见王蕾、王德政《形式与实质的艰难权衡——评魏东教授〈保守的实质刑法观与现代刑事政策立场〉》，载《中外企业家》2013 年第 2 期。

教授和劳东燕教授批评"刑法解释的保守性"命题在基本立场上难以区别于刑法的形式解释论，并且是"以对形式解释论的误解为前提的"的观点具有一定代表性。①

那么，刑法的形式解释与实质解释之争、主观解释与客观解释之争和刑法解释的保守性命题之间有着怎样的勾连关系？进而，刑法解释的保守性命题有无充分的法理基础与学术价值？对于这些重大理论问题，本章在此前已作出初步回应的基础上，②再作深入检讨。

一　主要争点

观察了解学界关于刑法的主观解释与客观解释之争、形式解释与实质解释之争的主要争点，剖析刑法解释学术之争的内核与困境，是深刻阐释刑法解释的保守性命题的重要前提和基础。

刑法的主观解释与客观解释之争在德日刑法学界早已存在，其作为德日刑法解释理论（法解释学）的伴随物在其引入中国之际即在中国出现，可以说，中国学界关于刑法的主观解释与客观解释之争就是德日刑法解释论学术论争在中国的部分沿袭，是当下中国刑法解释论之争的重要方面，值得认真对待。之所以说其是德日刑法解释论学术之争的"部分沿袭"，是因为当下中国刑法的主观解释与客观解释之争既有部分争论内容雷同于德日刑法解释论之争，还有部分争论内容是中国"自己的"，即中国刑法的主观解释与客观解释之争之中融入了当下中国国情，尤其是当下中国法治发展水平的特别考量。

刑法的主观解释论，又称为主观说、立法者意思说，主张刑法解释的

---

① 参见陈兴良主编《刑事法评论》第 28 卷，"主编絮语"第 2—3 页；劳东燕：《刑法解释中的形式论与实质论之争》，载《法学研究》第 2013 年第 3 期；蔡鹤：《"刑法解释的保守性"论评析》，载魏东主编：《中国当下刑法解释论问题研究——以论证刑法解释的保守性为中心》，法律出版社 2014 年版，第 235—246 页；邓君韬：《关于刑法解释问题的思考——兼评魏东教授"刑法解释保守性"学术见解》，载魏东主编：《中国当下刑法解释论问题研究——以论证刑法解释的保守性为中心》，法律出版社 2014 年版，第 253—260 页；陈自强：《合理性原则是刑法解释的根本原则》，载魏东主编：《中国当下刑法解释论问题研究——以论证刑法解释的保守性为中心》，法律出版社 2014 年版，第 246—253 页。

② 参见魏东主编《中国当下刑法解释论问题研究——以论证刑法解释的保守性为中心》，法律出版社 2014 年版，第 125—130 页。

目标在于阐明刑法立法时立法者的意思，或者说刑法的立法原意与立法本义。在"刑法的立法原意与立法本义"的意义上，主观解释论还可以成为立法原意说、立法本义说。主观解释论有其特定的哲学基础、政治理论基础和法理基础。① 刑法的主观解释论的法理基础是强调刑法的安定价值和人权保障机能（同时也需要适当兼顾秩序维护机能），突出强调在现行刑法规定之下应当确保无罪的人不受刑事追究，较为充分地体现了传统罪刑法定原则的基本精神。刑法的客观解释论，又称为客观说、法律客观意思说，主张刑法解释的目标在于阐明解释时刑法规范文本客观上所表现出来的意思，而非刑法立法时立法者的意思，以适应与时俱进的社会现实之客观需要。刑法的客观解释论的法理基础在于强调司法公正和秩序维护机能（但是并不公开反对人权保障机能），尤其强调在现行刑法框架之下确保法益保护和秩序维护的现实需要。除主观解释论与客观解释论之外，学术界还有学者提出了折中说与综合解释论。中国台湾学者林山田即主张综合解释论，强调对于新近立法或者立法时间间隔不久的法律，采用主观说；对于立法时间间隔较长的法律，则"应着重客观意思，以为解释"②。因此，周全地考察，应当说刑法解释论客观上存在主观解释论、客观解释论与综合解释论之争，而不仅仅是主观解释论与客观解释论之争。

那么，中国刑法学者对刑法的主观解释与客观解释之争的基本态度如何？有学者指出，就刑法解释立场而言，目前不仅德日刑法解释立场是客观解释，而且中国也当然是客观解释，此点不存在争议或者说不应存在争议。如陈兴良教授和王政勋教授等学者明确主张客观解释并反对主观解释，认为这是中国的刑法解释应当坚持的立场和目标问题。③ 但是，另有学者考证指出，尽管德日等法治发达国家已经较多地主张采用刑法客观解释立场，但是，由于我国具有特殊国情，尤其是现阶段我国的法治基础薄弱，人治、专制传统过于强大，人权保障缺失严重，重刑思想根深蒂固等

---

① 许发民：《论刑法客观解释论应当缓行》，载赵秉志主编：《刑法论丛》（第23卷、2010年第3卷），法律出版社2010年版，第165—191页。

② 参见魏东《保守的实质刑法观与现代刑事政策立场》，中国民主法制出版社2011年版，第18页。

③ 陈兴良教授称："在刑法解释的立场上，我是主张客观解释论的。但在刑法解释的限度上，我又是主张形式解释论的，两者并行不悖。其实，主观解释论与客观解释论的问题，在我国基本上已经得到解决，即客观解释论几成通说。我国最高人民法院在有关的指导性案例中，也明显地倡导客观解释论。"参见陈兴良《形式解释论的再宣示》，载《中国法学》2010年第4期。

原因，① 我国现阶段不适宜完全采用客观解释论。再者，我国台湾地区也有刑法学者（如林山田等）主张原则上应采用主观解释，例外采用客观解释的综合解释立场（即折中说立场），这对于我国现阶段不宜完全采用客观解释论也提供了佐证。

而刑法的形式解释与实质解释之争，是在相当意义上独具"中国特色的"刑法解释论之争。② 我国刑法学界大约在 21 世纪之交开始出现刑法的形式解释与实质解释之争，这一学术争论常常也放置于更为广阔的形式刑法观与实质刑法观之争之中。我国刑法学界甚至认为，关于刑法的形式解释（形式刑法观）与实质解释（实质刑法观）之争十分深刻并特别引人注目，③ 可以说是中国刑法学界开始出现所谓的"刑法学派之争"的一个重大事件。陈兴良教授较早关注到中国刑法学界出现的关于形式主义刑法学与实质主义刑法学之争这一学术现象，其中明确指出我国出现了形式解释论与实质解释论的区分，并且指出这是在德日刑法学中并未发生过的现象。

刑法的形式解释论认为，形式解释以罪刑法定原则为核心，主张在对法条解释时，先进行形式解释——刑法条文字面可能具有的含义，然后再进行实质解释——刑法条文规定的是有严重社会危害性的行为方式；在判断某一行为是否构成犯罪时，先对行为进行形式解释——看该行为是否包含于刑法条文之中，然后再作实质解释——看行为是否具有严重的社会危害性。刑法的实质解释论认为，刑法解释应以处罚的必要性为出发点，主张对法条解释时，首先应直接将不具有实质的处罚必要性的行为排除在法条范围之外，亦即首先实质地判断某种行为是属于具有处罚必要性的社会危害性行为；在对行为进行解释时，应先从实质解释出发——看行为是否具有处罚的必要性，然后再进行形式解释——看刑法条文的可能含义是否

---

① 参见许发民《论刑法客观解释论应当缓行》，载赵秉志主编《刑法论丛》（第 23 卷、2010 年第 3 卷），法律出版社 2010 年版，第 165—191 页。

② 魏东主编：《中国当下刑法解释论问题研究——以论证刑法解释的保守性为中心》，法律出版社 2014 年版，第 122—123 页。

③ 典型表现是《中国法学》2010 年第 4 期同时发表了著名刑法学家陈兴良教授和张明楷教授的争鸣文章：陈兴良：《形式解释论的再宣示》，载《中国法学》2010 年第 4 期；张明楷：《实质解释的再提倡》，载《中国法学》2010 年第 4 期。

涵盖了该行为方式。①

那么，中国刑法学者对刑法的形式解释与实质解释的基本态度是怎样的？大致可以说，目前我国刑法学界形式解释以陈兴良教授和邓子滨研究员等为代表，实质解释以张明楷教授、刘艳红教授和苏彩霞教授等为代表。作为中国刑法学大家举臂的陈兴良教授和张明楷教授于2010年同时在我国权威法学理论刊物上发表文章，各自系统地阐述了其所坚持的刑法的形式解释与刑法的实质解释的基本立场观点。② 邓子滨研究员在关注到我国刑法解释论出现形式解释与实质解释之争的基础上，明确主张刑法的形式解释并反对刑法的实质解释，提出对于中国实质主义刑法观应当予以批判，而不是轻描淡写的批评。③ 刘艳红教授针对刑法的形式解释与实质解释之争也进行了论辩，明确主张刑法的实质解释并反对刑法的形式解释。④ 笔者曾经提出过应坚持保守的实质解释（或者单面的实质解释）的学术见解，其中分析提出了激进的实质解释（或者双面的实质解释）可能存在于严重侵犯人权的巨大风险的某种担忧并对激进的实质解释论进行了有利于充分实现人权保障机能并适当限缩秩序维护机能的某些修正，并主张应当适当吸纳形式解释的某些合理因素，因而可以说笔者在总体立场上主张应当兼顾吸纳刑法的实质解释和形式解释的合理内核，⑤ 而并非片面地主张刑法的实质解释或者刑法的形式解释。

---

① 参见刘志刚、邱威《形式解释论与实质解释论之辨析》，载《河南省政法管理干部学院学报》2011年第3期。

② 该两篇文章是：张明楷：《实质解释论的再提倡》，载《中国法学》2010年第4期；陈兴良：《形式解释论的再宣示》，载《中国法学》2010年第4期。

③ 陈兴良教授在本书序中称："甫见《中国实质刑法观批判》这一书名，就令人眼前一亮，似乎嗅到了扑面而来的学术火药味，但我还是为之叫好……以'批判'一词而入书名的，不仅法学界没有，人文社会科学界也极为罕见。"邓子滨：《中国实质刑法观批判》，法律出版社2009年版，序第1页。

④ 刘艳红教授称："在陈兴良教授的建议下，出版时我将题目修改为目前的'实质刑法观'"，见刘艳红《实质刑法观》，中国人民大学出版社2009年版，第254页；同时又强调"应倡导实质的刑法解释观"，见刘艳红《走向实质的刑法解释》，北京大学出版社2009年版，前言第2页。对此，陈兴良教授曾经强调说，在中国刑法学者中，刘艳红教授是当时公开声明坚持实质主义刑法观立场的唯一的一位刑法学者。参见陈兴良《走向学派之争的刑法学》，载《法学研究》2010年第1期。

⑤ 参见魏东《保守的实质刑法观与现代刑事政策立场》，中国民主法制出版社2011年版，第3—10页。

二　内核与困境

中国刑法的主观解释与客观解释之争、形式解释与实质解释之争之间有无共同内核？通过梳理中国刑法解释论之争的主要争点的基本内容，尽管我们可以说，刑法的主观解释与客观解释之争所关注的是刑法解释的立场和目标，刑法的形式解释与实质解释之争所关注的是刑法解释的方法与限度。① 但是，我们仍然可以发现中国刑法解释论之争的内核，在于如何合理权衡中国刑法的秩序维护机能与人权保障机能之间的紧张关系（同时还包括合理权衡刑法立法公正与刑法司法公正之间的紧张关系），以最终达致某种最佳价值权衡状态。② 此种"最佳价值权衡状态"，按照现代刑法罪刑法定原则的要求，应当是在适当照顾刑法的一般公正、形式公正、秩序维护的前提下尽力实现刑法的个别公正、实质公正和人权保障，其中至为重要和关键的价值权衡原理应当说是在适当照顾刑法的秩序维护机能的前提下尽力实现刑法的人权保障机能。所谓"尽力实现"，应当理解为"最大限度地实现"，即最大限度地实现刑法的人权保障（以及个别公正、实质公正）。应当说明的是，之所以特别强调人权保障机能，主要是因为，尽管个别公正和实质公正必须言说并加以考量，但是理论上对于个别公正、实质公正的具体界定往往存在较大"任性"和模糊性；有些论述甚至是非难辨，给人一种莫衷一是的感觉。但是，理论上对于人权保障（价值机能）通常不会产生歧义，其是指罪刑法定原则下被告人（以及犯罪嫌疑人和已决罪犯）的人权保障。这是刑法解释论学术研讨时必须予以特别关注和申明的理论问题，刑法解释论不但要强调人权保障价值机能的确定性、可把握性，更要强调刑法解释价值权衡时所必须达致的"最大限度地实现人权保障"（同时必须兼顾最低限度的必要秩序维护价值），如此，方能完美契合现代刑法罪刑法定原则的人权保障价值。

---

① 理论上一般认为，刑法的主观解释论与客观解释论之争，不能完全对应于刑法的形式解释论与实质解释论之争；反之也一样，刑法的形式解释论与实质解释论之争，也不能完全对应于刑法的主观解释论与客观解释论之争，因为，前者争论所针对的问题是刑法解释的立场和目标并以此作为划分标准，而后者争论所针对的问题是刑法解释的方法与限度并以此作为划分标准，两种争论不应混同。

② 魏东主编：《中国当下刑法解释论问题研究——以论证刑法解释的保守性为中心》，法律出版社2014年版，第123—125页。

刑法的主观解释与客观解释，其在刑法解释的不同立场和目标问题上存在某种突出的矛盾与质疑，二者之任何一种刑法解释论若独立行事则均存在有得有失的理论困境：

其一，刑法的主观解释特别强调了刑法立法的一般公正和刑法司法的形式公正，但是，在刑法立法存在不足，尤其是存在不适应"当下"社会发展需要之不足（包括当下应定罪而没有定罪的立法规定与当下不应定罪而有定罪的立法规定）的情况下，刑法的主观解释难免部分地忽视了"当下"刑法司法的个别公正和实质公正（此外还有刑法的主观解释所强调的"立法者的原意"或者说"文本原意"与"立法本义"本身难于获得准确认定等质疑）。刑法的主观解释作为一种理论解决方案其应该说是有得有失：其"有得"在于，对于"当下应定罪而没有定罪的立法规定"之情形，严格按照罪刑法定原则的要求，刑法的主观解释通常能够确保司法上作出出罪的解释结论（但对于个别例外情况的例外解释问题待后文详述），从而有利于实现罪刑法定原则的人权保障功能；其"有失"在于，对于"当下不应定罪而有定罪的立法规定"之情形，因机械执行罪刑法定原则的要求，刑法的主观解释通常会确认司法上作出入罪的解释结论，却不利于实现罪刑法定原则实质侧面的人权保障功能。这个简单分析表明，单纯采用刑法的主观解释是存在矛盾和疑问的，其在"当下不应定罪而有定罪的立法规定"的情形下刑法的主观解释可能并不利于实现刑法司法的个别公正和实质公正，从而也并不利于有效实现人权保障机能，因而让主观解释在刑法解释上独行其道并不合理。

其二，刑法的客观解释是为了弥补前述主观解释之不足而特别强调了刑法司法的个别公正和实质公正，其预设的理论前提是即使刑法立法公正不足是难免的且是随着社会发展而更加凸显的，但刑法司法公正是必须实现的且可以实现的，其理论解决方案就是通过刑法的客观解释填补立法不足以实现司法上的个别公正和实质公正。但是，刑法的客观解释这个理论解决方案应该说也是有得有失：其"有得"在于，对于"当下不应定罪而有定罪的立法规定"之情形，通过刑法的客观解释，有利于得出出罪的解释论，有利于实现司法上的个别公正、实质公正（以及罪刑法定原则实质侧面的人权保障功能）；但是，其"有失"在于，对于"当下应定罪而没有定罪的立法规定"之情形，即在刑法立法之文本原意并不具备含摄现实社会生活，尤其是不具备含摄"当下"社会具有社会危害性行为的情况下（其属于立法不公正情形之一），解释者也可能试图通过刑法的客观解释对"当下应定罪而没有定罪的立法规定"的立法漏洞加以解释性填补并予以定罪（从而有利于实现刑法的秩序维护机能），则此种情形下刑法的客观解释就难免在相当程度上"被迫"背离了"当下"刑法司法不得超越罪刑法定原则所要求的"法无明文规定不为罪、法无明文规定不处罚"的基本限度，反而有违个别公正和实质公正，客观上走向了刑法的人权保障机能的反面。

刑法的形式解释与实质解释，其在刑法解释的不同方法与限度问题上也存在某种矛盾与质疑，并且这种矛盾和质疑大致对应于刑法的主观解释与客观解释在刑法解释的不同立场和目标问题上所存在的矛盾与质疑。刑法的形式解释特别强调了刑法立法的形式正义，但在刑法立法欠缺实质正义，尤其是欠缺不适应"当下"社会发展需要之实质正义的情况下（包括当下应定罪而没有定罪的立法规定与当下不应定罪而有定罪的立法规定），则刑法的形式解释对于"当下不应定罪而有定罪的立法规定"之情形，因形式地执行（机械执行）罪刑法定原则的要求而通常会确认司法上作出入罪的解释结论，必然不利于实现"当下"刑法司法的实质公正、个别公正和人权保障机能。而刑法的实质解释特别强调了刑法司法的实质正义，对于"当下应定罪而没有定罪的立法规定"之情形，即在刑法立法之文本原意并不具备含摄现实社会生活，尤其是不具备含摄"当下"社会具有社会危害性行为的情况下（其属于立法不公正情形之一），解释者将"有理由"试图通过刑法的实质解释对"当下应定罪而没有定罪的立法规定"的立法漏洞加以实质的解释性填补并予以定罪（从而有利于实现刑法的秩序维护机能），则此种情形下刑法的实质解释同样难免在相当程度上背离了"当下"刑法司法不得超越罪刑法定原则所要求的"法无明文规定不为罪、法无明文规定不处罚"的基本限度，也有违个别公正并走向实质公正的反面，重创刑法的人权保障机能。

以非法制造大炮的行为的刑法解释为例。由于我国现行刑法第125条在形式上（即在规范语言形式上）只规定了非法制造"枪支、弹药、爆炸物"，其在刑法立法文本规范形式上遗漏了"大炮"（即在立法形式上存在不当遗漏的现象），在刑法立法文本原意上不能含摄制造"大炮"（即刑法立法文本原意不具备含摄"当下"社会具有社会危害性行为）的情况下，那么，其在刑法司法（刑法解释）上就面临如下理论困境：主观解释和形式解释由于强调立法公正和形式正义，主张遵从立法文本原意和形式正义而排除对非法制造大炮的行为予以司法定罪（即使非法制造大炮行为具有严重社会危害性），从而有利于实现刑法的人权保障机能（但是不利于实现刑法的秩序维护机能）。而客观解释和实质解释由于强调司法公正和实质正义，主张遵从立法适应"当下"社会发展需要的客观意思和实质正义而肯定对非法制造大炮的行为予以司法定罪（因其属于具有处罚必要性的社会危害性行为），从而有利于实现刑法的秩序维护机能（但是不利于实现刑法的人权保障机能）。[①] 针对非法制造大炮行为这种"当下应定罪而没有定罪的立法规定"之情形，主观解释和形式解释之解释结论是无罪，从而有利于实现刑法的人权保障机能（因其对行为人不定罪），但不利于实现秩序维护机能（因其不能有效惩治社会危害性行为）。

再以"重庆男子捉奸索财案"的刑法解释为例。[②] 2010 年 8 月 28 日中午，重庆男子张明（化名）到妻子工作的美发店找妻子吃饭，没想到撞见妻子与一男子赤身裸体躺在床上，张明血往上涌，回身到厨房拿了菜刀，用刀背对着男子一阵乱砍。张明仍不解气，又要求男子再付 5000 元精神赔偿费。重庆市万盛区检察院受理批捕此案后，经慎重研究，认为此案系家庭内部矛盾产生，且张明已将勒索的钱退还给被害人，没有造成严重后果，社会危害性不大；张明系初犯、偶犯，又事出有因；张明妻子也表示对其行为追悔莫及，希望司法机关对张明从宽处理，夫妻之间仍存有感情，对张明不批捕有利于夫妻感情和家庭稳定，有利于社会和谐——综合以上因素考虑，人民检察院依法作出不批捕决定，最终对张明做出了无罪处理。该案中张明的行为在形式上完全符合刑法文本规定的敲诈勒索罪（刑法第 274 条），属于"当下不应定罪而有定罪的立法规定"之情形，主观解释和形式解释的解释结论即可对张明定罪，不利于实现刑法的人权保障机能（以及个别公正和实质公正）。而客观解释和实质解释的解释结论却可以不对张明定罪，反而有利于实现刑法的人权保障机能（以及个别公正和实质公正）。推而广之，我们司法实践中出现的一些微罪不诉、

[①] 参见魏东《保守的实质刑法观与现代刑事政策立场》，中国民主法制出版社 2011 年版，第 5 页。

[②] 参见新华网报道《男子捉奸在床勒索触法检察院不予批捕》，载新华网：http://news.xinhuanet.com/legal/2010-09/18/c_12582991.htm，访问时间：2010 年 9 月 18 日。

酌定不诉、附条件不起诉,以及不少案件以"情节显著轻微危害不大的,不认为是犯罪"为由而不定罪的情形,均属于通过客观解释与实质解释而出罪的情况,而这恰恰是主观解释和形式解释所无法"符合逻辑"地得出的解释结论。针对众多类似张明行为这种"当下不应定罪而有定罪的立法规定"之情形,主观解释和形式解释之解释结论可能是定罪,从而不利于实现刑法的人权保障机能(因其对行为人定罪),但有利于实现秩序维护机能(因其不主张机械地或者形式地惩治社会危害性行为)。

正是基于对这种理论困境的不同侧面的考量,有的学者主张刑法的主观解释或者客观解释、形式解释或者实质解释。但是,如前所述,笼统地、纯粹地、"一刀切"地主张某一种解释方法(以及解释立场)并准许其独立行事地"任性"并绝对地反对另一种解释方法(以及解释立场),并不具有当然合理性,或者说某一种解释方法(以及解释立场)均仅具有相对的、有限的合理性。刑法解释论之争的理论困境正在于:刑法的客观解释和实质解释之"有失",在某些情形下可能正是刑法的主观解释和形式解释之"有得"。反之,刑法的主观解释和形式解释之"有失",在某性情形下可能正是刑法的客观解释和实质解释之"有得"。

三 解决之道

那么,如何妥当解决刑法的主观解释与客观解释、刑法的形式解释与实质解释之各自得失,正是刑法解释论必须加以特别关注和倾力解决的焦点问题。这个焦点问题的解决之道,就是要根据罪刑法定原则,全面吸纳各种刑法解释论(含刑法的主观解释和客观解释、形式解释和实质解释)之"有得",同时妥当杜绝各种刑法解释论之"有失",以有效实现刑法解释"最佳价值权衡状态"即在适当照顾刑法的一般公正、形式公正、秩序维护的前提下尽力实现刑法的个别公正、实质公正和人权保障。这个理论发现十分重要,尤其是从是否有利于恰当实现刑法的人权保障机能的独特视角来考察刑法解释论及其具体的刑法解释方法(以及解释立场),为刑法解释论恰当甄别某种具体的刑法解释方法(以及解释立场)的利弊得失,以及恰当整合各种具体的刑法解释方法(以及解释立场)并形成合理的刑法解释方法体系(以及体系化的刑法解释立场),提供了判断标准。为此,因应刑法解释论上列焦点问题的解决之道,为了妥当解决片面强调和单纯应用某一种刑法解释论（诸如刑法的主观解释论与客观解释论、刑法的形式解释论与实质解释论）的缺陷，又能恰当吸纳各种刑法解释论合理内核的新的刑法解释论，就必须秉持笔者提出的刑法解释的保守性命题（或者刑法的保守解释命题、保守的刑法解释命题）。申言之，从有利于刑法的人权保障机能（当然要同时兼顾刑法的秩序维护机能）的特别考量而言，下列两种特别情形的刑法解释现象值得注意：

其一，对于"当下应定罪而没有定罪的立法规定"之情形，刑法的主观解释和形式解释因有利于恰当实现刑法的人权保障机能（因其解释结论更大可能是行为人无罪）而具有合理性，但刑法的客观解释和实质解释因不利于恰当实现刑法的人权保障机能（因其解释结论更大可能是行为人有罪）而具有不当性。为有效回应此种情形下的刑法解释现象，刑法解释的保守性命题提出了以下基本主张：在入罪解释场合下，为侧重贯彻刑法人权保障价值，应以刑法主观解释和刑法形式解释为原则（即主张坚守刚性化、形式化的入罪底线的原则立场）。

最典型的事例，一如前述非法制造大炮的行为的刑法解释，由于非法制造大炮的行为属于"当下应定罪而没有定罪的立法规定"，应当说以刑法的主观解释和形式解释得出行为人无罪的解释结论更为合理，"依法"不应以刑法的客观解释和实质解释为由而对行为人定罪。再如上海"肖永灵投寄虚假炭疽恐吓邮件案"司法判决的刑法解释。2001年10月18日，肖永灵将家中粉末状的食品干燥剂装入两只信封内，在收件人一栏内书写上"上海市人民政府"与"东方路2000号（上海市东方电视台）"后，分别寄给上海市人民政府某领导和上海市东方电视台新闻中心陈某。同年10月19日、20日，上海市人民政府信访办公室工作人员陆某等人及东方电视台陈某在拆阅上述夹带有白色粉末状的信件后，出现精神上的高度紧张，同时也引起周围人们的恐慌，经有关部门采取大量措施后，才逐步消除了人们的恐慌心理。针对此案，上海市第二中级人民法院于同年12月18日以"以危险方法危害公共安全罪"判处肖永灵有期徒刑4年（被告人没有提出上诉）。[①] 这个案子在刑法解释论上应当作何判断？上海市有关审判机关在当时法无明确规定的情况下，认定肖永灵的行为构成

---

① 游伟、谢锡美：《罪刑法定的内在价值与外在要求》，载赵秉志主编《刑事法判解研究》2003年第一卷，人民法院出版社2003年版，第77页。

"以危险方法危害公共安全罪",根本就不符合罪刑法定原则的基本要求。那么,当地司法机关是如何将肖永灵的行为解释定罪的呢?从刑法解释论上审查可以发现,有关审判机关将肖永灵的行为解释为以危险方法危害公共安全罪的"理论武器"就是所谓的刑法客观解释与刑法实质解释,将"粉末状的食品干燥剂"这一无毒、无害的物质解释为"危险物质",进而将肖永灵的投放行为解释为以危险方法危害公共安全的行为和以危险方法危害公共安全罪,明显超越了刚性化、形式化的入罪底线的原则立场。这一案例也较为充分地说明,过度激进的刑法客观解释和刑法实质解释具有"超大"解释能力并存在容易将一般违法行为解释为犯罪行为的解释特质,从而使得人权保障机能面临被侵蚀的重大风险,必须加以有效防范。[①] 而事实上,《中华人民共和国刑法修正案(三)》是在2001年12月29日才获得通过并于当日才开始生效的。该修正案第8条规定:在刑法第291条(即"聚众扰乱公共场所秩序、交通秩序罪",属于妨害社会管理秩序罪)后增加一条,作为第291条之一:"投放虚假的爆炸性、毒害性、放射性、传染病病原体等物质,或者编造爆炸威胁、生化威胁、放射威胁等恐怖信息,或者明知是编造的恐怖信息而故意传播,严重扰乱社会秩序的,处五年以下有期徒刑、拘役或者管制;造成严重后果的,处五年以上有期徒刑。"这一规定的出台时间刚好在肖永灵案生效判决之后,其从另一个侧面印证了肖永灵案司法判决在刑法解释论方面的失当。肖永灵案作为一个鲜活的刑事判例,实证性诠释了刑法解释的保守性命题之合理性、必要性及其十分重大的刑法解释论意义。应当说,肖永灵的行为也属于"当下应定罪而没有定罪的立法规定"[指其在《刑法修正案(三)》颁行之前的"当下"属于"当下应定罪而没有定罪的立法规定"],应当说以刑法的主观解释和形式解释得出行为人无罪的解释结论更为合理,"依法"不应以刑法的客观解释和实质解释为由而对行为人定罪。

当然这个原则可以有一定例外,即主张在坚守刚性化、形式化的入罪底线的原则立场,准许有利于被告人出罪的实质解释、客观解释的常态化立场的前提下,也应当谨慎地准许例外的、个别的且可以限定数量的客观解释与实质解释对被告人入罪(以适当照顾刑法解释适应秩序维护价值

---

① 魏东主编:《中国当下刑法解释论问题研究——以论证刑法解释的保守性为中心》,法律出版社2014年版,第126—127页。

之需要)。这是原则立场之下的例外,只要不将这种例外作为常态来处理,我们也应当"务实地"认可这是保守的刑法解释的原则立场的一种特别体现,是刑法解释的保守性立场对于刑法解释的适应性(适应社会有序发展需要的属性)的谨慎关照。例外的、个别的且可以限定数量的不利于被告人的入罪之刑法客观解释与实质解释,必须严格限定一系列条件,诸如这种解释是长时间的司法实践做法,甚至是人类世界的普遍做法,国际公约已有明确规定,已经成为理论界的共识,甚至老百姓的共识,等等。据初步观察,目前刑法理论界和司法实务部门对五个罪名之入罪的"例外解释"已经获得了比较一致的认同,这就是贪污罪、受贿罪、诈骗罪、盗窃罪、侵占罪。比如,贪污罪、受贿罪、诈骗罪、盗窃罪的犯罪对象"财物"可以例外地允许进行客观解释和实质解释,即将"财物"解释为"财物和财产性利益"[①]。理由是,除已有大量的确认财产性利益为侵财性犯罪对象的生效判决的案例之外,法律规范(刑法规定)上交叉使用了"财物"、"财产"、"合法收入、储蓄、房屋和其他生活资料"、"生产资料"、"股份、股票、债券和其他财产"等刑法规范用语,如刑法(总则)第91条、第92条等的规范用语。此外,刑法(分则)第265条更是直接规定了"盗窃财产性利益"(使用盗窃)行为依法定盗窃罪。司法解释文本《最高人民法院、最高人民检察院关于办理受贿刑事案件适用法律若干问题的意见》(2007年7月8日发布)更是大量规定了"以交易形式收受贿赂"、"收受干股"、"以开办公司等合作投资名义收受贿赂"等"收受财产性利益"行为依法定为受贿罪。因而实际上,法解释论上承认盗窃、诈骗、贪污、受贿财产性利益的行为构成犯罪,已经逐渐成为世界范围内的一种基本共识,总体而言理论上争议不大。当然,在此前提下也应当承认,我国刑法理论界目前对盗窃"财产性利益"行为之入罪解释客观上还存在一定争议,部分学者并不赞同这种解释结论,因此可以说,中国学者对这种解释结论的完全认同还有一个循序渐进的过程。不过从刑事法治理性发展方向而论,对盗窃财产性利益的行为做入罪化处理是一个基本结论,其方法路径有两种主张:一是主张以刑法的立法修订方式予以明确,笔者曾经坚持这一立场并明确提出过在刑法上增加设置"使

[①] 参见魏东主编《中国当下刑法解释论问题研究——以论证刑法解释的保守性为中心》,法律出版社2014年版,第128—129页。

用盗窃罪"罪名的立法建议;① 二是主张以刑法的解释方式予以明确,其法理依据等同于诈骗罪、贪污罪和受贿罪的解释原理,符合作为例外的、个别的实质解释入罪的基本条件,因而可以将盗窃财产性利益的行为予以实质解释入罪。近年来,笔者对此进行了较多反思和斟酌之后逐步倾向于认为,盗窃财产性利益的行为,诸如盗窃财物使用价值(尤其是重要财物的使用价值)、盗窃虚拟财产等行为不但在刑法解释论上可以作为特例予以入罪解释,逐渐地有学者明确主张赞同并论证这种解释结论,② 而且在司法实践中已经越来越多地出现赞同这种解释结论的生效判决,因而应当将盗窃财产性利益行为同诈骗、贪污、受贿财产性利益的行为一样通过例外的实质解释入罪,这种仅限于例外的、个别的且可以限定数量的实质解释入罪的做法并不违反刑法解释的保守性的基本立场。不过笔者认为,从比较谨慎的刑法解释的保守性立场而论,"盗窃利益"入罪解释的范围和步伐均需要适度限制。再如,侵占罪的犯罪对象"遗忘物",可以例外地允许进行客观解释和实质解释,即解释为"遗忘物和遗失物"(国外统称为"脱离占有物")。③

但需要特别指出的是,在解释论上主张"谨慎地准许例外的、个别的且可以限定数量的客观解释、实质解释对被告人入罪"之例外解释方法,是刑法解释的保守性立场不完全等同于形式解释论立场的根本点之一,也是刑法解释适当兼顾"适应性"的重要体现。④ 刑法的形式解释绝对地堵塞了通过实质解释补充规则对被告人入罪的渠道,尽管在形式逻辑上有利于绝对地坚守罪刑法定原则之形式合法性,但是其并不完全符合、也无法适当阐释刑事司法实践状况,这一点从前述所列贪污罪、受贿罪、诈骗罪、盗窃罪、侵占罪五个罪名之入罪的"例外解释"可以看出。同时,刑法的形式解释对于其准许通过实质解释出罪之立场,也无法在其所

---

① 参见魏东《论"使用盗窃"犯罪的立法设置方案》,《中国刑事法杂志》2006 年第 4 期。

② 参见黎宏《论盗窃财产性利益》,《清华法学》2013 年第 6 期,第 122—137 页;郑泽善:《网络虚拟财产的刑法保护》,《甘肃政法学院学报》2012 年第 5 期;代玉彬:《使用权纳入盗窃罪客体之探析》,硕士学位论文,四川大学,2012 年,第 34—37 页。

③ 关于侵占罪之犯罪对象"遗忘物"的刑法解释论争议,详见魏东《侵占罪犯罪对象要素之解析检讨》,载《中国刑事法杂志》2005 年第 5 期。

④ 魏东:《刑法解释的保守性应谨慎关照适应性》,正义网法律博客,http://weidong1111.fyfz.cn/b/823105,2015 年 2 月 28 日访问。

宣示的形式逻辑上获得说服力——因为溢出"形式"进行刑法解释为何还可以归属于形式解释，这是无法自圆其说的一个"问题"。因而如前所述，陈兴良教授和劳东燕教授批评"刑法解释的保守性"命题是"以对形式解释论的误解为前提的"，认为"刑法解释的保守性"命题在基本立场上难以区别于刑法的形式解释论，① 应当说是其对笔者所提出的"刑法解释的保守性"命题本身还缺乏周全的认识，才最终导致了学术上的误读、误判。

其二，对于"当下不应定罪而有定罪的立法规定"之情形，刑法的客观解释和实质解释因有利于恰当实现刑法的人权保障机能（因其解释结论更大可能是行为人无罪）而具有合理性，但刑法的主观解释和形式解释因不利于恰当实现刑法的人权保障机能（因其解释结论更大可能是行为人有罪）而具有不当性。而为有效回应此种情形下的刑法解释现象，刑法解释的保守性命题相应地又提出了以下基本主张：在出罪解释场合下，为侧重贯彻刑法人权保障价值，应主张准许有利于被告人出罪的刑法客观解释与刑法实质解释这样一种常态化刑法解释立场，不得以刑法主观解释与刑法形式解释反对有利于被告人出罪的刑法客观解释与刑法实质解释。典型事例如前所列"重庆男子捉奸索财案"的刑法解释，由于该重庆男子捉奸索财的行为属于"当下不应定罪而有定罪的立法规定"，应当说以刑法的客观解释和实质解释得出行为人无罪的解释结论更为合理，"依法"不应以刑法的主观解释和形式解释为由而对行为人定罪。当然，形式解释论者宣称可以通过"社会危害性"的审查将该重庆男子的行为作出出罪解释结论，但是实际上所谓的"社会危害性"审查其实就是实质解释，因而如前所述，刑法的形式解释对于其准许通过实质解释出罪之立场，也无法在其所宣示的形式逻辑上获得说服力（因为溢出"形式"进行刑法解释为何还可以归属于形式解释，这是其无法自圆其说的一个"问题"）。

上列考量似乎表明，刑法解释论具体甄别和整合刑法解释方法（以及解释立场）利弊得失之判断标准是以是否有利于最大限度地实现刑法的人权保障机能，而所谓最大限度地实现刑法的人权保障机能在较多场合

---

① 参见陈兴良主编《刑事法评论》第 28 卷，"主编絮语"第 2—3 页；劳东燕：《刑法解释中的形式论与实质论之争》，载《法学研究》2013 年第 3 期。

表现为是否有利于行为人无罪，难道刑法解释的宗旨在于行为人无罪？对此需要特别说明三点：其一，强调最大限度地实现刑法的人权保障机能，并非一律主张被告人无罪，而是强调在最大限度地实现人权保障机能的同时必须适当地兼顾秩序维护价值机能，其仅仅是反对秩序维护机能的最大化、优越化甚至压倒了人权保障机能，因而应定罪的仍然应当定罪（以有效确保最低限度的必要秩序之维护），但是不应定罪的则不能定罪、只应定轻罪的则不能定重罪，杜绝罪刑擅断。其二，对于众多刑法文本规定十分明确的犯罪行为（有罪行为），各种刑法解释方法（以及解释立场）均能得出行为人有罪的解释结论，因而这种"众多"明确情形并不会产生解释结论歧义。其中对于部分轻微"犯罪行为"作出无罪的解释结论既是现代刑事政策的要求，也符合罪刑法定原则实质侧面的主旨，体现了刑法解释的保守性特质。其三，仅有数量较少部分刑法文本规定不是十分明确而具有一定模糊性的行为（其中有一部分属于刑法立法漏洞），不同的刑法解释方法（以及解释立场）才存在解释结论上的差异性和争议性，才需要特别审查并适当关照行为人无罪的解释结论，而这恰恰是罪刑法定原则特别强调需要侧重彰显刑法的人权保障机能并有效防范罪刑擅断的灰色地带，在这种灰色地带作出行为人无罪的解释结论通常是必要的，也是必需的，其同样充分确证了刑法解释的保守性特质。尤其是其中"刑法（立法）漏洞"，十分尖锐地考验着刑法解释论的合理性。如前所述，刑法解释的保守性命题主张，刑法立法漏洞如果必须填补，其救济途径选择是立法修改补充，原则上应反对司法填补与解释填补（尤其是在入罪的场合）。这种刑法漏洞的立法填补原则立场其实正是我国宪法所明确宣示的，因而具有宪法根据。同时，这种立场也是我国立法法所明确限定了，因而具有立法法根据［如立法法第8条明确规定"下列事项只能制定法律：……（四）犯罪和刑罚；（五）对公民政治权利的剥夺、限制人身自由的强制措施和处罚"］，并使得这个问题成为一个基本的立法原则。

  保守的刑法解释立场尤其坚决反对过度激进的刑法客观解释和刑法实质解释，其中最为突出之处正在于反对后者所主张的刑法漏洞可以由司法填补和解释填补，此种填补徒增解释性侵害人权风险而并没有合理限制法官搞罪刑擅断的重大风险。在此点上，保守的刑法解释论则主张解释性构建人权保障屏障。前述所列客观解释论者和实质解释论者关于上海肖永灵投寄虚假炭疽病菌的行为、非法制造大炮的行为之有罪的刑法解释结论，基本上就属于对刑法（立法）漏洞的司法填补和解释填补，断然不具有合法性和合理性。而刑法解释的保守性命题在此问题上绝不糊涂，坚定地反对通过司法填补与解释填补而将行为人之行为解释入罪。可见，承认、发现刑法漏洞（亦即刑法立法漏洞），尤其是真正的刑法立法漏洞，然后通过修订完善刑法立法以填补刑法立法漏洞，秉持"解开实然与应然冲突的途径只能从立法技术入手"的严谨态度，[1] 而不是通过刑法解释技术来对刑法立法漏洞进行司法填补，是刑法解释的保守性命题所内含的基本立场，[2] 也是实现刑法良法之治的基本要求。

不过应注意，我们要防止把某些解释者自己的错误理解或解释也当作"刑法漏洞"，以免出现该定罪而不定罪的情况发生。比如，受贿罪"关于收受财物后退还或者上交问题"的刑法解释。2007年7月8日公布的两高《关于办理受贿刑事案件适用法律若干问题的意见》（以下简称《意见》）第9条规定："国家工作人员收受请托人财物后及时退还或者上交的，不是受贿。国家工作人员受贿后，因自身或者与其受贿有关联的人、事被查处，为掩饰犯罪而退还或者上交的，不影响认定受贿罪。"这一条应该如何解释适用？笔者注意到三种观点：（1）有学者（如储槐植教授等）认为，该司法解释显然是关于既遂后出罪的规定，"既遂之后不出罪"是存在例外情况的，原则并不排除例外的存在。[3]（2）有学者（如张明楷教授）认为，在理解上述《意见》第9条关于收受财物后退还或者上交的规定时，也必须以刑法关于受贿罪的犯罪构成为指导，而不是将《意见》第9条的规定，作为刑法条文予以适用。罪刑法定主义是刑法的基本原则，其中的"法"是指由国家立法机关制定的成文法，而不包括司法解释。换言之，司法解释虽然具有法律效力，但它只是对刑法的解释（而且不得类推解释），并非刑法的渊源。刑法没有规定为犯罪的行为，司法解释不可能将其解释为犯罪。反之，刑法明文规定为犯罪的行为，司法解释也不能没有根据地将其解释为无罪。不以刑法规定的犯罪构成为指

---

[1] 王勇：《论我国〈刑法〉第147条的罪过形式——基于刑法立法的解读》，《法学杂志》2011年第3期。
[2] 魏东：《从首例"男男强奸案"司法裁判看刑法解释的保守性》，载《当代法学》2014年第2期。
[3] 参见储槐植、闫雨《"赎罪"——既遂后不出罪存在例外》，载《检察日报》2014年8月12日第3版。

导理解司法解释的规定，将司法解释当成了独立的法律渊源，必然出现违反罪刑法定原则的现象。《意见》第 9 条的表述是，"收受"请托人财物后及时退还或者上交的，不是受贿，并没有将"索取"包含在内。《意见》第 9 条第 1 款的宗旨与精神是将客观上收受了他人财物，主观上没有受贿故意的情形排除在受贿罪之外，亦即没有受贿故意的"及时退还或者上交"才能适用《意见》第 9 条第 1 款。① （3）还有其他学者观点指出，《意见》第 9 条第 1 款包含两种情形：一是收受他人财物并不具有受贿故意的情形；二是虽有受贿故意但基于刑事政策的理由而不以受贿罪论处的情形。持这种观点的学者指出："司法解释对于收受财物后及时退还或上交的行为以非犯罪化论处，当然也适用于收受请托人财物的当时就有受贿故意，其行为已经构成受贿罪的情形。因为司法解释没有区分收受财物者在当时是否具有受贿故意的情形，应当认为无论当时是否就有受贿故意，收受后只要及时退还的，就不再认为是受贿。但司法解释如此规定并非对于故意收受财物行为的肯定性评价，也不是确认这类当时就有受贿的行为不具有受贿的性质，而是以非犯罪化处置来鼓励那些受贿的人及时改正错误。这是宽严相济刑事政策在这一问题上的具体贯彻，因为宽严相济政策的要点之一就是区别对待。"②还有人指出："司法解释认为收受财物后及时退还或者上交不是受贿罪的根本理由，是根据《刑法》第 13 条规定的'情节显著轻微危害不大的，不认为是犯罪'而认为该行为不是犯罪。将这种行为不认为是受贿罪，有利于鼓励国家工作人员悬崖勒马，及时自行纠正错误，正所谓在犯罪的道路上'架设一条后退的黄金桥'。"③

这些观点中，笔者认为张明楷教授的观点更具有合理性。其中涉及刑法解释论问题，刑法解释的对象只能是刑法典（以及刑法修正案、单行刑法、附属刑法），而"刑法"以外的其他法律文本以及全部"软法"文本，其中包括我国最高司法机关出台的各种"司法解释"规范文本，均不属于作为刑法解释对象的文本。但是，"软法"对于刑法解释具有极其

---

① 参见张明楷《受贿罪中收受财物后及时退交的问题分析》，载《法学》2012 年第 4 期。
② 参见李建明《收受他人财物后退还或者上交对受贿罪构成的影响》，载《人民检察》2007 年第 16 期。
③ 参见何显兵《论收受财物后退还或者上交的认定》，http://zz.chinacourt.org/detail.php?id=3346，2011 年 2 月 18 日访问。转引自张明楷《受贿罪中收受财物后及时退交的问题分析》，载《法学》2012 年第 4 期。

重要的意义,尤其是对于解释者"前见"以及"效果历史、视域融合、对话、事物的本质、诠释学循环"之形成,对于"常识、常情、常理"之确证等诸方面,均具有刑法解释论价值。这种刑法解释论价值仅限于针对"刑法规范文本"进行解释时予以审查,而不是将"软法"(尽管"软法"客观上也需要进行解释)自身也等同于"作为刑法解释对象的文本"。因此,张明楷教授强调在理解上述《意见》第9条关于收受财物后退还或者上交的规定时,也必须以刑法关于受贿罪的明确规定为依据,而不是将《意见》第9条的规定直接作为刑法条文予以适用,这一见解精当。① 当然,从立法论立场看,笔者认为可以参照行贿罪的规定,"行贿人在被追诉前主动交代行贿行为的,可以减轻处罚或者免除处罚"(刑法第390条第2款),由法律明确规定"受贿人在被追诉前主动交代受贿行为并全部退赃的,可以从轻或者减轻处罚。其中,犯罪较轻的,可以免除处罚"。这样规定,大致相当于"自首"情节的处罚原则,其对于体现宽严相济刑事政策、震慑行贿犯罪也是有益的,同时体现了对受贿人在被追诉前就积极认罪、悔罪态度的公正处理,有利于实现刑法功能。

余 论

刑法解释的保守性有效契合了罪刑法定原则和刑法谦抑性的基本要求,获得了较多刑法学者的认同,具备刑法解释学意义上的充分正当性。发现并提出刑法解释保守性的正当性具有十分重大的刑法解释论意义。② 法治理性中的合法性原则存在抽象化现象,且正是由于合法性判断标准本身被抽象化,因而几乎所有的刑法解释立场都可以为自己进行合法性辩护(无论其本身是否具有合法性),使得合法性成为一个难以言说的"公说公有理,婆说婆有理"的问题,因而在表面上,合法性原则不足以成为否定任意解释的充足理由,其既不能成为否定任何意义上的刑法的客观解释与实质解释的依据,也不足以成为拒绝任何意义上的刑法的主观解释与形式解释的理由。法治理性中的客观性原则,反过来又很容易在客观解释

---

① 参见魏东《论在"打虎拍蝇"中的法治理性》,载《法治研究》2014年第10期。
② 参见魏东主编《中国当下刑法解释论问题研究——以论证刑法解释的保守性为中心》,法律出版社2014年版,第7—8页。

与实质解释中被消解、被突破，因为客观解释与实质解释通常具有脱离客观性的倾向，从而存在突出的法治风险，而这种法治风险无法依据合法性原则予以有效防范，因为如前所述，合法性原则本身存在抽象化现象而无法有效杜绝任意解释现象的发生。同时，主观解释与形式解释尽管在相对意义上有利于实现客观性，但又难以充分自证其实质合法性与正当性。但是，刑法解释保守性的正当性却能够在相当意义上有效防范刑法解释的合法性之抽象化与客观性之被消解的现象，从而有助于恰当限定刑法解释的合法性与客观性的合理限度，有助于更加理性地权衡和评判刑法解释论上出现的主观解释与客观解释之争、形式解释与实质解释之争。因而，刑法解释保守性的正当性成为一个具有特别重大的刑法解释论意义的全新命题。

第 二 章

刑法解释的保守性命题[*]

"刑法解释的保守性"命题自近年来提出以后,[①] 学界对此命题给予了一定的关注。有的学者比较认同,认为刑法解释的保守性命题有其自身独特的内容和体系,既不同于形式解释论,也不同于实质解释论,其意在恪守罪刑法定原则之价值的前提下,最大限度协调刑法的形式与实质、人权保障机能与法益保护机能之冲突,这个艰难的权衡弥足珍贵,是当前我国刑法学界关于刑法解释论之争中比较务实、新颖的观点。[②] 有的学者则提出了较多质疑,其中尤以陈兴良教授和劳东燕教授最具有代表性。陈兴良指出:"魏东教授就将实质解释论称为双面的实质刑法观,即入罪与出罪均采实质解释,魏东教授提倡单面的实质刑法观或者保守的实质刑法观,即在出罪时采实质解释论,入罪时采形式解释论……如此一来,各取形式解释论与实质解释论之利而去形式解释论与实质解释论之弊,超然于上述两说之上,由此获得学术的正当性。其实,这一立场与我所主张的形式解释论是完全相同的,以为形式解释论只要形式判断不要实质判断,这纯粹是一种误解。""因此,形式解释论与实质解释论之争就在于入罪时是采形式解释还是实质解释之争,与出罪无关。否则,必将模糊了或者转移了论争的焦点。因此,我认为,尽管我的立场与单面的或者保守的实质刑法观,以及构成要件二分性说等观点实际上是相同的,但我并不赞同上

---

[*] 本章系笔者所承担的 2012 年度国家社科基金项目重点课题《刑法解释原理与实证问题研究》的阶段性成果之一(课题批准号:12AFX009)。

[①] 参见魏东《论社会危害性理论与实质刑法观的关联关系与风险防范》,载《现代法学》2010 年第 6 期,第 106—113 页;魏东:《保守的实质刑法观与现代刑事政策立场》,中国民主法制出版社 2011 年版,第 8—10、17—30 页。

[②] 参见王蕾、王德政《形式与实质的艰难权衡——评魏东教授〈保守的实质刑法观与现代刑事政策立场〉》,载《中外企业家》2013 年第 2 期。

述观点的论述路径。换言之，上述观点的论证是以对形式解释论的误解为前提的。[1]"劳东燕教授也提出了相同的疑问："魏东教授自称持保守的实质刑法观，但从其解读来看，既然保守的实质刑法观指的是坚守刚性化、形式化的入罪底线，仅在出罪的场合允许适用实质解释，同时坚持立法漏洞由立法填补的刑法漏洞补充原则，则实在很难说他与形式论者的立场有什么本质区别。然而，他将自己归入实质论的阵营，而不认同形式论者的标签。[2]"陈兴良教授和劳东燕教授都批评笔者所谓"刑法解释的保守性"命题在基本立场上难以区别于刑法的形式解释论，并且是"以对形式解释论的误解为前提的"。那么，陈兴良教授和劳东燕教授所共同提出的这种责难和疑问是否成立，尤其是"刑法解释的保守性"命题是否有不完全等同于形式解释论立场的根本点？进而，"刑法解释的保守性"命题有无充分而正当的法理基础，有无充分而合理的历史文化依据，有无充分而现实的学术价值？这些重大问题均值得深入检讨。

一 知识论考察：法律解释的基本理性与刑法解释的保守性

"当下"法律解释论问题在基本层面上都关涉法治理性问题，刑法解释论问题当然不能例外。那么，法治理性对于刑法解释而言有何关系，尤其是对于刑法解释的保守性命题有无法理学知识论上的奠基意义？这是本书论证刑法解释的保守性命题时必须首先予以研讨的重要的基础性理论问题。

（一）法律解释的基本理性

法律解释的基本理性主要关涉三个问题：一是为什么解释（法律解释的价值理性问题）？二是解释什么（法律解释的对象理性问题）？三是怎么解释（法律解释的方法理性问题）？因此，法律解释的基本理性归纳起来有三个基本维度：价值理性维度、对象理性维度、方法理性维度。

1. 价值理性维度

法律解释的价值理性在于实现法治（法治理性）。法治理性对于法律

---

[1] 陈兴良主编：《刑事法评论》第28卷，"主编絮语"第2—3页。
[2] 劳东燕：《刑法解释中的形式论与实质论之争》，载《法学研究》2013年第3期。

解释而言无疑具有法治价值论上的评判作用，我们可以笼统地讲：只有符合法治理性的法律解释才是真正理性的、值得尊崇的！而法律解释的法治理性，在法理学（法解释学）之中通常是以"法治原则"、"法律解释的原则"之名来阐释的。法解释学原理认为，法律解释的原则很多，如维护法治、维护正义、宪法至上、合法性、合理性、客观性等，而其中客观性与合法性原则不但具有根本法治意义，而且它们之间有时易发生冲突，因而客观性与合法性需要得到特别强调。[①] 同时，随着实质法治理性的逐步彰显，许多法律解释者认为还应强调法律解释的正当性。由此，法律解释的价值理性维度，一般认为具体包括"三性"：合法性、客观性、正当性。

法理学对法律解释的价值理性维度之"三性"通常有如下阐释：（1）合法性。法律解释的合法性，包括形式意义与实质意义的合法性两个方面。形式意义的合法性，是指法律解释限于实在法规范形式之下，方能够获得规范有效性与形式合理性。就刑法解释论观察，正如有学者指出，刑法解释第一位的价值目标理所应当是形式合理性，即"刑法解释的价值目标在于尊重、实现实定法所规制的形式及其内容"，且"刑法解释在实现形式合理性价值目标时，应当在等于成文法文义范围内或小于成文法文义范围内进行解释，但不可以超越成文法范围，这也是刑法解释尊重、遵循罪刑法定原则最好的体现"[②]。而实质意义上的合法性，是指法律解释之内容有效契合特定社会价值和社会期望，因而具有在社会上的或事实上的有效性，能够有效获得公众普遍接受。有学者指出，刑法解释必须"在形式合理性框架下实现实质合理性的目标。以刑事法律规范为载体的刑法解释，自然应在法规范的价值目标内进行正确的法律阐释，以保证法律的正确适用"；必须尊重法益并保护法益目标，是"对犯罪实质违法性的一种判定和揭示，也是对法益保护理念的一种弘扬"[③]。（2）客观性。法律解释的客观性，又叫确定性、客观确定性。法理学认为，法律解释的

[①] 法律解释的合法性与客观性在法律解释学上还存在一些特别阐释。有学者认为，"总的来说，合法性是法律解释的最基本原则，客观性与合理性都是为合法性进行论证的原则。广义上的合法性能涵盖这两个原则。当然这里的合法性之法不应包括那种'不法'之法，而是包括了法律规范、法律精神、法律价值和正当程序之法"。金钊、焦宝乾、桑本谦、吴丙新、杨建军：《法律解释学》，中国政法大学出版社 2006 年版，第 13—15 页。

[②] 徐岱：《刑法解释学基础理论建构》，法律出版社 2010 年版，第 115 页。

[③] 同上书，第 114—116 页。

客观性有两层意思：一是法官解释法律应探寻法律字里行间的原意，对法律的意思进行客观的而不是任意的解释；二是假如法官不能在法律文本中发现法律，也不能随意曲解法律，应在法律文本外发现法律，"法律文本外的因素主要是指法律的非正式渊源，如公平、正义观念、善良风俗、法理学说、事物本质等。这些非正式法源在立法者看来不是法律，但它对遏阻法官的任意裁判有重要意义，因而被视为解释法律的客观因素"[①]。（3）正当性。法律解释的正当性，意指法律解释的内容、形式和结论本身必须是合理的、正当的。为此，法律解释必须恰当权衡各个基本维度之间的关系，并强调社会效果与法律效果的统一。

2. 对象理性维度

一般认为，法律解释的对象包括法律文本（规范文本）与案情事实。其中，法律文本是法律解释的首要对象、基础对象，对于法律解释研究具有更为基础的意义，因而，法律文本通常是法解释学研究的重点。同时，案情事实也是法解释学必须关注和解释的对象，由此才能将法律文本与案情事实对接，将文本意义上的"死法"变成现实意义上的"活法"，并对现实社会生活发生实际作用。

而作为法律解释对象的法律文本又有三个具体维度，即立法本意、客观意思、规范实质。立法本意，又叫立法原意，是指立法文本及其具体的法律条文所表现出的立法者的本意（本义）。在逻辑上，立法本意可以划分为立法者本意、文本原意、解释者领悟之意，其中文本原意在现代法律解释论上被视为最能体现解释客观性之圭臬，而解释者领悟之意还可以进一步区分为解释者领悟之本意、解释者领悟之新意（客观新意）。客观意思，是指法律文本所可能表现出来的各种客观含义，尤其强调在解释者解释文本的"当下"其所包含的各种客观含义。规范实质，是指法律文本规范（形式）所包含的实质内容。

法律文本的具体三维之间的关系，是既有一致性也有差异性，并且这种一致性和差异性并存的特性往往成为法律解释之争的重要方面。立法本意、客观意思、规范实质三者，在相当多的场合都可以是一致的，这时一般就不存在疑难。但是，此三者在不少场合存在较大差异，难免产生解释

[①] 陈金钊、焦宝乾、桑本谦、吴丙新、杨建军：《法律解释学》，中国政法大学出版社2006年版，第14页。

结论上的重大分歧。一般而言，立法本意通常比客观意思、规范实质更狭窄一些，也更确定一些。反过来说，客观意思与规范实质通常比立法本意更宽泛一些、易变一些。而三者之间差异性产生的基本原因，既可以是立法漏洞，即立法不周全、不明确、不科学，这是产生差异性的重要原因，因此，减少差异性的治本之道在于制定良法、杜绝立法漏洞，以最大限度地解决刑法解释之间的分歧。又可以是解释者个体及其刑法观的差异，即不同的解释者个体（如法官等），由于其自身的阅历与"前见"不同，自身的身份、地位、利益诉求不同，自身坚持的刑法观不同，可能导致其对刑法文本的看法（法律解释结论）也不同，从而解释者个体及其刑法观的差异即可以成为"增添"或者"扩大"三者差异性的原因，因而减少差异性的重要方面还在于有效培养解释者的法律素养，尤其是塑造共通的法治理性。

3. 方法理性维度

法律解释方法既是法律解释的重要理性维度之一，又是法律解释理性整体的集中体现，因为法律解释的全部理由和最终结论均可以体现在法律解释方法上。法理学认为，法律解释方法不但涉及方法论意义上的文义解释方法与目的解释方法之间的冲突，还涉及法律解释过程论意义上的封闭方式与开放方式之间的冲突。[①]

（二）刑法解释保守性的正当性

我们说刑法解释的特殊性，是指刑法解释不同于民法、行政法等其他部门法解释的特别规定性，此点即本书所主张并欲加以初步论证的"刑法解释的保守性"。表面上看，刑法解释学的特殊性在于其解释对象特殊，这就是刑法规范与刑案事实（案情事实）。但深层次看，刑法解释学的特殊性在于其价值追求、法理意蕴具有特殊性，这就是刑法解释学应特别强调人权保障，尤其是犯罪人的人权保障，相应地，其所关照的秩序价值仅限于"最低限度的必要秩序"，或者换句话说反对"过剩秩序"。此种刑法解释保守性的正当性，源于刑事法治理性的保守性。

刑事法治理性有无区别于其他部门法之法治理性的特殊性？如果有，

---

① 陈金钊、焦宝乾、桑本谦、吴丙新、杨建军：《法律解释学》，中国政法大学出版社2006年版，第11—13、16—18页。

那么刑事法治理性的这种特殊性何在，其对于刑法解释论的意义是什么？这些问题是值得刑法解释论特别关注和考量的问题。如果说法治理性对于刑法解释之争提出了法治风险问题，那么可以说，刑法法治理性的特殊性就更进一步强化和细化了这种法治风险，这就是人权保障风险。或者换句话讲，法治风险在刑法领域的集中体现就是因防控犯罪（即秩序价值）而产生的特别的人权保障风险。为了有效防范人权保障风险（即刑法领域的特殊法治风险），刑法从法理到实践均做了合理应对：一方面，在刑法理论上强调刑法必须坚持罪刑法定主义以及某种谦抑性、不得已性、最后手段性（有的学者表述为谦抑性原则等）；另一方面，在刑法立法上明确规定罪刑法定原则，有的国家将罪刑法定原则上升为宪法原则，我国立法则分别在《立法法》第8条和《刑法》第3条中明确规定了罪刑法定原则条款（规范形式），确认了罪刑法定理性即刑事法治理性（规范实质）。因此可以说，罪刑法定理性就是强调刑事法治理性区别于其他部门法之法治理性的特殊性，其目的就在于有效防范人权保障风险。《刑法》第3条特别规定："法律明文规定为犯罪行为的，依照法律定罪处刑；法律没有明文规定为犯罪行为的，不得定罪处刑。"这个法条从正反两个方面规定了罪刑法定原则，尽管存在一些理论上的争议，但是，它不容置疑地宣示了"法律没有明文规定为犯罪行为的，不得定罪处刑"这样一种刑法解释（刑法司法）的保守性意蕴。而《立法法》第8条特别规定："下列事项只能制定法律：……（四）犯罪和刑罚；（五）对公民政治权利的剥夺、限制人身自由的强制措施和处罚。"这个法条，使得"刑法立法漏洞由立法填补原则"成为一个基本的刑事法治原则。换句话讲，这个法条实质上就是"禁止刑法立法漏洞司法（解释）填补"，它同样也宣示了刑法解释（刑法司法）的保守性意蕴。综上所述，作为刑事法治理性的罪刑法定理性，其所具有的十分重要的刑法解释论意义，就是它宣示了刑法解释的保守立场（保守性）。或者说，刑事法治理性可以成为刑法解释保守立场的法理基础。

正是由于刑事法治理性的保守性发现，我们认为，在遵从法律解释的一般理性（合法性、客观性和正当性）的基础上，刑法解释理性应当增添保守性。具体可以说，刑法解释的保守性，正是刑法解释的特殊性，只有遵从了刑法解释的保守性才能够获得刑法解释的正当性。换言之，刑法解释的正当性理性必须体现保守性并接受保守性的限制，此即刑法解释保守性的正当性。

　　刑法解释保守性获得了法理学上的充分确认，具备法律解释学意义上的正当性。法理学一般认为，法学总体上看是一门比较保守的学科，保守性是法学的一种重要性质。[①] 尽管法学、法律解释学本身是一个开放的知识领域，而不是一个封闭的知识盒子，且"法律解释学是一个综合性学科，虽然主调是规范法学，但不是封闭性学科，而是主动吸收来自价值法学、法律社会学、语言学、哲学解释学的营养"。但是，"由于法律解释对法律文本意义的安全性存在着威胁，所以在司法实践中必须运用解释的原则与技术"，因而"法律解释学是一种带有保守主义倾向的学科。这种保守表现在政治上维护现有秩序；文化上保守传统思想；思维方式上倾向于日常思维模式，主张有限、稳健、渐进地进行社会的改良；行为目标上追求法制，捍卫传统的法律价值，主张和谐、中庸地处理人与人之间的关系。在法律解释的思维中，按照法治与法律职业的基本规范，解释主体没有太大的创新空间，奉行的是典型的保守主义信念"，"法律解释不在于提出新的见解，而是在规范中发现针对案件的解决方案。法律解释学的基本倾向是维护已经明确的行为规范"。[②] 法理学者姜福东更是进一步明确强调，"尤其是在刑法这种非常强调封闭型体系的部门法领域，如果依据传统法律解释方法（准则）无法做出具有充分说服力的解释时，就不可贸然越过该种界限，而作进一步的类推思考。否则就有可能陷入读者决定论的、'造法'的境地"[③]。

　　刑法解释保守性有效契合了罪刑法定原则和刑法谦抑性的基本要求，获得了较多刑法学者的认同，具备刑法解释学意义上的充分的正当性。因为如前所述，罪刑法定原则的基本要求就是适当限制国家刑罚权以充分保障人权，其基本要求是刑法解释必须保守和内敛，反对过度解释和国家刑罚权的过度张扬。而"刑法谦抑性究其实质，无非是限制刑法的扩张，使其保持在一个合理的范围之内，其可以通过刑事立法上的犯罪圈的划定、刑罚处罚范围、处罚程度和非刑罚处罚方式的适用、刑法解释等方面加以体现，其中刑法解释因是动态的刑法适用第一层次的问题，最能够体

---

　　① 参见苏力《反思法学的特点》，载《读书》1998年第1期。
　　② 陈金钊：《法律解释学——权利（权力）的张扬与方法的制约》，中国人民公安大学出版社2011年版，"自序"第1—6页。
　　③ 姜福东：《法律解释的范式批判》，山东人民出版社2010年版，第107页。

现刑法谦抑的精义"①。为此，部分刑法学者强调了刑法解释的从属性、严格性等特征。如赵秉志教授明确指出，刑法解释的特征之一是"解释性质的从属性"，认为刑法解释具有从属于刑法立法的性质，刑法解释的任务只是对已有刑法规范的含义进行阐明，不能突破刑法立法所确立的刑法规范，否则罪刑法定主义和刑法的人权保障机能必将成为空谈。② 再如有学者指出，刑法解释具有从属性和严格性特征，刑法解释的从属性是指刑法解释必须充分尊重和严格遵从刑事立法的内容、精神和权威，并且严格遵从刑法规定的字面含义、刑法立法的目的、刑法的效力等。刑法解释的严格性是指刑法解释必须格外慎重，当然需要严格操作、严格解释。③

发现并提出刑法解释保守性的正当性具有十分重大的刑法解释论意义。法治理性中的合法性原则存在抽象化现象，且正是由于合法性判断标准本身被抽象化，因而几乎所有的刑法解释立场都可以为自己进行合法性辩护（无论其本身是否具有合法性），使得合法性成为一个难以言说的"公说公有理，婆说婆有理"的问题，因而在表面上，合法性原则不足以成为否定任意解释的充足理由，其既不能成为否定任何意义上的刑法的客观解释与实质解释的依据，也不足以成为拒绝任何意义上的刑法的主观解释与形式解释的理由。法治理性中的客观性原则，反过来又很容易在客观解释与实质解释之中被消解、被突破，因为客观解释与实质解释通常具有脱离客观性的倾向，从而存在突出的法治风险，而这种法治风险无法依据合法性原则予以有效防范，因为如前所述，合法性原则本身存在抽象化现象而无法有效杜绝任意解释现象的发生。同时，主观解释与形式解释尽管在相对意义上有利于实现客观性，但又难以充分自证其实质合法性与正当性。但是，刑法解释保守性的正当性却能够在相当意义上有效防范刑法解释的合法性之抽象化与客观性之被消解的现象，从而有助于恰当限定刑法解释的合法性与客观性的合理限度，有助于更加理性地权衡和评判刑法解释论上出现的主观解释与客观解释之争、形式解释与实质解释之争。因而，刑法解释保守性的正当性成为一个具有特别重大的刑法解释论意义的

---

① 徐岱：《刑法解释学基础理论建构》，法律出版社2010年版，第75页。
② 参见赵秉志、陈志军《论越权刑法解释》，载《法学家》2004年第2期。
③ 参见王季秋《论刑法解释的若干问题》，硕士学位论文，武汉大学，2004年，第9—18页；杨艳霞《刑法解释的理论与方法：以哈贝马斯的沟通行为理论为视角》，法律出版社2007年版，第182—186页。

全新命题。

综上可以得出结论，刑法解释的保守性主要体现在以下三方面：

其一，刑法解释的法治理性维度的保守性。刑法解释的法治理性维度的保守性，是指刑法解释之法治目标与解释结论的保守性，即倾向于保障人权机能的价值目标权衡的解释结论。尽管我们可以笼统地讲，刑法解释目标在于正确适用刑法，以确保人权自由和社会秩序两大价值机能的同时实现。但是，我们必须牢记，刑法解释的核心、出发点和归宿点均在于保障人权，因为我们维护社会秩序价值本身的终极目标恰恰也在于保障人权。"人权自由最大化与必要社会秩序最低限度化"是一对紧张关系，在相当意义上是终极目标与必要手段的关系，应当以终极目标为核心、出发点和归宿点。因此，在具体个案中，不同的解释立场和解释方法可能会得出不同的结论，这时就必须注意解释结论的保守性，即寻求倾向于保障人权机能的价值目标权衡的结论。刑罚的最后手段性、不得已性、谦抑性，正是这种解释结论的保守性的深刻表达，亦即可定罪可不定罪时，解释结论应当是不定罪（不逮捕、不定罪、不判刑）；可免除处罚可不免除处罚时，解释结论应当是免除处罚；可缓刑可不缓刑时，解释结论应当是缓刑；可杀可不杀时，解释结论应当是不杀；等等。

其二，刑法解释的对象理性维度的保守性。刑法解释对象维度的保守性，是指刑法解释对象（即解释文本与对象事实）及其存在状态的保守性，即作为刑法解释对象的文本仅限于刑法规范文本，作为刑法解释对象的事实仅限于有确实、充分的证据予以证实之刑案事实。作为刑法解释对象的文本，只能是刑法，即刑法典以及刑法修正案、单行刑法、附属刑法。因而，"刑法"以外的其他法律文本以及全部"软法"文本，[1] 其中包括我国最高司法机关出台的各种"司法解释"规范文本，均不属于作为刑法解释对象的文本。尽管我们在某种特定语境下也承认存在"司法解释也需要解释"的必要性，[2] 但是其真实含义是指由于司法解释（文

---

[1] 目前学界关于"软法"的界定还不统一，详见本课题第三章的相关论述。有学者认为，"软法"，是指与国家权力机关依法制定的"硬法"相对的、原则上没有法律约束力但有实际效力的行为准则，既包括政策、章程、内部通知、指导性规则、官场潜规则，又包括那些"没有法律约束力，但有实际效力"的道德、伦理、风俗、习惯等社会行为规则。参见罗豪才、宋功德《软法亦法——公共治理呼唤软法之治》，法律出版社2009年版，第358页。

[2] 曲新久：《刑法解释的若干问题》载《国家检察官学院学报》2014年第1期。

本）对"刑法"规范文本（即刑法典、单行刑法和附属刑法）的解释不到位，从而才出现"司法解释也需要解释"的现象，换言之，"司法解释也需要解释"的终极原因是司法解释（文本）没有有效完成其对作为刑法解释对象的"刑法"规范文本的解释任务。可见，作为其解释对象的"终极"对象文本在实质上仍然是"刑法"规范文本，判断司法解释（文本）本身是否正确的对象依据仍然只能是"刑法"规范文本。而作为刑法解释对象的刑案事实，只能是"证据确实充分"予以证实的案情事实，而不能是诸如民事领域之中所要求的"优势证据"予以证实的案情事实。关于刑法解释对象事实与其他部门法之法解释对象事实的这一简单对比其实也表明，作为刑法解释对象的"事实"远比作为其他部门法之法解释对象的"事实"要严格得多、保守得多，[①] 其从刑法解释对象的角度十分鲜明地彰显了刑法解释的保守性。

其三，刑法解释的方法理性维度的保守性。刑法解释方法维度的保守性，是指解释方法及其限度的保守性，即应当仅限于刑法立法规范文本原意并允许倾向于保障人权之限度。在刑法解释的解释方法与解释限度上必须坚持保守性，刑法解释应当承认刑法规范文本文字含义的相对确定性，以解释刑法立法规范文本原意并倾向于保障被告人人权为限。除有利于被告人以外，刑法解释原则上应当反对超规范解释（如教唆自杀问题）、过度的目的解释、过度的客观解释、过度的实质解释、过度的扩张解释，坚决禁止类推解释。至于在极少数情况下通过客观解释和实质解释而将刑法规范作出不利于被告人的解释结论，只能作为原则之下的个别例外，不得作为常态。

二 历史文化依据：近现代社会转型与刑法解释的保守性

社会转型与刑法解释的立场方法之间具有一定的内在关联。那么，这种内在关联何在，二者之间具体的对应演变规律是什么？这些问题的考察和慎思，对于我们研讨刑法解释的保守性论题具有重要意义。

---

① 本书因侧重研究作为刑法解释对象的文本之解释原理，故对于作为刑法解释对象的刑案事实之解释问题不展开深入论述。

(一) 近现代工业社会转型而强化了传统刑法解释的保守性特质

法理学关于社会发展变迁与法律解释（广狭义的）之间的内在关联关系原理，对于我们认识社会转型与刑法解释的立场方法之间的关联关系有借鉴意义。关于社会发展变迁与法律解释之间的内在关联关系问题，获得了法理学的特别重视和深入研究，尤其是其中法律史学与法律史解释学的一些大家巨擘，如庞德等，在这方面的研究成果为我们提出了许多真知灼见。庞德认为法律的发展史大致经历（已经经历或者将要经历）"原始法"、"严格法"、"衡平法和自然法"、"成熟法"、"法律的社会化"（此后还有可能出现"世界法"）诸阶段；当下"法律的社会化"正是指19世纪末以降西方国家的法律发展阶段，此阶段法律的重点乃是从个人利益逐步向社会利益的转化，法律的目的就是以最低限度的阻碍和浪费尽可能地满足各种社会利益，但由于法律既不是相同的又不是完全不同的或者既有传统成分又有创新成分的螺旋式发展、法律必须稳定但又不能静止不变、法律秩序必须既稳定又灵活等特点，主张可以据法司法也可以无法司法（后者指根据某个在审判时拥有广泛自由裁量权且不受任何既定的一般性规则约束的个人的意志或直觉进行的一种行政性的司法），法律人的理性（内含着传统性经验的理性和当下即时性的理性）可以在法官发现法律规则、解释法律规则并将法律规则适用于具体案件的时候为他们提供指导。[①] 针对法律必须稳定但又不能静止不变的论断，庞德指出：所有的法律思想都力图协调稳定必要性与变化必要性这两种彼此冲突的要求，此种协调问题从某个方面来看变成了一个在规则与自由裁量权之间、在根据确定的规则（或至多根据从严密确定的前提所作出的严格的推论）执行法律与根据多少受过训练的有经验的司法人员的直觉进行司法之间以及在一般安全与人类个体生活之间进行调适的问题。关于法律史的众多解释当中，"有四类解释对我们理解19世纪的法律思想有着特别重要的意义，而且还对今天的法律科学有着重大影响：（1）唯心主义的伦理学解释，以及它所具有的一种特殊的被称之为宗教解释的形式；（2）政治解释；（3）根据生物学或者人种学所做的实证主义解释；（4）各种经济解释，无论是唯心主义的经济解释或机械实证主义的经济解释，还是分析社会学

---

① 参见邓正来《社会学法理学中的"社会"神》，载《中外法学》2003年第2期。

形式的经济解释。上述每一种解释都确立了自己的法律之神,作为支撑法律律令的毋庸置疑的权威和法律发展中的终极动因"①。

历史观察可以发现,古代农业社会经历了漫长的历史发展,其间刑法解释活动已经呈现出某种由蒙昧、神秘、激进走向科学、公开、保守的发展迹象,而这种迹象在古代农业社会向近现代工业社会转型的过程中获得了哲学确证和实践体认,从而实现了人类刑法解释的保守性转变。刑法史学发现,古代农业社会由于大量出现了刑法规范文本(其整体内容相当于刑法典、单行刑法和附属刑法之文本总和),因而在刑法实践活动中逐渐出现了较为普遍的刑法解释现象,包括针对个案的刑法解释适用活动、针对文本的刑法解释文本制作,以及针对前两者的学术研究活动。后者即形成了古代刑法解释理论,如我国古代的律学。学界认为,自公元前536年郑国执政子产"铸刑书"开始,中国古代第一部成文刑法即正式诞生,中国古代的刑法解释活动也相继而生,在学理上可以从中国古代刑法的立法解释、司法解释、学理解释以及解释方法四个方面进行考察总结。中国古代刑法立法解释与司法解释的特点之一,是国家没有设立专司立法解释与司法解释的机构,仅由皇帝诏令国家官吏进行刑法解释活动或者直接采用民间达人的刑法解释意见,如湖北云梦《秦简》中的《法律问答》即是由高级官员所作的刑法解释,西晋张斐、杜预应皇帝诏令对《晋律》进行注解,唐朝长孙无忌等15人应唐高宗诏令解释《永徽律》而作《永徽律疏》,其后经唐末、五代、两宋直至元朝不断充实完善而最终形成代表中国古代刑法解释的最高成就的集大成者《唐律疏议》,东汉末年郑玄对《汉律》所作的章句解释是在皇帝下旨认可后而获得权威性的。其特点之二,则是刑法的立法解释文本可以独立颁行也可以附录于律文之中颁行。而中国古代对民间达人进行的刑法解释活动大致经历了秦朝被禁锢到秦朝之后逐步开放的过程,逐步形成了中国古代蔚为壮观的律学,其运用的刑法解释方法包括了文理解释与论理解释,且论理解释中较多地运用了扩张解释、缩小解释、比较解释、历史解释与类推解释等。② 同时,中国古代律学的发达也是伴随着中国古代儒学和经学的发达而相得益彰的。有

---

① 庞德:《法律史解释》,邓正来译,中国法制出版社2002年版,第2—3页、第29页。

② 参见李希慧《刑法解释论》,中国人民公安大学出版社1995年版,第1—11页。

学者指出，中国古代律学的精髓是以经注律（以儒家经义注释律学），因此，"律学是中国古代特有的一门学问，是秦汉时期随着成文法典的出现，统治阶级为了使法典得以贯彻实施对其进行注释诠释因而形成的一个学术研究领域，它是中国法学的一个重要组成部分"[①]。而由于中国古代法律的主体内容是刑法，因而也可以说，中国古代律学不但是法律注释学，而且也是中国古代的刑法解释学。律学是我国古代封建社会法律解释理论的最高峰，其已具有反思以往的和当时的法律解释现象并且已经逐渐呈现出追求某种科学合理性的特点，尽管其中还明显存在欠缺现代法治要旨的不足。正如有学者指出的那样，"中国古代以经注律的诸事活动，不是单纯的、机械的注释法学，而是带有浓厚的论理、说理和学理的成分和色彩，未达到注释的结论能够被人接受特别是能够上升为官方判案依据的目的，注释学家采用了多种形式进行解释"，从而使得中国古代律学"成为中国法文化最具特色的标签与识别标识"。同时，中国古代以经注律活动及律学，因无近代意义上的罪刑法定原则的限定而在很大程度上仍然是皇权和吏权的一种恣意使用，并导致法外用法、因人而异的恶果。[②] 尽管如此，我们还是应当看到，中国古代律学"以经注律"的文化传承，有助于避免天马行空式地随意阐释法律规范实质，表明其对于刑法规范的法律解释（刑法解释）已经具有某种意义上的保守性趋向。

　　随着古代农业社会向近现代工业社会转型，哲学发展史上出现了相应的哲学转变，相应地，古代律学逐步演变为近现代意义上的传统法律解释学，传统刑法解释学获得了新生并逐渐走向成熟完善。尽管中国古代律学"以经注律"的传统与西方《圣经》解释的传统具有相通之处，但是从解释对象维度的理性而言，西方《圣经》解释传统更加有利于契合古代农业社会向近现代工业社会转型过程中的哲学转变与法律解释理性。在这种社会转型中，神学解释学哲学、人权哲学、政治哲学和方法论解释学逐渐融合，传统法律解释学应运而生。法理学者认为，法律解释与《圣经》解释一样，都要求有特定的权威主体，都强调解释主体的权威性与独断性，正如后者的解释主体只能由牧师担当一样，前者（法律解释）的解

---

① 何勤华：《秦汉律学考》，载何勤华主编《律学考》，商务印书馆2004年版，第37页。
② 徐岱：《刑法解释学基础理论建构》，法律出版社2010年版，第5—8页。

释主体只能由法官担任，两者解释结论均获得了充分的权威性。[1] 这种将法律解释与《圣经》解释相提并论的主张，实际上指明了法律解释者妥当安置其主体性的一条大体正确的路径，规定了法律解释的大体路径以及必须遵循的某些原则与规则，亦即，"法律解释者应该借鉴圣经解释学扎实的解经与适当的释经两过程法，遵循解经与释经相应的规则与原则"[2]。

而在近现代工业社会转型中的传统解释学知识积累上，建立独立而完备的法律解释学之学科体系的条件已经具备，刑法解释学之学科独立所需的基石范畴、逻辑中介和逻辑学科终点三个条件已经成熟，"刑法解释权是刑法解释学的基石范畴，刑法解释行为是刑法解释学的逻辑中介，而刑法解释结论及其运用则是刑法解释学的逻辑终点"[3]，从而，刑法解释学的学科体系逐步走向成熟和完善。

同时，在近现代工业社会转型中的政治文明与人权哲学之发展，主张民主、法治、人权的政治诉求被整体地提上了人类政治文明发展日程，要求严格规范适用刑法以有力保障人权。在此背景下，传统刑法解释学获得了极力推崇和昌盛发达，尽管严格罪刑法定原则在原初立场上"反对解释"，但由于刑法适用、其中包括罪刑法定原则的贯彻执行本身在实质意义上根本离不开刑法解释，文本的刑法必须转化成为生活的刑法，因而实质意义上的刑法解释的保守性获得了普世确认。权力制衡和三权分立的政治理论与实践，由于强调司法权（解释适用刑法）不得侵蚀立法权。反对罪刑擅断与保障人权，由于其同样也只能在保守地解释适用刑法之中获得成功，客观上均要求必须坚守刑法解释的保守性。

综上，传统刑法解释学（统摄于传统法律解释学）由于神学解释学哲学、人权哲学以及方法论学科体系化的发展而获得了充分的哲学基础，且传统刑法解释的保守性问题因应近现代工业社会转型和政治文明发展的需要而被提上议事日程，成为刑法解释学的一个重大理论问题和实践课题。

（二）近现代工业社会向后现代社会转型之哲学与解释学转向

近现代工业社会向后现代社会转型，哲学史上相应地发生了一系列重

---

[1] 参见陈金钊《法治与法律方法》，山东人民出版社2003年版，第246页。
[2] 姜福东：《法律解释的范式批判》，山东人民出版社2010年版，第123—129页。
[3] 徐岱：《刑法解释学基础理论建构》，法律出版社2010年版，第15—20页。

大的哲学转型,其中哲学解释学的异军突起给刑法解释学带来了深刻的革命性的发展,现代刑法解释论上的系列命题引起了广泛和深刻的讨论,其中刑法解释的保守性问题面临着前所未有的挑战,并成为一个重大的理论与实践问题。

关于近现代工业社会向后现代社会转型,学术上存在不同的哲学观察和结论,突出的方面有哲学解释学(哲学诠释学)与分析哲学的异军突起。

一般认为,在海德格尔和伽达默尔的有力推动下,哲学解释学完成了从认识论和方法论性质的传统解释学向本体论和存在论性质的后现代哲学解释学的转变,而解释学的此种"本体论转向"在本质上即是试图颠覆传统解释学的认识论、方法论固有范式,建立起一门关于理解(解释)乃是人的自身存在方式的学问。自20世纪中叶开始,西方法学界因应哲学解释学之"本体论转向",不少学者针对传统法律解释方法论进行批判和解构,力图重新建构起本体论意义上的法律解释学。正如有学者指出的那样,"在德语世界,许多法学家把哲学解释学的基本概念、立场和原理运用到法律解释问题的研究当中。而在英语世界,伴随着英美分析哲学和大陆哲学解释学的交汇融合,不少法学家也在其研究中引入了伽达默尔本体论解释学的理论资源。由此,西方人拓展出了一种不同于传统科学主义范式下的、认识论和方法论意义上的法律解释学(理论)。上述这种解释学的本体论转向在法学领域不断影响、日益渗透的结果,引发了本体论意义上的法律解释学与方法论意义上的法律解释学二者之间的紧张关系"[1]。对此,有学者进一步总结说,在法学领域,当今西方法学界对传统法律方法的批判,从哲学诠释学层面上观察就是本体论对方法论的批判和颠覆,从而在新的哲学基础上建构本体论上的法律解释理论。如德国法学家拉伦茨在以"法学方法论"之名讨论法律解释问题时,其所谓法学方法论却颇不同于法教义学在科学传统影响下的方法论概念,而更多地使用了哲学诠释学(尤其是伽达默尔)的知识资源。[2] 可见,伴随着哲学解释学的出现与发展,传统的法律解释学和法学方法论均出现了吸纳借鉴本体论解释

---

[1] 姜福东:《法律解释的范式批判》,山东人民出版社2010年版,第1—2页。
[2] 参见陈金钊、焦宝乾、桑本谦、吴丙新、杨建军《法律解释学》,中国政法大学出版社2006年版,第43页。

学知识资源的后现代的法律解释学和法学方法论的理论转型。

哲学解释学对法律解释学具有怎样的意义？这是法学家和法律人最为关心、最为纠结的一个问题。作为哲学解释学创立者的伽达默尔认为，哲学解释学与法律解释学具有统一性，"而在这种统一性中，法学家、神学家都与语文学家结合了起来"[①]。西方当代一些著名法学家如哈特、德沃金、哈贝马斯、波斯纳、费希、拉伦茨等，针对法律解释的重要观念、规则、方法等问题展开了深入检讨，试图给出某种科学合理的答案。有学者指出，哲学解释学运用于法律解释学的重要纠结在于，哲学解释学在下列两个方面形成了对法治理论的重大挑战，一是深刻拷问法治命题成立的理由，二是法治遭遇理解。法律的客观性以及由此引申的法律的确定性，是法治理论能够成立的主要前提，因此推翻法律的客观性、确定性的信念，否认在法律问题上有唯一的正确答案，法治大厦的逻辑体系就会坍塌。但是，伽达默尔所创设的哲学诠释学却对法治理论提出了严峻的挑战，这一挑战主要集中在伽达默尔关于理解的一组命题上。理解是传统诠释学和当代诠释学的核心概念，而"伽达默尔谈的理解有如下几个方面的意思：第一，理解同时是人的自我理解；第二，理解是一个事件、遭遇，是你——我，它是互动关系中的理解；第三，理解不是任意的言说，传统通过语言自有进入理解的途径；第四，最后的结论是：只要有理解，理解便会不同。只要存在理解，人们就总是在使用不同的方式进行理解。理解包含着一种丧失自身的因素。这样，他实际上等于放弃了正确诠释的标准，他要求诠释者在规范性问题的理解中，思考多种理解世界的差异。理解不是对对象的客观性的理解。对这种丧失对象客观性的不同理解，即放弃理解的正确标准的理解，法学家们表现出很大的忧虑。因为这种观点等于否定了法学家们千百年来所锻造出的法律体系的自足性、意义的确定性，以及法律诠释者追求的法律的客观性"[②]。法学家们所表现出的担忧，在刑法解释领域可能更为突出，因为刑法解释直接关涉公民自由和生杀予夺等重大法益，稍有不慎就可能滑入随意出入人罪和罪行擅断的历史窠臼。尤其是哲学解释学所揭示的"只要有理解，理解便会不同"之真谛，不但给

[①] 伽达默尔：《真理与方法》（上卷），洪汉鼎译，上海译文出版社1999年版，第422页。
[②] 谢晖、陈金钊：《法律：诠释与应用——法律诠释学》，上海译文出版社2002年版，第67—78页。

刑法解释的确定性带来根本挑战，而且也导致刑法解释的保守性荡然无存的巨大风险。

那么，人类理性应当如何认识和恰当解决刑法解释的保守性问题所面临的前所未有的挑战？或许，如下文所述现代方法论法律解释学的回归能够成为一个参考答案。

（三）现代方法论法律解释学的回归与刑法解释的保守性问题

深受哲学解释学与本体论解释学的相对主义、主观主义和多样性解释立场影响的后现代法学之法律解释学（后现代法律解释论），过度强调了"法律及法律解释的不确定性、差异性、无标准性和不可预测性的游戏特质"，由于其与近现代方法论意义上的法律解释学所主张的"捍卫法律及法律解释客观性、确定性、普遍性、公正性等理性主义价值观念"之法治特质背道而驰，因而引发了法学界广泛深刻的反思检讨，主张正确对待哲学解释学并适当吸纳其合理成分，甚至主张从后现代法律解释学回归现代法律解释学。正如有学者指出："解释学从前现代的特殊方法论（如神学解释学、法律注释学等）发展为现代一般解释学（施莱尔马赫、狄尔泰的客观主义方法论解释学），再从一般解释学'转向'当代哲学解释学（海德格尔和伽达默尔的存在论、本体论解释学），随之又出现了从本体论解释学向方法论解释学的'回归'（如赫施、利科、贝蒂等队本体论解释学的反思或批判，对方法论解释学的维护或发展），这种运行轨迹背后所蕴含的规律，对于法律解释学的发展范式的确定，具有十分重要的启示意义。"[①] 这种认识和判断是很有道理的，尤其是对于刑法解释而言，坚持现代方法论法律解释学的基本立场十分有利于贯彻罪刑法定原则和刑法谦抑主义精神，从而使刑法解释的保守性获得确认和保证。

需要指出的是，坚持现代方法论法律解释学立场的刑法解释学，同样可以适当吸纳哲学解释学之中的一些"科学的"与"合理的"成分，以恰当确认和有效实现刑法解释的保守性。有学者指出："哲学诠释学这种本体论性质的解释学在传到中国之后，在国内学界的影响迅速扩大。近些年甚至出现了这样一种日趋繁荣的景象：无论法学理论界还是法律实务界的人士，在研究法律解释学和探讨法律解释问题的时候，常常自觉、不自

[①] 姜福东：《法律解释的范式批判》，山东人民出版社2010年版，第2—17页。

觉地以哲学解释学的观点或原理作为其理论的依据。法学界越来越多的人包括各个部门法学界的人士,纷纷将前理解(前见、前有、前概念)、效果历史、视域融合、对话、事物的本质、诠释学循环、解释的普遍性等哲学解释学的理论资源,积极地引入自己的理论建构和思想渊源(体系)之中。这种多少有些'趋之若鹜'的现象,更引起我们对于本体论意义上的法律解释学与方法论意义上的法律解释学二者之间关系究竟应该如何处理的思考。"[①] 而笔者恰恰认为,在坚持现代方法论意义上的法律解释学立场的基本前提下,适当承认并重视哲学解释学之前理解(前见、前有、前概念)、效果历史、视域融合、对话、事物的本质、诠释学循环、解释的普遍性以及"只要有理解、理解便会不同"等哲学解释学的理论资源是十分必要且有益的,关键是我们必须在理论上深刻阐释哲学解释学所提供的知识资源对于我们开展法律解释的重大意义及其理性应对,而不是采取自欺欺人地视而不见、听而不闻或者避而不谈等消极的抵制。例如,在刑法解释中,正因为我们适当承认并重视哲学解释学之前理解(前见、前有、前概念)、效果历史、视域融合、对话、事物的本质、诠释学循环、解释的普遍性以及"只要有理解、理解便会不同"等哲学解释学的理论资源,我们才有更为充分的"理论根据"要求任何一位刑法解释者不得仅以"我的理解"进行独断解释,而必须充分听取、谨慎审查、理性权衡"他的理解(非我的理解)",以沟通理论、对话理论、交换理论、法律论证理论等对最终的解释结论进行充分说理,从而达致刑事法治理性之形式合理性与实质合理性。当然,为了达致刑事法治理性,刑法解释的保守性必须得到有力坚守。

三 学术价值:当下中国刑法解释论之争与刑法解释的保守性

当下中国刑法解释论之争主要有两种争论:一是主观解释与客观解释之争;二是形式解释与实质解释之争。如何认识当下中国刑法解释论之争及其对于刑法解释的保守性命题之学术价值,是一个值得特别关注和深入检讨的问题。

[①] 姜福东:《法律解释的范式批判》,山东人民出版社2010年版,第2页。

（一）当下中国刑法解释论之争的外观与内核

通过梳理刑法解释的主观解释与客观解释之争、形式解释与实质解释之争的基本内容，可以发现刑法解释论之争的内核在于如何合理权衡刑法实践中的刑法立法公正与刑法司法公正之间、秩序维护机能与人权保障机能之间的紧张关系，以最终达致在照顾刑法的一般公正、形式公正、秩序维护的前提下尽力实现刑法的个别公正、实质公正和人权保障。

1. 主观解释与客观解释之争

因应德日刑法解释理论的引入，应当说我国当下刑法解释论之争的重要方面还是主观解释与客观解释之争，这一争论目前在我国引起了刑法学术界的极大关注，值得认真对待。

所谓主观解释论，又称为主观说、立法者意思说，主张刑法解释的目标在于阐明刑法立法时立法者的意思，或者说刑法的立法原意。主观解释论有其特定的哲学基础、政治理论基础和法理基础。[1] 主观解释论的哲学基础是传统解释学，其方法论基础是《圣经》解释的方法论，其基本观点是认为作品的意义是恒定的，且是含义明确的，因而是可以解释的。主观解释论的政治理论基础包括权力制衡论（三权分立论）、民主论与人权论，其强调权力需要制衡，立法权与司法权（以及行政权）是各有分工但又相互制约、相互配合的，立法必须得到司法的充分尊重，司法不得侵蚀立法或者随意超越立法。主观解释论的法理基础是强调刑法的安定价值和人权保障机能，突出强调在现行刑法规定之下应当确保无罪的人不受刑事追究，较为充分地体现了传统罪刑法定原则的基本精神。

所谓客观解释论，又称为客观说、法律客观意思说，主张刑法解释的目标在于阐明解释时刑法条文客观上所表现出来的意思，而非刑法立法时立法者的意思，以适应与时俱进的社会现实之客观需要。客观解释论也有其特定的哲学基础与法理基础。客观解释论的哲学基础一般认为是伽达默尔《真理与方法》所开拓的哲学阐释学原理，其经典表达是"独立于解释者理解之外的作品的意义是不存在的，作品的意义只出现在作品与解释

---

[1] 许发民：《论刑法客观解释论应当缓行》，载赵秉志主编《刑法论丛》（第23卷、2010年第3卷），法律出版社2010年版，第165—191页。

者的对话之中"①。客观解释论的法理基础在于强调司法公正和秩序维护机能,尤其强调在现行刑法框架之下确保法益保护和秩序维护的现实需要。

除主观解释论与客观解释论之外,学术界还有学者提出了折中说与综合解释论。中国台湾学者林山田即主张综合解释论,强调对于新近立法或者立法时间间隔不久的法律,采用主观说;对于立法时间间隔较长的法律,则"应着重客观意思,以为解释"②。因此,周全地考察,应当说刑法解释论客观上存在主观解释论、客观解释论与综合解释论之争,而不仅仅是主观解释论与客观解释论之争。

那么,中外刑法学者对该两种解释论的基本态度如何?有学者指出,就刑法解释立场而言,目前不但德日刑法解释立场是客观解释,而且中国也当然是客观解释,此点不存在争议或者说不应存在争议。如陈兴良教授和王政勋教授等学者明确主张客观解释并反对主观解释,认为这是刑法解释的立场和目标问题。③

但是,另有学者考证指出,尽管德日等法治发达国家已经较多地主张采用刑法客观解释立场,但是,由于我国具有特殊国情,因而我国不适宜完全采用客观解释论。再者,我国台湾地区也有刑法学者(如林山田等)主张原则上应采用主观解释,例外采用客观解释的综合解释立场(即折中说立场),这对于我国现阶段不宜完全采用客观解释论也提供了佐证。

2. 形式解释与实质解释之争

我国刑法学界约在 21 世纪之交开始出现刑法的形式解释与实质解释之争,这一学术争论常常也放置于更为广阔的形式刑法观与实质刑法观之争当中。我国刑法学界甚至认为,关于刑法的形式解释(形式刑法观)

---

① 许发民:《论刑法客观解释论应当缓行》,载赵秉志主编《刑法论丛》(第 23 卷、2010 年第 3 卷),法律出版社 2010 年版,第 165—191 页。
② 参见魏东《保守的实质刑法观与现代刑事政策立场》,中国民主法制出版社 2011 年版,第 18 页。
③ 陈兴良教授称:"在刑法解释的立场上,我是主张客观解释论的。但在刑法解释的限度上,我又是主张形式解释的,两者并行不悖。其实,主观解释论与客观解释论的问题,在我国基本上已经得到解决,即客观解释论几成通说。我国最高人民法院在有关的指导性案例中,也明显地倡导客观解释论。"参见陈兴良《形式解释论的再宣示》,载《中国法学》2010 年第 4 期。

与实质解释（实质刑法观）之争十分深刻并特别引人瞩目,① 可以说是中国刑法学界开始出现所谓的"刑法学派之争"的一个重大事件。陈兴良教授较早关注到中国刑法学界出现的关于形式主义刑法学与实质主义刑法学之争这一学术现象，其中明确指出我国出现了形式解释论与实质解释论的区分，并且指出这是在德日刑法学中并未发生过的现象。邓子滨研究员在关注到我国刑法解释论出现形式解释与实质解释之争的基础上，明确主张刑法的形式解释并反对刑法的实质解释，提出对于中国实质主义刑法观应当予以批判，而不是轻描淡写的批评。② 刘艳红教授针对刑法的形式解释与实质解释之争也进行了论辩，明确主张刑法的实质解释并反对刑法的形式解释。③ 目前我国刑法学界存在形式解释与实质解释之争，大致可以说，形式解释以陈兴良教授和邓子滨研究员等为代表，实质解释以张明楷教授、刘艳红教授和苏彩霞教授等为代表。

刑法的形式解释论认为，形式解释以罪刑法定原则为核心，主张在对法条解释时，先进行形式解释——刑法条文字面可能具有的含义，然后再进行实质解释——刑法条文规定的是有严重社会危害性的行为方式；在判断某一行为是否构成犯罪时，先对行为进行形式解释——看该行为是否包含于刑法条文之中，然后再作实质解释——看行为是否具有严重的社会危害性。

刑法的实质解释论认为，刑法解释应以处罚的必要性为出发点，主张对法条解释时，首先应直接将不具有实质的处罚必要性的行为排除在法条范围之外，亦即首先实质地判断某种行为是否属于具有处罚必要性的社会

---

① 典型表现是《中国法学》2010年第4期同时发表了著名刑法学家陈兴良教授和张明楷教授的争鸣文章：陈兴良：《形式解释的再宣示》，载《中国法学》2010年第4期；张明楷：《实质解释的再提倡》，载《中国法学》2010年第4期。

② 陈兴良教授在本书序中称："甫见《中国实质刑法观批判》这一书名，就令人眼前一亮，似乎嗅到了扑面而来的学术火药味，但我还是为之叫好。……以'批判'一词而入书名的，不仅法学界没有，人文社会科学界也极为罕见。"邓子滨：《中国实质刑法观批判》，法律出版社2009年版，序第1页。

③ 刘艳红教授称："在陈兴良教授的建议下，出版时我将题目修改为目前的'实质刑法观'。"参见刘艳红《实质刑法观》，中国人民大学出版社2009年版，第254页；同时又强调"应倡导实质的刑法解释观"，参见刘艳红《走向实质的刑法解释》，北京大学出版社2009年版，前言第2页。对此，陈兴良教授曾经强调说，在中国刑法学者中，刘艳红教授是当时公开声明坚持实质主义刑法观立场的唯一的一位刑法学者。参见陈兴良《走向学派之争的刑法学》，载《法学研究》2010年第1期。

危害性行为；在对行为进行解释时，应先从实质解释出发——看行为是否具有处罚的必要性，然后再进行形式解释——看刑法条文的可能含义是否涵盖了该行为方式。①

3. 当下中国刑法解释论之争的内核

理论上一般认为，刑法的主观解释论与客观解释论之争，不能完全对应于刑法的形式解释论与实质解释论之争。反之亦然，刑法的形式解释论与实质解释论之争，也不能完全对应于刑法的主观解释论与客观解释论之争，因为，前者争论所针对的问题是刑法解释的立场和目标并以此作为划分标准，而后者争论所针对的问题是刑法解释的方法与限度并以此作为划分标准，两种争论不应混同。

那么，理论上应当严肃审查两种刑法解释论之争有无共同内核。若有，这种共同内核为何？这种严肃的学术审查有利于我们进一步深化刑法解释论的学术研讨。我们认为，尽管我们可以说，刑法的主观解释论与客观解释论之争所关注的是刑法解释的立场和目标，刑法的形式解释论与实质解释论之争所关注的是刑法解释的方法与限度。但是，两种刑法解释论之争应当说具有其共同内核，即刑法解释论如何合理权衡刑法实践中的刑法立法公正与刑法司法公正之间、秩序维护机能与人权保障机能之间的紧张关系，以最终达致恰当的刑法公正、恰当的秩序价值和最大限度的人权保障。

就如何合理权衡刑法实践中的刑法立法公正与刑法司法公正之间的紧张关系而言，刑法解释论上应当在照顾刑法的一般公正、形式公正的前提下尽力实现刑法的个别公正与实质公正。具体有两方面问题值得检讨：其一，关于刑法的主观解释论与客观解释论之争所提出的刑法解释的不同立场和目标问题。刑法的主观解释论特别强调了刑法立法的一般公正和刑法司法的形式公正，但是，在刑法立法存在不足，尤其是存在不适应"当下"社会发展需要之不足的情况下，则刑法的主观解释难免部分地忽视了"当下"刑法司法的个别公正和实质公正。而刑法的客观解释论特别强调了刑法司法的一般公正和实质公正，其预设的理论前提是刑法立法公正不足是难免的且会随着社会发展而更加凸显，但刑法司法公正是必需的

---

① 参见刘志刚、邱威《形式解释论与实质解释论之辨析》，载《河南省政法管理干部学院学报》2011年第3期。

且可以实现的。但是，在刑法立法之文本原意并不具备含摄现实社会生活，尤其是不具备含摄"当下"社会具有社会危害性行为的情况下，则刑法的客观解释同样难免在相当程度上"被迫"背离了"当下"刑法司法不得超越罪刑法定原则所要求的"法无明文规定不为罪、法无明文规定不处罚"的个别公正和实质公正。其二，关于刑法的形式解释论与实质解释论之争所提出的刑法解释的不同方法与限度问题。刑法的形式解释论特别强调了刑法立法的形式正义，但在刑法立法欠缺实质正义，尤其是欠缺不适应"当下"社会发展需要之实质正义的情况下则必然不利于实现"当下"刑法司法的实质公正。而刑法的实质解释论特别强调了刑法司法的实质正义，但在刑法立法欠缺某种形式正义，尤其是欠缺规制"当下"社会发展需要予以刑法谴责之形式正义的情况下则必然背离了"当下"刑法司法不得超越罪刑法定原则所要求的"法无明文规定不为罪、法无明文规定不处罚"的个别公正。例如，非法制造大炮的行为，由于我国现行刑法第125条在形式上（即在规范语言形式上）只规定了非法制造"枪支、弹药、爆炸物"，其在刑法立法形式上遗漏了"大炮"（即在立法形式上存在不当遗漏的现象），在刑法立法文本原意上不能含摄"大炮"（即刑法立法文本原意不具备含摄"当下"社会具有社会危害性行为）的情况下，那么，其在刑法司法（刑法解释）上就面临如下难题：主观解释论和形式解释论由于强调立法公正和形式正义，主张遵从立法文本原意和形式正义而排除对非法制造大炮的行为予以司法定罪。而客观解释论和实质解释论由于强调司法公正和实质正义，主张遵从立法适应"当下"社会发展需要的客观意思和实质正义而肯定对非法制造大炮的行为予以司法定罪。按照刑法解释论上应当在照顾刑法的一般公正、形式公正的前提下尽力实现刑法的个别公正与实质公正之原理，纯粹的主观解释论与客观解释论、纯粹的形式解释论与实质解释论均难以周全地实现刑法的个别公正与实质公正，即主观解释论和形式解释论排除对非法制造大炮的行为予以司法定罪之做法，有利于照顾个别公正，却面临着忽视实质公正之批评。客观解释论和实质解释论肯定了对非法制造大炮的行为予以司法定罪之做法，有利于照顾实质公正，但面临着忽视个别公正而侵犯行为人人权之批评。

同理，就如何合理权衡刑法实践中的秩序维护机能与人权保障机能之间的紧张关系而言，刑法解释论上应当在照顾刑法的秩序维护价值的前提下尽力实现刑法的人权保障价值。仍以非法制造大炮的行为为例，其在刑法司法（刑法解释）上同样面临如下难题：主观解释论和形式解释论由于强调刑法立法的和形式上的人权保障机能，主张遵从立法文本原意和形式正义而排除对非法制造大炮的行为予以司法定罪，以有利于实现刑法的人权保障价值（即保障犯罪嫌疑人和被告人的人权），但却面临着不利于秩序维护价值的批评；而客观解释论和实质解释论由于强调司法公正和实质正义，主张遵从立法适应"当下"社会发展需要的客观意思和实质正义而肯定对非法制造大炮的行为予以司法定罪，以有利于实现刑法的维护社会秩序价值，但面临着牺牲人权保障价值（即超越刑法立法的和形式的界限而对行为人定罪）之批评。

（二）刑法解释的保守性立场

遵从上文所述，刑法解释论应合理权衡刑法实践中的刑法立法公正与刑法司法公正之间、秩序维护机能与人权保障机能之间的紧张关系，以最终达致在照顾刑法的一般公正、形式公正、秩序维护的前提下尽力实现刑法的个别公正、实质公正和人权保障。按照刑法解释的这一原理，为了妥当解决片面强调和单纯应用某一种解释论（诸如刑法的主观解释论与客观解释论、刑法的形式解释论与实质解释论）的缺陷，我们提出了"刑法解释的保守性"（或者"刑法的保守解释"）的命题，其具体主张是保守的刑法客观解释与保守的刑法实质解释。

我们所主张的"刑法解释的保守性"（或者"保守的刑法解释"），其主要内容有三点：一是入罪解释的原则立场与出罪解释的常态化立场，即主张坚守刚性化、形式化的入罪底线的原则立场，准许有利于被告人出罪的客观解释、实质解释的常态化立场；二是入罪解释的例外方法，即主张谨慎地准许例外的、个别的且可以限定数量的客观解释与实质解释对被告人入罪；三是刑法漏洞的立法填补原则立场。

1. 入罪解释的原则立场与出罪解释的常态化立场

即主张坚守刚性化、形式化的入罪底线的原则立场，准许有利于被告人出罪的客观解释、实质解释的常态化立场。

坚持刚性化、形式化的入罪底线的原则立场，是指刑法解释在司法入罪底线原则上不准许逾越刑法立法文本原意和文本形式这一法治底线。这一点十分注意吸纳了主观解释和形式解释的合理内核，同时在出发点上和常态意义上坚定地杜绝了激进的实质解释的根本缺陷。因为激进的实质解释（全开放的实质解释）主张司法入罪上的弹性与实质立场，不求立法上的最大公正，但求所谓司法上的最大公正，这恰恰是保守的实质解释论所极力避免和坚决反对的。为避免入罪场域的激进的实质解释风险（人权保障上的风险），我们必须坚持保守的入罪原则立场，只要关涉入罪，原则上都必须予以保守的、形式的审查，不允许存在常态化的动辄入罪通道与常态化的司法上犯罪化现象（但是准许例外的、个别的且可以限定数量的实质入罪）。但是，在出罪场域的客观解释论和实质解释论是可以成为常态化出罪机制的，只要关涉出罪，都准许通过常态化的实质的司法审查以实现司法上的非犯罪化。

以上海"肖永灵投寄虚假炭疽恐吓邮件案"为例。这个案子在刑法解释论上是十分值得研究的。上海市有关审判机关在当时法无明确规定的情况下，认定肖永灵的行为成立"以危险方法危害公共安全罪"，根本就不符合罪刑法定原则的基本要求。那么，当地司法机关是如何将肖永灵定罪的呢？从刑法解释论上审查可以发现，有关审判机关将肖永灵的行为解释为以危险方法危害公共安全罪的"理论武器"就是过度的刑法客观解释与过度的刑法实质解释，将"粉末状的食品干燥剂"这一无毒、无害的物质解释为"危险物质"，进而将肖永灵的投放行为解释为以危险方法危害公共安全的行为和以危险方法危害公共安全罪，明显超越了刚性化、形式化的入罪底线的原则立场。这一案例也较为充分地说明，过度激进的刑法客观解释和刑法实质解释具有"超大"解释能力并存在容易将一般违法行为解释为犯罪行为的解释特质，从而使得人权保障机能面临被侵蚀的重大风险，必须加以有效防范。

而事实上，《中华人民共和国刑法修正案（三）》是在2001年12月29日才获得通过并于当日才开始生效的。该修正案第8条规定：在刑法第291条（即"聚众扰乱公共场所秩序、交通秩序罪"，属于妨害社会管理秩序罪）后增加一条，作为第291条之一："投放虚假的爆炸性、毒害性、放射性、传染病病原体等物质，或者编造爆炸威胁、生化威胁、放射威胁等恐怖信息，或者明知是编造的恐怖信息而故意传播，严重扰乱社会秩序的，处五年以下有期徒刑、拘役或者管制；造成严重后果的，处五年以上有期徒刑。"这一规定的出台时间刚好在肖永灵案生效判决之后，其从另一个侧面印证了肖永灵案司法判决在刑法解释论的失当。

与坚持刚性化、形式化的入罪底线的原则立场相匹配，刑法解释论上应当坚持准许有利于被告人出罪的客观解释和实质解释的常态化立场。这是法治理性和罪刑法定原则的基本要求。我们司法实践中出现的一些微罪不诉、酌定不诉、附条件不起诉，以及不少案件以"情节显著轻微危害不大的，不认为是犯罪"为由而不定罪的情形，均属于通过客观解释与实质解释而出罪的情况。

正面的例证有"重庆男子捉奸索财案"。这一事例的定性处理表明，准许有利于被告人出罪的实质解释、客观解释、目的解释的常态化立场，是我们司法实践中必须坚持和注意充分运用的。

2. 入罪解释的例外方法

即主张在坚守刚性化、形式化的入罪底线的原则立场，准许有利于被告人出罪的实质解释、客观解释的常态化立场的前提下，也应当谨慎地准许例外的、个别的且可以限定数量的客观解释与实质解释对被告人入罪。这是原则立场之下的例外，只要不将这种例外作为常态来处理，我们也应当"务实地"认可这是保守的刑法解释的原则立场的一种特别体现，是刑法解释的保守性立场对于适应性（适应社会有序发展需要的属性）的谨慎关照。例外的、个别的且可以限定数量的不利于被告人的入罪之刑法客观解释与实质解释，必须严格限定一系列条件，诸如这种解释是长时间的司法实践做法，甚至是人类世界的普遍做法，国际公约已有明确规定，已经成为理论界的共识，甚至成为老百姓的共识，等等。据初步观察，目前刑法理论界和司法实务部门对五个罪名之入罪的"例外解释"已经获得了比较一致的认同，这就是贪污罪、受贿罪、诈骗罪、盗窃罪、侵占罪。比如，贪污罪、受贿罪、诈骗罪、盗窃罪的犯罪对象"财物"可以例外地允许进行客观解释和实质解释，即将"财物"解释为"财物和财产性利益"。理由是，除已有大量的确认财产性利益为侵财性犯罪对象的生效判决的案例之外，法律规范（刑法规定）上交叉使用了"财物"、"财产"、"合法收入、储蓄、房屋和其他生活资料"、"生产资料"、"股份、股票、债券和其他财产"等刑法规范用语，如刑法（总则）第91条、第92条等的规范用语。此外，刑法（分则）第265条更是直接规定了"盗窃财产性利益"（使用盗窃）行为依法定盗窃罪；司法解释文本《最高人民法院、最高人民检察院关于办理受贿刑事案件适用法律若干问题的意见》（2007年7月8日发布）更是大量规定了"以交易形式收受贿赂"、"收受干股"、"以开办公司等合作投资名义收受贿赂"等"收受财产性利益"行为依法定受贿罪。因而实际上，法解释论上承认盗窃、诈骗、贪污、受贿财产性利益的行为构成犯罪，已经逐渐成为世界范围内的一种基本共识，总体而言理论上争议不大。当然，在此前提下也应当承认，我国刑法理论界目前对盗窃"财产性利益"行为之入罪解释客观上还存在一定争议，部分学者并不赞同这种解释结论，因此可以说，中国学者对这种解释结论的完全认同还有一个循序渐进的过程。不过从刑事法治理性发展方向而论，对盗窃财产性利益的行为做入罪化处理是一个基本结论，其方法路径有两种主张：一是主张以刑法的立法修订方式予以明确，笔者曾经坚持这一立场并明确提出过在刑法上增加设置"使用盗窃罪"罪名的立法建议；① 二是主张以刑法的解释方式予以明确，其法理依据等同于诈骗罪、贪污罪和受贿罪的解释原理，符合作为例外的、个别的实质解释入罪的基本条件，因而可以将盗窃财产性利益的行为予以实质解释入罪。近年来，笔者对此进行了较多反思和斟酌之后逐步倾向于认为，盗窃财产性利益的行为，诸如盗窃财物使用价值（尤其是重要财物的使用价值）、盗窃虚拟财产等行为不但在刑法解释论上可以作为特例予以入罪解释，逐渐地有学者明确主张赞同并论证这种解释结论，② 而且在司法实践中已经越来越多地出现赞同这种解释结论的生效判决，因而应当将盗窃财产性利益行为同诈骗、贪污、受贿财产性利益的行为一样通过例外的实质解释入罪，这种仅限于例外的、个别的且可以限定数量的实质解释入罪的做法并不违反刑法解释的保守性的基本立场。不过笔者认为，从比较谨慎的刑法解释的保守性立场而论，"盗窃利益"入罪解释的范围和步伐均需要适度限制。再如，侵占罪的犯罪对象"遗忘物"，可以例外地允许进行客观解释和实质解释，即解释为"遗忘物和遗失物"（国外统称为"脱离占有物"）③。

需要特别指出的是，在解释论上主张"谨慎地准许例外的、个别的

---

① 参见魏东《论"使用盗窃"犯罪的立法设置方案》，《中国刑事法杂志》2006年第4期。
② 参见黎宏《论盗窃财产性利益》，《清华法学》2013年第6期，第122—137页；郑泽善《网络虚拟财产的刑法保护》，《甘肃政法学院学报》2012年第5期；代玉彬《使用权纳入盗窃罪客体之探析》，硕士学位论文，四川大学，2012年，第34—37页。
③ 关于侵占罪之犯罪对象"遗忘物"的刑法解释论争议，详见魏东《侵占罪犯罪对象要素之解析检讨》，载《中国刑事法杂志》2005年第5期。

且可以限定数量的客观解释、实质解释对被告人入罪"之例外解释方法,是刑法解释的保守性立场不完全等同于形式解释论立场的根本点之一。刑法的形式解释绝对地堵塞了通过实质解释补充规则对被告人入罪的渠道,尽管在形式逻辑上有利于绝对地坚守罪刑法定原则之形式合法性,但是其并不完全符合也无法适当阐释刑事司法实践状况,这一点从前述所列五个罪名之入罪的"例外解释"可以看出。同时,刑法的形式解释对于其准许通过实质解释出罪之立场,也无法在其所宣示的形式逻辑上获得说服力——因为溢出"形式"进行刑法解释为何还可以归属于形式解释,这是其无法自圆其说的一个"问题"。因而如前所述,陈兴良教授和劳东燕教授批评"刑法解释的保守性"命题是"以对形式解释论的误解为前提的",认为"刑法解释的保守性"命题在基本立场上难以区别于刑法的形式解释论,[①] 应当说是其对笔者所提出的"刑法解释的保守性"命题本身可能还缺乏周全的认识,才最终导致了学术上的误读误判。

3. 刑法漏洞的立法填补原则立场

刑法立法漏洞如果必须填补,其救济途径选择是立法修改补充,原则上应反对司法填补与解释填补(尤其是在入罪的场合)。这种刑法漏洞的立法填补原则立场其实正是我国宪法所明确宣示的,因而具有宪法根据。同时,这种立场也是我国立法法所明确限定了,因而具有立法法根据(如立法法第8条明确规定"下列事项只能制定法律:……(四)犯罪和刑罚;(五)对公民政治权利的剥夺、限制人身自由的强制措施和处罚"),并使得这个问题成为一个基本的立法原则。

不过应注意,保守的刑法解释立场主张在出罪场域允许司法上的非犯罪化处理,这与过度激进的刑法实质解释论不同。因为后者主张刑法漏洞可以由司法填补和解释填补,徒增解释性侵害人权风险,而并没有合理限制法官搞罪刑擅断的重大风险。在此点上,保守的刑法解释论则主张解释性构建人权保障屏障。

以男子李某被张某强奸案为例。[②] 2010年5月9日晚11时左右,北

[①] 参见陈兴良主编《刑事法评论》第28卷,"主编絮语"第2—3页;劳东燕《刑法解释中的形式论与实质论之争》,载《法学研究》2013年第3期。

[②] 此处案例来源、媒体报道及赵秉志教授评论等内容,均参见陈志娟《"男男强奸"存法律空白,学者建议将其纳入强奸范围》,来源:正义网,http://news.jcrb.com/jxsw/201102/t20110214_497125.html,2011年2月14日。

京某保安公司的张某在保安宿舍内,对其18岁男同事李某实施"强奸",导致李某肛管后位肛裂。经法医鉴定,李某的伤情已经构成轻伤。北京市朝阳区法院以故意伤害罪对张某判处有期徒刑1年。对此,我国著名刑法学家赵秉志教授认为,目前法院以故意伤害罪来评价对男性实施性侵犯的行为实为无奈之下的牵强之举,因为我国现行刑法典中的强奸罪对象只包括女性,这从逻辑的角度看,存在着明显的立法不周延问题,保护的范围欠缺。面对近年来我国时有发生的"强奸"男性案件,我国也应当借鉴国外一些先进的立法经验,将男性纳入强奸罪的对象范围,这是平等保护男性性权利等人身权的需要,也是弥补我国刑法漏洞的需要。可见,该案引出的刑法解释论问题是:刑法立法漏洞如果必须填补,其救济途径选择是立法修改补充而不是司法填补,原则上应反对司法填补。

可见,承认、发现刑法漏洞(亦即刑法立法漏洞),尤其是真正的刑法立法漏洞,然后通过修订完善刑法立法以填补刑法立法漏洞,秉持"解开实然与应然冲突的途径只能从立法技术入手"的严谨态度,[1] 而不是通过刑法解释技术来对刑法立法漏洞进行司法填补,是刑法解释的保守性所内含的基本立场,[2] 也是实现刑法良法之治的基本要求。

---

[1] 王勇:《论我国〈刑法〉第147条的罪过形式——基于刑法立法的解读》,《法学杂志》2011年第3期。

[2] 魏东:《从首例"男男强奸案"司法裁判看刑法解释的保守性》,载《当代法学》2014年第2期。

第 三 章

立法原意对刑法解释的意义[*]

立法原意是法解释论中最受关注也是备受争议的重要问题之一，主观解释论主张以寻求立法原意为目标，客观解释论则反对探求立法原意的任何努力。那么，到底应当如何认识和对待立法原意，无疑就成为我们现代法律人所必须面对和回答的一个重要问题。就刑法解释论而言，立法原意这个问题更显特殊而重大，因为刑法不但关涉公民财产权利，更关涉公民自由和生命法益，有关立法原意的不同界定与定位必将更加深刻地影响到公民的基本人权。鉴于此，本书针对解释论中的原意、立法原意及其刑法解释论意义做一反思性检讨。

一 方法论解释学中的原意

所谓"原意"，是指作者创作作品时意欲在作品中表达的本来意思和真实含义。作品是"原意"的形式和载体，"原意"是作品的实质意义和所承载的内含价值。在方法论解释学（又称为一般解释学、普遍解释学、古典解释学或传统解释学）中，"原意"居于核心地位，具有基础价值。

我国传统解释学认为，文本和经典典籍具有"原意"是一个自然存在的前提。这种原意，或者是体现了最高真理和价值的"道"（"道在六经"），或者是寄托着抒发心灵、情感和理想的"志"（如"诗言志"）。这种解释传统中的理解和解释，就是通过合理的过程和方法，把握住

---

[*] 本章是笔者和田维博士合作研究成果，系笔者主持2012年度教育部社科规划项目课题《中国当下刑法解释论问题研究》的阶段性成果（课题编号：12YJA820080）。

"道"和"志"。① 我国传统的经典解释学虽然在具体方法上存在着年岁久远的争论,但是都有意或无意地承认或暗示经典具有"原意"、"本义",这也是我国传统经典解释学的基本特点。我国法律解释传统的基本体现是"律学"的发育与发达,统治者通过官方的"律学"解释彰显法律的意义,使规则含义具体化在法律的运行过程中,《唐律疏议》即是我国古代律学经典。

在西方文化中,早期的解释学被称为局部解释学或特殊解释学,产生于古希腊,一直持续到19世纪上半叶,经过了漫长的发展过程,最终于19世纪上半叶发展为方法论解释学(一般解释学)。局部解释学认为,文献资料必须经过解释,解释要遵循特定的方法和原则,这样才能掌握其本意,排除歧义。可以看到,局部解释学是关于解释方法原则的学问,立足于文本解释,探寻理解的技术,其实质是一种解释的方法论,为方法论解释学的诞生奠定了基础。在局部解释学时期,学者们主要致力于宗教典籍以及各种古代文献资料的解释,以求弄清其含义,神学解释学、文学解释学、法律解释学等解释学科在这一时期产生并发展起来。

德国哲学家施莱尔马赫和狄尔泰是方法论解释学的先驱,施莱尔马赫第一次从哲学的高度将解释学理论系统化,狄尔泰则将理解作为人文科学普遍的方法论,实现了解释学发展的第一次飞跃。施莱尔马赫第一次从哲学的高度将解释学理论系统化,将解释学的研究中心从解释的文本转移到解释本身上来,并且将解释对象从宗教和古典著作扩展到人类发展过程中的一切表达方式。他认为,文本会造成误解,解释活动是"避免误解的艺术","哪里有误解,哪里就有解释学",② 解释学不应当仅仅局限于解释技术的研究,而应将"理解"作为解释技术的基础。施莱尔马赫还认为,解释者要避免误解,就要想办法消除自己的成见,尽可能以"空白的状态"回到作者的文化心理环境中去解释文本,以达到符合作者心理

---

① 参见王中江《"原意"、"先见"及其解释的"客观性"——在"方法论解释学"与"哲学解释学"之间》,载《学术界》2001年第4期。
② [法]保罗·利科尔:《解释学与人文科学》,陶远华等译,河北人民出版社1987年版,第44、45页。

个性的正确理解,仅表明自己对文本的看法的文本理解将被视为任意解释。①

狄尔泰在施莱尔马赫观点的基础上进一步发展,不仅将"理解"看作文本解释的基础,更进一步将"理解"扩展为人文科学的普遍方法。狄尔泰认为,自然科学从外说明世界可实证、可认识的性质,而人文科学从内理解世界的精神生命,"析明"与"理解"是自然科学和人文科学各自独特的学科方法,析明遵循着数学演绎与归纳逻辑的路径,而理解则引向心灵的沟通。在狄尔泰的理论中,理解是"对他人及其生命/生活表达的理解",而解释则体现为理解主体生命/生活的方法。这种解释与理解既是心理的、主观的,又是逻辑的、客观的。他将"理解"理解为一种对过去的、历史的精神与存在的重新体验,他认为,解释者应当从历史的文献、记载出发,在想象中设身处地地将自己置于作者当时所处的环境与生活的世界,进而进入作者的角色、了解作者的个性,把握作者当时的心理和意图,完成与作者的心灵精神沟通。但同时,这种移情想象和心灵沟通又是通过对符号、文本的解读而达成的,这些符号和文本是外在的和客观存在的,这就使解释和理解从个别性和主观性中脱离出来,带有客观性和普遍性。②

施莱尔马赫与狄尔泰之后,方法论解释学代表人物当属美国的赫希,他认为,解释学的根本任务是重建作者原意,探寻作品客观存在的意义。只有作者的原意才能作为衡量文本理解是否合法的唯一标准,只有寻找到客观存在的作者原意,解释才是合法和有效的。赫希对方法论解释学的重大贡献之一,是对"意义"这一概念做出了新的界定:"意义(meaning)是一部作品所展现的东西。它是作者通过运用一种特殊的符号系统(即语言)表达出来的意旨。……而另一方面,意义与个人或与一个观念、一种环境,或与任何可想象之物之间的关系,就称作意味(significance)。"③ 在赫希看来,作品的意义分为作者的"原意"(字面意义)以及由字面意义所衍生出的"意味",在解释过程中,意义比意味更客观,

---

① 杨艳霞:《刑法解释的理论与方法——以哈贝马斯的沟通行动理论为视角》,法律出版社 2007 年版,第 28 页。

② 参见王庆节《解释学、海德格尔与儒道今释》,中国人民大学出版社 2009 年版,第 10—14 页。

③ [美]赫希:《解释的有效性》,王才勇译,生活·读书·新知三联书店 1991 年版,第 73 页。

因而更有效,对于解释和理解原意更具有价值。

方法论解释学站在方法论和主客体二分的认识论立场上来看待解释学,将解释视作一种对历史情境的完全复制,其基本思想可以总结为:解释是了解人类社会和历史的方法,认识世界的行为本质上是一种解释行为。解释需要摒弃时空的限制,抛开自我,置身作者当时的情境,复制解释对象的内容创造过程,实现历史的、作者原意的真实再现。

原意在方法论解释学中具有特殊重要的地位。方法论解释学肯定解释对象的存在,并且承认文本具有意义或含义,这是其最具有奠基意义的基本设定。方法论解释学认为,作品的意义只是作者的真实意图,解释的目标就是通过对作品的解释和理解,发现作者创作作品时的原意。因此,"原意"成为方法论解释学的核心概念和解释目标,是解释活动的最终目的。方法论解释学突出了作者原意的中心地位,力图通过"文本"来获取作者的原意。

作为方法论解释学的两大先驱,施莱尔马赫和狄尔泰都对作者原意的探寻方法做出了论述。施莱尔马赫认为,重现作者原意的主要途径是语义解释和心理解释,其中,语义解释是外在的字面语义分析,主要运用语言学等知识,相对具有客观性。心理解释是内在的心理转换,要求解释者否定自我的思想状态和心理精神,尽可能地进入作者的心理角色,对作者创作作品时的环境和心理进行重构,通过想象,设身处地地进入作者的主观世界,进而再现创作作品时作者的真实意图。[1]

狄尔泰提出了"移情"的方式以探寻作者原意,即解释者从作品出发,通过想象进入作者的思想感情状态里,将解释者自身消融在作者当时的环境中,进入作者的个性,在作者的角色中找到自己,进而像解释自己的意图一样解释作者的意图,得到作者的原意。狄尔泰还提出了"客观精神"的概念(指历史和文化给人们精神形成的一种共同性),认为:"由'客观精神'所体现出的这种共同性,为客观的知识和客观的解释提供了标准。"[2] 狄尔泰的解释理论带有主观解释的理论色彩,但是其思想基础却是客观主义。

---

[1] 参见洪汉鼎《诠释学——它的历史和当代发展》,人民出版社2001年版,第73—74页。
[2] [德]阿图尔·考夫曼、温弗里德·哈斯默尔:《当代哲学与法律理论导论》,郑永流译,法律出版社2001年版,第143页。

赫希明确提出了"原意"与"意味"的概念及其区分界限，应当说具有重大的解释论意义。赫希认为，"一个文本具有特定的含义，这特定的含义就存在于作者用一系列符号系统所要表达的事物中"①，文本的含义、意义（meaning）是属于文本或作者的，但是文本的意味（significance）是文本的阅读者或解释者赋予文本或作者的。我们可以将赫希所言的文本含义、意义（meaning）指称文本的"原意"，而"意味"则是超越文本原意的、解释者所领悟的"新意"。赫希认为，意义比意味更客观，因而更有效，对于解释更具有价值。

二 法解释学中的立法原意

理论上认为，立法原意有广义和狭义之分：广义的立法原意指对于立法所欲调整的社会关系的所有立法者意识，包括关于此种社会关系的认识、判断、立法的目的、规律的认识、存在的评价、将来的期望、所设计的目标、改变现状的意志、对风险的考虑，甚至对该社会关系的情感等；狭义的立法原意指条文字面意思所包含的立法者的意思表示，通常表现为立法目的。② 我们认为，将立法原意限定为比较狭义的理解更符合刑法解释保守性和明确性的要求，即认为：立法原意，是指立法文本及其具体的法律条文所表现出的立法者的本意。因而可以说，立法原意在相当意义上可以阐释为文本原意。

应当承认，立法原意即立法者的原意，立法者通过制定法律而将自己的价值追求和意图展示出来，这在法理上应当成为一种基本常识。立法原意不同于解释学上其他非法律文本的文本原意，主要原因在于法律制作的严谨程序、规范要求以及其产生的"法律意义"不同。法律是立法者原意的承载对象，作为一种特殊的社会规范，法律是由专门的立法主体（通常是经过选举而选出的代表所组成的立法机关）予以创作和制定的，其目的是调整和规范人们在社会活动中的行为。法律的内容必须是对国家权力或个人的权利义务具有重大意义的事项，并通过固定的文本形式表现

---

① ［美］赫希：《解释的有效性》，王才勇译，生活·读书·新知三联书店1991年版，第73页。
② 参见疏义红《法律解释学实验教程——裁判解释原理与实验操作》，北京大学出版社2008年版，第139页。疏教授认为，"立法意图"最狭义的含义就是"立法目的"，但按法学的通常用法，立法意图还包括了立法目的以外的立法者意志。

出来。当法律文本被制定和通过之后，该法律文本就具有普遍约束力。因此，法律应当具有明确性和安定性，并且由国家强制力保障实施。而解释学意义上的一般文本对其创作的主体和内容并无特别的要求，没有国家强制力的保障，对国家权力和公民的权利义务没有实质上的影响。因此，立法原意和一般文本的原意虽然具有解释学意义上的相似性，但是却存在着本质上的不同。对法条立法原意的探析及对法条的解释和适用会影响到特定地域范围内全体自然人（甚至法人与单位）的重要权利和义务，这决定了探寻立法原意的活动必须遵循比解释一般文本原意特殊的、更为严格的规则，应到受到更多的限制。同时，由于刑法具有更加特别的严厉性特征和谦抑性要求，因此对刑法的解释应当尤其慎重，这也限定了刑法法条立法原意的探析活动必须更具有保守性。

关于立法原意是否可以界定、如何恰当界定的问题，在理论界存在较大争议。有学者认为，法条本身作为一个客观存在具有不同于立法原意的客观意义，由此引申出"法条原意"这一概念。对于法条原意，目前学者仍然是在不同的语境之下进行使用的。有的学者认为，法条原意即法条的立法原意，两者并无区别；有的学者在"不同于立法原意的法条客观意义"的含义下使用法条原意；也有的学者认为"法条原意"一词包含了"法条立法原意"和"法条客观意义"两种意思。拉伦茨认为，法条中立法者的意思"只能是已显示之立法者的根本意图以及在立法团体或其委员会中曾经被提出并且并无异议的想法。解释时如果要探讨立法者的规范想法，即应以此为准则"，亦即拉伦茨将立法者原意视作法律解释的标准和目标，其目的在于确认在可能得到多种解释结果的情况下，哪一种解释结果最符合"历史上的立法者之规定意向、目标及规范想法"[1]。在我国，有学者从法律解释的目标意义出发，认为法律解释的目标在于探求立法原意，即立法者在制定法律时的意图和目的。[2] 但是，也有学者持有不同观点，他们认为立法原意不是立法者在立法时所持的意思，而是"依当时立法者处于今日所应有的意思"[3]。在法律解释学中，第一种观点中的立法原意被称为"主观意图"，第二种观点中的立法原意被称为"客

---

[1] ［德］卡尔·拉伦茨：《法学方法论》，陈爱娥译，商务印书馆2003年版，第207—208页。

[2] 张志铭：《法律解释操作分析》，中国政法大学出版社1998年版，第37页。

[3] 杨仁寿：《法学方法论》，中国政法大学出版社1999年版，第123页。

观意图"。持"客观意图"的学者认为,"应有的意思"不是一种价值判断,而是表示对最大可能性的推断,由于信息来源和立法者本身认识的限制,"主观意图"的发现存在非常大的困难,相比之下,"客观意图"更能为人所信赖,也更能被法律实践所接受。

我们认为,将立法原意界定历史上立法者制定法律时的意思较为妥当。首先,在方法论解释学中,原意是指作者创作作品时的真实意图,这对我们将立法原意定义为"历史上立法者的意思"提供了解释学上的依据,也是长期以来的解释学传统。其次,解释中的"移情"理论是通过想象将解释者置身作者当时所处的历史环境和心理状态中,而不是将原作者置于解释者今日的环境而推测其在如今的环境中所应具有的意思,立法原意的"客观意图说"缺乏客观、明确的标准和解释学基础,对立法者意思于今日的"最大可能性"进行推断更可能导致主观的臆断。再次,立法原意的"客观意图说"标准并不明确,没有明确说明解释者是从自己的角度出发推断"当时立法者处于今日所应有的意思",还是充分考虑立法者曾经的意图,然后推断其发展到今日可能会具有的意图。最后,法律解释学中的"主观说"直接将"立法原意"理解为过去的、历史的立法者的意思,指导刑法解释中刑法条文立法原意的探寻。虽然探寻历史上的立法原意要受到很大的限制,甚至很有可能得不出"真实的"原意,但是我们可以运用精巧的解释技巧和科学的方法途径"无限接近真实的"原意,这相对于推断"当时立法者处于今日所应有的意思"而言更具有确定性。当然,立法原意并不是一个特定时间点、个别立法参与者个人所持的根本价值意向,而是作为一个群体的立法者(民主社会代议制之下的立法主体)在法律制定过程的特定历史时期所形成的、保留了最大化共识的价值意向。

三 立法原意的刑法解释论意义

立法原意对法律解释具有重大意义。卡尔·拉伦茨认为,法律解释的最终目标是探求法律在今日法秩序的标准意义,只有同时考虑历史上的立法者的规定意向及其具体的规范想法,才能确定法律在法秩序上的标准意义。[①]

[①] 参见 [德] 卡尔·拉伦茨《法学方法论》,陈爱娥译,商务印书馆2003年版,第199页。

应当说,揭示刑法法条的立法原意是刑法研究的任务之一,也是刑法解释学理论中的重要命题。刑法法条是刑法学研究的主要依据,刑法研究往往建立在法条的根据之上,只有正确理解刑法法条的立法原意,刑法研究的出发点才是正确的。如果对刑法法条立法原意的理解本身就是错误的,那么在此基础和前提之上所展开的研究就不会得出正确的结果。从这个意义上来说,探寻刑法法条立法原意具有十分重要的刑法解释论意义。

同时,我们也注意到,不论是法律解释学中的主观解释还是客观解释,其探寻法条立法原意的理论主张均受到了部分学者的质疑,这些质疑本身关涉刑法解释论中的部分重大理论问题,因此对这些质疑予以理论回应具有重要的刑法解释论意义。

(一) 哲学解释学对立法原意的批判及其解释论意义

哲学解释学认为,解释是解释者带着自己前在的成见进入解释对象的领域,通过自身与解释对象的融合而创造出新的视野。哲学解释学将理解和解释作为人存在的方式,强调解释的主体性和创造性,认为作品的意义已经不再是作者的原意,而是作品作为一个客观存在所具有的自身的意义(视域),解释始终是一种创造性的行为。

哲学解释学批判了作为原意解释哲学根据的方法论解释学的基本观点,认为作品的意义不在于作品自身承载的原意,而是出现在作品和解释者的"视域"交融中,与解释者的理解密不可分。主张作品的意义不是固定的、一成不变的,而是随着解释者及其所处时代的不同而有所改变的。解释者不可能完全摆脱自身的历史性限制而完全进入作品创作时的作者的心理精神世界,所谓的进入作者的角色解释作者原意的方法是难以实现的。

哲学解释学认为立法原意是无法真正获得的。其提出的理由在于:首先,法条所表达的意义是出现在法条和解释者的对话中的,法条作为一个客观的经验之物是具有其自身的精神世界的,解释者也具有自己的精神世界,解释所得出的法条的意义是两个世界对话的结果,存在开放的、不同的可能性。在解释法条的过程中,法条的"视域"与解释者的"视域"相互融合,法条的"视域"进入了解释者的带有先见的体验和理解,解释者的"视域"也进入了法条的"视域",两者相互限制而又相互融合,所得出的法条的意义是两个"视域"碰撞、融解后所产生的新的、不同于前两个"视域"的结果,而不是法条原本所承载的立法者的原意。其次,法条的意义不能独立于解释者的先见和理解而独立存在,法条的意义是解释者带有某种前在的"期待"对法条文本进行"筹划"而产生的。由于解释法条的过程中加入了解释者本身的前在观念和由此进行的筹划,因而法条的立法原意是无法真正探寻到的,经解释所得出的法条意义永远都是超出历史的立法原意的。最后,法律解释的主体都是处于具体历史情境下的人,他在解释法条时必然会带有与自身所处的历史情境相吻合的潜在观念,这是客观和必然的,解释者无法摆脱这种历史限制进行超然的解释。因此,在解释者与法条对话过程中所形成的法条的意义必然受解释者所处的历史情境的制约,法条的意义就不是固定的而是开放的,解释者无法真正地摆脱历史性前见、超越时空来探寻法条的立法原意。

目前刑法学界有学者认为应将哲学解释学理论引入刑法解释,明确主张刑法解释的基本立场是客观解释(如陈兴良教授、王政勋教授等)。[①]我们认为,刑法解释具有不同于其他部门法的法律解释的特点,这就是罪刑法定原则和刑法谦抑性的特别要求,刑法解释通常应当进行主观解释以增强其保守性,只有在必要时才可以在不违反法治原则的前提下适当引入哲学解释学的理论。陈金钊教授指出,哲学解释学可以不谈"误解"的问题,但是法律解释学不能不估计法律文本的存在。谢晖教授也认为哲学解释学在法律解释学中的作用是十分有限的,哲学解释学的观点不一定要贯彻在法律解释学的分析中。[②]我们承认,哲学解释学本质上是一种对人的存在方式(理解)的认识,而不是方法论,非理性、主观主义、虚无主义和相对主义是其理论中的必然缺陷,不适合作为法律解释的立场和根本指导。如果在法律解释中全盘引入哲学解释学的理论,将会使解释主体陷入无尽的解释循环和无法自拔的理解困境中,会消解法律和法律解释的明确性、可预测性,法治也会受到极大的损害。因此,我们必须鉴别哲学解释学的理论和观点,我们可以在法律解释中适当运用其理论和观点进行认识和反思(如何"适当运用"有待另文研讨),但切不可盲目接受其对法条立法原意的批判甚至全盘否定,这会对法律解释和法治造成根本性的

[①] 参见陈兴良《形式解释论的再宣示》,载《中国法学》2010年第4期;王政勋《刑法解释的立场是客观解释——基于会话含义理论的分析》,载《法律科学》2012年第3期。

[②] 参见姜福东《法律解释的范式批判》,山东人民出版社2010年版,第12页。

损害。

不可否认，立法原意确实存在不一定完全契合现实合理性的问题，对此应当如何看待呢？这是哲学解释学针对方法论解释学所提出的一个重大理论问题。假设立法者有一个可以被探寻到的统一的立法原意，经过复杂的解释活动，我们也确实找到了真实的立法原意，但是立法原意毕竟是历史的，会出现与解释时的社会客观情况相左的情形，不符合现实的需要，如果按照立法原意进行法律解释会得出"不完全符合现实需要"的结果。这种情形在法律解释中是可能出现的现象，也是最为刑法客观解释论者所诟病的问题。如何看待和解决这个问题呢？我们认为，在刑法解释过程中，当出现法条立法原意确实不符合解释时的社会发展需要的情形时，需要区分具体情况作出具体处理。当这种立法原意存在机械入罪而不利于被告人人权保障时，我们应当按照刑事法治理性和罪刑法定原则的基本要求，适当吸收客观解释和实质解释的合理成分，依法否认该法条所具有的"入罪的"立法原意并作出无罪解释。但是，应当注意，这种客观解释与实质解释原则上只能被利用于有利于被告人出罪的"单向解释"，而不得被利用于作为被告人入罪的解释方法。换言之，当立法原意存在"机械出罪"（但有利于被告人人权保障）时，不得因为其立法原意不符合解释时的社会发展需要，如强奸罪的立法原意是只能针对男性强奸女性的行为定罪，这种立法原意（的解释）不符合保护男性性权利这种社会发展的时代需要，那么对于男性被强奸的行为仍然只能依照强奸罪立法的立法原意而"机械出罪"，而不得将男性被强行性行为"客观解释"为我国的强奸罪。当然，在社会发展确实需要的情况下，立法者须通过立法活动对立法原意不合理（不符合社会发展现实需要）的法条进行立法修正。

（二）语言学对于立法原意的批判及其解释论意义

法律作为修辞受到法理学的高度关注，其中关涉语言学内容。文字语言不像数字语言那样具有高度的精确性，不论是口语还是书面语，表达者在运用语言表达其意思时，都很容易出现言不尽意的情形，语言难以完全承载表达者想表达的全部意思，经常会出现遗漏表达者意思的状况。此外，语言的复杂性和语词的多义性还会造成语言错误表达的情形，出现"词不达意"的状况，无法精确地表达出人的真实原意。因此，语言学对于方法论解释学中立法原意的批判值得关注。

拉德布鲁赫认为，"语言学的解释（Philologische Interpretation）者，欲根据已发表之言语而解释其思想（例如法律）者也，不过就前人已有之思想，附从其后而追想之耳"[①]，将语言与法律的立法原意直接联系在一起。现代法律的内容和意思主要是以书面语言的形式表现的（刑法的罪刑法定原则更是明确要求刑法规范的成文法形式），但是书面语言形式存在固有的缺陷，它使解释语言者与使用语言者无法在直接的对话环境中进行交流，使语言所表达的真实意思无法在交流中得到充分验证。在直接的口头语言交流中，交流双方可以通过直接交流的语境探寻对方的真实意思，即使出现难以理解的情形，也可以通过直接询问的方式加以解决。但是，在书面语言的解释中，只有解释语言的一方真实存在，而使用语言的一方在客观上是"沉默"的，解释者无法与语言的使用者进行直接交流对话，对语言解释的正误无法通过双方的交流加以验证。那么，真实的立法原意也难以通过对语言的理解而获得。并且客观上，法条的书面语词往往不能准确反映立法者完整、真实的意思，正因如此，在对法条语言的考量、解释过程中，我们可能得到不同的解释结果。立法原意是检验解释结果是否合理的标准，然而立法原意也是通过几乎同样的、同时进行的语言解释路径进行探寻所得出的，由此得出的立法原意的真实性本身也是值得怀疑的。这就出现了一个循环的困境。首先，立法者在立法过程中使用语言创作出了法条的内容，但是，立法者使用语言表达其真实意思的过程中，由于立法者自身能力的限制和语言本身的多义性、结构空缺性和不确定性的特性，立法者运用语言创作出的法条内容与其立法时的原意本身就会出现表达上的误差，为后来的法律解释者探寻原意提供了一个不精确的前提和对象。其次，解释者在法律解释过程中又会出现与立法者在不同语境下运用语言含义等问题，也会出现语言使用上的偏差，并出现对立法原意的再次偏离。因而，从语言学这个角度出发，仅就法条的语词内容进行解释和考量，是难以得出真实的立法原意和正确的解释结果的。

我们认为，法条立法原意的语言学批判中所指出的问题是不可避免的，但也是可以适当解决的。法条必然是通过一定的语言文本形式加以固定和存在的，在通过对法条内部的语词及其语法逻辑进行理解后，我们能

[①] ［德］拉德布鲁赫：《法律哲学概论》，徐苏中译，陈灵海勘校，中国政法大学出版社 2007 年版，第 163 页。

够得到法条所要表达的一定含义。当出现立法者没能正确运用书面语言表达自己真实意思的合理怀疑时，我们首先可以运用语言规则和语言规律还原立法者立法时法条语词所表达的含义（这也可以避免解释者在不同语境下理解法条语言），进而确定立法者在立法时可能具有的立法原意范围。此外，我们可以查阅立法者立法过程中存在的立法文件和相关资料，进而确定立法者的立法原意。当在刑法解释中通过法条语言确实无法得出刑法法条立法原意或得出的立法原意不合理时，我们还可以在坚守刑事法治理性、罪刑法定原则和有利于被告人人权保障的前提下适当运用其他解释方法对法条进行合理解释。

（三）立法原意对刑法实践的意义

基于保守的刑法解释立场而言，在刑法解释时探寻立法原意对于刑法实践而言具有重大意义，有助于规范司法解释并保障人权，有助于公民尊重刑法并提升对刑事法治的信心，还有助于完善刑事立法并实现良法之治。

首先，探寻刑法法条立法原意有助于规范司法并保障人权。司法人员通过探寻刑法法条的立法原意，可以确保将司法人员的定罪量刑行为规范在立法原意的特定范围之内，以有效避免司法人员假借客观解释、实质解释或者能动司法等借口而随意出入人罪的灾难性后果发生，最终有利于维护司法公正并保障人权。

其次，探寻刑法法条立法原意有助于公民尊重刑法并增强对刑事法治的信心。立法原意得到司法机关尊重的程度，与刑法自身获得公民尊重和信任的程度成正比，与刑事法治理性获得尊重的程度成正比，与刑法的教育功能、行为规制功能成正比，也与刑法的一般预防和特殊预防两个功能和谐发挥作用成正比。

最后，探寻刑法法条立法原意有助于完善刑事立法并实现良法之治。从刑法的发展历程中我们可以看出，刑事立法是随着刑事司法的实践和发展而逐渐完善的，通过对刑法法条的解释和具体运用，我们能够发现哪些法条在解释和运用中意思比较明确、具体，能够较为顺利地理解其立法原意，也能够检验出哪些法条由于立法技术等原因的限制，不能完全体现立法原意，或者在理解其立法原意的过程中存在着很大困难，进而对这些法条进行立法完善。当我们发现实际案例中某行为确实具有应受刑罚处罚性，但是运用合法合理的解释规则，无法通过刑法解释将其类型转化为现行刑法法条所规定的任何一种犯罪时，我们就应当通过立法将该行为规定为犯罪（犯罪化），以适应不断变化的社会发展。但是应当明确，这时只能进行立法上的犯罪化，必须反对通过客观解释等方法将其作出"入罪解释"（即司法上的犯罪化）。

第四章

刑法研究方法检讨

　　刑法需要执法人员（尤其是司法人员）去阅读、解释、执行，才能产生权威效果和发挥社会效益。但是，执法人员应该如何理解和解释刑法才能做到公正合理呢？这就涉及刑法的研究方法问题。关于刑法的研究方法问题，理论界已经有一些比较成熟的看法，比如理论联系实际、对照总论各论原理、解释刑法总则分则条文、比较研究、实证分析等方法，应当说都是十分重要的研究方法。近年来，刑法研究方法的极端重要性越来越受到学界关注和推崇，所以刑法理论界对此进行了持续不断的深入研讨，有关的专题研讨会以不同规模不同层次在各地举行，有关的专题论著大量公开发表，形成了较大的学术影响。[1] 其中对这个问题进行系统性、基础性研究的刑法学者，当属云南学者曾粤兴教授，他专题研究了"刑法学研究方法的一般理论"（博士论文），将刑法学方法的选用区分为四种语境并予以具体研讨：[2] 一是法律文本注释的研究方法，包括传统的刑法注释方法与当代的刑法注释方法；二是立法建议的研究方法，包括实证分析、经济分析、比较分析、系统分析等方法；三是刑法案例的研究方法，包括语境解释、法意解释、目的解释、补正解释（黄金规则）、当然解释

---

[1] 撇开法理学界对法学方法论之研讨，仅就"刑法方法论"专题的研讨就产生了较丰富的研究成果，如曾粤兴《刑法学方法的一般理论》，人民出版社2005年版；陈兴良主编：《刑法方法论研究》，清华大学出版社2006年版；梁根林主编：《刑法方法论》，北京大学出版社2006年版；赵秉志主编：《刑法解释研究》，北京大学出版社2007年版；杨艳霞《刑法解释的理论与方法：以哈贝马斯的沟通行动理论为视角》，法律出版社2007年版；白建军：《法律实证研究方法》，北京大学出版社2008年版；陈航：《刑法论证方法研究》，中国人民公安大学出版社2008年版。

[2] 详见曾粤兴《刑法学方法的一般理论》，"第五章刑法学研究方法的选用"，人民出版社2005年版，第226—275页。

等诸种方法；四是基础理论的研究方法，包括历史分析、实证分析、当然解释和体系解释（语境解释）、综述方法等。此外还有许多知名的刑法学者亲躬引领这一专题研究，如赵秉志教授、张明楷教授、陈兴良教授、梁根林教授、白建军教授、陈忠林教授、冯亚东教授等，极大地推动了刑法研究方法之研究。再有，理论界有学者认为应当对刑法方法论与刑法学方法论有所区分，另有学者主张不予关注此二者的差别之观点，也从一个侧面反映出刑法理论界对刑法研究方法的高度关注。

但是，已有的众多刑法研究方法之中，有的研究方法在我们大家的思维里面，尤其是在我们实务部门的部分同仁的思想之中，可能只是一些固定套路或者习惯套话，并没有引起我们的充分重视。另外，传统教科书里所介绍的那些研究方法可能并不充分，需要借助一些新的思维方式和新的研究方法，即需要理论创新、方法论创新。

因此，笔者这里主要谈谈个人研究刑法时在方法论方面的一些不成熟的体会，供同志们参考。笔者认为，在研究刑法时除了运用传统教科书中介绍的基本方法外，还应当重视运用以下五种重要的立场方法：一是坚持民权主义刑法观；二是采取保守主义的刑法解释论立场；三是系统运用刑事政策原理的研究方法；四是综合运用非刑事法原理的研究方法；五是系统化论证与精细化推敲相结合的研究方法。

一　坚持民权主义刑法观

刑法观是指关于刑法基本问题如刑法的价值、机能、目的任务、基本原则等问题的根本观点与基本态度。刑法学是一门兼有哲学意味、实证科学色彩、规范色彩与人文色彩的综合性科学，需要我们经常性地系统思考刑法观问题，才能真切地了解刑法立法上罪名设置、犯罪构成要件设置、法定刑配置以及司法上刑法适用等方面的合理性与合法性问题，从而才真正有可能公正合理地理解和解释刑法规定（刑法分则和刑法总则）。

刑法观首先是一个刑法哲学问题。刑法哲学原理所研究和思考的是刑法学中一些最原初、最深刻、最"富有哲理"的问题，例如，"刑法"作为一种"法"，这种法是一种什么面相？"刑法学"作为一种"学问"，这种学问是一种什么面相？刑法学理论体系作为一种理论系统，这种理论系统又是一种什么面相？就这样三个问题——刑法学理论研究面临的三大理论难题，就值得我们反复咀嚼。（1）刑法学应当是以"刑法"现象为研究对象，但是人类理性并不能真正清晰地认识"刑法"这个研究对象。因为，刑法是一种十分古老的社会现象，应当说它诞生于何时何地、消失于何时何地，我们已经无法进行真正科学的、实证的考察，我们所能做的工作只能是做一些说不清有多大把握的推测。刑法千差万别，那么它的应然状态是什么？为什么同样的行为同样的现象，不同的人类群体却有不同的认识和不同的态度，犯罪的规定不一样，刑罚措施和制度规定也不一样（如赌博、吸毒、成年人自愿性行为、重婚等）？这些问题，在相当的程度上其实是无法实证的东西。（2）刑法学作为一种"学问"，到底应当是一种什么样的学问，人类理性也无法准确地予以厘清。刑法学是一门"科学"，还是一门"哲学"、"人文学"？有人说刑法学是一门科学，但是我们生活中却有许多刑法现象是无法用科学或者科学规律来解释的，科学总是可以进行实证的现象（证成与证伪），而刑法学却无法进行实证。虽然近代史上有实证学派以"实证"为特征，但其实他们仍然无法进行真正的实证研究。哲学家说刑法学是一门哲学，神学家认为刑法应当是一门神学，很有点莫衷一是的味道，以致西方有学者甚至断言："在法律知识并不算是一种科学的地方的民族是幸福的。"[1] 可见，在刑法学是一门什么性质的"学问"的问题上，总的来说仍然是一个疑问。（3）刑法学的理论体系如何建立，理论界也是各有各的看法。有的学者主张将刑法学划分为刑法哲学与刑法科学两类，或者主张将刑法学划分为理论刑法学、解释刑法学（或注释刑法学）两类；有的学者主张将刑法学划分为刑法哲学、规范刑法学和刑法社会学三类，[2] 或者将刑法学划分为刑法哲学、刑法科学与刑法神学三种，[3] 或者将刑法学划分为刑法哲学、刑法政策学、刑法规范学三类。此外，刑法学知识论体系还有其他很多种分类见解。那么到底应该怎样认识刑法学理论体系？对于这个问题，理论界应当说也是莫衷一是，远未达成共识。

---

[1] 转引自陈忠林《刑法散得集》，法律出版社2003年版，第162页。

[2] 陈兴良：《法学：作为一种知识形态的考察——尤其以刑法学为视角》，载陈兴良《当代中国刑法新境域》，中国政法大学出版社2002年版，第175—198页。

[3] 刘远教授认为："对刑事法这样一个世间现象或者实践活动，人类也可以而且必然会分别以哲学的、科学的与神学的方法加以研究，从而分别形成关于刑事法的哲学理论、科学理论与神学理论，我们分别称之为刑事法哲学（哲学刑事法理论）、刑事法科学（刑事法学）与刑事法神学（神学刑事法理论）。"刘远：《刑事法哲学初论》，中国检察出版社2004年版，第18页。

因此，刑法学研究必须广泛运用科学、哲学、神学、政治学、社会学、经济学、民族学、人类文化学等多种学科知识，进行综合性的全方位的理论研究，才可能比较合理地解决刑法学理论和实践问题。当然，由于人类理性的极其有限性，我们不能企图圆满解决刑法学中的所有问题，而只能现实地对一些刑法学问题作出相对合理的研究和回答。基于这样一种认识，笔者倾向于认为，刑法学理论体系在整体上划分为以下三类：一是刑法哲学，以研究人类对于刑法本体问题的"智慧"和"精神安慰"为中心（即在一定意义上包含了有的学者所称的刑法神学的内容在内），以哲学思辨和概念法学研究为重点；二是刑法政治学（刑法政策学与刑法社会学），以研究人类对于刑法本体问题的"善治"为中心（政治在本原意义上就是善治），以刑事政策学研究为重点；三是刑法规范学，以研究人类对于刑法本体问题的"规范"为中心，以刑法规范解释研究为重点。

对以上这些刑法哲学原理中最原初问题的思考，能够在很大程度上影响我们对刑法问题的观点。这种影响可能表现在以下三个方面：

第一，对全人类刑法知识和现行刑法规定的理性评价。刑法不可能是一个纯粹科学的问题，而是一个带有浓厚人文气息的问题。许多无被害人犯罪、经济犯罪是否应当规定为犯罪，并非纯粹的科学问题，而是人文问题。法定刑的设置，尤其是是否规定死刑、无期徒刑，不完全是科学问题，而是人文问题。同理，任何一部刑法都只具有相对合理性，并不具有绝对合理性。是否定罪、如何定罪，是否处罚、如何处罚，这些问题都没有绝对确定的答案，更不存在唯一的答案。

第二，对自我刑法知识与刑法理性的谨慎评价。一方面，我们每个人所拥有的刑法知识和刑法理性并不全面、并不值得简单自信，应该多听取和多反思相反意见，很多时候，我们可能只考虑了一个方面，但是却忽略了另一个更为重要的方面，因此我们司法人员应当特别审慎；另一方面，我们对刑法的理解不能过于呆滞死板，那种认为刑法的所有规定就是铁板一块，丝毫不能变动、不能变通，本质上是十分危险的立场。但是，刑法的变动与变通应当偏向于哪个方向？这是一个十分重大的问题。按照现代刑事法治人权保障的核心理念，应当说只能偏向于无罪与罪轻的方向（前提是存有疑问），而不是相反方向。

第三，刑法司法既要防右，更要防"左"且重点需要防"左"。这里借用了政治学术语，意思是：刑法司法始终应该是、每时每刻都应该是表现出一种庄严肃穆、令人恐惧的面孔，应时刻提防刑法成为泄愤报复或者政治斗争的工具，应坚持"刑法不得已性原则"、"刑法最后手段性原则"和"刑法谦抑原则"。尽管我们在刑事司法中要防止违背刑法和刑事政策而非法放纵犯罪行为，但是我们应当允许依法"放纵"犯罪的行为（实质上是对轻微犯罪作出"非犯罪化"处理，如刑事和解制度、酌定不诉制度、罪疑不诉制度等），因而我们需要重点防范的问题仍然是滥施刑罚、法外用刑。尽管犯罪中有泄愤报复的情况，但是我们官方、我们检察官和法官不能泄愤报复。所以，这里所说的"更要防'左'"，就是指：要特别防止滥施刑罚、法外用刑，要特别防止报复性刑事司法。

因此，刑法观不但是一个刑法哲学问题，更是一个刑法政治问题、刑法实践问题。刑法观的问题可以说是刑法与刑事司法的一个根本问题。也是我们司法人员首先必须在思想观念上解决的一个根本问题；在根本意义上，我们的刑事司法活动都是在一定的刑法观指导下进行的，它在根本上决定了我们的刑事立法与司法活动的基本面貌。

在刑法史上，刑法观大致有国权主义刑法观与民权主义刑法观、权力本位刑法观与权利本位刑法观的区分。[①] 国权主义刑法观又叫权威主义刑法观、权力本位刑法观，主张：刑法是体现国家权力并且以实现国家刑罚权为核心的法律，其目的任务就是保护国家整体利益，其显著特点是以国家利益为出发点而极端限制公民自由、刑罚严酷，尤其强调死刑适用。而民权主义刑法观又叫自由主义刑法观、权利本位刑法观，主张：刑法是以保护国民的权利和自由为核心的法律，因而应当严格限制国家刑罚权并使之成为个人自由的有力保障，其目的一是最大限度地保障公民自由，二是严格限制国家行为。

可见，前者（国权主义刑法观）立足于刑法的社会保护机能，因而极端强调国家利益，它所针对的对象就是公民个人，它所限制的就是公民

[①] 陈兴良教授认为："民权刑法这个概念，是李海东先生首先在我国提出的。李海东根据国家与公民在刑法中的地位把历史上的刑法划分为两种类型：国权主义刑法与民权主义刑法。"陈兴良：《刑法学者的使命——许道敏〈民权刑法论〉序》，载许道敏《民权刑法论》，中国法制出版社2003年版，第1页。

的自由，公民只是刑法的客体与对象；而后者（民权主义刑法观），则立足于刑法的人权保障机能，因而极端强调公民自由价值，它所针对的对象是国家，它的所限制的主要对象是国家及其刑罚权。

一般而言，现代刑法在基本立场上都是坚持权利本位刑法观。这种刑法观对于我们认识刑法、实践刑法，尤其是刑法司法具有重大指导意义。我们现代社会为什么需要制定刑法，为什么需要适用刑法？对于这个问题的回答，正确答案应当仅仅限定为"民权保障"或者"权利保障"，而不能扩张到其他方面。例如，不应当主张刑法需要满足"报复"、"报应"观念，也不应当主张刑法需要偏重维护"大多数人利益"、"维护国家整体利益"（即在根本上忽视少数人利益和个人利益）。在刑法适用中，不能主张扩张解释、类推解释，想方设法地超越刑法规定以便对被告人定罪和处以刑罚，（当然，这种扩张解释在有利于被告人的场合则可以例外）；在刑事审判活动中，不能片面主张一律适用重刑、死刑，可从重可不从重的从重、可判死刑可不判死刑的适用死刑，而可适用缓刑可不适用缓刑的不适用缓刑，等等。这是一个观念性的问题，也是一个关涉刑法适用的根本立场问题。

总体上应强化被告权利保障的民权主义刑法观。其中在探索罪刑法定原则的理论创新时，理应关注形式主义立场与实质主义立场传统对立与理性整合，坚持以形式主义为基础、适当吸收实质主义合理成分的整合理论（保守的实质刑法观）。形式主义立场的合理性更多还是实质主义立场的合理性更多？答案可能面临不同宗旨和立场的拷问：从制衡国家公权力并有利于保障公民权利的宗旨看，形式主义立场的合理性更多；但从有效维护国家和社会有序发展的宗旨看，实质主义的合理性更多。但是，法治社会比较普遍的理性见解认为：对于法律规定为犯罪而实质上无罪的行为，实质主义理性可以认同无罪之判断（单面的、保守的实质主义刑法观），司法上不应定罪（片面责任主义），这一点应当吸收实质主义立场的合理成分。中国的法官更像大陆法系国家的法官还是更像英美法系国家的法官？理论上可以说中国的法官更加类似于大陆法系国家的法官（生成机理与政治社会地位等）。这是中国应当坚持以形式主义为基础、适当吸收实质主义合理成分的整合理论的根本原因之一。

20世纪末以来，我国刑法学者陆续展开了"立法本义"问题的讨论，有的学者主张根本不存在所谓的立法本义问题，因此立法规定本身只是一种规范存在，它既没有本义，也不可以解释。笔者认为，这种讨论涉及两个彼此相通的根本性问题：一是立法是否有所谓的本义？二是如何坚持罪刑法定主义精神？我们都知道：刑法一经制定，就必须保持相对稳定，并且不得适用事后法来追究过去的行为的刑事责任——这就是"刑法的安定性"。刑法的安定性特征不同于其他法律尤其是行政法的"合目的性"特征。刑法必须具有安定性这种特性，其根本的原因，就是刑法本身也是一种"恶害"，而不是什么好东西，它是以剥夺公民人身自由、财产，甚至生命为手段的，是国家为遏制犯罪而不得已才采用的一种遏制措施，因而用之必须慎之又慎。① 因此，笔者在基本立场上主张：刑法由于关涉公民人身、财产甚至生命等重大利益，刑法强制手段是一种不得已的、最后手段性的强制措施，其基本特点是反人性、反自然、丑恶导向性，因此刑法整体应当特别强调"刑法的不得已性、安定性、谦抑性和收缩性"。因此，刑法立法规范本身应当存在"立法本义"，所谓"立法本义"是指"立法规范本身所应当具有的基本含义"，我们对刑法的认识、理解和解释，都由于刑法具有安定性、丑恶导向性等特点的内在要求，而不能超出"立法本义"，或者说不能对刑法进行扩张解释、类推解释。但是，这种扩张解释有利于被告人的场合则可以例外。

正是基于上述这种认识，所以我们应当在刑事司法活动过程中强化刑法安定性的罪刑法定主义精神。这确实是一个需要特别强调的现代刑事司法观念问题。

罪刑法定原则的本质是限制司法权的，其中包括对我们侦查权、公诉权和审判权等的限制，防止随意出入人罪，以有效保护，并且是最大限度地保护公民的人身自由权利。因此，罪刑法定原则的内在要求就必然是刑法谦抑主义以及有利于被告的精神。大体上说，罪刑法定原则内部的五大派生原则，包括成文法原则、禁止事后法原则、禁止类推解释原则、明确性原则、刑罚法规正当原则，其对于刑事司法而言，意义十分重大，必须严格遵守。

---

① 魏东：《刑法内涵的哲学检讨》，载中国人民大学刑事法律科学研究中心编《现代刑事法治探索》，法律出版社 2004 年版。

二　采取保守主义的刑法解释论立场

刑法解释论，就是关于刑法解释本身的立场、观点、目标与方法等基本问题的理论，是一个十分重要的刑法学基础理论问题。可以说，不同的刑法解释论针对相同的刑法规定，可能有不同的解释结论。

刑法解释论主要有以下几点内容：一是主观解释与客观解释之争；二是形式解释与实质解释之争。

（一）主观解释与客观解释之争[①]

这个论题目前引起了刑法学术界的极大关注，值得我们刑法研究生认真学习和研究。笔者这里主要谈三个问题：第一，刑法主观解释与刑法客观解释的基本含义是什么；第二，中外刑法学者对该两种解释论的基本态度如何；第三，笔者在刑法解释论上的基本立场。

1. 刑法主观解释与刑法客观解释的基本含义

主观解释论、主观说、立法者意思说，主张刑法解释的目标在于阐明刑法立法时立法者的意思，或者说刑法的立法原意。主观解释论有其特定的哲学基础、政治理论基础和法理基础。[②] 哲学基础：传统解释学。据文献资料介绍，主观解释论的哲学基础是传统解释学，其方法论基础是解释《圣经》的方法论，认为作品的意义是恒定的，因而是可以解释的，且是含义明确的、恒定的。政治理论基础：权力制衡论（三权分立论）、民主论与人权论。其强调的主要内容是，权力需要制衡，立法权与司法权（以及行政权）是各有分工但又并行不悖的，立法必须得到司法的充分尊重，司法不得侵蚀立法或者随意超越立法。法理基础：强调刑法的安全价值和保障机能。

客观解释论、客观说、法律客观意思说，主张刑法解释的目标在于阐

[①] 这里的内容，原创是 2010 年 9 月 6 日我作为四川大学法学院研究生导师而进行的"师生见面会与学术座谈会"上，邀请了部分法官、检察官、警察、律师等同人参加，我以"自由谈"的方式（没有拟定书面发言稿而仅有提纲）向我指导的博士研究生、硕士研究生和刑法同仁谈论的学术论题"刑法的主观解释与客观解释之争"的部分内容。

[②] 许发民：《论刑法客观解释论应当缓行》，载赵秉志主编《刑法论丛》（第 23 卷、2010 年第 3 卷），法律出版社 2010 年版，第 165—191 页。

明解释时刑法条文客观上所表现出来的意思,而非刑法立法时立法者的意思,以适应与时俱进的社会现实之客观需要。客观解释论也有其特定的哲学基础与法理基础。哲学基础:伽达默尔《真理与方法》所开拓的哲学阐释学原理,其经典表达就是"独立于解释者理解之外的作品的意义是不存在的,作品的意义只出现在作品与解释者的对话之中"①。法理基础:强调法律公正和保护机能。

此外还有综合解释论、折中说。中国台湾学者林山田强调:时间间隔不久的法律,采用主观说;时间间隔长的法律,"应着重客观意思,以为解释"。因此,周全地考察,应当说客观上存在主观解释论、客观解释论与综合解释论之争,而不仅仅是主观解释论与客观解释论之争。

2. 中外刑法学者对该两种解释论的基本态度如何

国外刑法学者,据部分学者介绍(如张明楷、许发民等),德日等法治发达国家已经较多地主张采用刑法客观解释立场。

我国台湾地区较多学者(如林山田等)主张采用综合解释论(又称折中说)。认为原则上应采用主观解释论、例外采用客观解释论。

我国大陆地区刑法学者的立场出现了比较大的分歧:部分学者(如张明楷、陈兴良、冯亚东等)逐渐倾向于主张采用客观解释论。其中陈兴良教授的观点立场耐人寻味,陈兴良教授主张形式解释论,认为这是刑法解释的限度问题(但笔者认为,形式解释论实际上还是更广泛意义上的方法论问题,而不仅仅是一个限度问题)。但是陈兴良教授仍然承认客观解释论,认为这是刑法解释的目标问题。②这种状况,可能与不同学者个体对客观解释论与主观解释论本身的"解释(解读)"有关。而更多学者(如李希慧、许发民等)倾向于主张采用主观解释论或者综合解释论。

3. 笔者在刑法解释论上的基本立场

针对中国国情,笔者认为中国不适宜采用激进的、双面的客观解释论。

---

① 许发民:《论刑法客观解释论应当缓行》,载赵秉志主编《刑法论丛》(第23卷、2010年第3卷),法律出版社2010年版,第165—191页。

② 陈兴良教授称:"在刑法解释的立场上,我是主张客观解释的。但在刑法解释的限度上,我又是主张形式解释论的,两者并行不悖。其实,主观解释论与客观解释论的问题,在我国基本上已经得到解决,即客观解释论几成通说。我国最高人民法院在有关的指导性案例中,也明显地倡导客观解释论。"参见陈兴良《形式解释论的再宣示》,载《中国法学》2010年第4期。

笔者的基本立场：在入罪判断时应坚持主观解释论，在出罪时可兼采客观解释论。或者换句话讲，只能采取一种保守的客观解释论（但是如何实现"保守的"，值得进一步研究）。这种立场，笔者认为可以称为保守的客观解释论、单面的客观解释论（仅仅针对"出罪"这个单面）。

当然还应注意：主观解释论与客观解释论之争，不能完全对应于形式解释论与实质解释论之争。因为，前者针对的是刑法解释的目标并以此为刑法解释界分的标准，而后者针对的是刑法解释的方法与限度并以此为刑法解释界分的标准。

（二）形式解释与实质解释之争[1]

近来，实质刑法观的研究与讨论特别引人注目，学界对这个问题开始出现所谓的"刑法学派之争"。几年前，陈兴良教授写了一篇关于形式主义刑法学与实质主义刑法学的关系反思的论文，也提到我国出现了形式解释论与实质解释论的区分，并且指出这是在德日刑法学中并未发生过的现象。前不久，笔者又读了一本题为《中国实质刑法观批判》的专著，作者是中国社会科学院法学研究所的邓子滨教授，邓子滨教授是北京大学陈兴良教授指导的刑法博士生，他提出对于中国实质主义刑法观应当予以批判，而不是轻描淡写的批评，[2] 因为邓子滨教授同陈兴良教授一样，在基本立场上主张（或者说更加倾向于）形式主义刑法观。这些论述让笔者很受启发。东南大学法学院刘艳红教授对这个问题也进行了论辩，并且写作出版了两本直接冠以"实质刑法观"与"实质的刑法解释"之名的学术专著，形成了一定的学术成果规模，产生了一定的学术影响。[3] 陈兴良教授曾经强调说，在中国刑法学者中，刘艳红教授是迄今为止公开声明坚

---

[1] 这里的内容，原创是 2010 年 6 月 22 日笔者利用研究生见面会与学术座谈会的机会，以"自由谈"的方式（没有拟定书面提纲）向笔者所指导的刑法研究生和刑法同仁谈论的学术论题"中国实质刑法观的立场观点与风险防范"中的部分内容。

[2] 陈兴良教授在本书序中称："甫见《中国实质刑法观批判》这一书名，就令人眼前一亮，似乎嗅到了扑面而来的学术火药味，但我还是为之叫好⋯⋯以'批判'一词而人书名的，不仅法学界没有，人文社会科学界也极为罕见。"邓子滨：《中国实质刑法观批判》，法律出版社 2009 年版，序第 1 页。

[3] 刘艳红教授称："在陈兴良教授的建议下，出版时我将题目修改为目前的'实质刑法观'"，见刘艳红《实质刑法观》，中国人民大学出版社 2009 年版，第 254 页；同时又强调"应倡导实质的刑法解释观"，参见刘艳红《走向实质的刑法解释》，北京大学出版社 2009 年版，前言第 2 页。

持实质主义刑法观立场的唯一的一位刑法学者。① 实质主义刑法观作为学界的一个热点，部分著名学者也对此发表了自己的看法，比如张明楷、陈兴良、周光权、陈忠林、冯亚东等教授，只是这些学者采用了不同形式来阐释自己的立场观点，为此笔者在所撰写的相关论文里有详细列举。笔者这里针对实质主义刑法观谈谈个人见解，具体谈四个问题，欢迎大家就此问题展开讨论和批评。

第一个问题，实质主义刑法观的含义。

实质主义，相对于形式主义而言，既是价值判断问题，也是方法论问题。实质主义刑法观对各种刑法现象、刑法范畴、刑法理念以及犯罪论、刑罚论、罪刑关系论等刑法原理问题给予实质的价值判断和价值解读，它本身的出发点和根本目的应当说是为实现实体正义，本身不但不反对、反而还主张人文关怀、保护人权。

实质主义刑法观的主要内容包括采用实质的犯罪概念、刑法的实质解释、实质的犯罪构成论、实质的罪刑法定原则等。实质主义刑法观的核心理论是社会危害性理论与法益论，现在也有学者认为社会危害性理论相当于或者可以改良转换为大陆法系的法益论（法益侵害说），这值得我们思考。实质的罪刑法定原则主张合理地，而不是机械地理解罪刑法定，有些比较激进的学者甚至在不同的预设前提下提出了反对取消类推解释的意见。实质主义刑法观要求坚持实质主义的解释论，与形式主义刑法观坚持形式解释论的立场形成鲜明对比，比如对贪污罪中的犯罪对象"财物"的理解，实质主义将其解释为"物质性利益"，有的甚至将其解释为"利益"。总体而论，实质解释论要求根据时代的发展、人民的利益等来历史地、发展地解释刑法规范（客观解释论）。②

应当说，实质主义刑法观更加关注实体正义和社会观念的向前发展，从而更加有利于一般正义的实现，同时也更适应统治者或者管理者进行政治统治与社会秩序维护的需要，尤其受到政治家、司法人员的青睐，同时，满怀美好朴素的正义情感的普通民众也容易在相当程度上对实质主义刑法观给予理解，因而，实质主义刑法观很容易产生巨大影响力。

---

① 参见陈兴良《走向学派之争的刑法学》，载《法学研究》2010 年第 1 期。
② 参见陈忠林《刑法散得集》，法律出版社 2003 年版，第 139—141 页。

第二个问题，实质主义刑法观和形式主义刑法观的关系。

实质主义刑法观是相对于形式主义刑法观而言的，但是实质主义刑法观与形式主义刑法观并不完全是泾渭分明的，二者在某些问题上的看法也并非是完全对立的。事实上，实质主义刑法观也要看形式，只是解释刑法的立场方法不同，对价值判断、形式判断的侧重点不同。这一点，笔者记得邓子滨教授在其大作《中国实质刑法观批判》中也谈到了，而且谈得比较多，强调了实质主义刑法观与形式主义刑法观两者没有清晰的前沿阵地，反而是你中有我、我中有你，因而有些解释、有些主张和结论性见解可能是双方所共有的，只是强调的侧面和重点各有差别，部分内容难舍难分，难于辨析。① 确实是这样的。就笔者所理解的形式主义刑法观，其实也并非完全排斥实质主义刑法观的合理内核，只是更关注成文刑法规范、形式正义等内容，更关注防范实质主义超规范解释判断所引发的人权保障风险。因而，笔者认为这种意义上的形式主义刑法观可能更具有合理性，尤其是其要求在入罪时不能突破成文刑法之形式规定，但在出罪时可以适当突破形式规定（单面的实质主义刑法观），具有相当的合理性。因而在基本意义上，可以将实质刑法观具体区分为单面的实质刑法观与双面的实质刑法观，或者称为保守的实质刑法观与彻底的实质刑法观、半开放的实质刑法观与全开放的实质刑法观。而双面的实质刑法观则面临较大的人权风险。这种实质主义刑法观忽略了显而易见的人权保障漏洞，实质主义刑法观容易破坏罪刑法定原则，实质主义刑法观没有限制司法权容易导致罪刑擅断的重大风险。

第三个问题，实质主义刑法观有法治风险，学者应当思考如何防范。

实质解释论具有强大的生命力，同时也具有强大的破坏力，这种强大的破坏力就是人权保障风险。因此应对实质解释论进行适当区分，取其精华去其糟粕，这是学术使命使然，也是刑法实践使命使然。但是，首先是刑法学者的学术使命，因为理论指导实践。精华是：实质公正与相对公正的恰当界定。刑法特殊性的恰当界定（不得已性与最后手段性、以恶制恶性、矫正目的性——通过其他手段仍然可以矫正）等。具体讲有以下几点：第一，要客观公正地理解实质主义刑法观，从实质的罪刑法定上进行限制，保障人权；第二，通过实质解释论进行限制，在入罪时进行形式

---

① 邓子滨：《中国实质刑法观批判》，法律出版社2009年版，第2页。

解释并反对超规范的实质解释，在出罪时允许进行适当的超规范的实质解释；第三，坚持从犯罪构成和犯罪概念上进行形式主义的严格限制与规范限制。

第四个问题，主张保守的实质刑法观，取代开放的实质刑法观。

当下中国应当坚持保守的实质刑法观，并以此取代全开放的实质刑法观。因为这种保守的实质刑法观在一定意义上兼容了实质主义和形式主义的优点和相通点（但有相当的学者认为无法实现这种兼容），更具有合理性。相对于全开放的实质刑法观而言，保守的实质主义刑法观在入罪底线、刑法漏洞填补原则、刑法研究方法三个方面突出强调了自身特有的不同于全开放的实质刑法观的基本立场。

一是坚守刚性化、形式化的入罪底线：入罪上的刚性与形式立场。保守的实质解释论与全开放的实质解释论都主张出罪场域的实质解释论，这是出罪上的柔性与实质立场。但是，保守的实质解释论特别注意吸收形式刑法观的合理内核，特别注意防范全开放的实质解释论的根本缺陷，因而，保守的实质解释论具有更大合理性。而全开放的实质解释论则相反，主张入罪上的弹性与实质立场，不求立法上的最大公正，但求司法上的最大公正，这恰恰是保守的实质解释论所反对的。为避免入罪场域的实质解释风险（人权风险），我们必须坚持保守的入罪立场，只要关涉入罪，都必须予以保守的、形式的审查，不允许动辄入罪，更不允许司法上的犯罪化现象。但是，在出罪场域的实质解释论是可以成立的，只要关涉出罪，都可以通过包容的、实质的审查，允许司法上的非犯罪化现象。

二是坚持刑法立法漏洞由立法填补的刑法漏洞填补原则：刑法立法漏洞如果必须填补，其救济途径选择是立法修改补充，反对司法填补。这种立场其实正是我国宪法所明确宣示的，因而具有宪法根据。同时，这种立场也是我国立法法所明确限定了，因而具有立法法根据［如立法法第8条明确规定"下列事项只能制定法律：……（四）犯罪和刑罚；（五）对公民政治权利的剥夺、限制人身自由的强制措施和处罚"］，并使得这个问题成为一个基本的立法原则。但是，保守的实质刑法观主张，在出罪场域允许司法上的非犯罪化处理。而开放的实质解释论则相反，主张法律漏洞可以由司法填补，相信司法官能够合理、善意地解释刑法，并没有合理限制法官搞罪行擅断的重大风险。

三是倡导包容性、开放性的刑法研究方法：探求立法原意、应然性研究、刑法修改完善研究。在刑法解释论上，应当更多地吸纳主观解释论的合理内核，应当确立探求立法原意的刑法解释原则与司法原则，尤其在入罪判断的场合，应当更多地探求立法规范本身的字面含义（立法规范必须通过使用文字表述为立法条文）与立法本意，这里的立法本意虽然与"立法者本意"有关，但是要旨在于立法条文本身所显示出的立法当时可能具有的字面含义，因而基本立场上仍然是一种主观解释论。显然，这与客观解释论主张"刑法解释的目标在于阐明解释时刑法条文客观上所表现出来的意思，而非刑法立法时立法者的意思，以适应与时俱进的社会现实之客观需要"的基本立场有区别。在刑法研究上，应当鼓励应然性研究，承认、发现、完善立法本身客观存在的漏洞，应当成为刑法学研究的重要方面，保持刑法学研究的合理张力和生命力，这也是刑法学者的学术使命和学术贡献方式。而开放的实质解释论则相反，反对探求刑法立法原意，反对开展刑法立法的应然性研究，反对动辄指责和修改刑法等研究方法，这种见解过于绝对，也比较偏激，而且也不利于刑法学的发展，不利于刑法立法的完善，不利于司法规范，因而是比较不可取的学术立场。

（三）采取保守主义的刑法解释论立场

以上这些刑法解释论原理，对于我们理解刑法司法实践中的许多现象都是十分有价值的：刑法解释论的多样化是一个值得认真斟酌的重大理论问题，刑法解释论立场的理性选择本身是一个难于斟酌和取舍的问题，做个明白的司法人员、理性的司法人员，难！

相比较而言，笔者倾向于主张采取保守主义的刑法解释论立场，内容就是：一要坚持保守的客观解释论（主观解释为原则、出罪时兼采客观解释）；二要坚持保守的实质解释论（形式解释论为主、出罪时兼采实质解释论）。因此，保守的刑法解释论立场，也可以说是一种以主观解释和形式解释为基础、适当吸收客观解释和实质解释合理成分的整合理论。

这种保守的刑法解释论立场实际上关涉整个刑法学基础理论，包括：第一，必须坚持行为刑法的精髓。必须贯彻由形式到实质、由客观到主观的逻辑次序，由客观行为、到客观危害、再到主观罪过、最后到责任确定（许霆恶意取款案是典型）。第二，必须坚持违法性判断的理论创新。以结果无价值论为基础，适当吸收行为无价值论合理成分的整合理论，坚持有定型行为（规范行为）的法益侵害才有犯罪的基本立场。第三，必须严格限制抽象危险犯的范围。第四，必须反对类推解释和非法扩张解释。第五，必须坚持犯罪构成论的理论创新。以中国传统犯罪构成理论为基础、适当吸收大陆法系犯罪论合理成分的整合理论，如定型行为论、先客观后主观、出罪机制设置等，犯罪构成论体系排序上坚持先客观后主观原则（即依次为犯罪客观方面、犯罪客体、犯罪主体、犯罪主观方面）的排序固定化；犯罪客体的功能定位应侧重于限制违法性范围与排除违法性判断；犯罪客观方面要件中，应坚持基本构成行为的定型化优先判断、客观化判断，后进行危害结果判断（许霆恶意取款行为是典型）。第六，必须坚持刑罚公正观的理论创新，重塑人道主义刑罚矫正观（矫正观取代报应观），批判刑罚报应观（刑法报复观）。

　　必须采取保守的刑法解释立场的理由，除在前面已经讲解分析的以外，笔者觉得也是刑法谦抑原则的基本要求。所谓谦抑，是指压缩或者缩减。所谓刑法的谦抑性，就是指立法者和司法者应当尽量以最小的支出、少用甚至不用刑罚（而用其他处罚措施或者教育措施代替），来获得最大的社会效益并有效地预防和抗制犯罪。因此，刑法的谦抑性，又叫刑法的经济性、刑法的节俭性。

　　刑法谦抑原则的基本要求是：对于某种危害社会的行为，国家只有在运用民事的、经济的、行政的法律手段和措施，仍然不足以抗制时，才能在不得已的情况下运用刑法方法，即将其规定为犯罪，并处以刑罚。一般认为，在下列三种情况下，就不应当动用刑法：一是无效果；二是可替代；三是太昂贵。

　　为什么要求实行刑法的谦抑性？因为：（1）犯罪基本上是人类社会必然伴随的现象，社会应当在一定程度上对犯罪予以宽容，并寻求综合的救治办法。意大利学者菲利说："犯罪是由人类学因素、自然因素和社会因素相互作用而成的一种社会现象。"菲利提出了著名的犯罪饱和论："犯罪饱和论，即每一个社会都有其应有的犯罪，这些犯罪的产生是由于自然及社会条件引起的，其质和量是与每一个社会集体的发展相应的。"[①]（2）刑罚本身兼具有积极与消极的两重性。甚至有学者认为，刑罚本身也是一种恶害，是以暴制暴。德国学者耶林指出："刑罚如两刃之剑，用

---

　　① ［意］菲利：《实证派犯罪学》，中国政法大学出版社1987年版，第43页。

之不得其当,则国家与个人两受其害。"(3)刑罚不是万能的,人类已有历史实践、特别是酷刑实践证明,不可能通过刑罚来消灭犯罪。因此,"那种迷信刑罚的威慑力,尤其是迷信重刑对未然之犯罪的遏制效果以及对已然之犯罪人的矫正功能的观点,是不足取的"①。(4)刑法本身具有扩张的倾向,尤其是刑事司法本身具有容易被滥用的重大风险,包括违法取证、滥杀无辜等。因此,我们司法工作者,应当自觉地贯彻刑法谦抑原则。应当准确、全面地理解刑法的有关规定和立法精神,严格贯彻罪刑法定原则,谨慎发动刑事追诉程序,特别是启动刑事侦查权和提起公诉活动。2000年暑假,重庆市开县发生了一起轰动全国的"大学生赵某嫖娼案",赵某被刑讯逼供,并被迫违心地承认自己嫖娼。这个案件虽然不是刑事案件,但是它仍然可以生动地说明:我们的侦查权必须谨慎发动、依法规制,而不能为所欲为、肆意妄为。

其实,荒唐的不仅是无辜大学生被逼成为嫖客,还有陕西的"处女卖淫案"又何尝不是闹剧!类似的问题,也突出地反映在我们现实生活中许许多多的"寻衅滋事"案件,"合同诈骗"案件,甚至"杀人、强奸"案件等,其实根本没有证据证明某人涉嫌犯罪,但是有关机关仍然肆无忌惮地发动侦查权,随意刑事拘留他人,而且这种现象还没有有效措施来进行遏制。其中,警察张金波强奸冤案更具有代表性:② 警察张金波于1995年5月31日因被控在1995年3—5月期间三次强奸诬告人李某(女)而被其所在的公安机关刑事拘留,直到1997年2月6日除夕才无罪释放,其间已被羁押671天。当年过完春节之后,张金波于1997年2月27日提出国家赔偿要求,同年3月27日公安机关向张金波送达"拒赔理由书",同年7月17日,张金波申请国家赔偿案件由哈尔滨市中级人民法院正式受理。同年9月初,哈尔滨市中级人民法院告知张金波案卷材料被有关部门调走。1998年2月16日,张金波又第二次被抓进看守所,4月14日被哈尔滨市南岗区人民检察院提起公诉,10月26日南岗区人民法院判决张金波犯有强奸罪,判处10年有期徒刑、剥夺政治权利2年,张金波不服并上诉。1999年4月22日,哈尔滨市中级人民法院驳回上诉、维

---

① 陈兴良:《刑法哲学》,中国政法大学出版社1992年版,第6页。
② 案情介绍见《民警张金波的十年冤狱》,载《法制文萃报》2007年2月12日第1版(原载《中国青年报》2007年2月9日亓树新文)。

持原判，张金波随即被投入黑龙江黎明监狱服刑。此后张金波一直坚持无罪申诉。2001年7月最高人民法院指示黑龙江省高级人民法院对此立案审理。2004年5月12日，黑龙江省高级人民法院作出《再审判决书》，指令哈尔滨市中级人民法院另行组成合议庭对本案进行再审。2004年8月26日，哈尔滨市中级人民法院作出《刑事裁定书》，再次维持原判。2005年7月18日，黑龙江省高级人民法院对张金波案再次发出《再审决定书》，决定由本院进行提审，于2006年12月1日作出《刑事判决书》，正式宣告张金波无罪。但是，张金波本人已在监狱里服刑期满，于2006年5月30日刑满释放。

不但有办案人员本身的素质问题、政治报复迫害问题、证据问题、案件本身复杂疑难问题可能导致冤假错案的发生（尤其是最近媒体曝光的河南省赵作海死刑冤案、河南省张振风死刑冤案），还有生活中发生的许多案件，在处理中和刑法解释上可能都没有很好地坚持刑法的谦抑原则，其中刑法解释立场至关重要。

下面举几个例子来说明：

【案例】 发生在上海的全国首例"肖永灵投寄虚假炭疽恐吓邮件案"。

案情：2001年10月18日，肖永灵将家中粉末状的食品干燥剂装入两只信封内，在收件人一栏内书写上"上海市人民政府"与"东方路2000号（上海市东方电视台）"后，分别寄给上海市人民政府某领导和上海市东方电视台新闻中心陈某。同年10月19日、20日，上海市人民政府信访办公室工作人员陆某等人及东方电视台陈某在拆阅上述夹带有白色粉末状的信件后，出现精神上的高度紧张，同时也引起周围人们的恐慌，经有关部门采取大量措施后，才逐步消除了人们的恐慌心理。针对此案，公诉机关以"以危险方法危害公共安全罪"罪名（刑法第114条）向上海市第二中级人民法院提起公诉，法院于同年12月18日作出判决：以"以危险方法危害公共安全罪"判处肖永灵有期徒刑4年（被告人没有提出上诉）。①

这类案件是十分值得研究的。大家知道，《中华人民共和国刑法修正案（三）》是在2001年12月29日获得通过并于当日才开始生效的。该

---

① 游伟、谢锡美：《罪刑法定的内在价值与外在要求》，载赵秉志主编《刑事法判解研究》2003年第一卷，人民法院出版社2003年版，第77页。

修正案第 8 条规定：在刑法第 291 条（即"聚众扰乱公共场所秩序、交通秩序罪"，属于妨害社会管理秩序罪）后增加一条，作为第 291 条之一："投放虚假的爆炸性、毒害性、放射性、传染病病原体等物质，或者编造爆炸威胁、生化威胁、放射威胁等恐怖信息，或者明知是编造的恐怖信息而故意传播，严重扰乱社会秩序的，处五年以下有期徒刑、拘役或者管制；造成严重后果的，处五年以上有期徒刑。"那么，这里就存在两个值得研究的重大问题：上海市有关公诉机关和审判机关在当时法并无明确规定的情况下，认定肖永灵的行为成立"以危险方法危害公共安全罪"，是否符合罪刑法定原则的基本要求？笔者认为不符合，不但从发案时间与修正案生效时间上的先后就可以看出，而且从刑法谦抑原则与保守的刑法解释论立场也可以看出。

【案例】具有古典"文字狱"色彩的重庆市"彭水诗案"。

案情：[①] 本案主人翁是重庆市彭水县教委办的一位名叫秦中飞的科员，"一名 5 岁男孩的父亲，一名曾当过中学教师的文学系毕业生，一名爱好舞文弄墨的瘦弱文人"，于 2006 年 8 月 15 日，"在茶余饭后、闲暇之余，用手机编发了一首有关时事的打油诗"，全文如下：

"马儿跑远，伟哥滋阴，华仔脓包。看今日彭水，满眼瘴气，官民冲突，不可开交。城建打人，公安辱尸，竟向百姓放空炮。更哪堪，痛移民难移，徒增苦恼。官场月黑风高，抓人权财权有绝招。叹白云中学，空中楼阁，生源痛失，老师外跑。虎口宾馆，竟落虎口，留得沙沱彩虹桥。俱往矣，当痛定思痛，不要骚搞。"

正是这首打油诗为秦中飞招来了牢狱之灾：秦中飞于编发打油诗短信半月后即被彭水县公安局刑事拘留，罪名是涉嫌毁谤罪。此后，秦中飞被羁押了整整一个月才被取保候审，而且另有 40 多人也无辜受到牵连。

为什么会这样呢？据说，当地公安机关相信这样一种推断：打油诗中的前三句话隐喻了彭水县县委县政府 3 位主要领导人马某、某伟、某某华。至于公安机关为什么会这样对号入座、不打自招地为 3 位领导人脸上抹黑，人们不得而知。有报道分析说，公安机关在没有证据的情况下，竟

[①] 案情及有关素材均引自以下文章：魏文彪《"彭水诗案"——公务员编时事短信被控诽谤》，惠铭生《"彭水诗案"是不和谐音符》，万应慧《小县城何以容不下打油诗》，孙立忠《别让"彭水诗案"开启侵害自由的恶例》，均载《法制文萃报》2006 年 10 月 26 日第 10 版。

然把打油诗虚构的事实贴标签一样地贴在这些领导人身上,而不是其他人身上,原因只有两种可能:一种可能是打油诗所反映的事实是公安机关以前听说过的,因而凭主观臆断办案,随意抓人;另一种可能是,打油诗所反映的情况本来就是既成事实,因而公安机关就扣上"毁谤罪"的帽子借以杀鸡儆猴并及时封口,同时借以向当地官员邀功。

难怪网上一片叫骂声:有人认为这是现代文字狱,有人认为这是公然侵犯言论自由。有人指出,即使构成毁谤,也依法属于自诉案件,但是本案恰恰没有所谓的受害人站出来,公安机关跳出来十分令人感到蹊跷,由公安机关以涉嫌毁谤罪拘留和审讯,明显违反法律程序,其根源还是公安机关成为个别领导人的打击报复工具。还有人指出,彭水诗案折射出现代社会中个别政府官员、个别执法机关是不讲法治的重要根源,时任国务院总理温家宝还特意上网听取网民意见,而彭水县一个小县城却听不得普通公民的善意规劝,竟然容不下一首打油诗。

这类案件在生活中可能并不少见,实在是令人深思。当地媒体的反应因为复杂原因而相对迟钝,但是其他各地的报纸却大加报道渲染:《法制文萃报》《时代商报》《潇湘晨报》《齐鲁晚报》《济南时报》等都有倾向性报道。这些报道和评论已经十分全面和深刻,这个案件本身确实能够深刻地揭露出我们时代还存在十分荒谬的法治阴影,尤其是我们的个别政府官员、个别执法机关肆意践踏法治、严重腐败堕落的可怕现实值得我们全党全国人民深刻反省和严肃关注。这让人真的觉得无话可说了,也不知道我们的个别官员,我们的个别执法机关是否还有话说!

即使如此,我还是觉得孙立忠的话值得我们每一个人反复咀嚼:①"因一首诗而被关进看守所,这实在是让人感到恐惧的,更让人有不知今夕是何年之叹。因写下'清风不识字,何故乱翻书'、'夺朱非正色,异种也称王'等就要被砍头甚至人死了也要开棺剔尸的年代早已过去了,但遗毒的肃清却似乎并不是那么容易。因为在这方面,我们的传统实在太过悠久。文字狱本身就是当权人物做贼心虚的一种反应,越是心虚,越是心神不宁,当听到别人说'亮了',他就肯定是讽刺自己的秃头,因而恼羞成怒。秦中飞词中的'马儿跑远,伟哥滋阴,华仔脓包',并没有指名

---

① 孙立忠:《别让"彭水诗案"开启侵害自由的恶例》,载《法制文萃报》2006年10月26日第10版。

道姓，有关领导为何就要对号入座了呢？如果本身堂堂正正，那又何惧他人的批评？如果襟怀宽广、虚情若谷，那又怎会拒批评于千里之外？宪法规定，中华人民共和国公民对于任何国家机关和国家工作人员，有提出批评和建议的权利。对于公民的批评，有关领导应将此看作是对自己的督促、帮助和关爱，应'有则改之无则加勉'。动辄动用国家公器对公民的批评权利进行打压剥夺，无论如何是要不得的。'防民之口，甚于防川'只能让权力者堕入深渊，而事实上，这样的做法在民主法治社会是根本行不通的。官的自由与民的自由是此消彼长的。官自由，百姓便不自由；百姓自由，官便不自由。如果公众连正常的言论自由、批评自由都要被剥夺，那么官的自由必然就泛滥成灾。对'彭水诗案'必须给出一个交代，不能让其开启民主法治时代侵害自由的恶劣先例。"

近年来媒体公布的一些"网帖案"、"毁谤政府官员案"、"敲诈勒索政府案"，都具有一个共同特点：没有坚持好刑法谦抑原则，没有坚持一种保守的刑法解释论立场。

【案例】山西省阳泉市鲍某敲诈勒索案。

案情：① 2006年5月初，鲍某的女儿遭曹某某强奸。鲍某得知消息后十分难过，本想报案，但是担心一旦报案就会毁坏了女儿名声，就决定找曹某某"私了"。5月18日，鲍某邀约好友杨某等三人，在阳泉市农业大厦门前手持镐把、弹簧刀等凶器殴打曹某某，并强行将曹某某拉到阳泉市开发区一茶馆的包间内，鲍某当场向曹某某索要女儿精神损失费17000元。后来，杨某等人在阳泉市郊区旧机动车交易市场取钱时，被接到报案的公安人员当场抓获。对此，阳泉市城区人民法院认定鲍某和杨某犯敲诈勒索罪，分别判处拘役4个月。有意思的是，"审理此案的法官表示，女儿遭到他人强暴，本来应当通过法律渠道为女儿讨回公道，但鲍某却想私下要钱，结果反倒触犯了法律，太不值当了，希望人们能从中吸取教训，处处依法办事"。笔者认为，法官的告诫没有错。但是，本案的核心问题是，我们是否有必要对鲍某等人定罪？从刑法的谦抑原则和法魂主义立场出发，笔者认为没有必要对鲍某等人定罪处罚：如果曹某某确实实施了强奸行为，那么作为受害人的母亲为女儿向曹某某索要若干精神损失费也未

---

① 《女儿遭强暴，母亲"索赔"却获刑》，载《法制文萃报》2006年9月18日第11版（原载《三晋都市报》2006年9月13日）。

尝不可。当然，如果其索要行为本身危害大的话，该构成其他什么罪也可以定什么罪，而不是敲诈勒索罪。

【案例】重庆男子捉奸索财案。①

2010年9月18日新华网报道，今年8月28日中午，重庆男子张明（化名）到妻子工作的美发店找妻子吃饭，没想到撞见妻子与一男子赤身裸体躺在床上，张明血往上涌，回身到厨房拿了菜刀，用刀背对着男子一阵乱砍。张明仍不解气，又要求男子再付5000元精神赔偿费。该男子没有那么多现金，张明即同其到银行取了2000元，又让其出去借了3000元，才把他放走。该男子获得自由后报了警。重庆市万盛区检察院受理此案后，经慎重研究，认为此案系家庭内部矛盾产生，且张明已将勒索的钱退还给被害人，没有造成严重后果，社会危害性不大；张明系初犯、偶犯，有事出有因；张明妻子也表示对其行为追悔莫及，希望司法机关对张明从宽处理，夫妻之间仍存有感情，对张明不批捕有利于夫妻感情和家庭稳定，有利于社会和谐——综合以上因素考虑，人民检察院依法作出不批捕决定。笔者认为，人民检察院从刑法谦抑原则和保守的刑法解释论立场出发的这一考虑和决定是十分正确恰当的。

上列敲诈勒索案到底该如何公正合理处理，应当说都与是否坚持好刑法谦抑原则，是否坚持一种保守的刑法解释论立场有着极其密切的关系。这次《刑法修正案（八）》的草案将对敲诈勒索罪进行修改，修改方向是入罪门槛降低且刑事责任加重，笔者对此不无担心。

三 系统运用刑事政策原理的研究方法

刑事政策原理具有十分重要的研究价值，刑事政策问题已经引起当今世界各国的广泛关注。刑事政策学研究在西方国家开展得如火如荼之后，近年来在中国理论界也逐渐成为一门显学，众多中国学者不约而同地关注或者投身刑事政策学研究，笔者在四川大学首次开设了"刑事政策研究课程"，现在已经成为刑法专业法学研究生的必修课。但是笔者注意到：我国学术界针对刑事政策学的研究价值、研究对象与学科体系建构等重大

---

① 参见新华网报道《男子捉奸在床勒索触法检察院不予批捕》，载新华网：http://news.xinhuanet.com/legal/2010-09/18/c_12582991.htm，访问时间：2010年9月18日。

基础性理论问题，尚缺乏深入研究，更没有取得一致见解。这种理论研究现状严重地制约了刑事政策学的体系性发展，也妨害了刑事政策理论和实践的科学现代化，从而凸显出展开刑事政策学基础理论问题研究的重要性和紧迫性，也极大地影响了我国刑法学研究。例如，当前我国学术界普遍认为，刑法和刑事诉讼法的目的任务"首先是惩罚犯罪、打击犯罪，其次才是保护人民"，其实这种理解并不恰当：因为惩罚犯罪打击犯罪本身可能并不需要刑法刑事诉讼法，周光权讲最好的办法可能是给每个警察发把枪，见谁犯罪就打击谁更有利于惩罚和打击犯罪，郝银钟讲刑事法的目的任务是限制司法权和保护公民合法权益，等等。这些见解应当说，都与刑事政策原理及其当代发展趋势的认识理解有关。所以，刑事政策原理对于刑法研究十分重要。

刑事政策学研究所具有的重大理论价值和实践意义在于：从学科体系层面上看，刑事政策学研究具有重要的指导地位（灵魂论与精髓论）；从我国犯罪防控实践层面上看，刑事政策在我国一直占据着核心的、统帅的地位（核心论与统帅论）。总体上讲，我国长期以来在犯罪防控问题上超乎寻常地重视刑事政策的应用，尤其是在刑事立法和刑事司法活动中刑事政策都起着十分重要的作用，占据着十分重要的地位，如严打政策、宽严相济刑事政策等。这种实然状况，与我国理论上对刑事政策研究十分薄弱的理论现状很不协调，形成了巨大的反差，导致了现实生活实践中大量破坏法治、侵犯人权事件的发生，严重破坏了基本的社会公正，从而在根本意义上不利于我国整个法治、社会和国家的进步发展。

因此，为了更加理性且有效地实践犯罪防控，我国必须顺应世界潮流，加强刑事政策理论研究。我们的刑事审判法官应当关心国家刑事政策的发展变化，主动运用刑事政策学原理研究刑法问题。

刑事政策学的研究对象可以在基本层面上明确限定为同犯罪防控相关的所有社会公共政策，既包括刑法手段，也包括非刑法手段。可见，防控犯罪是刑事政策最明显的个性价值追求。但是，刑事政策的防控犯罪价值追求必须限定在谋求"公正合理的人类福祉"的界限范围内，因为，刑事政策是社会公共政策的有机组成部分。作为整体的社会公共政策，其共性目标价值可以定位于相对公正的人类福祉，即相对公正理性、人权保障和社会有序发展。从正当性、合理性与合法性根据而言，刑事政策的个性价值必须完全切合社会公共政策的共性价值，即刑事政策的个性价值必须受到社会公共政策的共性价值的限制和约束，在根本上不能突破社会公共政策的共性价值界限。直白地讲就是：犯罪防控价值不能侵犯人权保障、不能妨害社会有序发展、不能破坏社会公正，犯罪防控不能无所顾忌，而应有所顾忌。

因为，我们大家都知道，犯罪防控与人权保障、社会发展、社会公正四个价值目标之间经常性地存在冲突。其中最突出、最典型的冲突表现在犯罪防控与人权保障两个价值目标之间：过分偏重犯罪防控价值，就可能严重侵犯人权保障价值。反之，过分偏重人权保障价值，必然会严重妨害犯罪防控价值。这样，就涉及一个十分重大的价值权衡问题、价值取向问题，即刑事政策的价值理念。

价值理念与价值取向问题，在根本上就是指针对具有矛盾和冲突的多种价值目标，如何处理它们之间的关系和如何实现它们之间的整合与有机统一问题。笔者认为，随着人类社会的进步和政治文明的发展，可以将现代刑事政策的基本价值取向（即价值理念）总体上简要地概括为现代刑事政策的谦抑宽容价值理念，其具体内容为"三大一小"理念，即最大限度地保障人权、最大限度地促进社会发展、最大限度地体现相对公正、最小限度地维持秩序（必要秩序）应当成为现代刑事政策的基本品格和基本理念。

即这种现代刑事政策理念应当强调"人权保障至上"，反对"犯罪防控至上"；强调"公正至上"，反对"效率至上"。

这种现代刑事政策理念对于刑法研究具有重大影响。从刑事政策原理来看，刑事政策与刑事法律的关系可以从三个层面进行概括：一是在价值取向上，刑事政策与刑事法律是指导与被指导的关系；二是在对策系统上，刑事政策与刑事法律是整合与被整合的关系；三是在具体措施上，刑事政策与刑事法律是校正与被校正的关系。

例如：在现行罪刑法定原则所确认的刑事政策精神下，刑事政策与刑事法律二者之间在犯罪防控的具体措施上所具有的这种校正与被校正的关系具有相当的特殊性，这种特殊性可能表现为一种"单向校正"，即只能表现为一种情形：当现行刑事法律规定为犯罪的行为在实质上不符合特定刑事政策精神时（如不具有社会危害性或者不利于保障人权），就可以根据刑事政策精神对该行为不作犯罪追究，而不能相反。如果现行刑事法律没有规定为犯罪的行为但是在实质上具有社会危害性，则对该行为不应当追究刑事责任,这既是罪刑法定原则所确认的特定刑事政策精神的基本要求,也是刑法安定性的基本要求。

以上这些,它们是否必然会影响我们在研究刑法问题中的基本立场、基本观点、基本结论呢?当然是!例如:笔者后面将提到的许霆案等众多刑事案件的定性处理,都与这种现代刑事政策理念有关,与刑事政策对刑法的"单向校正"原理有关。

四 综合运用非刑事法原理的研究方法

我们的刑事审判中涉及最多的内容是什么?是罪名问题、定罪量刑问题。在定罪量刑中,不但涉及刑法哲学原理、刑事政策学原理等宏观理论问题,更涉及,而且是经常性地涉及民事法学原理、行政法学原理、宪法学原理等各门部门法原理问题。从理论上讲,这是由于刑法是其他各个部门法的保障法、补充法的地位所导致的结果。从实务角度讲,这是因为我们对任何一个罪名的定罪量刑都需要借助其他部门法知识和规范。尤其是经济犯罪问题,须臾离不开民事法学原理、行政法学原理、宪法学原理等各门部门法原理,从主体条件的认定开始,到客观行为的法律性质认定,都离不开其他部门法。有些传统型犯罪也是如此,比如,前面提到的敲诈勒索罪就是如此,对这个罪名的研究,确实必须结合侵权法原理来研究才有说服力,也才公正合理。

可以这样说,刑法专家必须是法理学专家、宪法学专家、民法学专家、经济法专家、行政法专家,我们的刑法立法者、犯罪侦查人员、侦查监督人员、公诉人员、辩护律师、刑事审判法官等都必须同时也是法理学专家、宪法学专家、民法学专家、经济法专家、行政法专家。从这个角度可以说,刑法专家应当是最权威的法学专家,刑法专家应当是最全面、法学水准要求最高的法律实务人员,刑法专家应当是最受尊重、最有前途的法律人。那么,我们的检察官、刑事审判法官可以对照一下这些要求,认真学习民事法学原理、行政法学原理、宪法学原理等各门部门法原理,抓紧补课,真正成为一名合格的、优秀的检察官、刑事审判法官。

刑法问题经常性地涉及民事法学原理、行政法学原理、宪法学原理等各门部门法原理问题,这里给大家列举几个实例来简要说明:

一是四川省首例洗钱罪案,需要综合应用金融法、民法尤其是合同法等原理。本案被告人16人，涉嫌洗钱罪、票据诈骗罪、金融凭证诈骗罪等近十项罪名，笔者代理的是第一被告人。其中有个被告人叫涂建某，过去当过律师，曾经是全国赫赫有名的律师贪污罪案中的被告人；在庭审过程中，笔者发现他比较精通金融法，在整个庭审过程中，他始终喋喋不休地阐述他的个人观点和辩护意见，连辩护律师都相形见绌，个别检察官也经常性地露出讥笑他的神色，个别审判法官更是不屑他的辩解而不断地、反复地打断他的发言，不想让他说话。那么，涂建某说了些什么话呢？他主要说本案是一个违反金融法规的、以存单为表现形式的借款纠纷，本案所涉出资人、金融机构、用资人三方法律关系如何如何，三方都参与了借款纠纷行为，有存款协议，不应作为金融诈骗犯罪定性处理，等等。笔者实在看不下去了，忍不住在发言时指出：本案确实涉及金融法、合同法、刑法等众多法律领域，我们的法庭应当仔细倾听涂建某的辩护意见，涂建某不是疯人疯语、痴人说梦，他讲的话很有道理，对于本案定性处理很有参考价值，很值得我们法官、公诉人和其他辩护律师思考。后来的庭审，笔者认为是逐步走入正轨的，比较注意听取被告人涂建某本人的辩护意见，十分有利于本案得到依法公正的定性处理。

二是贪污罪案件，如四川省成都市和内江市法院审理的有关贪污罪案等，在判断被告人是否具有国家工作人员身份、所侵吞的财物是否是贪污罪之犯罪对象等问题时，均需要综合应用宪法、公务员法、公司法等原理，然后才能依法作出被告人行为是否构成贪污罪的认定。

三是合同诈骗案，如云南玉溪市的徐某某合同诈骗案、四川省成都市的某大型投资集团公司董事长张某某合同诈骗案、成都市李某恶意手机欠费案等，需要综合应用民法尤其是合同法、经济法尤其是建筑法、行政法等原理，然后才能依法作出被告人行为是否构成合同诈骗罪的认定。

四是挪用资金案，如四川省成都市某医院法定代表人张某某涉嫌挪用资金案、成都市绕城高速公路总经理周某某涉嫌挪用资金案、四川省成都市双流县薛某某涉嫌挪用资金案等，均需要综合应用公司法、合同法等原理，然后才能依法作出被告人行为是否构成挪用资金罪的认定。应当仔细研究刑法第272条的规定，立法精神是强调惩罚"个人擅自决定"挪用资金行为定罪，但是经过单位同意的借用资金行为不能构成本罪。

五是非法经营罪案，如四川省攀枝花市朱某某涉嫌非法经营案，需要综合应用国有资产管理法、行政法、公司法等原理，然后才能依法作出被告人行为是否构成合同诈骗罪的认定。尤其是需要仔细推敲研究刑法第225条的规定，注意行政许可具有特殊刑法意义，原则上司法权不得侵蚀行政权，且获得行政许可或者上级指令的行为应当免除刑事责任（故意杀人、强奸等自然犯除外，国际刑法规定灭绝种族罪等除外），这是刑法基本原理。

五 系统化论证与精细化推敲相结合的研究方法

刑法各论的主要内容是针对个罪的定罪量刑问题，或者具体化为主要是解决被告人行为的刑事责任问题。这就决定了我们对刑法各论的研究方法，一方面应对刑法条文所涉定罪量刑问题进行实然的精细化推敲，不能采取估推、随意解释的方式；另一方面应对刑法条文的规定本身是否合理、是否需要改进（以及如何改进）等问题展开应然的系统化论证。综合起来，就是要确立系统化论证与精细化推敲相结合的研究方法，其具体内容大致包括以下五个方面：（1）具体罪名的概念界定，（2）具体罪名的犯罪构成，（3）具体罪名司法认定中的疑难问题，（4）具体罪名的刑罚处罚适用，（5）相关的立法司法完善建议。

应当说，系统化研究本身也需要精细化展开，否则谈不上真正的系统化（漏洞百出或者粗线条论述即无从谈起系统化）；反过来也一样，精细化研究实际上也是以系统化展开为前提的，否则也谈不上精细化。为便于阐述，这里首先结合两种典型案件来说明精细化推敲研究方法的极端重要性。

【案例】失职致使在押人员脱逃案

案情（笔者曾经亲自办理过一件特殊的法律援助案件）：四川省眉山市某县警察叶某某失职致使在押人员脱逃案。对于此案，笔者认为不应当定罪。理由是：根据《刑法》第400条第二款的规定，失职致使在押人员脱逃罪是指司法工作人员由于严重不负责任，致使在押的犯罪嫌疑人、被告人或者罪犯脱逃，造成严重后果的行为。可见，"致使在押的犯罪嫌疑人、被告人或者罪犯脱逃"和"造成严重后果"是构成本罪必不可少的两个必要条件，二者缺一不可。"脱逃"仅仅是构成本罪的前提，但是仅仅只有这个前提（即致使在押人员脱逃），还不能认定被告人构成本罪。只有在此前提下，同时又造成了严重后果的，才能认定被告人构成本罪。因此，在"脱逃"前提下，如何认定"造成严重后果"及"脱逃"与"造成严重后果"两者之间的关系是正确认定本案被告人是否构成本罪的关键。可见，根据刑法第400条的明确规定，即使司法工作人员由于严重不负责任，致使在押的犯罪嫌疑人、被告人或者罪犯脱逃，如果由于采取了及时有效的补救措施而在客观上没有造成严重后果的，仍然不能认定本案被告人叶某某构成失职致使在押人员脱逃罪。本案中，叶某某的行为虽然与在押人员李某某暂时脱逃有一定因果关系，但是由于及时采取了有效的抓捕措施而且仅在2个小时之内就及时将李某某抓捕归案，并且使得李某某在实际上已经受到刑事追诉和判刑，即在客观上没有造成严重后果，因而，叶某某的行为并不具备失职致使在押人员脱逃罪所要求的"造成严重后果的"这一条件，从而叶某某的行为依法不构成失职致使在押人员脱逃罪。当然，如果李某某脱逃后没有被及时抓获，是可以认定叶某某的行为"造成严重后果的"，也只有这时才能认定叶某某的行为构成本罪。至于本案李某某企图脱逃，跳火车摔成重伤，但这是李某某自己造成的，与叶某某没有直接关系，不能认定为本案中失职致使在押人员脱逃罪所要求的严重后果。

【案例】 四川省眉山市吴某和陈某拐卖妇女、儿童案

案情（笔者接受眉山市中级人民法院咨询）：2001年4月23日18时许，被告人吴某向被告人陈某提议弄几个小姐到OK厅上班并收取中介费，陈某同意后，由陈某驾车搭乘吴某和被告人李某（李某没有参加谋划）到成都厂北路某美容美发厅，吴某即以请吃饭为由将女青年刘某某、凌某某二女骗上车，并说要去找自己的朋友。车行至仁寿县杨柳镇一小桥附近，三被告人下车小解时，吴某告诉李某说准备骗被害人刘某某和凌某某到OK厅上班以便得"中介费"，李某听后说"这样做要不得"。三被告人上车后，凌某某问"你们带我们到哪里去"时，吴某回答说"今天带你们到OK厅上班"。凌某某明确表示不同意。吴某威胁说："再闹就给你两耳光，送你到花茶铺，那里很黑暗，是卖淫窝点，10元钱就干一下。"被害人凌某某、刘某某被迫同三被告人同车到达仁寿县自度假村张某某经营的OK厅后，吴某、陈某即下车同张某某联系，对张某某说带了两个小姐到OK厅来上班，并要求张某某给800元钱。张某某回答说"这段时间查得严，不敢要小姐"。吴某提出"这么晚了，住一晚再走"，张

某某同意。后被告人李某与被害人刘某某同居一室，并对刘某某进行了奸淫。三被告人当晚即被公安人员抓获归案。

上述案件中的被告人吴某和陈某所实施的行为，是强迫妇女"做小姐"并收取中介服务费的行为。对于被告人吴某和陈某所实施的强迫妇女"做小姐"并收取中介服务费的行为如何定性的问题，大致有以下三种意见（至于被告人李某的奸淫行为之定性问题本书不予讨论）：

公诉人认为，被告人吴某和陈某的行为构成拐卖妇女罪，应当按照刑法第240条规定处罚。理由是：强迫中介虽然与典型的拐卖妇女有一定的差异，并且以400元钱的价格将妇女当作商品出售也明显属于"货价不符"，但在基本性质上仍然属于"拐卖妇女"。

辩护人认为，被告人吴某和陈某的行为不构成犯罪。理由是：被告人在主观上没有拐卖妇女或者出卖妇女的主观故意，在客观上也没有贩卖妇女的行为；至于被告人收取中介服务费，这也说明被告人的行为不是拐卖。

针对本案中被告人行为的上述定性分歧，一审法院在审判中采纳了上述公诉人的意见，认定被告人行为构成拐卖妇女、儿童罪。同时，一审法院还认为，鉴于被告人所实施的这种强制中介行为与典型的拐卖妇女行为还有所差异，因此在量刑上应当有所考虑，宜从宽处罚。

笔者（接受咨询）认为，被告人吴某和陈某的行为不符合拐卖妇女罪的明确规定，按照罪刑法定原则的基本要求，不能认定被告人吴某和陈某的行为构成拐卖妇女罪。当然，被告人吴某和陈某的行为不宜作无罪处理，但是也不宜以拐卖妇女罪定罪处罚；被告人吴某和陈某的行为构成非法拘禁罪，应当按照刑法第238条规定处罚。理由是：被告人所实施的强迫妇女"做小姐"并收取中介服务费的行为，无论从行为人主观恶意上看还是从客观危害上看都具有应受刑罚惩罚的性质，应当予以犯罪化，而不宜作无罪处理。但是，被告人的这种行为又不具有拐卖妇女罪所要求的主观故意内容和客观行为特征，不符合拐卖妇女罪的构成要件，因而不构成拐卖妇女罪。而被告人的行为完全符合非法拘禁罪的构成要件，应当以非法拘禁罪定罪处罚。

上述几个案件的定性处理，能够比较充分地说明刑法的系统化和精细化研究十分重要，值得我们理论界和实践部门同志反思。

第 五 章

风险刑法理论检讨[*]

"风险刑法"是在体认风险社会的风险，反思传统刑法及其理论不足的前提下，按照风险社会的预防风险需要而构建起来的，是与传统刑法有所不同的具有新类型、新特质的刑法及其理论学说。而所谓的"风险社会"，最初是由德国学者乌尔里希·贝克提出的，他指出：20世纪中后期以后，随着人类经济高速发展，科学技术高度进步，在以高度工业化为基础的变迁与发展过程之中，社会逐渐呈现一种系统失序的社会形态。在风险社会中，高科技一方面给人们生活创造了便利，另一方面也制造了大量的危险，悄悄地威胁着人们的生存环境。从切尔诺贝利核事件、日本福岛第一核电站核泄漏、美国"9·11"事件、厄尔尼诺现象、印度博帕尔毒气泄漏以及其他众多的环境灾难和人类基因灾难等事实中，我们可以感知到这种全球性风险的存在。这些风险具有现实性、延续性、严重性等特点。风险社会并不是只存在于某一特定国家，而是当代人类所共同面临的。

风险刑法理论最早见于德国刑法学家普里特威茨（Prittwitz）的《刑法与风险》一书中，其认为：风险刑法表现为一种目的性刑法，处罚对象由传统刑法的"结果恶"演变成了"危险行为恶"[①]。人们对于风险的不安全感比以往任何时候都要强烈，为了应对风险，保障社会的秩序与安全，刑法应从传统的后卫地带走向前沿地带，从报应型论转向预防型论，以处罚抽象危险犯等方式提前实现对法益更为周密的保护，在此时代背景

---

[*] 本章是笔者和何为律师合作研究成果，系笔者魏东主持 2012 年度国家社会科学基金项目重点课题《刑法解释原理与实证问题研究》的阶段性成果之一（课题批准号：12AFX009）。

[①] 林宗翰：《风险与功能——论风险刑法的理论基础》，硕士学位论文，台湾大学法律系研究所，2006 年，第 53 页。

下，传统刑法露出了尴尬的表情，风险刑法理论应运而生。但风险刑法理论一经提出即褒贬不一，有支持也有反对。支持观点已如前所述。而反对观点认为，风险刑法理论与传统刑法基本原则相背离，与罪责原则产生冲突，违反刑法谦抑的价值取向。

那么，风险刑法理论是一无是处而应该全盘否定，还是有其一定合理性而应该理性审视并适当吸纳？如果不能否认其存在并承认其一定合理性，那么中国应当在多大程度上吸纳这一理论，如何框定其适用的范围呢？这些疑问值得我们深思检讨并给出答案。为此，我们有必要在厘清风险刑法理论的基本观点及其与传统刑法理论争议点的基础上，深刻检讨风险刑法理论的利弊得失，明确我们的态度和立场。

一 刑法论检讨

刑法论体系庞杂，对刑法论展开的检讨通常统摄了刑法的结构、体系、特征、机能、原则和价值等最基础也是最重要的问题，每当一个新的理论引入刑法学，这种检讨都是极为必要的。在我国，一部分学者认为，风险刑法与传统刑法在许多基本范畴上存在着本质冲突，对传统刑法的原则构架和价值体系形成了强烈的冲击。面对风险刑法的挑战，如何运用传统刑法论的观点对其进行回应，这是在刑法论检讨中所应当探讨的重大命题。本部分重点讨论风险社会语境下风险刑法与刑法基本原则的关系、风险刑法的价值定位、风险刑法之法益保护等问题。

（一）风险刑法与刑法基本原则的关系

刑法学家霍尔（Hall）曾经归纳了七项刑法基本原则：危害原则、罪刑法定原则、犯罪行为原则、犯意原则、犯意与行为同时发生原则、危害结果与行为间的因果关系原则与惩罚原则，这些原则深为英美刑法界认可。大陆法系国家则多将罪刑法定原则、谦抑性原则、合比例原则、责任主义原则等界定为刑事责任的基本原则。[①] 虽然两大法系基本原则表述不同，但都表达了对正义的追求，违反这些原则即构成了对个人权利的实质侵犯。

---

① 劳东燕：《公共政策与风险社会的刑法》，载《中国社会科学》2007 年第 3 期。

以这些传统刑法原则来观察风险刑法，学界就有人提出了风险刑法与刑法基本原则相冲突的严厉批评。这些批评的主要内容有以下几个方面：

1. 是否违反罪刑法定原则

罪刑法定原则要求对构成要件应具有明确性，而"风险"本身具有的模糊性特点，不仅对刑法的安定性与可预测性构成挑战，也难保证对罪与刑适用的公平，因而有学者认为风险刑法难以通过罪刑法定原则的检验。[①] 虽说西方大部分国家已进入自由为安全让路的时代，但我国由于特有的国情及并不完善的法治，在这一方面还有漫长的路要走。当今中国，保护公民的自由仍是刑法最基本的任务。因而，众多学者认为，风险刑法极力主张扩展刑罚范围，有违近代刑法的基本原则——罪刑法定原则。

2. 是否违反刑法谦抑性原则

刑法最后手段原理是从刑法基本思想中发展出来的，其从启蒙运动以来未曾改变，刑法必须作为防止社会损害的最后理性手段。大部分学者抨击风险刑法，认为风险刑法有违刑法谦抑性原则。谦抑性是刑法的基本理念之一，也是刑事政策的核心价值。众所周知，刑罚是一把双刃剑，一方面对保护法益有着不可替代的功能，另一方面也会对受刑者带来恶害，使之贴上"犯罪人"的标签。作为最严厉的国家利器，刑法理应最后发动，国家应限制刑罚触角的过度延伸。风险刑法观之下，一个最为显著的特点便是法益保护的提前、处罚范围的扩大、惩罚力度的加重，将部分行政或民事处罚即可的行为上升为刑法处罚，因而有学者担心其有违刑法的谦抑性原则。

3. 是否违反罪责原则——有侵犯人权之嫌疑

传统刑法罪责基础是行为人的可非难性，而风险刑法有别于传统罪责，其是以未来预防为导向的刑法，将罪责原则建立在刑法的预防功能上，并且以功能罪责为罪责核心。[②] 众多学者不满风险刑法理论纯粹从预防的需求出发，通过大量创设新罪名来防控风险，使罪责的基础发生错

[①] 陈晓明：《风险刑法的构造及内在危险》，载《检察日报》2009年11月2日学术版第3版。

[②] 同上。

位，其结果会造成刑法适用的泛滥，有侵犯人权的可能。

针对有学者质疑风险刑法理论有违罪刑法定原则的观点，笔者认为值得商榷。首先，面对风险社会，知识的发展无法赶上风险的产生，风险无法真的消除，只能努力加以控制，因此为缓解共同体对各类风险的紧张与不安，刑法处罚不应再无视那些严重造成公众焦虑的危险行为。无视社会变迁，仍固守以实害犯为中心的立法模式注定会对风险社会中新问题的处理捉襟见肘。因此，应适当适时扩大刑法处罚对象。其次，虽然风险具有模糊性的特点，给刑事立法与司法造成了一定的技术障碍，但是笔者认为这并非与罪刑法定原则相违背，只是给相关立法与司法活动带来了更大的挑战，这恰好给现行罪责刑法一个反思的机会。

另外，针对有学者质疑风险刑法理论违反刑法谦抑性原则的观点，笔者认为，风险刑法理论通过适时适量增设抽象危险犯的做法，不断严密刑事法网，看似与刑法谦抑性原则背道而驰，实则不然。一方面，风险刑法只是倡导在风险严重且多发领域，为应对共同体对安全的需求而将部分危险行为予以犯罪化。另一方面，社会情形是复杂多变的，刑法作为规制社会风险的有利手段也不能故步自封，应随着变化发展了的情形作相应调整。《刑法修正案八》"危险驾驶罪"的增设就是极好的证明，其表明刑事立法已充分认识到这类危险行为对社会公共安全的严重威胁，迫切需要刑法及时予以规制，笔者认为，这是值得肯定的。刑法应及时将那些严重威胁社会公共利益及公民人身自由且行政、民事手段规制效果已不明显的危险行为纳入刑法调整范围。但这里必须指出的是，笔者并不赞同大量增设抽象危险犯，只能适度增设，不宜盲目扩大。

再则，针对有学者质疑风险刑法的罪责原则有违传统报应罪责原则的观点，笔者认为，当代风险刑法观并未全盘否定传统的罪责刑法观。为了应对风险的挑战，风险刑法强化了刑法的预防保护机能，这看似与部分学者倡导的人权保障机能优先的主张相矛盾，但这种主张值得我们深思。其实无论是刑法的保护功能，还是保障功能，其最终目标都是为了创设更多的自由，刑法保护功能并非毫无节制的扩张，而只是将那些严重损害社会公共利益及过度侵犯公民自由的行为纳入刑法调整对象，因而未必与人权保障抵牾。

综上所述，笔者认为，首先，刑法基本原则经历了几百年的锤炼，始终不可动摇。罪刑法定原则、刑法谦抑性原则、责任主义等原则仍是刑法的根基。为防止风险刑法的内在危机，刑法基本原则承担起规制刑法政策导向的全新使命。其次，认为风险刑法会动摇刑法基本原则是在未充分认识风险刑法实质内涵情况下所做的质疑。当代的风险刑法理论并未全盘否定传统刑法的基本原则，其只是在涉及民生的重要领域，如公共交通安全、食品卫生、环境犯罪等领域，赞成刑法从规制实害前移至规制风险，从而实现对法益更加周延地保护，更好地维护共同体的安全。① 况且，任何理论都不是完美无缺的，我们要做的是合理借鉴，既要取其精华，也应去其糟粕。

（二）风险刑法的价值定位

1. 风险刑法的价值选择

作为法律制度的四大基本价值：自由、秩序、公平、效率，在一个国家不同的历史发展时期，不同的政治、经济、社会条件下呈现不同的排列组合。自由、秩序、公平、效率这四个基本价值无疑都是不可或缺的，四者应作为一个整体来考量，但在不同的社会状态下，结合社会实情有所倾向也是可以理解的。战乱、不稳定时期，立法者可能会更加注重秩序和效率价值，自由和公平将会受到限制。相反，在和平年代，自由和公平将会得到更多的关注，而此时秩序和效率价值将会受到适当限制。其中，自由与秩序的价值权衡在风险社会中更具有典型意义。

（1）秩序与自由价值之权衡

首先，秩序是法的基础性价值。作为法的基础性价值，国家创设法的目的是希望法能保障国家对社会的有序管理，无秩序只能引起混乱。西方法学家普遍认为："社会秩序是与法律永相伴随的基本价值。"② 没有秩序作基础，自由、正义、民主等法的其他价值便无从谈起。

其次，自由是法的目的性价值。自由，作为人的一项基本权利，与生俱来。任何法治国家都以保障人的自由权利为核心。法的终极目标便是保障人们生活自由，有权利做不违背法律的事情，以及自己的权利不受他人

---

① 魏东、何为：《风险刑法理论研究综述》，载《山东警察学院学报》2012 年第 5 期。
② 龙敏：《秩序与自由的碰撞——论风险社会刑法的价值冲突与协调》，《甘肃政法学院学报》2010 年第 5 期。

侵害。脱离了自由的法本身没有灵魂。① 在现代世界，法的价值准则和趋向虽然是多元化的，但是能从最根本层面体现法的时代精神的，仍是自由。体现自由、保障自由、发展自由应当是所有法的精神内核。

最后，秩序与自由的调和。作为法的目的性价值的自由与作为法的基础性价值的秩序之间关系十分紧密。两者既对立又统一，不可分割。自由的实现必须依赖一定的秩序基础，良好的秩序最终是为了保障自由目标的实现。自由与秩序在运行趋势上成反比例关系，即自由越被放任，秩序就越难建立，自由越被限制，秩序就越容易建构。因此，对自由的放任和限制应当具有相应的界限或尺度。一旦界限或尺度被逾越，自由与秩序都会失去其自身存在的价值，失去了自由的秩序没有存在的意义，失去了秩序的自由也是虚无缥缈的。

（2）风险刑法的价值选择

有学者提出，面对秩序与自由的冲突，安全（秩序）应作为风险社会刑法的价值取向，将法益保护提前。面对风险社会，纵观全世界立法，我国台湾地区早在1999年修订"刑法"时，就增设了"不能安全驾驶罪"的规定。20世纪末，日本也日益增多对未遂犯、危险犯、预备犯的处罚，刑事立法呈现出了刑法保护早期化的趋势。标榜"自由给安全让路"的"爱国者"法案在"9·11"事件发生后便得到通过，德国甚至在2004年颁布了允许击落被恐怖分子挟持的载有无辜乘客的《航空安全法》。② 种种立法表明，后工业时代危机四伏，危险已经深深影响了人们的正常生活与工作，人们对秩序的渴望达到了前所未有的程度。风险社会加剧了人们的不安与紧张，由此，风险刑法理论选择在特定情况下其他价值让位于安全价值。③ 行为人制造的风险，成为风险刑法所关注的重点，为了维护社会安全，借助刑法对这种风险的禁止来降低和避免侵害结果的现实发生。

但笔者认为，风险刑法与我国现行刑法的价值理念在某些方面还有相

---

① 龙敏：《秩序与自由的碰撞——论风险社会刑法的价值冲突与协调》，《甘肃政法学院学报》2010年第5期。

② 董邦俊、王振：《风险社会中刑法人权保障机能之危机》，载《云南大学学报》（法学版）2010年第1期。

③ 郝艳兵：《风险社会下的刑法价值观念及其立法实践》，载《中国刑事法杂志》2009年第7期。

当的距离，这一距离不可一步跨越，我们应采取理性的思维，在坚持我国现行刑法价值观念框架之下，取其精华，去其糟粕。但应当指出的是，一方面，刑法不能为了满足公众的安全感而对公民自由权利的行使造成阻碍；另一方面，也不能因对风险的防控会减弱对公民自由的保障而对风险坐视不理。①

2. 风险刑法理论的理性定位

传统刑法更多关注对公民自由的保障，而风险刑法如前文所述则把更多笔墨放在了对秩序的追求上。我们认为，完全忽视风险刑法理论提出的问题与挑战是不理性的，应在兼顾自由与秩序的关系上作出理性与智慧的选择，这就是允许例外以应对风险，同时限制例外以保障自由。鉴于上述对自由和秩序两大价值的分析，笔者赞同传统刑法对于风险刑法，犹如原则之于例外的关系。

（1）适当允许例外以应对风险

刑法的基本原则贯穿于整个刑事立法与司法的过程。基本原则不能动摇，但不意味着对传统刑法墨守成规。面对风险社会，当传统刑法原则的遵守不利于新型法益的保护或不适宜社会需要时，原则就应允许例外的存在以应对风险社会的现实需求。为了实现刑法与生俱来的保护社会的机能，适当允许例外以应对风险，也是合理的。但例外存在的合法性以不被滥用为前提。②

（2）严格限制例外以保障自由

当传统刑法与风险刑法发生冲突时，即自由与秩序价值产生对立时，原则的根本性地位不能动摇；换言之，在原则与例外的调和过程中，必须尽量地满足人们对于自由的合理需求。与此同时，不能将原则神化，因为它只构成法律运作中的决策基点，显然在特殊情形下对原则的例外突破也存在一定的合理性。法学者们所要做的，是在原则与例外之间寻找到一个平衡点即允许例外的那个度，有效地控制原则与例外的关系。

---

① 龙敏：《秩序与自由的碰撞——论风险社会刑法的价值冲突与协调》，《甘肃政法学院学报》2010年第5期。

② 劳东燕：《公共政策与风险社会的刑法》，载《中国社会科学》2007年第3期。

(三) 风险刑法之法益保护

风险刑法理论在许多方面都触及了法益保护的基本立场,对传统法益理论造成了前所未有的冲击。法益论如何纾解目前的尴尬困境?是在法益概念之外另起炉灶,还是对法益保护范围进行适当调整与发展,使之能承载更多的功能化内涵,成为风险社会语境下无法回避的话题。

1. 传统刑法的法益选择

如今各国刑法都把国家、社会和个人利益作为共同的保护目标,因此,可以说整部刑法就是一部法益保护法。传统刑法保护的法益多为物质性的、具体的、可以认知的法益,且多为生命、财产等个人法益,并强调犯罪的本质是法益侵害,因此要求出现现实的物质侵害结果。一般认为传统刑法对各种具体犯罪的构成要件都是以处罚既遂犯为基础,近代以来西方国家刑法才逐步修正犯罪形态,开始明确在立法上处罚犯罪未遂等其他犯罪形态。并且,传统刑法产生于绝对主义国家背景下,在逻辑上存在国家与个体的二元对立。国家对个体权利的保障成为其当然的价值取向,并围绕个体权利进行法益的构建。但是,面对风险,传统法益面临很大的危机。

2. 风险刑法的法益选择——法益保护前置化

(1) 概述

传统刑法注重对生命、财产等个人法益的保护,而漠视环境、安全等社会公共利益,显然难以满足风险社会人们对安全价值的基本需求。风险刑法相比传统刑法对法益的保护所呈现的不同特点是以预防风险为目的,不再预设法益的特定内容,将法益内容由具体转为抽象,由物质扩展到精神。对于可罚性的界定,仅以危险程度、预防必要为标准,处罚基础则由义务违反取代法益侵害。[①] 由于社会情形呈复杂多变之势,相应的刑法的保护功能也应不断提升,因而法益概念必须承担更多功能。总体来说,法益的涵盖范围在不断扩大。

立法者在确定刑法所保护的法益时,往往从值得保护的社会利益中寻找法益,根据某种利益的价值、面临危险的紧迫度、保护的必要性和可能

[①] 陈晓明:《风险刑法的构造及内在危险》,载《检察日报》2009年11月2日学术版第3版。

性等,将其抽象出来作为刑法保护的法益。面对风险社会,刑法大量增设抽象危险犯的做法使作为刑法基石的法益理论遭到了前所未有的冲击,对法益的保护需要适时地做出变革以维系法益理论在刑法中的基础地位。正如有学者所言,"法益构想是规范性的,但是,这个构想并不是静态的,而是在符合宪法的目的设定的范围内,向历史的变化和经验性知识的进步开放的"[①]。一个时代法益的确立必定和社会现实息息相关。例如环境犯罪,随着经济发展与人类活动对环境的日益损害,环境的恶化反过来制约着人类的发展,这才逐渐使人们认识到保护环境法益的迫切性,因此国外对危及环境安全的行为做了前置化的处罚,以使刑法更加早地介入保护环境法益。

(2) 国外对危及环境安全行为的前置化处罚

随着现代化进程的加快,与工业化的发展相伴随的却是环境质量的不断下降。全球气候变暖、大气污染、土壤森林资源退化、水资源破坏、生物多样性锐减,紧随其后的是切尔诺贝利核泄漏、厄尔尼诺现象、印度博帕尔毒气泄漏、臭氧空洞以及一组组惊人的死亡数据、巨大的财产损失,这一切无不刺激着人类紧绷的神经。如此,对于环境犯罪的严厉打击就成为重要的课题。由于环境犯罪的国际性、侵害结果的不特定性、侵害的延续性、后果的不可逆性,使得传统刑法对于环境犯罪的惩治表现得力不从心。面对日益增加的风险,为了尽早且尽量周全地保护环境法益,有必要从预防论的角度出发,加强对破坏环境行为的处罚力度。即不仅对直接造成人的生命、财产损害的行为规定为犯罪,而且将威胁人的生命、健康的抽象"环境污染或破坏"行为也被作为处罚对象,以便及时有效地保护环境,防患于未然。在风险社会"防范风险"这一语境下,环境犯罪立法与风险社会刑法在价值基础上具有同构性。将"生态环境"纳入刑法保护的法益,具有多方面的意义,一方面能够改变现有的事后才惩罚的弊端,提高环保水平;另一方面也能引起人们的重视,提高其法律价值。

曾经是"公害大国"的日本随着米糠油事件、哮喘病事件、水俣病事件、富山骨痛病事件的发生,为了及时有效地保护环境法益,以特别立法形式,对危害环境罪及其处罚作出规定,开创了环境犯罪单行刑法的立

---

① [德] 克劳斯·罗克辛:《德国刑法学总论》,王世洲译,法律出版社2005年版,第16页。

法体例，具有重要的现实意义。① 如1995年修订的《日本刑法典》第144条规定：将毒物或者其他足以危害他人健康的物质混入供人饮用的净水内的……如《公害罪法》第2条规定：由于故意或过失，伴随工厂或企业的业务活动而排放有害于人体健康的物质，对公众的生命或身体造成危险者。对于故意犯罪，科处……对于过失犯罪，科处……可见，日本在对危及环境方面的刑事立法中不乏抽象犯危险犯的立法例，以提前保护环境法益。

与日本采取单独的环境犯罪立法模式不同的是，德国是采取修改刑法典的形式，设立"危害环境"专章对环境法益进行保护。在德国环境刑法具体条文中，有以人的生命、健康和财产作为直接的保护对象，体现"人"的价值的表述；有以水、土地和特定地区作为直接的保护对象，体现"生态环境"的表述。在分则第29章，刑法采用列举方式，从第324条至第330条，对于污染水域、土壤、空气，制造噪音、震动和非离子辐射，未经许可进行的垃圾处理、开动核设备、放射性物质及其他危险物品的交易，侵害保护区，释放毒物造成严重危害等行为进行了刑法处罚。② 其中也不乏处罚抽象危险犯与过失危险犯的规定。如1999年修订《德国刑法典》第325条对空气污染的规定，违背行政法义务，在设备，尤其是工场或机器的运转过程中，造成空气的改变，足以危害设备范围之外的人、动物、植物健康或其他贵重物品的，处……

从德、日环境刑法的变迁发展，我们可以了解到两国的环境刑法并非当然认可刑法的介入或干预，而是随着人们环境意识的增强，对生态、生存安全有迫切需求时，刑法才应势作为对生存环境进行有效预防的一种手段进入环境领域。

此外，还有众多国家对环境法益进行了提前的保护，并在环境犯罪立法中规定了危险犯的立法例。比如俄罗斯联邦现行刑法典第215条第1款规定：在原子能工程的设计、建设和应用方面违反安全法规，可能造成人员死亡或周围环境污染的，判处……③

---

① 吴献萍：《关于中日环境犯罪立法的比较研究》，载《长沙铁道学院学报》2007年第4期。

② 王拓：《风险刑法理论的现代展开》，博士学位论文，中国政法大学，2009年，第111—112页。

③ 赵微：《俄罗斯联邦刑法》，法律出版社2003年版，第372页。

3. 对法益保护前置化的评析

(1) 法益保护前置化的理论基础

面对风险社会，对于某些抽象的重大法益的保护而言，若再继续坚持传统刑法处罚实害犯与具体危险犯，则会显露出尴尬的表情。因此，采用以抽象危险犯为主要特征的法益保护的前置化措施，能有效解决传统刑法的困境与不足。笔者从以下几个方面分析法益保护前置化的理论基础：

第一，刑法功能性保障机能的要求。

在风险社会下，民众对安全性的追求日益高涨，刑法的维护社会共同体秩序的保障功能决定了为谋求社会安定，回应这一要求，刑法作为控制风险的工具，已经不再苦苦地等待实害结果的出现，不断发生的各类高度危险在持续挑战刑法对犯罪行为的容忍限度，刑法作为保护法益的最后一道屏障，决定了法益保护的前置化，即"刑法的功能化"的侵向越发显著。刑法介入比以往更显得"早期化"，这种"早期化"倾向最开始源于反恐立法之中，其后，这种"早期化"的倾向开始在环境犯罪、经济犯罪、毒品犯罪、计算机犯罪等立法中显现。[①]

当今社会出现了从未有过的危险行为，这些危险的高度抽象性、后果的严重性、范围的蔓延性、认识的困难性，决定了对这些危害行为进行刑法的提前规制是必要的，也是必需的，否则一旦侵害结果实际发生，后果将不堪想象。面对风险无所不在的风险社会，刑法的价值不再仅仅是惩罚与预防犯罪，人们更需要刑法对社会安全的强有力的保护，以此给公众心理安全感。风险社会的不安全性与不可控性，需要刑法的早期介入加以扩充与提升。所以，为了更加有效地保护法益，实现刑法的保护机能，就要求提前防止与犯罪相关联的行为。由此，对危险犯尤其是抽象危险犯以及过失危险行为予以犯罪化就显得意义重大。

第二，周延保护法益要求。

王皇玉教授指出："保护法益应该考虑到人们得以理性支配与运用这些利益的机会、条件与制度。"[②] 为了利益能够持久而真实地存在，应通过一些具有前瞻性的法律措施，给予利益以制度性的保障，使其能够得到

[①] 张兵：《风险时代的风险刑法——以〈刑法修正案八草案〉增设"危险驾驶罪"为视角》，载《甘肃政法学院学报》2011年1月总第114期。

[②] 王皇玉：《论贩卖毒品罪》，载《政大法学评论》2005年第84期，第253页。转引自高巍《抽象危险犯的概念及正当性基础》，载《法律科学》2007年第1期。

保护和维持。可以说法益保护的前置化,正是立法者为了避免法益支配可能性受到侵害,而通过法律制度化的方式所作出的保证,其最终目的是为了更加周延地保护法益。笔者认为,对法益的保护,不能孤立或者静止,刑法介入的早期化实际上是为了更加周延地保护法益。

第三,行为无价值论的最终结果。

风险刑法不再耐心等待侵害结果的现实出现,而是把重心转移到了行为的否定判断上,一方面防止严重侵害后果的出现以挽回巨大损失,另一方面以此威吓、警示潜在犯罪者禁止做出危害社会的行为。这与行为无价值论要求在"行为"阶段就用刑罚加以规制的逻辑起点不谋而合,在刑事立法上体现为对所谓的"重大且普遍的法益"的提前保护和抽象危险犯的扩张。这有利于公民规范意识的觉醒与强化。民众常常要求立法者对危害重大法益的风险行为予以迅速反应,刑法早期化的介入恰恰达到了这种目的。因此,法益保护的前置化措施也是对行为无价值论的有利支持。

(2)法益保护前置化的适用界限

对于法益保护的前置化倾向,一方面我们应当肯定其合理性与现实性,另一方面更应防止以刑法的早期介入为借口侵犯人权。笔者认为,刑法的谦抑性原则坚定地不能动摇,刑法的角色始终是第二次法,只有在民法、行政法等其他非刑法手段不足以调整时刑法才有介入的必要,以防止过度干涉民众自由,避免政策刑法的出现。

因此,法益保护的前置化措施有其适用的界限,笔者认为至少应考虑如下三个因素:

第一,危险行为对法益侵害的紧迫度。

在笔者看来,在考虑是否将某一法益提前保护时首要考虑的是此种危险行为是否对法益的侵害达到了非常紧迫的程度,是否迫在眉睫不前置化处罚就不能周延地保护法益的情况。比如刑法对环境法益的保护,在古典刑事学派看来,在工业革命之前,环境利益作为"非人本"法益,与现实的、物质的、具体的个人利益并无多大程度的关联,所以并不被纳入刑法保护的范畴。但随着工业革命的爆发以及其后的现代化进程的突飞猛进,导致人类对环境的严重破坏,生态的日益恶化反过来又制约着人类社会经济的蓬勃发展。核辐射、核泄漏、大气污染、水污染、森林锐减、水土流失、土壤退化对人类生存与发展造成了巨大威胁与无可挽回的重大损失。人们逐渐意识到环境保护对人类发展的重要性。各国在对危害环境的行为做出风险评估的基础上，一致认为应对环境法益做前置化的保护，以防止不可想象损失的实际出现。随后像德国、日本、美国、俄罗斯等国陆续颁布了所谓的环境刑法，规定了各类比较详细的破坏环境的危害行为，如工厂、企业违反规定排放污水污染水源的犯罪行为，工程施工过程中违反环境保护规则破坏环境的犯罪行为等，对环境法益予以提前保护。

第二，危险行为造成侵害后果的严重性。

对危险行为及其所导致的危害结果严重性的评估是法益提前保护适用界限必须考虑的另一重要问题。首先，要评估该危险行为在多大程度上会引起危害后果的发生，即发生的概率是多少。若发生概率极其微小，甚至不可能发生，笔者认为也没有对其进行前置化的保护必要；其次，要评估的是该危险行为造成侵害后果的严重程度，因为刑法作为最严厉的法律，只对严重侵害法益的行为才规定为犯罪，这里存在一个"度"的问题，即若造成的损害后果用民事手段、行政手段也可替代，则不必发挥刑法的惩罚功能。若现行刑法典已有相关条文予以规制，或者可以充分运用刑法解释的技术予以解释，都不必单独创设前置性条款予以规制。

第三，该危害行为发生的范围。

是否将某一法益提前保护不得不考虑的最后一个因素是该危险行为发生的范围是否广泛，是否具有普遍发生的性质。一危险行为虽然造成的损失不可比拟，但是其发生的范围概率极其微小，甚至不可能发生，笔者认为也没有对其进行前置化的保护必要。比如近年来我国频繁发生的矿难、飙车事件，引起了民众极大的愤怒，其发生范围之广，发生频率之高。事件发生后，我国立法者紧锣密鼓地针对此类高发危害行为修改了刑法，将其纳入了刑法的处罚范围，而不必等到危害结果的出现，就是一最好的佐证。

综上所述，本书认为，对刑法法益保护范围的界定始终应坚持以传统个人法益为基础，同时结合风险社会中被严重侵害的诸如公共安全、环境、交通等重大利益来进行合理的界定。而危险行为是否具有法益侵害的紧迫性、造成侵害后果的严重性，以及该危害行为是否具有普发性，是对某一法益进行前置化保护时必须考虑的三个因素。

二　犯罪论反思

风险社会理论对于犯罪论诸多问题也产生了巨大的影响。在风险社会下，入罪标准是否需要提前，是否需要扩大犯罪圈等问题迫切地摆在了立法者面前。在犯罪类型方面，是否需要扩大危险犯范围、是否需要修改犯罪未遂与既遂标准等。共同犯罪原理方面，是否需要增设过失共同犯罪、是否需要采用行为共同说、是否需要规定片面共犯、是否需要增设阴谋犯、共谋共同正犯等都是犯罪论需要反思的地方。本部分重点对风险刑法理论的核心概念、犯罪构成论中行为要素、规则原则以及风险社会下过失共同犯罪的发展展开研讨。

（一）风险刑法理论的核心——危险的概念

传统刑法理论认为，只有在应受处罚的行为造成客观侵害时，刑法的介入才是正当与合理的。然而面对风险社会，传统刑法常常处于滞后境地而无法充分适应社会发展的客观需求。所以，风险刑法理论认为，面对高速发展的风险社会，关键在于扩大犯罪圈，把对社会的保护提前，以更好地防范与化解风险，而危险则成为讨论的核心。

1. 传统刑法危险的概念与类型

危险犯以危险存在为基础，传统社会的危险与现代社会的风险有明显不同。传统刑法其危险来源的有限性、危险范围的特定性，以及危害结果的可预测性，决定了传统刑法危险的相对可控。一般意义上认为刑法中的"危险"，大体上是指行为所导致的法益损害的可能状态。[①] 由于危险的概念过于抽象，笔者认为结合危险的类型一起研究可以更好地理解危险的概念。一般来说，刑法中的危险可以做以下分类：

（1）行为人的危险与行为的危险

所谓行为人的危险，主要是指"犯罪人的人身危险性"。这一概念具有两方面的含义，一是尚未犯罪者实施犯罪的可能性，即初犯可能；二是

[①]　李海东：《刑法原理入门（犯罪论基础）》，法律出版社1998年版，第132页。

有前科者反复实施犯罪的可能性,即再犯可能。① 而行为的危险,在这里是相对于"行为人"危险而言的外在身体的动静及其引起的外界的变化。

(2) 行为的危险与结果的危险

韦尔策尔(Welzel)主张将危险的概念划分为"行为的危险性"和"对法益的危险性"("结果的危险性")。行为的危险,大体是指客观行为本身所具有的危险性,即行为本身所具有的导致侵害结果发生的可能性;所谓结果的危险是指行为所导致的对法益的威胁状态。可以说,行为的危险和结果的危险的划分,是行为无价值论与结果无价值论对立的反映之一。

(3) 主观的危险与客观的危险

所谓主观的危险,是指行为人在主观上具有的侵害法益的可能性,危险应当由各个行为人根据自己主观的意愿来判断,以行为人的认识为标准。所谓客观的危险,是指发生侵害结果的客观可能性,危险应当由客观事实来决定。这种理论在日本极为盛行,似有成为通说之势。

(4) 抽象的危险与具体的危险

所谓抽象的危险是指行为自身具有的针对法益的一般侵害可能性,所谓具体的危险则是指行为具有的能够引起结果现实发生的侵害可能性。刑法理论中通常根据"抽象的危险性"和"具体的危险性"将危险犯划分为"抽象危险犯"和"具体危险犯"。

所谓抽象危险犯,无须法官进行具体个别的判断,其危险不是法条上的明文规定,而是立法上的一种拟制或者说是推定,也就是说,只要针对法律所规定的一定对象完成了一定的行为,即认为抽象危险已经形成。具体危险犯,是指刑法分则条文明文规定只有发生特定具体的危险才能构成犯罪的一种危险犯类型。也就是说,法官必须在个案中根据具体情况进行具体个别的判断,得出一定的危险是否已经形成,进而得出犯罪构成与否的结论。

(5) 允许的危险与不允许的危险

现代高科技的迅速发展,在为人们生活带来便利的同时其本身也对法益存在一定的威胁,因其为社会发展所必需,所以在法律上被允许。所谓允许的危险,是指社会生活中不可避免地存在的法益侵害的危险的行为,

---

① [日]野村稔:《刑法中的危险概念》,载西原春夫主编《日本刑事法的形成与特色》,李海东等译,法律出版社1997年版,第270页。

根据其社会的有用性，在一定的范围内为法律所承认的危险。不允许的危险，即对法益造成侵害而被刑法所不允许的危险。

2. 风险刑法下危险犯的现代趋势——增设抽象危险犯

抽象危险犯正逐步成为风险刑法体系中的主角。德国、日本刑法中均设有抽象危险犯的规定，如日本刑法典第108条的单纯放火罪规定：放火烧毁有人在内的或供人居住的火车、电车、船舰、建筑物或矿井的，处……德国刑法将信用欺诈罪、经济辅助欺诈罪以及危害公共安全罪规定为抽象危险犯。从世界范围来看，各国都将涉及食品、药品安全、交通安全、环境安全等领域的抽象危险行为规定在附属刑法中，以实现生活共同体对安全的追求。

（1）抽象危险犯的可罚性依据

学界一般认为抽象危险犯的可罚性理由在于：抽象危险犯能够积极有效地回应风险社会对刑法的价值需求。立法者出于保护法益的需要对于严重破坏公共法益且高发的行为提前进行扩张性的风险防控，以避免损害结果的发生。

首先，抽象危险犯针对风险特质，降低了入罪门槛。由于"风险"的模糊性及损害结果的潜伏性，大大提高了对因果关系的证明难度。成立抽象危险犯只要实施了刑法禁止的抽象危险行为，则法律拟制的"危险状态"即已出现，不要求发生损害结果，也不要求在个案中判断具体的危险，刑法即可对其定罪量刑。这样，大大减轻了追诉机关的证明责任，有利于节约诉讼成本。

其次，抽象危险犯可满足控制风险、提前保护法益的需求。从保护法益的角度而言，抽象危险犯是一种对法益的前置化保护，其可对法益进行周延和提前的风险控制。有学者认为，立法者使用抽象危险犯保护法益，本质上是超越了刑法规范绝对报应理念的局限性制度设计，使刑法规范、刑法适用、刑罚执行附加预防与震慑的动态意义。如果刑法分则个罪的犯罪构成结构只能前进至具体危险犯的程度，必须等待法律所保护的社会利益处于高度风险的状况下才能允许刑法介入，则显然将使刑法的设置与适用成为一种对法益保护而言是非常消极且迟延的规范与操作应对。[①] 库伦

[①] 谢杰、王延祥：《抽象危险犯的反思性审视与优化展望——基于风险社会的刑法保护》，载《政治与法律》2011年第2期。

认为，人们必须在与"巨大危险的斗争"中对"不适当的危险行为进行安排，因为这些行为存在于后来会出现后果的预备阶段"[①]。

最后，处罚抽象危险犯与积极的一般预防刑罚目的相符合，利于刑法发挥规范的行动指引功能。立法者将具有典型抽象危险的行为纳入犯罪，即为了给人们以警示：不仅要避免损害结果的发生，还要唤醒公民对法的忠诚，不以抽象危险犯所禁止的方式行事，其与刑法积极一般预防的理念相吻合。

笔者认为，根据传统刑法理论的观点，犯罪是对法益的侵害或威胁，然而抽象危险犯却是在行为对法益是否具有侵害或威胁还尚不明确之时就予以制裁，就法益保护的观点而言，增设抽象危险犯是一种对法益做提前周延保护的前置化措施。

(2) 对抽象危险犯的质疑与答疑

虽然抽象危险犯的立法在德、日等国家呈扩张的态势，但人们对抽象危险犯的疑虑也一直存在。处罚危险犯是基于风险社会的需要，但因其具有侵害人权、干涉自由的危险，必须慎之又慎。我国台湾地区有学者认为，抽象危险犯与轻刑化的发展趋势相冲突，与罪责原则、谦抑原则相违背。[②] 法兰克福学派则认为，抽象危险犯是对自由法治国刑法及刑法典作为公民大宪章的一个攻击。[③] 这些观点的共同点在于：一方面，认为惩罚抽象危险犯使刑法的防线大大提前，在行为未造成实害甚至还不具有具体危险时刑法就介入，同时也存在侵犯人权的危险。特别是处罚抽象危险犯就是概括地处罚具有一般、典型危险性的行为，以法律拟制的危险状态的出现作为刑法可罚性依据，当某一具体案件中的行为因特殊情形而不可能导致任何危险时仍要受罚，这有违背罪责原则之嫌。[④] 这些质疑之声无疑是给"风险刑法"论者主张扩大抽象犯范围一个必要的提醒：刑法将某种仅具有抽象危险性的风险行为纳入其规制的范围必须慎之又慎。另一方面，对侵害结果缺乏描述是抽象危险犯构成要件的另一弊端，这样便弱化

[①] [德] 克劳斯·罗克辛：《德国刑法学总论》（第1卷），王世洲译，法律出版社2005年版，第19页。

[②] 林东茂：《危险犯与经济刑法》，台湾五南图书出版有限公司1996年版，第15页。

[③] [德] 约克·艾斯勒：《抽象危险犯的基础与边界》，蔡桂生译，载高铭暄、赵秉志主编《刑法论丛》，法律出版社2008年版，第337页。

[④] 苏彩霞：《"风险社会"下抽象危险犯的扩张与限缩》，载《法商研究》2011年第4期。

了危害行为与危害结果之间的因果联系。如此便会造成处罚抽象危险行为与责任主义刑法的原则不兼容，有违依法治国理念。

结合我国具体法制情况，有学者认为，抽象危险犯的立法有违我国刑事立法模式。我国传统刑事立法一贯采取"结果本位"模式，即除了危害国家安全、抢劫、杀人、放火等特别重大的危害行为之外，其他违法行为，如果没有造成一定程度的实际侵害结果或者一定程度的具体危险，则只纳入行政法的调整范围，予以较轻的行政处罚。笔者认为，风险刑法观下，我国刑事立法面临诸多技术困难。首先，风险社会的各类风险本身是不可估量的，抽象危险犯本身对"抽象危险"的描述就极具"危险性"，到底何种程度的危险可被立法者写入刑法典，这是摆在立法者面前一个紧迫的难题。其次，风险本身的不确定性导致抽象危险犯的立法也充满了不确定性，从而有侵犯人权的可能。正如有学者担忧：在立法决策上，决策者偏好创设新罪名带来的政治上的象征性后果，这种立法目的通常只在于舒缓公众怒气、安抚公众和恢复刑事司法体系的可信度，与所要解决的问题无关。[①] 笔者认为，抽象危险犯未必走向风险刑法，但风险刑法透过抽象危险犯，将更能扩张自身功能。

（3）我国是否应扩大犯罪圈

面对风险社会，我国是否应扩大犯罪圈是刑法学界争议比较激烈的问题之一。笔者认为，从我国近年来对刑法的修改可以看出，在特定领域刑法正逐步加强对抽象危险犯的立法，以避免实害的发生。例如，《刑法修正案（四）》与《刑法修正案（七）》分别把生产、销售不符合标准的医用器材罪与妨害动植物防疫、检疫罪由结果犯改为具体危险犯。与此同时，为应对出现的各类新风险，我国也在适时地不断创设新的犯罪种类。如《刑法修正案（八）》增设了作为抽象危险犯的危险驾驶罪，把生产、销售假药罪由具体危险犯改为抽象危险犯，把重大环境污染事故罪由结果犯改为具体危险犯，上述修正案反映了我国危险犯逐渐增多的立法趋势。[②]

笔者认为，虽然抽象危险犯的立法对刑法的基本原则有所突破，给传

[①] 劳东燕：《公共政策与风险社会的刑法》，载《中国社会科学》2007 年第 3 期。
[②] 苏彩霞：《"风险社会"下抽象危险犯的扩张与限缩》，载《法商研究》2011 年第 4 期。

统刑法造成了一定的冲击，但这种影响是有限度和可控的。对此，可通过刑事立法上的设置以及刑法的解释加以限制，以保证抽象危险犯正功能最大限度的发挥。[①] 笔者赞成适时适量地扩大犯罪圈，处罚抽象危险犯，尽早地阻断法益被破坏的危险，从而维护社会共同体的安全。鉴于目前我国的社会环境及犯罪领域，建议可对严重侵害公共安全的、多发的如食品安全、环境安全、药品安全、金融安全、道路安全等领域扩大刑法处罚范围。

3. 风险社会下过失共同犯罪的发展

面对风险社会，刑法是否应增设过失共同犯罪？这是一个理论界与实务界争议颇多的问题。首先我们应当理清一个概念，过失共同犯罪与共同过失犯罪。"过失共同犯罪"是指两人以上的行为人负有防止社会危害结果的共同注意义务，由于全体行为人共同的不注意，以致危害结果发生的一种共同犯罪形态。而"共同过失犯罪"是指两人或两人以上的过失行为在客观上相互作用，共同导致某一危害结果发生的情况。[②] 笔者认为尽管二者在词义表述顺序上有所不同，但它们反映的内涵本身是一个问题，而且二者具有共同过失犯罪一致的本质——共同注意义务，所以本书未纠缠于字面表述。

《刑法》第 25 条第 2 款明确规定："两人以上共同过失犯罪，不以共同犯罪论处；应当负刑事责任的，按照他们所犯的罪分别处罚。"由此我们可以看出，我国刑事立法上并未否定共同过失犯罪，只不过不以共同故意犯罪论处而已。

（1）过失共同犯罪立法的必要性

首先，风险社会下，矿难、重大医疗事故、食品安全事故、劣质工程事故、重大交通事故等层出不穷。过失共同犯罪已经成为不容忽视的社会现象，并对人民群众公共安全造成严重的威胁。

其次，过失共同犯罪的社会危害性比个人过失严重。个人过失导致危害结果的发生具有偶然性，而共同过失由于双方的不注意造成危害结果发生的概率要大大高于个人过失。

再次，从刑事责任的角度上看，对各个行为人的行为单独追究责任，

---

① 王雯汀：《风险社会下抽象危险犯的理论境域》，载《河北法学》2013 年第 2 期。
② 石艳芳：《共同过失犯罪若干问题探析》，载《公民与法》2012 年第 2 期。

不仅增加举证的难度，而且难以确定各自的刑事责任，甚至有加重各自的责任之嫌。因为负有共同注意义务的各行为人为了逃避侦查、起诉，可能相互包庇、毁灭证据，大大增加了侦查机关调查取证的难度。

最后，从刑事政策的角度来看，现代社会，工业和高科技迅猛发展，社会分工日益精细，但社会生活中的危险源也大大增加，任何一个环节的疏漏都可能导致严重的危害结果。为了加强彼此间的协作、增强注意义务的履行，以过失共同犯罪处理案件，有助于遏制过失犯罪，有利于刑法社会保障功能的实现。①

（2）构建过失共同犯罪的基础

第一，构建过失共同犯罪的理论基础。理论界对于是否承认过失共同犯罪的争议由来已久，主要有否定说、肯定说和限定肯定说等观点。否定说持犯罪共同说的立场，认为成立共同犯罪的关键在于强调行为人要有共同犯罪的意思，如果没有共同故意，就不能成立共同犯罪。由此主张"犯罪共同说强调须有共同实行特定的犯罪的意思，因而必须有对构成要件的结果有认识、容忍等故意的共同为必要，所以，共犯以故意犯为限且仅于故意范围内成立"②。肯定说是以行为共同说为基础，强调共犯的重点在于数人行为的共同性。行为人之间的意思联络表现为行为人懈怠自己的注意义务而希望他人履行或放任他人和自己一起懈怠这种共同注意义务。这种意思联络虽然不同于传统共同犯罪理论的犯意沟通，但是这种意思联络能相互促进，强化对方不履行共同注意义务的作用。这就使得过失共同犯罪也具备了共同犯罪的主观基础。限定肯定说结合了否定说和肯定说，认为从过失犯的行为性质分析，对于两个以上的过失行为导致结果发生的，不能认为是共同正犯，但是当法律对行为人的共同过失行为明确规定为共同犯罪时，就应该将其认定为共同犯罪。这些针对过失共同犯罪展开的理论探讨为构建过失共同犯罪奠定了理论基础，但在国内外的司法实践中多数持限定肯定说的立场。

第二，构建过失共同犯罪的司法实践基础。众所周知的2009年央视大火案，21名被告人之间是一种相互分工、互相协作的关系，具有共同的防止危害结果发生的注意义务，但这种督促义务并没有得到履行。正是

---

① 应海东：《过失共同犯罪的立法研究》，载《今日南国》2010年12月总第178期。
② 林亚刚：《犯罪过失研究》，武汉大学出版社2000年版，第266页。

由于 21 名被告人过失的共同不注意，前后行为形成链条，最终导致央视新台址重大火灾的发生。北京市第二中级人民法院判决 21 名被告人的行为均已构成危险物品肇事罪，[①] 判决结果说明我国在司法实践中并不否认过失共同犯罪理论，这样也有利于缓解司法实践中出现的如两个以上的行为人由于共同过失而导致发生严重危害的社会后果，又无法查明是谁的过失行为引起的情况下，司法部门如何定性的尴尬局面。

第三，构建过失共同犯罪的国外立法经验。《日本刑法典》、《韩国刑法典》、美国《模范刑法典》以及我国台湾地区的"刑法"作了相关规定。在意大利刑法中明确规定，"在过失犯罪中，当危害结果是由数人的合作造成时，对每个人均处以为该犯罪规定的刑罚"。对于指使他人在犯罪中合作的人，当具备《刑法》第 111 条和第 112 条的第 3 项和第 4 项规定的条件时，刑罚予以增加。这些国家在过失共同犯罪的立法例上虽有不同，但各国立法中对于承认过失共同犯罪的立场、理由和范围的规定值得我国构建过失共同犯罪时加以借鉴。

综上所述，我国刑法学界以前的通说倾向于否定过失共同犯罪，但随着经济社会的发展，风险对刑法提出的种种挑战，笔者认为研究过失共同犯罪及如何使用刑法同这种犯罪作有效斗争，有着理论和现实意义。以相互监督的义务为基础，在工作人员的过失行为共同导致严重危害结果发生时，追究其过失共同刑事责任，可以有效遏制过失犯罪不断增加的势头，从而促使相关人员提高警惕，积极履行共同注意义务，防止危害结果的发生。因此，风险社会下，有条件地承认过失共同犯罪、完善共同犯罪的立法以符合社会发展的趋势是合情合理的。

（二）风险刑法之行为要素

风险刑法的立法目的是防止损害结果的发生，将社会已经达成共识的典型的、具有高度危险的、普遍发生的危险行为提前纳入刑法禁止的对象，即事前将某类危险行为拟制为犯罪。刑法立法模式由结果本位向行为本位转变，行为不法成为刑事不法的核心。

1. 传统刑法的历史选择——结果无价值

结果无价值与行为无价值的概念其实质是对犯罪本质的争论，在德日

[①] 林瑀：《从立法矛盾和现实困惑谈我国过失共同犯罪之构建》，载《法制与社会》2011 年第 2 期。

刑法界经历了漫长的激烈论战，其源于韦尔策尔的目的行为论。他认为，人的行为都是有目的的活动，目的性是指人可以在一定范围内预见自己实施的行为将导致的结果，并以此设定种种目标，有计划地促成目标的实现。在目的行为论之前是传统行为论，主要是指因果行为论，该理论主张刑法上的行为，是行为者由于具有某种意思，由意思引发的身体动作，进而对外界产生变化，强调的是意思与行为之间的因果关系。

因果行为论与目的行为论从另一个侧面也反映了结果无价值与行为无价值的争论。所谓结果无价值论，是以"结果"为中心来考虑违法性问题。主张法益侵害说，即认为违法性的本质在于对法益的侵害或威胁。这种理论的逻辑起点是：首先出现了一个危害法益的现实结果，然后由此出发，反过去追溯该结果是由谁引起的，是在什么样的主观心理罪过下实施的，由此来追究行为人的刑事责任。总的来说，结果无价值就是因为该行为引起了侵害法益的结果，所以，被予以否定评价。

该理论的特点：一是在结果无价值论中，重点强调的不是行为，行为在法益损害之外并不独立存在不法意义。二是立法者对无价值评判即予以否定评价的核心是侵害法益的结果。三是无价值判断的前提是出现了法益侵害的结果，即否定性评价是对法益侵害所进行的客观评判。[①]

传统刑法构建起的实质犯罪概念是以法益侵害原则为前提的，但是面对风险的挑战，法益的事后保护便显得无奈和不足，很难消除人们对风险的焦虑。而以评价"行为不法"为中心的行为无价值论则暗合了风险社会下人们对刑法的价值期待。

2. 风险刑法的必然倾向——二元的行为无价值

（1）行为无价值理论概述

所谓行为无价值论，是以"行为"为中心来考量刑事违法性问题。该理论学者们主张规范违反说，即认为违法性的本质在于对法秩序的违反。

该理论的特点：一是在行为无价值论中，该行为之所以被否定，是因为其违反了法秩序禁止的规范。二是该法秩序规范能被一般社会大众所理解与遵守，且要求刑事责任承担者必须具有刑事责任能力。三是该理论不

[①] 王安异：《刑法中的行为无价值与结果无价值研究》，中国人民公安大学出版社2005年版，第6页。

同于结果无价值只针对侵害后果予以否定，既包括对行为本身的否定性评价，也包括对行为人主观方面内容的无价值判断。如今的行为无价值论已发展成为所谓的二元的行为无价值论，其同时强调行为无价值和结果无价值。

（2）二元的行为无价值论与风险刑法的契合

风险刑法的行为核心可概括为制造法所不允许的风险，其不再耐心等到出现实害，为了威慑带有社会风险的行为，其着重对行为的非价判断。二元的行为无价值论与风险刑法观在以下两个方面相契合：

第一，二元的行为无价值论有利于涵盖风险社会出现的众多新型法益。

二元的行为无价值论承认刑法体系的割裂，认为无必要在坚持结果无价值论的前提下进行勉强的解释。[1] 这有利于涵盖风险社会出现的众多新型法益，满足对多元法益的追求。比如日本刑法典中其实存在不少规定，同时体现了法益侵害结果即所谓的结果无价值与重视危害行为的表现形式即所谓的行为无价值。如诈欺罪、横领罪、盗窃罪等，虽然都具有侵害个人的财产性法益这一共同性质，但由于其侵害行为的表现不同，被区别为不同的种类。[2] 行为无价值论主张刑法价值的多元性，更利于对现行刑法规定进行合理的解释。

第二，在抽象危险犯的创设上，二元的行为无价值论与风险刑法理论具有相同的品格。

因传统刑法始终坚持结果无价值论，抽象危险犯一直受到批判找不到准确的定位，而二元的行为无价值论承认抽象危险犯的合理存在，为风险刑法法益保护的前置化提供理论支撑。

风险刑法采用的是行为犯的立法模式，将达成共识的典型的危险行为直接写入刑法，对风险的判断，只要查明符合构成要件行为即可表明风险的存在。这种行为本位的立法凸显了风险刑法对安全价值的追求与对风险的防范。相对于传统刑法所追求的结果无价值，风险刑法所倡导的行为无价值是一种刑法价值多元性与刑法体系割裂性的体现。

---

[1] 吴轩：《风险刑法理论的本土化研究》，硕士学位论文，兰州大学，2012年，第29页。
[2] ［日］大塚仁：《刑法概说》（总论），冯军译，中国人民大学出版社2003年版，第91页。

(三) 风险刑法之归责原则

传统刑法是在责任主义前提下建立归责原则的，而报应主义刑罚价值观又是责任主义建立的前提，它们共同的目的都在于实现正义。然而，伴随着风险社会各类风险的多样性与复杂性，刑法更加注重对风险的防控，试图建立以预防为导向的罪责观。因而，对传统罪责观构成了一定的冲击，但笔者认为，传统责任主义原则、雅科布斯的功能性罪责、罗克辛的客观归责理论对风险刑法之归责原则仍有巨大的借鉴意义。

1. 传统责任主义原则

(1) 主要内容

传统责任主义是以道义为基础，认为责任的本质是行为人具有遵守法秩序规范的期待可能性时，但却在其过错心理支配下实施了犯罪行为，而对其进行的非难。该理论承认人的意志自由，认为人都是理性的，能控制自己的行为。责任主义要求将刑罚建立在罪过的基础上，无罪过则无刑罚。主观责任和个人责任是责任主义的两大基本要素。主观责任主要是指只有在行为人具有责任能力以及罪过心理下（故意、过失），才能追究行为人刑事责任。个人责任是指只能就行为人实施的个人行为追究其刑事责任。

(2) 主观责任的局限

如今各类高危风险远远超过人们的认识范围，这样主观责任原则面对风险社会也有其局限性：一方面，由于风险实现所导致的危害后果是巨大的且难以挽回的，所以要求法律尽量对危险行为进行提前防范，从而导致对行为人提前归责；另一方面，行为与结果之间的因果关系变得日益复杂，行为人可以缺乏主观预见性为由逃避刑事责任，这样归责原则形同虚设。

(3) 个人责任的局限

一方面，风险社会中一项危害后果的发生，往往由众多因素综合引起，且常常表现为各个因素环环相扣，所以难以准确知道导致后果发生的具体成因到底是什么，从而不容易找到最后承担责任的主体；另一方面，许多危害后果是多个行为人合力导致，可以说每个行为人都负有一定的责任，而个人责任反对团体责任，所以说每个人都负有责任实际上等于没有责任。[①]

2. 雅科布斯的功能性罪责

（1）主要内容

近些年来，我国有学者提出了罪责功能化的命题，其源于德国学者雅科布斯的功能性罪责理论。罪责功能化是指行为人之所以对其行为负责，是因为对社会安全价值的追求，预防风险的要求。该理论的核心是强调目的对于罪责的主要影响，这里的目的，就是指刑法的一般预防性功能。"只有目的，才能给责任概念提供内容"。[②] 雅科布斯之所以要从功能的角度来理解罪责，追问罪责的目的，其基本出发点是为了解决传统刑法理论上罪责原则与刑罚预防目的两者间的冲突。在罪责与预防的关系上，雅科布斯偏重对预防功能的追求，而忽视罪责对刑事责任的制约，即认为罪责不可能限定预防，而预防则可限定罪责。

（2）雅科布斯功能性罪责观对风险刑法的价值

虽然雅科布斯的功能罪责论有不成熟之处甚至仍有许多谜题无法破解，但是他毕竟一针见血地指出了研究罪责原则不能忽视它与刑罚目的之间的关系，并开诚布公地提出罪责论中应包含预防的内容，对后世刑法仍有诸多借鉴之处。雅科布斯将罪责与社会预防的充分条件判定为刑事不法，这无疑在理论上对风险刑法理论提供了强有力的支撑，它对危险犯，尤其是抽象危险犯的正当性进行了有力的论证。抽象危险犯实质上是以刑法上的不法为内核构建的，即将刑法上的不法与罪责并列，以规范取代法益成为刑法上不法的唯一评价标准。即认为在抽象危险犯中，一个行为被评价为刑法上的不法，即说明了这一行为是对社会的破坏而社会必须对之进行预防。这样基于社会预防的必要性，罪责也同时产生。

雅科布斯的功能性罪责观从社会的高度，试图通过对普遍安全价值观的保护来实现对社会的保护，笔者认为其可作为风险刑法理论的来源之一。

[①] 文韬、朱仕武：《论风险社会下的刑法责任主义原则》，载《法制与社会》2011年第20期。

[②] ［德］格吕恩特·雅科布斯：《行为责任刑法：机能性描述》，冯军译，中国政法大学出版社1997年版，第14页。

3. 罗克辛的客观归责理论

（1）主要内容

罗克辛认为刑罚是以罪责为前提的，其所提出的客观归责理论更有利于罪责原则对法治国和自由的保护。该理论与雅科布斯提出的功能性罪责理论的最大不同之处在于罪责与预防关系的处理上。罗克辛是把预防必要性作为一种刑事可罚性的额外条件加以考虑的，刑事处罚的前提仍是罪责，预防必要性在此只具有出罪的功能。①

通说认为客观归责理论主要内容包括以下三个方面：行为对客体制造了法所不容许的风险，这个不法风险在具体结果中实现了，这个结果存在于构成要件效力范围之内。② 如此，同时包含以上三个方面，才可以归责于行为人。客观归责理论是立足于对风险社会的现实需求及价值选择而构建起来的。

（2）罗克辛的客观归责理论对风险刑法的渗透

罗克辛的客观归责理论把客观目的性作为客观归责的根本归责要素，并将其分解为：规范目的与客观危险制造能力。③ 客观归责理论强调对法秩序的认可与维护，社会预防成为归责的必要条件，这一点与风险刑法旨在维护社会普遍安全的机能主义刑法观如出一辙。

与此同时，客观归责理论通过"客观危险的制造能力"的概念，在刑法上将违反法秩序的行为界定为"不被允许的危险行为"。这种思想实际已被风险刑法理论所吸收。笔者认为，客观归责理论可视为传统归责原则向风险刑法归责原则发展的雏形。

4. 风险刑法归责原则评析

雅科布斯倡导的功能性罪责与罗克辛倡导的客观归责理论构成了风险刑法的罪责基础。风险刑法突破了传统刑法的罪责理论，试图建立预防罪责论，意蕴将罪责以报应为主转变为预防为主。具体来说，对行为人予以归责，是源于防卫社会安全的必要。若没有预防风险的必要，也就没有追

---

① 陈兴良：《"风险刑法"与刑法风险：双重视角的考察》，载《法商研究》2011年第4期。

② 王振：《坚守与超越：风险社会中的刑法理论之流变》，载《法学论坛》2010年第4期。

③ 王扬、丁芝华：《客观归责理论研究》，中国人民公安大学出版社2005年版，第14页。

究其刑事责任的必要。该罪责原则的重心在于行为人所制造的法益侵害风险，通过刑法提前禁止这种风险，从而维护共同体的安全秩序。主观上，对公民的注意义务从"防止实害的发生"提高到"避免风险的制造"；客观上，制造了较大风险即在原则上被认为需要追究刑事责任。同时，从责任分配转变为风险分配的社会连带责任。[1] 因此，风险刑法被看作"向未来防卫"的刑法。[2] 一方面，随着罪责向功能化方向的发展，以意志自由为核心、因果关系的认定为基础的责任原则逐渐被突破；另一方面，罪责的客观化趋势绝非理论上的闭门造车的产物，理论变迁的背后必然蕴藏着刑法所处的社会语境的变化。[3]

随着人类自身的飞速发展，众多学者认为在步入后工业时代的风险社会时，传统刑法的罪责原则正逐步向风险刑法的归责原则转变。但笔者认为，虽然风险的巨大破坏性和后果的无法挽回性要求刑法对风险进行事前的规制，从此种意义上讲，风险社会中刑法向预防方面偏重是可以理解的。[4] 但是，在风险刑法中，预防责任论能否完全取代传统罪责论？这个问题仍然值得深思。在这里，刑法到底扮演什么角色？纵观责任理论的历程，经历了刑事古典学派的道义责任论、刑事实证学派的社会责任论，责任主义理论也经历了报应古典责任主义到预防现代责任主义。这些理论的提出无一例外都带有时代的烙印，是根据当下社会大环境所作出的刑法立场的选择。虽然我国已进入风险社会，但也应当看到我国具体实情。由于我国施行刑事法治时间并不算太长，保障人权理念还未深入人心，因此，对归责原则的完善切不可一蹴而就。

三 刑罚论发展

刑罚目的理论作为刑法学理论体系的逻辑起点，既关乎刑法机能的实现，又关乎公民个人最初的自由与幸福。在风险刑法的语境下，相关刑罚

---

[1] 文韬、朱仕武：《论风险社会下的刑法责任主义原则》，载《法制与社会》2011年第20期。
[2] 陈晓明：《风险刑法的构造及内在危险》，载《检察日报》2009年11月2日学术版。
[3] 吴轩：《风险刑法理论的本土化研究》，硕士学位论文，兰州大学，2012年，第21页。
[4] 陈兴良：《"风险刑法"与刑法风险：双重视角的考察》，载《法商研究》2011年第4期。

论的问题不可忽视，甚至风险刑法在实践中最值得关注的问题，脱离了刑罚论的风险刑法，其自身体系将存在致命的缺陷。刑罚目的的选择，对整个刑法理论体系有着建构性的影响。具体而言，刑罚论包含了刑罚体系、设置、裁量、执行等内容。本书从当代刑罚目的理论的多元化发展趋势出发，重点对风险刑法的功能进行探讨。

（一）当代刑罚目的理论的多元化发展趋势

刑罚的目的是刑法学界永恒的话题，其至今仍属于"歌德巴赫猜想"困惑着刑法学者，即便是当代刑罚目的理论的三种主流观点即报应论、一般预防论和特别预防论，也还是未能真正说清刑罚的存在究竟意欲何为。笔者研究了英美法系与大陆法系具有代表性国家的刑事立法后发现，作为一种理论需要，更作为一种立法现实，刑罚目的向多元化方向发展已是大势所趋。

如《美国联邦刑法典》明确规定了对犯罪人科处刑罚的目的共有九条，其中包括：为预防犯罪；为促使犯罪人改造并恢复其权利；为保障犯罪人罪行相适应，免受过重、不适当的或任意的刑罚；为对那些根据认定有罪应受到判处刑罚的人给予适当的警告，等等。[1]

而从英国内务部1977年发布的《刑事司法评论》工作报告中我们也可以清楚地看出，虽然英国仍将特别预防作为刑罚目的之一，但其已经不再是刑罚的唯一目的，保障民众对法规范的信任，维护社会秩序同样应成为刑罚目的。

《俄罗斯联邦刑法》第2条明确规定了本法典的任务是："保护人和公民的权利和自由……以防止犯罪行为的侵害，保障人类和平和安全以及预防犯罪。""恢复社会公正、改造犯罪人、预防新的犯罪发生是刑罚目的。"从中我们可以看出，俄罗斯刑法典在将恢复社会公正作为刑罚主要目的时，也不忘同时考虑犯罪人的复归与预防犯罪等一般预防目的。

《德国刑法典》第46条第1款明确规定："犯罪人的责任是量刑的基础，且应考虑刑罚对犯罪人将来社会生活产生的影响。"同时第2款还规定法院在量刑时，应综合考虑犯罪人的各个方面。如犯罪人的犯罪动机和目的，行为方式和犯罪结果，犯罪人的履历、人身和经济情况，及犯罪后

---

[1] 董淑君：《刑罚的要义》，人民出版社2004年版，第150页。

的态度，尤其是为了补救损害所做的努力。① 由此我们可以看出，德国刑事立法的基本构想一方面体现了刑罚应与犯罪人所实施行为及人身危险性相适应，另一方面还要考虑对犯罪人有利或不利的情况，此即是特殊预防论之体现。

《日本改正刑法草案》第48条第1款明确规定："刑罚应根据犯罪人的责任量定。"第2款规定："适用刑罚时应当考虑犯罪人的年龄、性格、经历与环境，犯罪动机、方法、结果与社会影响，以及犯罪人在犯罪后的态度及其他情节，并应当有利于抑制犯罪和促进犯罪人改善更生为目的。②"报应、特别预防与一般预防均被视为刑罚的目的并得到了认可。

综上所述，笔者不可能对当今世界各国所有立法例进行考察，但笔者认为以上国家的刑事立法具有典型性，已能充分代表当今几大法系。当下及未来刑罚目的的多元化发展已成主流趋势。无论是大陆法系还是英美法系国家的刑事立法都呈现出了集报应、一般预防、特别预防于一体的趋向。

（二）风险刑法的刑罚功能

风险刑法的刑罚功能是要重新巩固遭受犯罪行为破坏的法秩序与法信赖。作为风险刑法的追求目标——积极的一般预防论正以这种积极的预防方式来维护法秩序的稳定，这也正是风险刑法中刑罚的正当性根据之所在。报应刑论、特别预防论、消极的一般预防论为风险刑法的刑罚功能之选择作出了一定的贡献。

1. 报应刑论

（1）报应刑论的影响

刑事古典学派前期主张报应刑论，报应观念最早可以追溯到古代的同态复仇，即"以眼还眼，以牙还牙"。后来随着社会文明的进步，在"善有善报，恶有恶报"这一朴素的正义观念影响下，报应刑论历经了神意报应论、道义报应论和法律报应论。总的来说，报应刑论认为刑罚通过对犯罪人施加痛苦的方式来进行报应，使犯罪人在正义的方式下得到赎罪。刑罚与犯罪是共生的概念，"因为有犯罪而科处刑罚"是对报应刑论的经

---

① 徐久生、庄敬华译：《德国刑罚典》，中国法制出版社2000年版，第56—57页。
② 《日本刑法典》，张明楷译，法律出版社1998年版，第110页。

典表述，这也是刑罚的正当化根据。报应论曾经在刑法理论界独占鳌头，对后世刑法理论产生的重大贡献之一便是衍生了罪刑相适应原则。无论是原始社会的同态报复、康德的等量报应，还是黑格尔的等价报应，都是希望通过对犯罪人施加与其所造成的侵害对等的刑罚，来实现对犯罪人的报应。这从另一个角度来讲，也体现了公平和正义。

（2）报应刑论的缺陷

但报应刑论也不是完美的，该理论关注的仅仅是客观行为及其实害，忽视了行为人的主观罪过，未考虑不同案件犯罪人存在的具体情况，为刑罚而刑罚，从而使得定罪量刑过于片面，不利于犯罪预防。由于其源于古代的同态复仇观念，其不可避免地具有报复性、恣意性和残酷性，抹杀了犯罪人改过自新的机会，忽视了宽容的可能性。

2. 特别预防论

（1）特别预防理论的影响

特殊预防论又称个别预防论，即通过对个别犯罪人适用一定的刑罚措施来剥夺其再犯能力。在特别预防思想下，犯罪人透过犯罪行为所表现出来的社会危险性成了施刑的决定性因素。该理论认为避免犯罪人未来再次走上犯罪的道路是刑罚应达到的效果。李斯特作为该理论的极大主张者，认为应积极地发展刑罚的预防犯罪功能，而不仅仅在于报应犯罪人所为的恶害。该特别预防理论，对后世产生的影响不可忽视。

首先，特别预防论着眼于行为人对社会的危险人格，主张刑罚的目的在于预防，以防止行为人再次实施犯罪。受特别预防论的影响，许多国家发展出保安处分这种刑罚替代措施。保安处分是对那些具有实施犯罪的可能性或再犯可能性的人采取的一种预先性防范措施，李斯特指出保安处分的目的要么使其适应社会，要么使不能适应社会者从社会中被剔除。[①] 保安处分的矫正功能不可忽视，如监护处分、禁戒处分、劳作处分、保安监置、司法感化院之收容、没收等措施从多方面对犯罪人进行教育和矫正，使之改恶从善。

其次，特别预防论在现代刑事政策方面所做的贡献，还在于其提出了刑事处遇社会化思想。缓刑制度正是这种刑事处遇社会化思潮的产物。

---

① 陈兴良：《本体刑法学》，商务印书馆2005年版，第730页。

（2）特别预防理论的缺陷

特别预防论对刑期采取不定期的方式，不由法官明确宣告，而视行为人的危险人格与矫治的成效来确定。这与传统刑法报应的理念相悖，也不符合法治国尊重人权的基本原则。[①] 一些研究报告也指出，个别威慑所能达到的效果很可能与预期效果相悖，甚至相反。由于在个别威慑中，犯罪人所承受的刑事处罚通常较为严厉，在承受如此严厉的刑事处罚措施之后，出于报复社会，容易再次踏上犯罪的道路。

3. 消极的一般预防论

（1）消极的一般预防论的影响

消极的一般预防论源于刑事古典学派费尔巴哈的心理强制说。消极的一般预防论，是指通过刑罚的威慑功能，对一般人的心理产生震慑，从而使潜在犯罪人不敢实施犯罪。消极的一般预防论被有的学者称为经由报应的一般预防论。因为该理论不仅将犯罪行为的客体严重性作为刑罚裁量的一种依据，还考虑了犯罪行为的社会危害性。这样，消极的一般预防论与报应刑论就有了契合点。[②]

（2）消极的一般预防论的缺陷

然而，消极的一般预防论也因其不足之处而受到了众多学者的批判：

首先，通说认为心理强制说是消极的一般预防论的理论基础。但人是矛盾的，既具有理性的一面又具有感性的一面，即使一个人大部分时间是理性的，但谁也不能预料他在遇到特殊情况下或某个特定时刻失去理智。如激情犯罪，犯罪行为就发生在一瞬间，行为人被激怒，当下时刻并没有充分的时间去权衡是否实施该行为，或者考虑行为实施后所造成的危害后果，更没有时间去思考可能会被处以的刑罚。所以，心理强制说在心理学上的基础是薄弱的。

其次，消极的一般预防论强调刑罚的震慑效果，如此便要求刑罚严厉到足以使潜在犯罪人放弃犯罪的念头，这样可能会产生刑罚逾越罪责原则的可能性，最终走上重刑化的道路。但是，历史已经证明，仅靠严刑峻法并没有也不可能达到预防犯罪的满意效果，且该理论也缺乏相应的机制来约束。

---

① 王拓：《风险刑法理论的现代展开》，博士学位论文，中国政法大学，2009年，第23页。
② 林山田：《刑法通论》（下）（第九版），北京大学出版社2005年版，第393页。

最后，学者批判消极的一般预防论最大弊端就在于它仅仅把犯罪人当作用以警示他人不得以身试法的示范性工具而已，并未尊重犯罪人作为主体应有的权利。刑罚的目的理应是保护包括犯罪人在内的全体公民的基本权利。在此，引用黑格尔对该理论的一经典批判："以威吓作为刑罚的根据，就好像对着狗举起棍棒一样，这不是对人的尊严和自由予以应有的尊重，而是像狗一样对待他。①"可以看出，该理论与法治国尊重基本人权理念不符。

4. 积极的一般预防论——风险刑法的追求目标

近些年来，针对风险社会所谓的积极的一般预防论日益受到青睐的现象在德国展开了激烈的讨论。众多学者认为，面对风险社会，刑法受到的最大影响便是目的从消极的一般预防论向积极的一般预防论转变。刑法的价值重心逐渐从惩罚转变为维护社会共同体安全。"积极的"一般预防论，不同于"消极的"一般预防论（心理强制说）在于，它不是用严峻的刑罚以警示，而是通过立法明确规定什么样的行为是犯罪及其法律后果，旨在促使公众明确国家对犯罪的态度，自觉形成对犯罪的道德厌恶即认为犯罪是羞耻行为，从而增强大众对法律的忠诚度、信赖度，提升遵纪守法的意识并通过此手段达到犯罪预防的效果。如今，这种理论不仅在大陆法系刑法学界占有主导地位，而且也对实践产生了深深的影响。

风险刑法理论在"风险"的预防上，与积极的一般预防论希望培育公众对法规范与法秩序的认同在目标上是一致的。积极的一般预防论强调目的必须包含对一般社会公众法规范的教育效果，以此达到刑法预防犯罪的目的。两者在目标上存在天然联系：不仅要避免实在法规范免遭犯罪的破坏，而且更要保障人们对法规范的信赖，使公众因为规范的实效性而产生对社会的安全感。

积极的一般预防理论同样受到诟病。只注重刑罚的作用而忽略其本质无疑是对积极的一般预防论最大的批判。这样的结果可能导致，最终犯罪人受到处罚是因为立法者为了维系共同体的认同，如此一方面模糊了罪责概念，另一方面肯定了为了社会集体利益可以把犯罪人工具化。而且，刑罚的执行是否真的能达到强化社会一般公众对法秩序的忠诚性的目的，仅是逻辑上的假设，所以对其质疑也是容易理解的。

---

① 马克昌主编：《近代西方刑法学说史略》，中国检察出版社2004年版，第94页。

笔者认为，风险社会宣告了一个新时代的到来，面对越来越多风险的挑战，我国刑罚目的从惩罚犯罪、保障人权向预防风险方面做适当倾斜也是可以理解的。刑法的目的理应为解决、调整社会问题服务。积极的一般预防模式是一个比较恰当的刑法预防模式，通过构建风险规范本身，设定法所不允许的风险界限，并通过刑罚积极的一般预防来塑造民众的风险意识和行为模式，① 符合风险社会中理性的安全模式的要求。

四 中国引入风险刑法论的建议

大多数学者认为，随着经济社会发展的全球化，中国已步入风险社会行列，风险刑法理论成为我国比较有影响力的刑法思潮并非偶然，其是作为对传统刑法理论的补充和发展而存在的。风险刑法理论能很好地解决传统刑法难以满足公众对安全保障的现实需要问题。

与此同时，仍有比较多的学者对中国引入风险刑法理论表示出以下三个方面的担忧：第一，误读社会风险，滥用逻辑推导。其认为从目前我国刑法学者对风险社会之"风险"的理解，似乎与国外学者所言之"风险"有所差别，甚至有泛化的倾向，从而导致风险刑法理论有偏离我国刑事立法模式的倾向。第二，泛化刑事处罚，人权与法治面临严重风险。风险刑法理论主张大量采用刑事干涉普遍化和刑事处罚提前化的做法，再加上风险刑法的处罚界限不够明确，会严重威胁人权和法治。第三，与刑法基本原则相背离，有违罪刑法定原则和刑法谦抑性原则。② 面对风险刑法理论，我们应有的态度是在正确审视我国社会风险的基础上，结合我国具体法情对我国刑法作出适当的调整以应对各类风险。

（一）我国社会的风险与立场

1. 我国社会风险的来源与类型

从我国现阶段国情出发，笔者认为我国目前处于从农业社会向工业社会过渡期，当中遭遇的风险与乌尔里希·贝克所提出的针对西方发达国家"后工业社会"的风险有所差异。不可否认的是，随着全球化趋势的增

---

① 吴轩：《风险刑法理论的本土化研究》，硕士学位论文，兰州大学，2012年，第34页。
② 魏东、何为：《风险刑法理论研究综述》，载《山东警察学院学报》2012年第5期。

加,各国的界限已经变得模糊,中国除了会遭受全球风险社会中的一般风险外,还有其自身独特的风险,比"风险社会"的风险更为复杂,有农业社会带来的一般犯罪风险,工业社会带来的环境污染、环境破坏风险,还有"后工业社会"带来的公共安全风险,是众多风险的叠加。但我们应该清醒地看到,我国的基本国情决定了传统社会意义上的风险仍然是我国目前主要的风险。

不可忽视的是,由于我国特有的国情,导致了我国存在众多的风险源,经笔者整理后发现,我国社会的风险主要来自:①社会方面:贫富差距的扩大,广大群众对政治信任的逐步丧失,不利于发生风险时团结感与信任感的建立;②人口方面:我国地大物博养育了亿万的中华儿女,而人口众多且密度相对集中导致了一旦发生风险将会威胁到更多的生命;③文化方面:大众普遍文化价值与素养浅薄,科学知识不高,面对高危风险惊慌失措,反应滞后,往往导致风险进一步加剧;④法律方面:我国施行法治的时间还不够悠久,群众法治理念还未全面建立,再加上客观存在的执法不严、司法不公导致了法律信仰的缺失;⑤社会治理方面:我国当前社会面临转型,各种矛盾凸显,治理机制还未完全建立,治理模式的落后,市场调节的不规范,不利于风险的分散及责任的分担;⑥环境方面:现代化进程的加快,人类破坏环境的速度一再提升,最终也不免遭受环境的"报复"[①]。以上都是导致我国风险存在的主要原因,这些原因不仅会单独存在,而且还可能相互催化,相互作用,催生出另外的风险。

分析我国现阶段社会风险的来源,可以得出,目前中国社会风险的存在形式主要分为以下两种类型,一是可能为整个中国社会、全部群众所感受到的社会性风险;二是只有某些特定个人会遭遇的个体性风险。前者诸如全球经济危机、恐怖犯罪、环境污染与破坏、食品药品安全问题、公共安全问题、社会性冲突等社会性风险。后者类似于矿难事故、交通事故等,这类风险仅仅与个人的生活状态与经历相关。[②]

不难发现,今天的中国已经充斥着各类社会风险,不可避免地被卷入全球化的风险社会浪潮中。风险刑法理论对风险社会的反应为我国刑法理

[①] 齐文远:《应对中国社会风险的刑事政策选择——走出刑法应对风险的误区》,载《法学论坛》2011年第4期。

[②] 王振、董邦俊:《风险社会中的刑法回应》,载《江西科技师范学院学报》2008年6月第3期。

论的发展提供了重要视角，但由于我国特殊的风险来源与类型，笔者认为我国不能完全机械地照搬西方发达国家的风险刑法理论来解决我国所面临的社会风险与现实问题。

2. 风险社会下我国刑法的应对及特征

（1）《刑法修正案（八）》的回应

面对我国日益增长的各类严重危险，以及风险社会带给我国的启示，笔者认为我国《刑法修正案（八）》是对风险社会作出的最好回应。当人们还沉浸在诸如南京"6·30"张明宝特大交通事故案、成都孙伟铭案、杭州胡斌飙车案、深圳"5·26"飙车案所造成的沉重伤痛时，《刑法修正案（八）》迅速对其作出了反应。该法案在《刑法》第133条后增加了醉酒驾车、飙车等危险驾驶的犯罪法律条文。又如，针对不断发生的河南瘦肉精事件、三聚氰胺假奶粉事件、毒胶囊事件等，食品、药品安全再一次为立法者敲响了警钟，《刑法修正案（八）》删掉了《刑法》第141条生产销售假药罪第1款中"足以危害人体健康"的规定，把生产销售假药罪由具体危险犯改为抽象危险犯，换言之，成立此罪只要求行为人有生产、销售假药的行为即可。类似的规定，还有刑法第143条生产、销售不符合食品安全标准的食品罪，第144条生产、销售有毒、有害食品罪，以及增设"食品安全监管失责罪"，这几条的修改都将犯罪形态由具体危险犯改为抽象危险犯，降低了入罪门槛，提高了对公共卫生领域的保护。国外频频发生的核辐射、核泄漏、海洋污染等事件，让我国深刻意识到环境状况日益恶劣，反省我国自身，《刑法修正案（八）》将《刑法》第338条重大环境污染事故罪的结果构成要件由原来的"造成重大环境污染事故，致使公私财产遭受重大损失或者人身伤亡的严重后果"改为"严重污染环境的"，即将该罪由实害犯修改为具体危险犯，增强对环境的保护。

笔者并未完全罗列我国刑法对风险社会的自我修改与调整。其实从我国1979年第一部《刑法》及其修正史来看，犯罪日益呈现扩大化，抽象危险犯的逐步增多，渐渐成为我国刑事立法的总体趋势，这与强化风险控制不无关系。[①] 这表明我国刑事法网在日益严密，已经开始慢慢吸收风险

[①] 陈兴良：《"风险刑法"与刑法风险：双重视角的考察》，载《法商研究》2011年第4期。

刑法的合理内核来完善自身。

（2）我国刑法反应特征

从我国刑事立法对风险社会的回应中可以看出，我国刑法逐渐显示出以下特征：

第一，刑罚目的上适当关注预防。随着风险对威胁共同体生活的安全程度越来越严重，鉴于客观形势的变化，立法者逐渐反思，在某些高危领域，不再等到实害发生再来追究行为人刑事责任，刑法反应的方式也以预防行为人制造更大风险为特征。为了维护社会秩序，保障大众安全，刑法的预防犯罪功能被更多的关注。如《刑法修正案（八）》中对重大环境污染事故罪的规定。

第二，面对高危风险，创设新的犯罪种类。将原来由行政、民事手段调整的行为上升为刑法调整，加大刑法对人民群众生命健康的保护。例如《刑法修正案（八）》创设危险驾驶罪，加强对公共安全领域的监督。

第三，犯罪标准前移，将结果犯改为危险犯，将具体危险犯改为抽象危险犯。世界多数国家在刑事立法上普遍采取将犯罪防卫线前移的做法，以应对风险社会的"风险"。我国也吸收了风险刑法的合理内核将个别犯罪标准提前，如《刑法修正案（八）》中对生产、销售假药罪，生产、销售不符合食品安全标准的食品罪的规定，以及增设"食品安全监管失职罪"等以应对民生领域的风险。

（二）我国刑法的完善方向

在风险社会中，刑法的发展应以社会形势的变化审慎而动。过于夸大风险社会给传统刑法带来的冲击，全盘否定传统刑法理论的历史贡献和现实意义，是片面的盲从做法。传统刑法并非到了寿终正寝之时，其人权保障机能仍然是我们不能抛弃的思想精华。摆在我们面前有两条路可走：一条是并行式的道路，将风险控制的任务交给行政法或民法去完成。但风险社会中风险的巨大破坏性，仅仅追究民事或行政责任，显然不能满足控制风险的需要。因此，我们只能选择另一条路，承认传统的刑法价值体系已经存在裂缝，在特定领域，将风险思维引入传统刑法立法当中，对现行刑法在理论、刑事政策、立法、司法层面进行适度修正，以满足风险社会控制风险的需要。

1. 刑法理论上

有较多学者赞同中国引入风险刑法理论，并从不同视角和立场系统地阐述了其法理基础，认为该理论的优势至少存在于以下三方面：第一，提出了刑法规制社会的新课题；第二，反映了现代社会的集体焦虑。赞成者认为刑法有望成为一副良药用于治疗人类社会的焦虑症；第三，契合了客观存在的立法现象。随着工业化时代的到来及发展，全世界各个国家的刑事立法方向几乎都是以风险刑法理论所设置的立法轨迹在前行。如《刑法修正案（八）》将飙车行为、醉酒驾车行为犯罪化，体现了风险刑法理论的主张。[1]

笔者认为，面对风险刑法，我国刑法的态度是：吸收其合理内核，适时适当地调整完善自身，把风险刑法作为传统刑法的补充形式。传统刑法由于其自身的局限性在新的社会形势下，逐渐显露出其尴尬的表情，任何理论都不是固守成规，应具有与时俱进的品格。我们应带着包容的心态来接纳该理论。

首先，刑法的基本原则仍应坚持。正义、谦抑、文明等是刑法的精神实质，不应当在风险社会中被轻易抛弃。刑法的基本原则如罪刑法定、刑法的谦抑性、责任主义原则、保护法益等不仅为追究犯罪提供了场域，也为个体自由的保障奠定了基石。但同时，我们也必须承认客观社会的变化对责任主义原则提出的新挑战，我们需要对传统的归责原则进行适当的修正与补充。总的来说，笔者认为从客观构成要件的类型化方面与主观罪责相统一来解决行为人归责问题是切实可行的。一方面，针对不断出现的新型高危风险，立法者在进行严密的评估后将具有高发的、典型的、达成共识的严重危险规定为"法所不允许的危险"，在危险制造阶段即规定为犯罪，通过客观构成要件的类型化给社会大众以警示；另一方面，在具体案件的归责上，行为人主观所具有的故意与过失等罪过也是必须予以严肃考虑的问题。

其次，理性定位风险刑法，我们应清楚地认识到风险刑法对于传统刑法，犹如例外之于原则，传统刑法的根基仍不可动摇。笔者认为，至少到今天，风险刑法这一"例外"还没有能力取代传统刑法"原则"的地位。

---

[1] 魏东、何为：《中国如何引入风险刑法理论》，载《公诉人》2012年总第228期，第42—44页。

一方面，传统刑法并没有日薄西山，其根基仍坚不可破；另一方面，刑法发展趋势虽然由针对侵害逐步转向针对风险，但目前对于预设一个彻底的、全面的风险刑法体系仍不太现实。因此，风险刑法理论在具体制度的设计上，均无法脱离现行刑法的基本框架。要达到建构例外的程度，笔者赞同清华大学劳东燕教授提出的以下几个条件：①存在压倒性紧迫的公共利益。注意这里必须是具有"压倒性"的，即危险存在普发性，且严重损害了公共利益；②没有合理的替代手段，在用民事手段、行政手段即可妥善解决的情况下，就不必发动刑法利器；③非此不足以保护公共利益，或保护成本太大，刑事司法体系不能承受；④建构例外不会压制社会可欲的行为；⑤存在提出积极抗辩的机会，且达到优势证据或引起合理怀疑的证明程度即可；⑥有明确的适用范围限制；⑦可以无偏私、非歧视地进行处理，且在操作上可行。①

最后，面对风险刑法的内在危机，我国刑法也应保持清醒的头脑，去其糟粕，不能为了预防危险而不顾国情大量增设抽象危险犯以及过失危险犯，盲目扩大犯罪圈，导致刑罚的滥用，避免最终走上重刑主义道路。

2. 刑事政策上

随着历史车轮前进至今日的文明社会，最大限度地保障人权促进社会发展，理应成为现代刑事政策的基本品格和基本理念，并成为现代刑事政策价值权衡的基本特点。② 进入风险社会并不表示刑事政策要在非此即彼的情况下做出艰难的价值选择，相对地，采用渐进的方式，以折中为思考路径更为可取。笔者认为，在坚持"人权保障至上"的刑事政策理念前提下，在特殊领域适当扩大犯罪圈，加强预防，以灵活应对风险社会的威胁。风险社会的刑事政策要把握如下方向：

（1）保障人权优先，兼顾犯罪防控

那种单纯地认为刑法针对各类社会风险应该加强犯罪化、扩大危险犯、增加行政犯的主张在当前是不合适的。不能动辄就编制新罪名，刑法这张网不能越织越密。笔者认为，不能为了满足公众的安全感而削弱公民的自由，保障人权的理念仍应坚守。面对风险刑法，我国刑法应做适时适当的调整以完善自身。一方面，我们应该看到我国有着不同于国外的特殊

---

① 劳东燕：《公共政策与风险社会的刑法》，载《中国社会科学》2007年第3期。
② 魏东主编：《刑事政策学》，四川大学出版社2011年版，第52页。

法治环境，人权保障理念还未深入人心，依法治国宏伟目标还有一段很长的路要走；另一方面，我们不得不承认，风险社会已经来临，对于风险刑法的合理内核我国刑法应予积极的吸收。对该理论取其精华，诸如不仅关注实害，还承认法益的精神化、抽象化形式，以及环境法益等新型法益、超个人法益的存在，针对我国特殊国情对于特定领域特殊法益保护的前置化也是应予借鉴的；在保障自由与维护秩序方面，既不能以预防风险为目的，全面冒进，也不能以保障自由为由，传统保守。在风险社会语境下，风险防范问题日益突出，刑法功能向风险预防方面做一定的倾斜，也是可以接受的。[①] 但不能任意扩大刑法调整的范围，应该充分发挥其他社会规范的调节功能，使之与刑法规范一道，共同保障社会秩序的良好运行。

众所周知，我国传统刑法一直受重刑主义思想的影响，其在一定程度上损害了我国在社会上国际大国的形象。西方一直抨击我国对人权保障的关注度不够。随着社会的文明进步，我们可以预见，刑事惩罚措施势必朝着国际化、人性化、轻缓化方向发展。重视刑罚的轻缓化，摆脱重刑主义思想，加强对公民民主权利的保障，尊重和保护国民的基本人权，理应是我国刑事政策的发展方向。本书主张坚持"人权保障优先并兼顾犯罪防控"的价值立场，在应对一些新兴的犯罪方面主张适当扩大犯罪圈。

（2）坚持宽严相济政策，体现时代脉搏

结合我国具体国情，宽严相济的刑事政策是对刑法与社会之间进行良性考察后得出的正确价值导向。其一方面严肃处理法不允许之行为，纵不是无限严惩，但要做到该严则严，该惩则惩，罚当其罪；另一方面又体现出国家对于罪犯教育感化的方针，对于罪行较轻，且有自首、立功情节的，则在处罚上给予宽宥。

面对风险社会的挑战，立法者和司法者更应保持足够的理性，认真贯彻落实宽严相济的刑事政策，一方面加大人权保障的力度，因为在某种意义上说，当今中国社会所面临的真正风险依然在于以公共利益之名侵犯公

[①] 齐文远：《应对中国社会风险的刑事政策选择——走出刑法应对风险的误区》，载《法商研究》2011年第4期。

民个人自由之权;① 另一方面则应严格刑事司法,使刑事法律得到严格公正地执行,不让犯罪分子逍遥法外。如此,不仅实现了对犯罪分子应有的处罚,也增强了刑法预防犯罪的功能,体现了时代的脉搏。

(3) 以积极的一般预防论为指导,加强犯罪预防

新中国成立以来,我国刑事政策经历了从重、从快、从严,到如今的宽严相济的转变,这是值得称赞的历史跨越。但这都是犯罪对法益造成严重侵害后的刑事制裁,对国家、社会、他人已经带来了无法挽回的损失。在风险面前,我们应当加强对犯罪的预防,实现当今社会情势下的社会福利最大化。积极的一般预防论作为刑事政策性根据,不仅旨在预防规范免遭破坏,而且有利于培养我国公众对法规范与法秩序的认同感与信赖感,其学习效应、信赖效应在风险社会状况下,恰恰能满足现代一般大众对安全心理的追求,使公众因为规范的实效性而产生对社会的安全感。由此,我国刑事政策可通过对一般社会公众法规范的教育,以此达到刑法预防犯罪的目的。

(4) 立足本土,放眼世界

不仅"风险"在全球范围内存在,风险社会也是全世界所共同面临的。立足本土,放眼世界,积极吸收与借鉴其他国家先进的研究成果和成功经验,在广阔的视域内研究风险刑法理论实则明智之举。国外风险刑法的相关理论,有利于我们选择研究的路径,开拓视野,合理认识我国刑法理论与实践的优劣。然而,在借鉴外来理论的过程中,也要切记不能完全照搬、套用,要立足本国国情与法治大环境。所以,对这一理论,我们也应该有审慎而全面的考虑。

3. 刑事立法上

我国刑法学界形成的关于风险社会刑法立法比较一致的合理原则是:现代刑法面对危及社会安全的风险行为应当积极地回应,必须进行自身调整,包括定罪标准、归责原则、刑罚功能等。即在社会整体的变迁过程中重新定位科技进步、文明发展与刑事立法的协调互动关系,并经由这样的调整,使得刑法立法一方面坚持传统刑法的基本品质,另一方面又眷顾社会发展。

笔者认为,在风险社会中,我国刑法不能因国外有某种风险犯的规

---

① 康伟:《对风险社会刑法思想的辩证思考》,载《河北学刊》2009年第6期。

定我国就盲目照搬。具体在刑事立法上应坚持一个立场、两个限制、三个原则：

一个立场：刑法介入风险的防控应当坚持补充性的基本立场。[①]

限制一：健全其他部门法、规章制度、操作规程对风险行为的防控措施。

限制二：风险致害的不可控性应成为划定风险刑法治理范围的实质标准。

符合比例性原则。风险刑法理应追求"严而不厉"的处罚模式，刑事立法在其手段与所达目的之间，应有适当、合理的比例关系，不能为了预防未来的风险而作出过于严厉的刑罚规定，这与该理论初衷相悖。

符合手段必要性原则。为了追求安全目的而采取的相关制裁手段，必须是在别无其他更佳手段可选择的情况下所采取的必要手段。交通犯罪、金融犯罪、食品安全领域犯罪以及环境犯罪等均属于附属刑法类型，对风险的防范第一措施是行政手段。刑法作为行政法的补充，在其不能有效发挥风险预防功能时，通过刑罚的适用才是符合手段必要性要求的。[②] 刑法作为社会的最后一道防线，这也是刑法谦抑性的要求，且理应选择对犯罪人侵害最小的手段。

引入危险控制原则。"我们生活在一个'有组织的不负责任'的环境中，这是贝克在《风险社会》一书中一针见血指出的。如今，众多社会风险的制造来自于公司决策者、政策制定者，但其后他们又建立一套话语来推卸责任。"[③] 如此，导致相关人员免受刑事追究，继而制造更多的风险。针对危险决策者的责任认定与刑事追究问题，引入危险控制原则，使"转嫁风险"的行为得到应有的规制，从而更有效地控制和预防风险。具体地说，在特定领域控制危险是行为人的义务，若行为人有能力控制却未控制以致危险的发生，就应当追究其刑事责任。该原则在刑事立法上具体表现为在特定领域，通过刑法的早期介入，适当扩大犯罪圈，以更周延地

[①] 张健一：《风险刑法：必要性、合理性及理性限制》，载《华中科技大学学报》第26卷第5期。

[②] 张晶：《风险刑法——以预防机能为视角的展开》，中国法治出版社2012年版，第210页。

[③] 利子平：《风险社会中传统刑法立法的困境与出路》，载《法学论坛》2011年第4期。

保护法益。但是，我们也应该注意，引入危险控制原则必须适度，不宜盲目扩大。

刑法的早期介入具体到我国刑事立法中，笔者认同利子平教授的观点，可从以下两个方面着手：一是对刑法已经规定为犯罪的行为通过修改犯罪构成，将该罪的刑罚处罚前置化。一些犯罪在风险社会中对法益造成的侵害紧迫性较之以前更加紧迫，产生的损害更加巨大，我国刑事立法上可将此类犯罪由结果犯转变为行为犯，通过立法技术堵截此类犯罪。二是对新型危害行为的犯罪化。近几年频繁发生的醉酒驾车、飙车事件，其严重威胁到了社会大众的公共安全，这种无视人的生命、财产价值的行为，引起了立法者的深思。为了更周延地保护法益，增设"危险驾驶罪"，即表明了立法者逐步重视危险防控的态度。[①]

鉴于目前我国的社会环境及犯罪领域，笔者建议，可对严重侵害公共安全的、多发的事关民生的领域，如药品、食品生产安全、道路交通安全、环境安全等领域采用谨慎创设抽象危险犯的方式，设立相对严格的风险标准，将法益保护提前，适当扩大这些领域的刑法处罚范围。这里必须注意，具体节制抽象危险犯可考虑以下几个方面因素：

一是适用范围的有限性。抽象危险犯作为刑法的一种严厉手段一定要慎之又慎。只有经过风险评估体系多次证明，确属高危且多发的领域，并在社会上造成极其恶劣的影响，刑法才能通过设定抽象危险犯的方式予以早期化介入。

二是刑罚幅度的限定。抽象危险犯由于是在危险的发生尚不确定时，只根据行为符合法定构成要件便予以处罚。那么，若对这类未造成实害或危险尚不明确的行为处以严厉的刑罚，是否会导致法律的不公平？所以，笔者建议对此类抽象危险犯宜规定较轻的刑罚，且最高法定刑不宜规定为无期徒刑。西方国家对许多风险犯处以罚金，我国在此方面可予以借鉴，规定与危险大小相适应的罚金刑，再根据具体案件中行为人特殊的主观预见可能性在量刑时酌情考虑罚金幅度。

三是排除非常轻微的危险行为的可罚性。如1980年德国普通刑法第326条第6项规定：由于垃圾数量小，显然排除对环境，尤其是对人、水域、土地、可食动物或植物的有害影响的，该行为不处罚。我国刑事立法

---

① 利子平：《风险社会中传统刑法立法的困境与出路》，载《法学论坛》2011年第4期。

在此应借鉴,实现了抽象危险犯构成要件的行为不是一律都予以处罚,排除了非常轻微的危险行为的可罚性。①

针对我国当下的客观情况,笔者并不主张我国刑法迅速地扩张抽象危险犯或过失危险犯的处罚范围,扩大犯罪圈应建立在予以处罚的危险犯必须具有立法上的急切必要性基础上,并需采用循序渐进的方法来应对已经步入的风险社会。对于法律的空白地带应尽快立法。对于某些高概率发生的实害犯,且一旦发生损害后果巨大的,可以考虑扩张至危险犯,最后当通过长期的观察得出具有说服力的实证数据,以及民众在长期的生活经验中达成了普遍的共识,典型的危险行为再考虑是否可以纳入抽象危险犯或过失危险犯的范围,即扩大犯罪圈必须受现实中该行为的多发性与立法的急切必要性的双重制约,以此严格限制抽象危险犯的处罚范围,换言之,只能将处罚抽象危险犯作为原则的例外。此外,我们还应意识到,增设抽象危险犯的过程不可一蹴而就,应建立在大众的接受能力与我国刑事法治的具体实情基础之上。

4. 刑事司法上

"风险刑法"犹如一把双刃剑,既有防范风险的作用,其本身也有诱发新的风险的可能。又由于被容许的风险与不被容许的风险在有些场合只有一线之差,因此很容易出现两者之界限难以划清的问题。这就给我国司法工作者带来了巨大的挑战。面对风险刑法,我国司法者应保持清醒的头脑和严谨的办案态度,具体来说,笔者作如下建议:

一方面,允许反证推翻。风险刑法核心是适度增设抽象危险犯,但抽象危险犯把刑法的防卫线向前推移了,即使一个抽象危险犯构成要件所描述的危害后果没有实现,其行为也会被当作有危险,而被处罚。因而,这种严厉性必须得到必要的控制。在诉讼过程中仅仅赋予当事人对自己的行为不构成危险的解释权是远远不够的。笔者认为,可以从目的限缩的观点,允许被告或法官对于实际上没有危险的行为提出反证,以减轻行为可罚性程度②,以此在司法上作出必要的限制。

另一方面,对于这一风险,法官又将依据何种标准来评判呢?笔者在

---

① 张晶:《风险刑法——以预防机能为视角的展开》,中国法治出版社2012年版,第210—212页。

② 林东茂:《抽象危险犯的法律性质》,载蔡墩铭主编《刑法争议问题研究》,台湾五南图书出版有限公司1999年版,第183页。

此以"危险驾驶罪"为例做适度探讨。近年来，我国频频发生的富二代飙车案、醉酒驾驶造成重大死伤事件时时刻刻牵动着人们的神经，并诱发着人们对交通安全的忧虑。我国《刑法修正案（八）》针对此类严重危害公共安全、漠视社会大众生命、财产安全的行为在刑法第 133 条后增设"在道路上驾驶机动车追逐竞驶，情节恶劣的，或在道路上醉酒驾驶机动车的，处拘役，并处罚金"，作为第 133 条第 2 款。可见，在刑事立法和刑事司法上，我国为了满足现实风险社会对刑事法治的要求，采取了相应的刑事规制来调整和规制酒后驾驶和酒后飙车等危险驾驶行为，这也是刑事理论与刑事实务在应对社会风险方面的体现。

《刑法修正案（八）》尽管说将本罪的罪名确定为危险驾驶罪，但是其行为模式却只有两种：追逐竞驶和醉酒驾驶。但是，不允许的危险行为绝非只有此处两种，吸食毒品后驾驶机动车的行为与醉酒驾驶机动车情况类似却未被纳入刑罚，由此，出现了法条的含义无法涵盖现实中应有的危险行为的现象，造成法律适用上的漏洞。笔者认为，虽然吸毒后驾驶机动车的危险程度堪比醉驾，但因其并不具有高发性，所以未作犯罪化处理。司法实践中，应该坚持严格保守的解释立场以回应立法目的。

又如修正案将"追逐竞驶，情节恶劣的"纳入刑法条文予以规制。但司法实践中如何界定"追逐竞驶"，则存在一定分歧，这里涉及行为主体单复数问题。在刑法意义上，"追逐竞驶"，是指两人以上驾驶机动车相互追赶、角逐，高速行驶。由此可知，这里"追逐竞驶"的行为主体一般须为两人以上。但是，现实中单车"飙车"产生的社会危害并不亚于多人"追逐竞驶"，此时，司法上如何界定此行为性质？笔者认为，在把握危险驾驶罪时应重点判断该种危险驾驶"行为"是否使公共安全陷入了危险状态，而与行为人的单复数并无太大关系。"法官的职责并不是使法律合情合理，而是把握词汇的真正含义来阐述其本意"[①]。笔者虽然赞成将单独的一人"飙车"行为纳入危险驾驶罪的规制范围内，但是基于刑法用语必须明确严格的要求，在此应作缩限解释。面对风险社会各类"危险"，刑事司法应保持谦抑的态度，即实际处置的犯罪圈必须小于或

---

① [英] 彼德·威斯莱－史密斯：《香港法律制度》，马清文译，三联书店（香港）有限公司 1990 年版，第 99 页。转引自宣炳昭《香港刑法导论》，陕西人民出版社 2008 年版，第 36 页。

等于刑事立法所规定的犯罪圈。[①]

5. 国际刑法上

乌尔里希·齐白教授在《全球风险社会与信息社会中的刑法》一书中提到了刑法和谐化问题，这里的刑法和谐化是指各国刑法的协调与配合。面对风险社会，各国迫切需要联合起来，加强国际间的合作。首先，笔者建议我国积极参与国际条约、双边或多边条约的签订。如2008年欧盟理事会《关于打击恐怖主义的框架决议》《关于核材料的实物保护公约》《网络犯罪公约》等国际条约已被实践证明，对于国际犯罪的打击发挥了巨大的作用。其次，针对风险的全球性与扩散性特征，我国还应通过诸如国际刑警组织加强合作，积极进行刑事司法协作，以及加强国际和区域之间情报信息的交流和分享等。笔者再次强调，风险是全球性的，灾难一旦发生是不可磨灭的，应对风险社会，需要世界各国携手共同努力，加强多方位合作，才能有效应对各类风险，维护世界和平与稳定。

结　语

在中国逐渐步入风险社会的时代背景之下，作为在社会中运作并且应当受到社会发展形势影响的刑法，理应根据社会新变化做出相应的调整以应对风险社会对刑事法治的需求。风险刑法理论在风险社会中显示出了不同于以往的新面相，已经成为近年来全球最受关注的刑法理论问题之一，值得刑法理论界深入研讨。笔者认为，从客观上来说，我国的刑法理论界与实务界在从事刑事法学研究、进行刑事法律活动的过程中，既不能将风险刑法理论视为歪理邪说，进行旗帜鲜明的全盘否定和排斥，也不应该对该理论怀有盲目的崇尚态度，认为应该全盘吸收，使其在我国刑事法学和司法领域畅通无阻，横冲直撞。结合最新的立法实践，笔者认为，我国具有接纳风险刑法理论的现实可能性。而在接纳风险刑法理论的过程中，较为恰当的做法应当是，将风险刑法的理论体系和实务体系与我国刑法体系相结合，以"取其精华，去其糟粕"的态度，将该理论纳入到我国传统刑法体系的框架中，并以传统刑法理论的基本价值观念限制

---

① 田宏杰：《"风险社会"的刑法立场》，载《法商研究》2011年第4期。

其不当功能的发挥。在风险刑法理论已经具备了西方成熟经验的背景下，我国的刑事法学家应当以"拿来主义"为指导，首先，要勇于对该理论进行借鉴、引用，其次，更应在学习的基础上，结合我国的基本国情和刑事法学发展模式，对该理论进行发展与本土化，从而探索适合中国的风险刑法理论。

第六章

和谐社会的刑事法治理性

序言：和谐社会需要实质的刑事法治

建设和谐社会是我国在新时期提出的基本公共政策。我国对社会治理模式的不断思索和尝试有一条潜在的主线，就是从"依法治国"到"实行法治也要实行德治"再到"建设社会主义和谐社会"，整个摸索过程的趋向是我国正在逐步实现从国家本位向社会本位、权利本位的转变，从依靠暴力强制的管理型社会向依靠社会各种力量协调治理的自治型社会的转变。这些社会治理模式与思路，鲜明而集中地体现了我们国家在公共政策抉择中的一种理性定位和模型选择。

和谐社会的基本内涵包括民主法治、公平正义、诚信友爱、充满活力、安定有序、人与自然和谐相处等诸多方面。因此，中国当下构建和谐社会应当以实现社会治理观念的更新和制度创新为核心，充分关注以下诸方面：一是从经济发展目标优先转向经济发展与公共服务目标并重，因为经济发展只是社会发展的一个方面，从而必须结合社会的全面发展以确立和谐社会的发展战略；二是从传统管制型政府的"政府本位"运作模式向"公民本位"的服务型政府运作模式的转变，鼓励设立多种形式的民间团体，服务型社会的基本目标就是满足公共服务的底线要求，社会服务的高端领域应该交由市场和多元的社会服务组织去完成；三是坚持法治和道德教化并重，努力构建和谐社会。法治是建设和谐社会的基本内容和必要保障，但是我国目前距离法治的要求还很远，其中重要的方面即包括实质的法治理性缺失与公正合理的公共政策模型虚位。因为，尽管我们承认，考察社会各种冲突的根源，需要我们审慎地看待法律、法治的功能及其有限性，社会各种矛盾和冲突的疏导不能仅仅依靠法律制度的规制，从而还需要道德规范、民间习俗、社区观念、宗教信仰等的教育、指引和规制，并且后者往往成为建设和谐社会过程中的"神秘的甚至神奇的力量"，积极培养公民的社会公德、家庭美德和职业道德观，倡导社会主义荣辱观等具有十分重大的、不可或缺的重要价值。但是，我国当下的"集体情感观念"与"主流制度设计"中缺失实质的法治理性和真正公正合理的公共政策模型可能才是最根本的、最不可忽视的重大问题。

正是基于和谐社会的基本特性考量，党中央才高屋建瓴地提出了加强社会主义法治理念教育的重大决策。"应对新挑战、适应新要求，必须用科学、先进、正确的法治理念武装"包括政法干警在内的全体国民的头脑，确保我们的基本公共政策和执法活动"符合科学发展观和构建社会主义和谐社会的要求，以更好地履行职责，完成使命"①。我们认为，和谐社会需要真正的而不是虚伪的刑事法治，其中尤显迫切的是需要我们树立合乎时代人文精神的相对公正观念，高度重视、重新审视和检讨刑事政策的公正价值与谦抑宽容理性，合理兼顾犯罪防控和人权保障。

一 重新审视和科学认识现代刑事政策相对公正价值

刑事政策必然以"相对公正理性"为基本界限。② 这里的相对公正理性明确关涉刑事政策的价值范畴，它是一种国家理性和社会理性，是对人权保障、社会发展和犯罪防控等多种价值进行的历史性的中立的"价值权衡"和价值取向，因而它具有鲜明突出的历史局限性和时代特征。公正不但意味着公平，而且还必须同时意味着正义，必须是公平和正义的有机和谐统一；公正，既要求形式公正，又要求实质公正，必须是形式公正和实质公正的有机和谐统一。因此，在绝对意义上（即在纯粹理想和思维逻辑上），只有同时体现公平和正义的有机和谐统一、形式公正和实质公正的有机和谐统一的公正才是真正的公正理性。当然，由于这种绝对意义上的公正理性（即"绝对公正理性"）只是一种根本无法实现的理想境

---

① 中共中央政法委员会：《社会主义法治理念教育读本》，中国长安出版社2006年版，第2—3页。

② 魏东：《论刑事政策学的基本内涵与研究对象》，载《山东警察学院学报》2005年第4期。

界，因此人类只能追求一种相对合理的、可以在一定程度上实现的相对公正理性（接近"绝对公正理性"）。正因为绝对公正理性的可望而不可即，才导致人类追求相对公正理性的努力永无止境。为此，人类为公正理性设计了一系列理想模式，如形式公正与实质公正的理论界分，形式公正与实质公正不能兼顾时的多种优先选择命题，都是基于人类追求相对公正理性的政策理想模式。

论及公正，有必要检讨"公正报应主义"政策法律思想。历史上存在的公正报应主义有两个核心问题尤其值得关注：一个是"报应主义"问题，另一个是"公正"问题。

"报应主义"思想到底起源于何时何地，到底有何正当性？这是一个很值得我们深思的理论问题。迄今为止的所有法律思想家无不坚决地主张刑事政策领域（尤其刑法领域）的报应主义，其差别只是对于报应主义的报应内容、具体标准的看法有所不同。历史上存在过以下几种报应主义思想：一是绝对报应主义（同态复仇主义、以牙还牙、以眼还眼）。康德就主张一种近乎同态复仇的绝对报应主义。康德认为，纯粹实践理性所追求的正是一种包括德性与幸福在内的"至善"，应当从犯罪人自身的行为中寻求刑罚惩罚的正当性根据，[①] 犯罪人本身就在正当性惩罚中当然地成为自己的法官。[②] 不过康德是基于启蒙思想以反对封建罪刑擅断主义、主张罪刑法定主义所提出的哲学命题，主张国家必须将犯罪人作为一个有理性的人予以对待，从而康德赋予罪刑法定主义具体明确的内容，因此，康德当时提出绝对报应主义思想是具有其特有的重要的历史意义的，这种历史意义就在于，它吹响了向封建主义罪刑擅断的战斗号角。二是黑格尔的相对报应主义（等值报应主义）。黑格尔作为观念论大师，将否定之否定规律应用于刑事法律领域，提出犯罪是对法的否定，而刑罚则是否定之否定，因此，刑罚就是犯罪人自身的法则，"刑罚既然包含着犯人自己的法，所以处罚他，正是尊敬他是理性存在"[③]。同时，黑格尔强调刑罚与犯罪只能是"值"的相等性，而不是绝对的"量"的相等性。三是贝卡利亚绝对确定的均衡报应主义。即卡利亚的报应主义思想强调了刑罚质与

[①] ［德］康德：《实践理性批判》，商务印书馆1960年版，第113页。
[②] ［德］康德：《法的形而上学原理——权利的科学》，商务印书馆1991年版，第170页。
[③] ［德］黑格尔：《法哲学原理》，商务印书馆1961年版，第103页。

量的绝对确定性,还强调了刑罚同犯罪的均衡性,不允许司法权具有丝毫的自由裁量权,法官只能成为比对犯罪与刑罚阶梯的中性机器。① 以上三种主张就是刑事古典学派在报应主义问题上的基本立场。在刑事古典学派的基础上,报应主义思想后来又有所发展,出现了法律报应主义、规范报应主义、人道报应主义等。

公正的内涵是什么,公正与报应主义是一种怎样的联系?这更是一个值得深刻检讨的问题。尽管几乎所有学者都对公正问题感兴趣,我们研究政策学、哲学、社会学、宪法以及实体法和程序法的学者都要研究公正问题,还出现了以美国罗尔斯为代表的终身研究公正问题的大师级学者,但是,我仍然觉得公正问题是一个非常模糊、十分混乱、从来没有得到"公正"解决的问题。罗尔斯写了两本关于正义问题的书,一本是1971年出的《正义论》,另一本是最近出的《作为公平的正义——正义新论》,因此,罗尔斯的正义观一般称作"公平的正义观"。罗尔斯正义观的基本内容是②:(1)将正义区分为实质正义与形式正义,而且这两种正义都离不开法律,实质正义的具体内容由法律来规定,而形式正义就是法治,即对法律或实质正义的严格坚持。(2)正义的实质或者主要问题是社会的基本结构问题,是一个社会合理地分配权利和义务的基本原则或制度。但是,怎样才能找到或者获得这些原则与制度呢?罗尔斯认为,这就要借助于社会契约概念,并且只能是在社会原初状态里所签订的社会契约;即人们对自己本身一无所知(不知道自己的社会地位、先天资质、能力、智力、体力、运气,甚至不知道自己的特定的善的观念和心理倾向等),因而在毫无私心的状态下,通过公平的协商或契约,才能产生真正的正义原则,而且这种正义原则才能够成为其他一切正义原则的基础。(从这种假设看,正义真的是很难!)(3)罗尔斯解释说,作为公平的正义是:所有的社会基本价值或基本善,如自由和机会、收入和财富、自尊的基础等,都要平等地分配,除非其中一种或所有价值的一种的不平等分配合乎每个人的利益。这种正义观可以具体化为两方面不同的原则,即政治方面的"平等的自由原则",经济方面的"差别原则和机会平等原则或地位开放

---

① [意]贝卡利亚:《论犯罪与刑罚》,中国大百科全书出版社1993年版,第42—56页。
② [美]罗尔斯:《作为公平的正义——正义新论》,姚大志译,上海三联书店2002年版,第443—473页。

原则"。(4) 罗尔斯明确将实质正义的种类划分为政治正义（宪法正义）、经济正义（分配正义）、个人正义、程序正义。其中，政治正义和经济正义又合称为社会正义；而程序正义又可分为完善的、不完善的、纯粹的程序正义三种。之所以提出程序正义的分类，是因为罗尔斯认为，"一种正义的宪法是一种不完善的程序正义"，分配正义是"包含了较大成分的纯粹程序正义"，"只有在一种正义的社会基本结构的背景下，在一种正义的政治结构和经济和社会制度安排的背景下，我们才能说存在必要的正义程序"。[1] 美国的另一位学者罗伯特·诺齐克提出了"权利正义观"，它是与罗尔斯"作为公平的正义"观念相对立的一种正义学说。诺齐克写作了《无政府、国家与乌托邦》一书，也在世界上产生了深刻反响。诺齐克主要以个人权利保障为出发点，从国家权力的道德基础上提出了正义问题，认为个人权利是国家权力的界限，保护个人权利是国家权力的目的，如果国家权力的使用超出了此界限和违背了此目的，就失去了道德基础，因而就不是正义的。因此，诺齐克提出了最弱意义上的国家即"守夜人"式的国家（即乌托邦）的概念，这种国家除了保护性功能外再无其他功能，否则当其再扩大其功能，如企图干预人们的经济活动和利益分配，人为地使人们之间的经济收入趋于平等，例如西方福利国家现在所做的那样，则它就会越出应有范围而侵犯个人权利而成为非正义。诺齐克批判了分配正义，提出了"持有正义"概念，持有正义即占有正义，根据占有的两种途径（占有无主物、从别人那儿转让过来）提出了持有正义的三原则，即获取的正义原则、转让的正义原则、对获取和转让中不正义行为进行矫正的矫正正义原则。国家应当消极不作为，国家有作为的只是矫正正义。[2] 可见，诺齐克主张的正义是"矫正正义"，而不是"分配正义"，更不是"报应主义正义"。

法理学界普遍认为，政策、法律与正义的关系问题是研究法的价值问题中一个很重要的问题，也是很复杂的问题。尽管我们可以笼统地说政策和法律的价值目标包括秩序、自由、平等、人权、效益、正义等，但是，我们又必须承认"正义"不是一个与其他价值目标相并列的一般性的价值目标，而是一个能综合、包容和指导、调整其他价值目标的全局性的价

---

[1] 严存生：《论法与正义》，陕西人民出版社1997年版，第115—125页。
[2] 同上书，第129—137页。

值目标，正所谓"正义乃百德之总"（古希腊格言），正义价值对其他价值观念都具有制约作用。例如，秩序价值对于社会的稳定性和统一性固然重要，但是如果没有正义观念来指导秩序，则会牺牲个人和地方的利益，甚至可能导致专制和独裁；自由价值对于个人权利很重要，但是如果没有公正观念介入，则自由价值会导致个人之间彼此权利的冲突和难以实现；效益价值对于经济发展有意义，但是没有公正价值，则会导致片面追求经济价值、严重拜金主义并且严重破坏各种效益之间的平衡与统一，从而最终难以保持经济的持续增长。因此，政策和法律的其他所有价值目标都必须统一在正义这个总目标之中，其他价值目标才能真正有效实现，也才具有合理性而不致成为一种祸害。从这种认识出发，笔者认为，所谓公正应当是一种"和谐的善"，是各种善良美好的价值追求如自由、秩序、效益等价值的中道权衡，是一种"价值中立"。[①] 值得关注的是，当代分析实证主义制度法学的主要代表人物魏因贝格尔提出了"分析—辩证的正义论"。他归纳和分析批判了已有的种种正义理论，将它们归纳为六种，即作为形式原则的正义、作为一种先验的实质正义、人类学上假定的正义原则、衡量正义的功利主义标准、作为公平的正义观、传统的实证主义正义观（按照规范性秩序的标准来看的正义观）。进而认为，正义不是一个事实，而是一项任务，正义产生于任务关系中，着眼于对各种任务的平衡，从而将正义与效用统一，形式正义与实质正义相结合，以达到所谓的辩证统一，因此，正义就是对各种任务的平衡，追求一种和谐、合作的制度。[②] 笔者认为，这种见解是很有道理的。

笔者注意到一种很特别的现象，那就是在刑事政策学界和法学界（其实还包括法理学以及其他学科学者）基本上毫无例外地主张：公正在刑事政策法律领域的基本体现就是坚持报应主义，或者强调报应主义就是公正（尤其是刑法公正），论及公正都离不开以报应主义作为观念基础。因此，前面所述的报应主义思想都可以在头衔上加上一个"公正"的限定语，通称为"公正报应主义"。其区别仅仅在于对公正的不同解读：绝对报应主义的公正，是同态复仇性质（强调等量性）的公正；相对报应主义的公正，是强调等值性的公正；绝对确定的均衡报应主义的公正，是强

[①] 严存生：《论法与正义》，陕西人民出版社1997年版，第12—13页。
[②] 同上书，第137—148页。

调罪与刑均衡性和确定性的公正；法律报应主义、规范报应主义、人道报应主义的公正，是分别强调所谓法律性、规范性、人道性的公正。但是，实际上，这些理论根本没有一个普遍适用的真正公正的"公正"标准。

笔者认为，在理论上以报应主义（包括任何一种报应主义）论证公正（尤其是刑法公正），把"刑法公正必然内在要求报应主义"这个命题作为一个"不言自明"的公理，是存在很大疑问的。[①]（1）报应主义在本质上就是一种"罪有应得"式的报复主义，它并不具有成为正义和人类公理的充分根据。例如，作为人类社会善良愿望体现的宗教，就有明确反对报应（报复）、主张宽容和挽救的思想观念。"在教会法中，正义意味着纠正和拯救，而不是复仇""报复的意图和仇恨的心态与基督教之爱控制下的正义是全不相容的"。[②]（2）报应主义作为一种观念性的存在，其本身的合理性值得论证。因为，任何观念都是主观性的东西，是特定历史条件下人类社会实践的反映，而这种反映本身是否正确、是否需要发展、是否需要改弦更张，都应当检讨。同理，报应主义观念也应当接受时代的检讨，它不可能当然地成为公正的内容。（3）人类实践逐渐修正报应主义，例如绝对报应主义、相对报应主义、绝对确定的均衡报应主义、法律报应主义、规范报应主义、人道报应主义等的相继出现和不断修正，应当看作是报应主义本身存在的内在谬误所致，但是，报应主义的这种内在谬误是否能够在其"体系内"得到真正有效的修正，值得怀疑。（4）报应主义并没有在刑法实践中得到有效贯彻，有罪不罚、重罪轻罚、无罪受罚成为人类刑法实践中的基本现象，尤其是有罪不罚、重罪轻罚的现象往往能够获得法律和社会的普遍认同。（5）报应主义无法解释刑事政策上的死刑存废之争、终身监禁刑存废之争、缓刑制度、假释制度等刑事政策现象。（6）报应主义在根本上与现代刑事政策价值理念相违背。现代刑事政策的本体价值范畴（刑事政策价值定位）包括犯罪防控、相对公正、人权保障、社会发展四个范畴，其中无法找到报应主义的落脚点。（7）报应主义严重妨害人类社会进步，尤其对于刑法人道化、刑事政策科学化进程制造了观念上的障碍。因此，笔者反对报应主义。

---

① 魏东：《论犯罪构成理论的背景知识与中国化改良思路》，载左卫民主编《四川大学法律评论（2003）》，四川大学出版社2004年版，第67—81页。

② 彭小瑜：《教会法研究——历史与理论》，商务印书馆2003年版，第104页。

相对公正理性的价值定位在于，它是一切公共政策的逻辑起点和归宿点。社会公共政策的人权保障价值和社会发展价值都必须以公正理性为基础，没有体现公正理性的社会公共政策所追求的人权保障和社会发展必然是不全面的、错位的，即人权保障与社会发展本身也必须接受公正理性的检验。同理，社会公共政策所追求的人权保障和社会发展价值必须以人类社会公正理性为归宿和目标，只有以人类社会公正理性为归宿和目标的社会公共政策才能达到公正的人权保障和公正的社会发展之理想境界，否则只能导致不公正的人权保障（如只保障了部分人的人权或者人类的部分人权）与不公正的社会发展（如社会的扭曲发展或者毁灭性发展）。因此，相对公正理性是一个政治哲学和法哲学十分关切的命题，是包括刑事政策在内的所有社会公共政策自身所必然内含的基本特质。相对公正理性不但意味着可分配性与可调整性，而且意味着相对性与批判性。它既是所有社会公共政策所共同具有的特质，同时又在不同的类别政策中表现出具体生动的类别差异性。在刑事政策意义上的相对公正理性，应当内含以下基本内容：一是对犯罪规律（特别是犯罪原因、犯罪机能）的基本认识，二是对犯罪态势（犯罪挑战）的基本判断，三是人性假设的基本立场，四是对人权尊重的基本态度，五是对社会发展的基本考量，六是对可资利用的现实物质基础和精神文化资源的基本估价，七是在特定历史条件下的价值权衡和价值取向（人权保障、社会发展与犯罪防控的理性权衡）。因此，根本不顾及人权保障和社会发展从而片面强调犯罪防控的所谓刑事政策，由于其无法体现公正理性，从而就不是真正理性的刑事政策。虽然考虑了人权保障和社会发展的价值要求，但是缺乏对犯罪规律、犯罪态势以及人类社会所处特定历史条件等因素的科学认知，缺乏对人性的正确认知，并因此而进行的谬误的刑事政策选择，这样的刑事政策也同样不是真正以相对公正理性为基本界限的刑事政策。

二　特别重视和强调现代刑事政策的谦抑宽容价值理念

首先需要说明的是，此处所谓现代刑事政策的谦抑宽容价值理念，实际上是指现代刑事政策的价值取向（即价值理念）问题。价值取向问题，在根本上就是指针对具有矛盾和冲突的多种价值目标，如何处理它们之间的关系和如何实现它们之间的整合与有机统一问题。例如，犯罪防控价值与人权保障价值之间就经常性地存在冲突，到底怎样处理它们的关系呢？笔者认为，随着人类社会的进步和政治文明的发展，可以将现代刑事政策的基本价值取向（即价值理念）总体上简要地概括为现代刑事政策的谦抑宽容价值理念，其具体内容为"三大一小"理念，即最大限度地保障人权、最大限度地促进社会发展、最大限度地体现相对公正、最小限度地维持秩序（必要秩序）应当成为现代刑事政策的基本品格和基本理念。

这种现代刑事政策的谦抑宽容价值理念需要我们全面理解，尤其应当强调以下两点：

第一，特别强调"人权保障至上"的刑事政策理念。

在"人权保障至上"与"犯罪防控至上"的刑事政策理念上，到底是选择前者还是选择后者，是一个至关重要的问题。过去国民党针对人民群众的革命活动所提出的口号是"宁可错杀一千，也不放走一个"，这在当年的国民党当局看来是选择了"犯罪防控至上"理念。有的现代西方国家针对刑事犯罪所提出的口号是"宁可错放一万，也不冤枉一人"，可以看作是"人权保障至上"理念。我们今天某些人对待犯罪现象的根深蒂固的观念，仍然是停留在"宁可错杀一千，也不放走一个"这种传统思维层面，从而在其思想上和行为上都得到了充分反映。但是，这种传统思维和行为方式并不符合现代刑事政策的基本理念。笔者认为，现代刑事政策理念应当是"人权保障至上"，反对"犯罪防控至上"。国际社会普遍认为，《世界人权宣言》《经济、社会、文化权利国际公约》和《公民权利和政治权利国际公约》被合称为"国际人权法案"，共同构成了国际人权宪章体系，成为国际社会人权保障机制的核心。[①] 笔者认为，这些国际性法律文件，以及现代社会刑事法治领域占主导地位的民权主义刑法观、罪刑法定主义等观念，都是这种"三大一小"刑事政策理念的真切反映。

第二，特别强调"公正至上"的刑事政策理念。

在"公正至上"与"效率至上"的刑事政策理念上，到底是选择前者还是选择后者，也是一个至关重要的问题。在我国今天学者的论述中，

---

① 朱晓青、柳华文：《〈公民权利和政治权利国际公约〉及其实施机制》，中国社会科学出版社 2003 年版，第 23—24 页。

不少人认为我国现阶段应当坚持"效率优先、兼顾公正"的原则来处理公共事务,甚至包括刑事法制领域也应当如此。应当说,这是一种非常危险、非常有害的观念,尤其在刑事法领域,这种立场可以说是祸害无穷。我国现在的许多做法,大致也是基于这种非理性立场进行的制度设计,应当引起我们的警惕和反思。笔者认为,现代刑事政策理念应当是"公正至上",反对"效率至上"。这种理念至少包括以下内容:(1)强调程序公正优先。理想状态当然是程序公正与实体公正并重,但是,在二者发生冲突时一般强调的是程序优先。在这方面,我们现在还有不少学者强调效率优先、兼顾公正,实在是很遗憾的事情。有的学者反对无罪推定,反对赋予被告人沉默权、反对严格的非法证据排除规则,甚至反对刑讯逼供,其很大一个借口就是强调"效率优先"。在我们的刑事司法实践中,还有按照经济建设模式制定目标量化管理的做法,打击人头数、处理人头数、劳教人头数、批捕人头数等,样样都有数量目标,很不合理。大家知道,2004年前后,我国刑事法学界广泛开展了死刑复核权是否该由最高人民法院收回的大论战,当时部分学者坚持反对立场,其作为有力论据的理由是什么?竟是最高人民法院可能会忙不过来,这样大的一个国家,仅仅靠最高人民法院来复核死刑,它忙得过来吗?以效率论是非,连杀人的大事也要以效率而不是以公正和克制态度来确定是非,以最高人民法院复核死刑就可能存在"忙不过来"为重大理由来反对死刑复核权收回最高人民法院,实在是荒唐,也是地地道道地忽视人权保障、忽视公正优先。(2)主张无罪推定、被告人沉默权、强化被告人自我保护权(辩护权等)。西方国家这些有益成果,被我们部分人当作垃圾和糟粕来批判和拒绝,其根本原因仍然是违背了现代刑事政策上的"公正至上"理念,错误地坚持了"效率至上"的陈旧观念。(3)反对刑事类领域任何形式的刑讯逼供。国际反酷刑公约不但反对刑事诉讼程序的酷刑行为,而且反对纪律程序中的酷刑行为,并且要求所有成员国一体遵行。我国这方面应当说取得了显著进步,有的在法律上已经明确予以禁止。但是,我国在这方面还需要进一步解决思想观念问题,进一步完善相关法律政策措施,不但要在制度层面上杜绝酷刑,更要在实务层面上加大反酷刑力度,真正把人权保障放在首位。(4)主张必要秩序,反对过剩秩序。有的简化为"小政府、大社会"。大家知道,犯罪防控在本质上是维持社会秩序,如果控制过严,势必导致过剩秩序、侵犯人权(自由);如果控制过松,势必导致秩序混乱（不足），最终也将侵犯人权。因此，理想状态是维持必要秩序（既不过剩、也不混乱），以最大限度地保障人权。应当说，刑事政策的个性品格就是犯罪防控以维持秩序，因此其天然倾向是易于制造过剩秩序和侵犯人权，从而决定了我们需要防范的重点是它侵犯人权的一面。正是基于这种特殊性，现代各国在刑事政策上更多的是强化人权保障观念、程序公正观念、反对过剩秩序观念。

第七章

社会危害性理论与实质刑法观的关联关系与风险防范

一

传统社会危害性理论认为,所谓犯罪的社会危害性,就是指行为对刑法所保护的社会关系造成这样或那样损害的特性。犯罪的社会危害性,既体现着主管的内容,也具有客观属性,二者统一的基础在于客观上的危害事实。犯罪的社会危害性就成了犯罪行为的第一位的特征,刑事违法性则是犯罪行为的社会危害性的法律表现,应受刑罚惩罚性则是犯罪的社会危害性和刑事违法性的法律后果。犯罪行为的社会危害性对刑事违法性与应受刑罚惩罚性具有前置意义,犯罪的社会危害性具有最基本特征的地位。[1] 这种社会危害性理论数十年来都面临众多质疑和学术批评,自21世纪初以来面临的批评更加尖锐深刻。

在针对社会危害性理论的诸多批评之中,实质刑法观及其可能存在的人权风险均被作为社会危害性理论或者其转换后的法益理论之当然结论。有论者在批评中国实质刑法观的时候,就是从分析社会危害性理论入手的,依次探究其社会政治内容、实质的犯罪概念、实质的刑法解释论、实质的刑法观等重大理论问题,进而指出社会危害性理论对于实质刑法观的天然亲和性。[2] 还有论者指出,实质刑法观论者对于社会危害性概念及其理论,或者予以完全继承并为之辩护,认为其具有一般合理性。或者予以

---

[1] 参见高铭暄主编《刑法学原理》(第一卷),中国人民大学出版社1993年版,第389—394页。

[2] 参见邓子滨《中国实质刑法观批判》,法律出版社2009年版,第86—109页。

理论上的"创造性转换",即将社会危害性的"旧酒"装入法益侵害性的"新瓶",[1] 以支撑其实质刑法观理论根基。例如,张明楷教授将社会危害性的"旧酒"装入法益侵害性的"新瓶",反对探求立法本意、动辄主张修改刑法立法的研究方法,认为"发现法律的缺陷并不是什么成就,将有缺陷的法条解释得没有缺陷才是智慧",[2] 主张"解释者必须善意将成文刑法规范朝着正义的方向解释,使正义的自然法展示于成文刑法之中","作为解释者,心中永远充满正义,目光得不断往返于规范与事实之间","解释者与其在得出非正义的解释结论后批判刑法,不如合理运用解释方法得出正义的解释结论;与其怀疑刑法规范本身,不如怀疑自己的解释能力与解释结论";[3] 强调"刑法被立法者制定出来以后,就成了一种脱离立法者的客观存在,人们应当根据客观存在本身去理解它、解释它,而不是询问立法者当初是何种本意",因此"追求立法原意是存在疑问的","刑法是成文法,它通过语词表达立法精神与目的,因此,解释者应当通过立法者所使用的语词的客观意义来发现立法精神与目的"。[4] 因此,学界比较普遍地认为,社会危害性理论本身或者其"创造性转换"之后的法益理论同实质刑法观确实具有某种天然的联系甚至某种必然的对应关系,并且社会危害性理论与法益理论确实可以成为实质刑法观的理论基础。

这种见解尽管很有道理,也有适例可举,但可能仍然过于绝对化了,甚或出现误导。据笔者观察,社会危害性理论对于中国刑法学派(如果中国有不同刑法学派的话)之形成的关联性比较复杂,并非如部分学者所提示的那样一一对应。就持有传统社会危害性理论立场的学者而言,他们其实并非可以简单地归入实质刑法观立场,而恰恰是主张探求立法原意的更富有刑事古典学派色彩的形式刑法观、形式主义的罪刑法定原则与主观主义的刑法解释论,[5] 我国大多数老一辈刑法学家以及部分年轻学者大

---

[1] 陈兴良:《走向学派之争的刑法学》,载《法学研究》2010年第1期。
[2] 张明楷:《刑法格言的展开》,法律出版社2003年版,第6—7页。
[3] 张明楷:《刑法分则的解释原理》,中国人民大学出版社2004年版,"序说"第1—3页。
[4] 张明楷:《罪刑法定与刑法解释》,北京大学出版社2009年版,第85—94页。
[5] 主观主义的刑法解释论,指的是刑法解释的主观主义立场,"是一种根据立法者原意来探求刑法内容的刑法解释论,为多数刑事古典学派学者所拥护",强调"法律的解释必须符合立法者的原意,否则就有越权之嫌"。参见陈忠林《刑法散得集》,法律出版社2003年版,第139页。

致如此。如高铭暄教授在谈到社会危害性与罪刑法定原则的关系问题时指出："将来遇到危害社会的行为而刑法无明文规定的，司法机关将不能对之定罪处罚……救济之道只能是总结经验，通过立法上的修改补充加以解决。"① 王作富教授强调："刑法的解释是一个极易突破的空档。""司法解释一方面必须是条文本身所涵盖的，反对法官立法；同时解释的结论又应是一般公民根据语言习惯所能预料到的、理解的，否则任何解释都有悖于罪刑法定原则人权保护之初衷。""什么行为是犯罪，只能以刑法的明文规定为标准……即使有的人危害了社会，因刑法无明文规定而不对其定罪判刑，但是，却维护了法律的权威性和严肃性，增强了法律的安全价值和保障机能……因此，为了严格执法，必须对法律进行不违反立法意图的解释，以便统一认识，保证法制的统一性和司法公正性。"② 赵秉志教授指出："即使社会危害性再大，也不能单纯依据社会危害评价标准而将其认定为犯罪。这是罪刑法定主义的要求。"③ 同时，"进行司法解释不能超越其应有的权限，无论扩张解释，还是限制解释，都不能违反法律规定的真实意图，更不能以司法解释代替刑事立法。否则，就会背离罪刑法定原则，进而对公民人权造成冲击"④。这些见解比较具有代表性，突出强调了社会危害性理论不得形成对罪刑法定原则的根本性冲击，必须探求立法意图。

而相反的可以类比的情形是，主张改革完善（甚至有宣称完全舍弃）传统社会危害性理论的部分学者，反而成为"引领实质刑法观之风骚"（尽管很少有学者公开宣称自己坚持实质刑法观）。尽管陈兴良教授和邓子滨教授在论列实质刑法观学者的时候，都提及了张明楷教授、刘艳红教授等"中南派"学者，认为这些学者在基本立场上主张实质刑法观，比较具有代表性。但笔者发现，陈兴良教授和邓子滨教授均没有提及蜀中两位在全国具有较大影响的刑法学者陈忠林教授和冯亚东教授（"西南派"学者），没有注意到这两位西南派刑法学者也坚持一种实质刑法观的基本立场，可能是一个疏忽。应当说，在一定意义上，陈忠林教授和冯亚东教授都是中国刑法学界较早反思社会危害性理论缺陷的学者，他们的共通之

---

① 高铭暄：《刑法肆言》，法律出版社2004年版，第151页。
② 王作富：《刑罚论衡》，法律出版社2004年版，第63—65、67—68页。
③ 赵秉志：《刑法总则问题专论》，法律出版社2004年版，第352页。
④ 赵秉志主编：《刑法总则要论》，中国法制出版社2010年版，第55页。

处在于，反思并否定传统社会危害性理论之后，都主张犯罪的本质在于应受刑罚惩罚性，同时都坚持实质刑法观基本立场。陈忠林教授指出，应受刑罚惩罚性是犯罪的本质特征，是制定刑法、理解刑法的实质标准，同时明确强调社会危害性不是犯罪的本质特征。① 同时，陈忠林教授强调以"常识、常情、常理"和客观主义的解释论来解释刑法，"刑法规范只要一经颁布，其内容便应脱离立法者原有的意志，而以社会的需要为自己的内容。因此，人们在解释性法规范时，不应局限于立法者的认识水平和认识能力，而必须根据社会的变化而不断地赋予刑法规范新的内容"②。冯亚东教授认为，犯罪的本质在于应受刑罚的处罚。同时，也应承认犯罪具有多重本质，"首先，就犯罪同其他各种危害行为相比较，犯罪的本质在于应受刑罚的处罚"，"其次，就犯罪同非危害行为相比较，犯罪的本质就在于具有社会危害性"，"就对立法和司法基于功利考虑实行有效的社会控制的最高层次而论，应当强调应受刑罚处罚性为犯罪的本质，以严格掌握犯罪与一般违法的界限，尽量缩小作为犯罪的打击面。在这个最高层次的范围内，社会危害性已退居次要的地位而只是作为一种渐进递增的量的现象存在"③。冯亚东教授提出"刑法解释应体现法的精神"（而非立法本意），认为关于刑法的任何有意义的解释都是超规范进行的，同时都是受制于"法的精神"的。④

值得学界关注的另一种现象是，部分主张实质主义刑法观的学者，其实可能并不是真正的实质主义刑法观（彻底的实质主义刑法观），刘艳红教授就是一个适例，因为她倡导"包容性刑事法治国的建立要坚持以形式的刑事法治国为优先，实质的刑事法治国为补充的原则"⑤。主张以形式主义罪刑法定原则为基石、以实质主义刑法观审查出罪论，且认为"采实质的犯罪论，以实现罪刑法定原则本该具有的出罪正当化机能"。"我们应该透过'法律明文规定为犯罪行为'的形式背后，致力于对刑法构成要件从实质合理性进行解释，将法虽有明文规定然而规定本身不尽合

---

① 陈忠林：《应受刑罚惩罚性是犯罪的本质特征》，载《法学季刊》1986年第2期。
② 陈忠林：《刑法散得集》，法律出版社2003年版，第37—41、139—141页。
③ 冯亚东：《刑法的哲学与伦理学——犯罪概念研究》，天地出版社1996年版，第104—109页。
④ 冯亚东：《罪与刑的探索之道》，中国检察出版社2005年版，第309—320页。
⑤ 刘艳红：《实质刑法观》，中国人民大学出版社2009年版，第95—117页。

理的构成要件,通过实质的刑法解释限制其适用,从而实现刑法处罚范围的合理化,将不该处罚的行为排除在刑法圈之外,充分实现罪刑法定的人权保障机能。""简言之,应该建立以形式的、定型的犯罪论体系为前提,以实质的可罚性为内容的实质犯罪论体系。相应地,对刑法规范应从是否达到了值得处罚的程度进行实质解释"的理论主张,[①] 可见,刘艳红教授主张的具体内容其实是坚持了比较典型的形式主义罪刑法定原则的内核,即入罪论上的形式主义立场与出罪论上的实质主义立场。难道这不是比较典型的形式主义罪刑法定原则所强调的侧重人权保障之内核实质吗?对此,邓子滨教授可能并没有予以仔细端详,从而其对"刘艳红式的实质刑法观"的批评可能缺乏深思熟虑。为什么这样说呢?因为应当认识到,实质刑法观的核心和与众不同之处在于:刑法整体理论上的彻底实质主义立场(彻底的实质主义解释论),其中包括犯罪论上的彻底的实质主义观点,即实质的入罪论与实质的出罪论(双面实质刑法观)。而刘艳红教授主张入罪论上的形式主义立场与出罪论上的实质主义立场,在"实质上"仅仅坚持了实质的出罪论这个单面,不属于双面实质刑法观立场,本质上不同于典型的、彻底的实质刑法观(双面实质刑法观)。

因此,关于实质主义刑法观与形式主义刑法观的刑法学派划分所形成的刑法学派之争,应当重新予以"实质主义"的审查判断,重新检讨不同刑法学者的观点立场。对于那种主张入罪论上的形式主义立场与出罪论上的实质主义立场、强调"建立以形式的、定型的犯罪论体系为前提"、"采实质的犯罪论,以实现罪刑法定原则本该具有的出罪正当化机能"的观点,不应归入真正彻底的双面实质主义刑法观。

但不管怎么讲,社会危害性理论确实可以成为实质刑法观的理论基础。之所以如此,主要原因就在于社会危害性理论具有十分强大的解释功能,而且这种解释功能不是表面的、形式化的,而是深刻的、实质性的——实质刑法观所需要的解释能力。而这种强大的解释功能,总体上看,是因为社会危害性理论确实能够在一定意义上合理解释犯罪论、刑罚论与罪刑关系论的价值哲学根据。具体体现在以下方面:一是社会危害性理论与犯罪论的关系考察,社会危害性理论能够解释实质的犯罪概念与犯罪构成理论的价值正当性;二是社会危害性理论与刑罚论的关系考察,社

---

① 刘艳红:《走向实质的刑法解释》,北京大学出版社2009年版,"前言"第2—4页。

会危害性理论能够解释实质的刑罚论的价值正当性；三是社会危害性理论与罪刑关系论（罪刑法定与罪刑相适应原则）的关系考察，社会危害性能够解释罪刑法定原则与罪刑相适应原则的价值正当性。

二

在中国语境下，实质刑法观面临的风险与批评，主要根源就在于作为实质刑法观理论基础的社会危害性理论具有太过强大的解释功能。其实，无论是基于社会危害性理论还是基于法益理论，实质刑法观面临的人权风险都是十分巨大的，并且这种人权风险都是同质本原性的，都具有解释论上一定程度的主观随意性与背离罪刑法定主义的客观倾向性。不过，在理论层面上，有学者认为社会危害性理论相对于法益理论而言使得实质刑法观增添了更大风险，因为带有强烈的"政治学"理论色彩的社会危害性理论相对于法益理论更加缺少"法理"品质。因此总体上可以说，中国实质刑法观的批评部分来自社会危害性理论。

进一步观察可以发现，当下中国刑法学界对传统社会危害性理论的学术批评，整体上看既有对社会危害性理论之价值缺陷的批判，也有对社会危害性理论之技术缺陷的批判。学者们基于各自不同的刑法整体理论上的见解，对于传统社会危害性理论的学术立场主要有以下两种：一种立场是固守不变论，即完全坚守传统社会危害性理论之价值论与技术论。这种立场认为[1]：犯罪的社会危害性即犯罪所具有的危害社会的特性，是指行为对刑法所保护的社会关系造成这样或那样损害的特性。我国刑法关于犯罪概念的规定，全面揭示了犯罪具有社会危害性、刑事违法性、应受刑罚惩罚性三个特征，相比较而言，犯罪的社会危害性是犯罪的最基本特征，是第一位的。有论者进一步指出[2]，这种观点认为犯罪的社会危害性不仅是犯罪论，而且是整个刑法学体系的基石，有关犯罪与刑罚的一切问题都应从犯罪的社会危害性来解释。第二种立场是反思改革论，即在反思和质疑传统社会危害性理论之价值论与技术论的基础上，主张改革（并在一定

---

[1] 参见高铭暄主编《刑法学原理》（第一卷），中国人民大学出版社1993年版，第381—394页。

[2] 曾宪信：《建立具有中国特色的刑法学科科学体系的设想》，载《中南政法学院学报》1986年第1期；陈兴良：《社会危害性理论：一个反思性检讨》，载《法学研究》2000年第1期。

意义上保留）社会危害性理论，很少有学者主张将社会危害性理论简单逐出刑法学。如有学者指出[①]：社会危害性理论所显现的实质价值理念与罪刑法定主义所倡导的形式价值理念之间，存在着基本立场上的冲突。更有学者断言[②]：传统的社会危害性理论对公民自由所形成的潜在威胁有多么可怕，它已经完全成为吞噬个体正当权利的无底黑洞，成为扼杀法治生命和真谛的刽子手，甚至可以说，只要社会危害性范畴在我国刑法领域内继续占据帝统地位，刑事法治就永远难见天日，夭折在摇篮里是早晚的事。

实事求是地考察，实质解释论确实具有双面功能。有论者指出，实质刑法的主要作用在于，有助于增强法律的适应能力，有助于实现实质正义，有助于贯彻刑法目的，有助于解决犯罪论尤其是弹性条款、开放构成要件及空白刑法规范等疑难问题。而实质刑法的明显倾向是纵容权力，权力尤其喜爱实质解释，司法官员是有权力的且具有手握权力者的所有弱点，这时就无法避免部分司法官员作为权力拥有者所具有的"贪得无厌、渴望支配他人"的人性。[③] 这表明，实质解释论的功能表现包括了保障人权的正面功能与严重侵犯人权的负面功能的两面，呈现出两面性功能并存（天使与恶魔并存）的矛盾属性。

实质解释论的正面功能是进一步通过贯彻刑罚正当原则以有效实现人权保障价值，即刑罚正当原则的存在根据是为有效实现人权保障价值。1987年汉中安乐死案可以作为实质解释论的正面功能的实证案例。

而实质解释论的负面功能是侵蚀人权保障价值。实质解释论具有扩张解释的基本属性，既可能成为彻底贯彻刑罚正当原则的有力理论，也极容易演变为侵蚀人权保障价值的衍生工具。例如，本着"善意和正义"解释刑法（实质解释论），就存在错误地将普通违法行为"扩张解释"为犯罪的重大风险，如2001年上海肖永灵案，2001年云南某校学生何鹏在ATM机上取款221次、42万余元的行为，2007年广州许霆在ATM机上取款171次、17万余元的行为，在相当意义上都是因为实质解释论而成为罪犯。一定意义上讲，这些可以说是实质解释论所具有的负面功能的实证

---

① 陈兴良：《社会危害性理论：一个反思性检讨》，载《法学研究》2000年第1期。
② 劳东燕：《社会危害性标准的背后》，载陈兴良主编《刑事法评论》（第7卷），中国政法大学出版社2000年版，第199—224页。
③ 参见邓子滨《中国实质刑法观批判》，法律出版社2009年版，第60—85页。

案例。

三

笔者认为，传统社会危害性理论面临的部分批评确实是该理论自身本原性的痼疾，因而对于传统社会危害性理论之固守不变论立场可能并非明智之举，唯有改革完善论立场才能找到社会危害性理论乃至刑法学整体理论的发展出路。我们发现，社会危害性理论由于其具有更多的超规范色彩，当其用作入罪解释根据时人权遭受侵害的风险更大，但当其用作出罪解释根据时则同样具有强大的人权保障功能。因此，为了防范风险，不但需要发展实质刑法观，而且需要完善社会危害性理论。

但是，在怎样改革完善实质刑法观和社会危害性理论的问题上，理论界不无分歧。就社会危害性理论的改造而言，现在有一种比较具有影响力的主张，就是以法益理论来替代社会危害性理论。如有学者指出："我们反思社会危害性理论，并不是要全盘否定社会危害性在犯罪中的地位与意义，而是要将社会危害性这一超规范的概念转换成为法益侵害这一规范的概念。"[①] 有的学者更是早就默默地展开了相应的理论转换工作，法益理论的丰富发展并得到更多学者的赞同，可以看作是社会危害性理论改造发展的基本方向，只是在法益本身的具体定位问题上存在一定的分歧和差异。笔者是比较赞同法益理论的，认为法益可以成为界定犯罪客体的重要内容，同时法益侵害说在解释社会危害性与违法性等问题上具有特殊功用。

四

尽管实质刑法观的丰富内容远非社会危害性理论或者法益理论所能囊括，比如实质刑法观还包括实质解释论等诸多方面需要关注，但是仍然可以说社会危害性理论或者其转换形态法益理论是实质刑法观的重要基础理论，因为实质刑法论（实质刑法观）本身必然需要借助社会危害性理论或者法益理论，否则无法实现所谓的实质刑法论。

我们有理由认为，刑法的实质解释论是实质刑法观的基本主张。有论

[①] 陈兴良：《社会危害性理论：一个反思性检讨》，载《法学研究》2000 年第 1 期。

者认为,实质刑法观的基本主张包括以下几个方面:① 一是承认罪刑法定原则,但强调其实质侧面;二是承认类推禁止,但不反对扩大解释并且提倡目的论解释;三是坚持以犯罪本质为指导来解释刑法规定的构成要件;四是尊崇和强调实质的犯罪概念并引出混合的犯罪概念(形式的犯罪概念与实质的犯罪概念之有机统一)。仔细审查分析这些论点可以发现,实质解释论可谓实质刑法观的基本结论,但是,对于何谓实质解释的问题,目前学界尚无一致定论。有学者指出:实质解释"认定立法原意并不可寻,强调法律文本和解释者的互动,致力于破除法律的僵硬滞后,在个案的定罪量刑中综合考量各种因素,贯彻以实现实质正义为目的的刑法解释论"②。另有论者认为,"刑法的解释,就应该在形式合理分析的基础之上,致力于从刑法规范的形式中获得比较持久连贯的内容,探求刑法规范性的表述所具有的真理性的资质,以最终实现刑法的实质正义。这样,在刑法学的解释立场上,应倡导实质的刑法解释观"③。

另外,客观解释论(客观存在解释论)在一定意义上讲就是实质解释论。陈忠林教授指出,刑法解释的主观主义,是一种根据立法者意愿来探求刑法内容的刑法解释论,为多数刑事古典学派学者所拥护。"刑法解释中的客观主义,是一种主张根据社会需要来理解刑法规范含义的刑法解释论……因此,人们在解释刑法规范时,不应局限于立法者的认识水平和认识能力,而必须根据社会的变化而不断地赋予刑法规范新的内容。④"张明楷教授也指出,主张或者强调立法解释,是为了追求立法原意或者立法本意,在解释目标上采取的是主观解释论,但采取住观解释论并不符合罪刑法定原则。认为刑法一经制定与颁布,就是一种客观存在,与立法原意产生距离,这为客观解释论提供了根据,因此,对刑法的解释不能采取主观解释论,只能采取客观解释论。⑤ 这些比较"彻底的、开放的"实质解释论观点,确实潜存着一种将刑法规范外的行为"客观解释"为犯罪的重大风险。

---

① 参见邓子滨《中国实质刑法观批判》,法律出版社 2009 年版,第 2 页。
② 相应地,该论者认为,"形式解释是指遵循立法者的立法原意,依照法律条文的字面含义的刑法解释论,它是由古典学派所确立的罪刑法定原则衍生出来,强调追求法律的形式正义"。参见邓子滨《中国实质刑法观批判》,法律出版社 2009 年版,第 11 页。
③ 刘艳红:《走向实质的刑法解释》,北京大学出版社 2009 年版,前言第 2 页。
④ 陈忠林:《刑法散得集》,法律出版社 2003 年版,第 139—141 页。
⑤ 参见张明楷《罪刑法定与刑法解释》,北京大学出版社 2009 年版,第 85—94 页。

因此，宏观上看，实质刑法观的主要内容其实就是实质解释论和社会危害性理论与法益理论：从某种"表面"的视角看，实质解释论堪称是实质刑法观的最主要的内容。但从某种"内核"的视角看，社会危害性理论与法益理论就是实质刑法观的理论武器（工具）。因而，实质刑法观在法治层面上需要解决的主要问题是实质解释论和社会危害性理论与法益理论的风险防范。

还值得注意的现象是，实质刑法观在中国刑法学界受到尊崇，其实有多种立场需要仔细辨析，如双面的实质刑法观与单面的实质刑法观（或者称彻底的实质刑法观与有保留的实质刑法观、开放的实质刑法观与保守的实质刑法观），甚至可能还有其他十分特别的实质刑法观（比如有的学者主张仅限于针对特别重大法益保护时才能作实质入罪解释的立场），并不能简单地"一刀切"似地下结论。张明楷教授、陈忠林教授、冯亚东教授等学者可能更多地倾向于双面的实质刑法观（即包括入罪解释论与出罪解释论之双面实质解释论），而刘艳红教授明确表明的可能仅仅是单面的实质刑法观（即仅限于出罪解释论上的实质解释论）。还有部分学者强调形式罪刑法定主义立场，同时声称并不完全反对对刑法论问题进行实质主义的研究（其实中国刑法学者中根本就没有人真正彻底地反对刑法实质主义研究），可能表达了一种类似于单面的实质刑法观的立场（在出罪时的实质主义解释论），比如陈兴良教授和邓子滨教授大致如此。笔者对于上述学者立场的这种归纳虽然不一定准确，但是具有一定的依据。

比较而言，双面的实质主义刑法观可能面临较大的人权风险，而单面的实质主义刑法观正是出于防范双面实质主义刑法观潜在的侵犯人权的风险而作出比较理性的选择。单面的实质刑法观十分接近于笔者倡导的"保守的实质刑法观"[①]，这种保守的实质刑法观主张在以下诸方面作出倾向于保守理性的选择，并以此来防范其侵蚀人权保障机能的风险。

[①] 关于保守的实质刑法观（实质解释论）问题，笔者近年来思考比较多，正式论述这个问题的论文将于近期在有关学术期刊上登载。笔者的基本看法是，相对于开放的实质解释论而言，保守的实质解释论在入罪底线、刑法漏洞填补原则、刑法研究方法三个方面突出强调了自身特有的不同于开放的实质解释论的基本立场：一是坚守刚性化、形式化的入罪底线，主张入罪上的刚性与形式立场，反对入罪上的实质解释论立场；二是坚持刑法立法漏洞由立法填补的刑法漏洞填补原则，主张刑法立法漏洞如果必须填补，其救济途径选择是立法修改补充，反对司法填补；三是倡导包容性、开放性的刑法研究方法，主张探求立法原意、开展应然性研究、探讨刑法修改完善等重大问题的常态研究。

其一，实质罪刑法定原则的限制。实质罪刑法定原则应贯彻人权保障的实质精神内核，只能是以实质主义充分发挥其贯彻刑罚正当原则的正面功能，同时以形式主义侧面限制其侵蚀人权保障价值的负面功能。实质解释论者中部分学者对此是有所注意的，如刘艳红提出，面对具有出罪禁止机能的我国罪刑法定原则，就不能遵循形式的犯罪论和刑法解释论，而必须允许法官针对个案进行价值判断，"采实质的犯罪论，以实现罪刑法定原则本该具有的出罪正当化机能"。"我们应该透过'法律明文规定为犯罪行为'的形式背后，致力于对性格发构成要件从实质合理性进行解释，将法虽有明文规定然而规定本身不尽合理的构成要件，通过实质的刑法解释限制其适用，从而实现刑法处罚范围的合理化，将不该处罚的行为排除在刑法圈之外，充分实现罪刑法定的人权保障机能。""简言之，应该建立以形式的、定型的犯罪论体系为前提，以实质的可罚性为内容的实质犯罪论体系。相应地，对刑法规范应从是否达到了值得处罚的程度进行实质解释。"① 这是可取的立场，以此实现实质罪刑法定原则的限制，凸显刑法人权保障机能。

其二，实质犯罪论的限制。这种实质犯罪论的限制的立场应当是：坚持以形式的、定型的犯罪论体系性判断为前提，采用入罪时形式解释的基本方法，同时将实质解释论限制在出罪的场合（吸收实质解释论的合理因素）。这种立场，也是通过实现实质犯罪论的限制，突出刑法人权保障机能。

其三，实质司法解释权的限制。"填补漏洞性司法解释"作为实质司法解释的典型形态，其适用范围应得到严格限制，如仅限于有利于犯罪嫌疑人或者被告人的填补漏洞性司法解释，禁止不利于犯罪嫌疑人或者被告人的填补性司法解释。同时，应重新审查法规范式的填补漏洞性解释、判例式的填补漏洞性解释（不同于类推解释，亦不得创制新罪名即不同于英美判例法），应严厉防止类推解释、违宪性解释（违反宪法规定）、违法性解释（违反刑法规定）。这种立场，同样是通过实现实质司法解释权的限制，契合刑法人权保障机能。

---

① 刘艳红：《走向实质的刑法解释》，北京大学出版社2009年版，前言第2—4页。

第八章

我国传统犯罪构成理论的实质与逻辑

中国刑法学界针对中国传统犯罪构成论的学术之争,持续多年成为刑法理论热点前沿问题。应当承认,当下中国传统犯罪构成论面临着前所未有的批评与挑战,有的主张坚持既有的中国传统犯罪构成论体系,有的主张改良中国传统犯罪构成论体系,还有的主张移植西方大陆法系国家犯罪论体系或者重构新的犯罪构成论体系,这些学术立场尖锐对立,在相当层面上形成了中国刑法学的学派之争。本章主张温和地改良中国传统犯罪构成论体系的学术立场,并以此展开对中国传统犯罪构成论的学术考察,就教于学界同仁。

一 我国传统犯罪构成论实质合理性的内省性考察:中西犯罪论上的殊途同归与形异质同

针对中国传统犯罪构成理论所坚持的犯罪客体要件、客观方面要件、犯罪主体要件、主观方面要件的四要件体系,中国有学者以西方大陆法系国家犯罪论所坚持的构成要件该当性、违法性、有责性的三阶层体系为评判标准而提出了尖锐的批评意见,认为中国传统犯罪构成论四要件体系存在着严重缺陷,如指责中国传统犯罪构成论体系是缺乏构成要件的、缺乏违法性与有责任性要素的、缺乏层次性与逻辑顺序性的、缺乏出罪抗辩事由的、缺乏体系性的且是"不能充分释法说理的"犯罪论体系,① 不一而足。其中张明楷教授尖锐地指出了理论构建的"支柱"问题,可能被视为是中国传统犯罪构成论体系最为根本的缺陷之指责:中国传统犯罪构成论体系是"以客观与主观为支柱的犯罪论体系,基本上局限于只要同时存在主客观方面的事实,就将全部主客观事实作为处罚根据,因而难以限制处罚程度",因为"客观与主观的概念只是停留在描述上,导致按照四要件体系所进行的刑事司法单纯追求客观与主观的统一,而没有追求刑法的价值与目的";而西方大陆法系国家犯罪论体系则不然,其"将违法(不法)与责任作为构建犯罪论体系的支柱,是刑法学最为重要的进步,具有充分根据与内在合理性",因此"还是以违法与责任为支柱构建犯罪论体系为妥"。② 因而,部分学者认为中国传统犯罪构成论体系在根本上就不如西方大陆法系国家犯罪论三阶层体系科学合理,应予以彻底否定。对此,我国有学者予以充分反驳,并强调了坚持中国传统犯罪构成论体系的基本立场和理由。如高铭暄教授强调指出,"四要件犯罪构成理论并不存在某些学者所认为的诸多缺陷,相反,在目前中国的国情下,四要件犯罪构成理论具有相当的合理性",并系统论述了四要件犯罪构成理论的历史合理性、现实合理性、内在合理性与比较合理性。③ 此外,还有许多学者在承认中国传统犯罪构成论体系基本合理性的前提下提出了"改良"与"完善"的意见,在基本立场上有别于激进的"重构论",④ 可以视为中国传统犯罪构成论体系之"改良论"代表。

　　囿于本书篇幅的限制,本章仅针对其中可能被视为中国传统犯罪构成论体系最为根本的缺陷之指责(张明楷教授有关构建犯罪论体系"支柱"问题的批评)来展开评说。从比较研究的视角来分析,我国传统犯罪构成论同西方大陆法系国家狭义的犯罪论具有一系列的同质性,均既有相当

---

① 有关中国传统犯罪构成论体系的缺陷批评与指责的内容比较多,这里的概括并不全面,详情请参见张明楷、陈兴良、周光权、付立庆等学者的相关论著。
② 张明楷:《犯罪构成体系与构成要件要素》,北京大学出版社2010年版,第33—79页(第二章"理论支柱")。
③ 有关中国传统犯罪构成论体系的合理性与改良方面的内容也比较多,详情请参见高铭暄、赵秉志、马克昌、冯亚东、刘艳红等学者的相关专著。
④ 参见冯亚东、胡东飞、邓君韬《中国犯罪构成体系完善研究》,法律出版社2010年版,第1—4页("序言");冯亚东、李侠《从客观归因到主观归责》,载《法学研究》2010年第4期。

的实质合理性,又具有相同的一定的缺陷性,二者难分伯仲。这种比较可以从以下两个方面来展开评说:

第一,中西方犯罪论体系均坚持了主客观相统一、违法性与责任性相统一的犯罪论实质内核。①

表面观察可以说,中国传统犯罪构成体系是以"主客观相统一"为支柱建立的,而大陆法系国家犯罪论体系是以"违法性与责任性相统一"为支柱建立的。但是,这种"表面文章"背后的实质和内核应当说是完全一致的。就中国传统犯罪构成论体系而言,其所坚持的主客观相统一原则本身并非泛泛而谈的主观与客观相统一,而是法规范意义上的、法价值判断上的主观与客观相统一,这种意义上的主客观相统一本身就意味着违法性与责任性相统一。事实上,针对中国传统犯罪构成论体系所坚持的主客观相统一原则,陈兴良教授就明确表示过肯定性意见,认为"在犯罪构成中又区分为客观方面的要件与主观方面的要件,笔者认为这种主客观要件的区分本身是合理的,关键是如何解决主客观要件中的事实与评价以及主客观要件互相之间的对应关系"②。关于张明楷教授所主张的"违法—有责"两阶层犯罪论体系,陈兴良教授也以"客观—主观"两要件形式加以概括:"在张明楷教授的《刑法学》(第3版)一书中,将犯罪构成分为客观(违法)构成要件与主观(责任)构成要件。"③ 这些见解进一步佐证了中国传统犯罪构成论之四要件体系(以主客观相统一原则为支柱建立起来的犯罪构成论体系)同西方大陆法系国家狭义犯罪论之三阶层体系(以违法且有责为支柱构建的犯罪论体系),二者在犯罪论基本立场上具有一致性和同质性。同样道理,西方大陆法系国家犯罪论体系所描述的违法性与责任性相统一,在本质上也必然是主客观相统一,这一点从贝林格时代到当下时代的犯罪论体系发展脉络也清晰可见,不但早期西方学者所主张的所谓"冷色的"或者"裸的"构成要件不复存在,而且有关违法的与有责的判断也不可能仅仅是客观的判断或者主观的判

---

① 本书用语"中西方犯罪论体系"的含义,特指"中国犯罪构成论体系和西方大陆法系国家犯罪论体系"。

② 陈兴良:《构成要件的理论考察》,载《清华法学》2008年第1期。

③ 陈兴良:《四要件犯罪构成的结构性缺失及其颠覆——以正当行为切入的学术史考察》,载《现代法学》2009年第6期。

断，这些要件与要素的判断都必然是主客观相统一的判断，① 无须赘述。可见，在相当意义上可以认为，中国传统犯罪构成论体系坚持主客观相统一原则本身，可以解读为在实质立场上就是坚持了主客观相统一、违法性与责任性相统一的犯罪论原理。同理，西方大陆法系国家犯罪论体系坚持违法性与责任性相统一，也可以解读为在实质立场上就是坚持了主客观相统一、违法性与责任性相统一的犯罪论原理。一句话，中西方犯罪论体系均坚持了主客观相统一、违法性与责任性相统一的犯罪论实质内核。

第二，中西方犯罪论体系均存在相同的一定程度上的体系性缺陷，即应受刑罚惩罚性要件在现有犯罪构成论体系之中的结构性缺失问题。

笔者注意到，现在中西方学者均提出了一个重大理论问题，就是"应受刑罚处罚性"问题（大陆法系国家一般称为"可罚性"问题）是否应纳入犯罪构成论（犯罪论）体系内来研究。如果应纳入，那么究竟是应该作为一个独立的犯罪构成要件来研究，还是应纳入构成要件已有要素之中来研究？事实上，关于"可罚性"的体系性地位问题，尽管德日通说仍然是"刑罚处罚阻却事由说"，即认为可罚性不是犯罪的成立要件，而只是具有阻却刑罚处罚性质的事由；但是，德日刑法学界已经有部分学者主张"犯罪成立要件还原说"或者"犯罪成立独立要件说"，如德国的罗克辛，日本的佐伯千仞、庄子邦雄、宫本英修等。按照冯军教授的介绍，大陆法系国家传统的三阶层犯罪论体系现在已经有所发展，其重要内容之一就是"可罚性在犯罪论中具有独立的地位，是犯罪成立的第四要件。客观的处罚条件和一身的处罚阻却事由是可罚性的要素，虽然客观的处罚条件是一般地发生作用，而一身的处罚阻却事由只对具体的行为人有效，但是，它们都与故意或者过失无关，重要的只是其客观存在"②。那么，中国学者如何看待这个问题呢？按照中国的理论，犯罪本质特征的概括有社会危害性、刑事违法性、应受刑罚处罚性。社会危害性和刑事违法性都是纳入了犯罪构成理论体系的，但唯独应受刑罚处罚性没有纳入补

---

① 张明楷教授对此有一些批评性论述，认为"完全要求客观与主观的统一是不符合现实的"，因为如目的犯、未遂犯与预备犯、客观的处罚条件或客观的超过要素等"事实上，许多构成犯罪的行为，在主客观方面并不是完全统一的，当然也不能要求做到主客观相统一"。参见张明楷《犯罪构成体系与构成要件要素》，北京大学出版社 2010 年版，第 49 页。但是，张明楷教授的这种论述是十分令人费解的，也是不能成立的。

② 赵秉志主编：《外国刑法原理（大陆法系）》，中国人民大学出版社 2000 年版，第 173 页。

充。这样来看,应当说,"应受刑罚处罚性"这个问题是值得中国刑法学者思考解决的重要理论问题。事实上,中国法学界已经有人提出了重新审视可罚性这个问题,"可罚性在刑法之内可以起到连接犯罪论与刑罚论的桥梁纽带作用,能够有效地缓和犯罪论与刑罚论的紧张关系,平衡罪与刑的矛盾和脱节;在刑法之外可以起到刑法与刑事政策的沟通节点的效果,减轻刑法与刑事政策不同步性所造成的立法与司法损耗。有鉴于此,赋予其作为体系范畴的可罚性的应有地位并不为过,这对于实现刑法预防犯罪的效果,限缩刑事责任的范围,实现刑事政策的目的追求具有积极的意义"[1]。就笔者本人立场而言,倾向于认为应当将"应受刑罚惩罚性(要件)"纳入中国传统犯罪构成论体系之中,作为犯罪构成的第五要件。这样,刑法分则规定的"情节严重"、"情节恶劣"以及有关刑事政策因素等情形就可以纳入作为第五要件的"应受刑罚处罚性"中来研究。

综上所述,中西方犯罪论体系之间存在着表面上的差异性与实质上的同质性的状况,其中中国传统犯罪构成体系所依赖并作为理论建构"支柱"的主客观相统一与西方大陆法系国家犯罪论体系所依赖并作为理论建构"支柱"的违法且有责的统一均属于同质判断。同时,中西方犯罪论上均存在共同缺陷性,即均缺少应受刑罚处罚性要件的结构性限制。无论是中国传统犯罪构成论体系的平面板块与均等叠加,还是西方大陆法系国家犯罪论体系的立体透视与位阶递进,均只是合理解决了存在论与规范论上的"违法性与有责性"的有无问题,但是均难于解决存在论与规范论上的程度问题与综合性评价问题,均缺少了应受刑罚惩罚性要件的制约;违法性与有责性的分别判断均难以单独解决应受刑罚惩罚性判断问题(当然,期待可能性理论、法益侵害性理论与规范违反性理论、结果无价值论与行为无价值论等也难以单独解决应受刑罚惩罚性判断问题),而只有单设一个综合性更强的应受刑罚惩罚性要件。因此,中国传统犯罪构成论体系和西方大陆法系国家传统犯罪论体系均需要增设一个新的要件——应受刑罚处罚性要件(或可罚性要件)。应受刑罚处罚性要件应当具体包括三个要素:[2] 一是客观的处罚条件(只能是法定的);二是一身的处罚

---

[1] 丁英华:《德日犯罪论体系中的可罚性理论》,载《国家检察官学院学报》2009 年第 3 期。

[2] 参见赵秉志主编《外国刑法原理(大陆法系)》,第 173 页。

阻却事由（客观的不处罚条件）；三是综合的刑事政策阻却处罚事由（情节与危害后果的刑事政策审查），包括法定的情节犯、结果犯、部分数额犯等。

二 我国传统犯罪构成论形式逻辑的自洽性考察：标准的犯罪构成、修正的犯罪构成与犯罪成立最低规格标准之逻辑关系

我国传统犯罪构成论形式逻辑的自洽性考察，指称的是犯罪构成论外延上各个概念之间的形式逻辑关系的考察，具体包括标准的犯罪构成、修正的犯罪构成与犯罪成立最低规格标准之间的形式逻辑关系是否能够实现逻辑自洽的问题。形式逻辑认为，"从外延方面来说，概念之间具有相容与不相容两类关系"，两个概念的外延至少有一部分相同，这两个概念之间的关系称为相容关系，具有相容关系的概念称为相容概念，两个概念的全部外延都不相同，这两个概念之间的关系称为不相容关系。"划分是明确概念全部外延的逻辑方法"，也就是将属概念分为它所包含的种概念，从而使属概念的外延明确起来。根据每次划分的子项的数量不同，划分可以分为多分法划分和二分法划分两种。[①] 据此形式逻辑原理，笔者认为，犯罪构成可以划分为标准的犯罪构成与修正的犯罪构成（二分法），其中修正的犯罪构成在一般意义上还可以划分为犯罪未完成形态的犯罪构成、共同犯罪形态的犯罪构成（多分法）。而作为修正的犯罪构成之一的犯罪未完成形态的犯罪构成，还可以再次划分为犯罪成立最低规格标准（作为犯罪成立最低规格标准的修正的犯罪构成）与其他修正的犯罪构成。应当说，这种概念关系的形式逻辑划分和梳理是十分重要的，但是目前我国理论界对此问题的认识存在较大偏差。

我国有学者指出了传统刑法理论没有解决好标准的犯罪构成（或称为标本的犯罪构成与基本的犯罪构成）与犯罪成立最低规格标准二者之间的逻辑自洽问题。该学者指出：传统犯罪构成理论认为，刑法学对犯罪构成的叙述，不管是总论对一般犯罪构成的阐述，还是分论对具体犯罪构

[①] 中国人民大学哲学系逻辑教研室编：《形式逻辑》，中国人民大学出版社1980年版，第30—51页。

成的讨论，均是以完成形态为标本的。那么，如果说犯罪构成是以完成形态为标本的，那行为的未完成形态显然并不符合"标本的犯罪构成"，而标本的犯罪构成其意义就在于是对行为成立犯罪之最低度、最基本条件的概括——既然未完成形态在成罪之起码条件上都有缺损，那又如何能够成立犯罪呢？这是在中国犯罪论体系构造中一个十分棘手的逻辑自洽问题。同时又进一步指出：在中国刑法语境下，由于犯罪构成只是对刑法条文的一种解说性理论，而分则条文中又均未规定修正的罪状，故并不能直接由分则罪状产生"修正的犯罪构成"的提法。国内许多著述之所以作如此分类，纯属学者们在观念中假设有这一类与日本刑法相同的条文存在，而生搬硬套他国刑法理论的产物。事实上我国刑法对犯罪的未完成形态，只是在总则中作了原则性规定，并没有明确规定可以适用于哪些个罪。如果一定要强调我国刑法性理论中也存在"修正的犯罪构成"，那便只能是一个存在于刑法学总论中、没有明确的分则条文依据、没有明确具体犯罪可指涉的"犯罪构成"。在此意义上若强调"修正的犯罪构成"，纯属理论务虚而没有任何司法指导价值。尤其是中国学者至今在各种著述中都未能开列出一个符合中国国情的、有充分说服力的、须处罚未完成形态的罪名清单，而且，尽管犯罪的未完成形态同犯罪构成之间存在体系方面的"脱节"问题，但对立法及司法实际上并无影响，应该说基本上是属于犯罪论之理论构造的务虚性问题。[①] 这种论述应当说还是十分深刻的，但是笔者认为，这种论述可能也忽略了一些比较重要的因素，其提出的解决方案也需要进一步斟酌权衡。

笔者认为，中国传统犯罪构成论体系本身在解释论上存在的上述问题可能仅仅是"技术上"（解释论技术）的问题，而不完全是"体系上"（解释论体系）存在的问题，标准的犯罪构成与犯罪成立最低规格标准二者之间关系的混乱局面并非不可以在通说犯罪论体系内解决。如前所述，标准的犯罪构成与犯罪成立最低规格标准二者之间并不存在水火不容的矛盾，而是学理上缺乏逻辑梳理所致。为此，笔者提出以下拙见：

第一，从逻辑上分析，中国传统犯罪构成理论所言之犯罪构成，在没有特别加以限制说明的情况下实质上意指"标准的犯罪构成"，而非修正的犯罪构成。这可能只是一个语言表达习惯的问题，标准的犯罪构成与修

---

① 参见冯亚东《犯罪构成与诸特殊形态之关系辨析》，载《法学研究》2009 年第 5 期。

正的犯罪构成即使在中国传统犯罪构成理论中也是一种比较科学合理的类型划分，而不是一个真实的理论逻辑矛盾问题。

第二，中国语境下的犯罪成立最低规格标准是否存在？笔者认为，在规范逻辑和形式逻辑上，中国语境下的犯罪成立最低规格标准是存在的，但是中国语境下的犯罪成立最低规格标准不可能"一刀切地"认为是标准的犯罪构成，而是应结合刑法总则和分则的具体规定来具体确定。中国刑法规范中的犯罪之犯罪成立最低规格标准大致可以分为以下两种情况：第一种情况是，犯罪成立上的结果犯、阴谋犯（我国现行刑法未规定阴谋犯）、举动犯，其犯罪成立最低规格标准可以认为就是标准的犯罪构成。如过失犯罪、部分故意犯罪（如举动犯）即是适例，它们要么就没有成立预备犯、未遂犯与中止犯的任何空间，要么它们本来就是预备行为被独立罪名化（犯罪预备行为本身被独立犯罪化或者被独立罪名化）。第二种情况是，除犯罪成立上的结果犯、举动犯以外的其他所有犯罪（犯罪形态上的结果犯、行为犯、危险犯等）之犯罪成立最低规格标准只能是犯罪预备的犯罪构成（修正的犯罪构成），而不是标准的犯罪构成，甚至也不是犯罪未遂的犯罪构成。为什么呢？因为我国刑法总则明确规定了故意犯罪的未完成形态包括预备犯、未遂犯、中止犯三种修正的犯罪形态，其中最低限度的成罪形态就是犯罪预备，而且更为重要的是，我国刑法总则并未对预备犯的犯罪构成有任何除外规定（更不用说犯罪未遂和犯罪中止的犯罪构成中也没有任何除外规定）。我国刑法第 22 条规定："为了犯罪，准备工具、制造条件的，是犯罪预备。对于预备犯，可以比较既遂犯从轻、减轻处罚或者免除处罚。"我国刑法第 23 条关于犯罪未遂的规定、第 24 条关于犯罪中止的规定均表明了类似于犯罪预备的刑法立法政策：犯罪预备、犯罪未遂和犯罪中止都是"犯罪"（预备犯、未遂犯与中止犯），本应定罪，仅是处罚从宽（可以或者应当免除处罚、减轻处罚或者从轻处罚）。虽然，我国司法实务上确实客观存在对于一些预备犯、中止犯甚至未遂犯没有定罪处罚的现象，也有刑法第 13 条但书规定可以作为对一些预备阶段的预备或者中止行为、实行阶段的未遂或者中止行为等作无罪定性处理的"法规范依据"，但是应当说，这不是我国刑法规范所表达的"常态"处置方式而只是司法处理上的合理做法，并不能否定对于犯罪预备行为等予以定罪处罚（尤其是定罪）的做法具有符合实在法规范的性质，也不能否认理论上将第二种情况"除犯罪成立上的结果犯、举动犯以外的其他所有犯罪（犯罪形态上的结果犯、行为犯、危险犯等）之犯罪成立最低规格标准只能是犯罪预备的犯罪构成（修正的犯罪构成）"的理论正确性与逻辑合理性。

第三，中国语境下的刑法立法与犯罪构成论体系之逻辑建构。综合上列论述来看，理论上还应当检讨的问题是我国的刑法立法政策（主要涉及对于犯罪预备行为、犯罪未遂行为与犯罪中止行为的刑法规制政策）与立法技术（主要涉及对于预备犯与未遂犯是采用总则性一般规范还是采用分则性特别规范的立法技术选择）。从刑法立法政策和立法技术的立场观察，我国现行刑法对犯罪的规定存在犯罪扩张化、严密化的特征，尤其是刑法第13条对犯罪概念的规定，甚至被部分学者和司法事务人员尊奉为认定犯罪的第一层次标准（相应地将犯罪构成作为认定犯罪的第二层次标准），形成一种具有中国特色的"先定性"（实质是先定犯罪性质但可能并无具体罪名）、"再定名"（寻找具体的适当的罪名），无论在程序法上还是在刑法实体法上均有违罪刑法定原则的基本立场，此其一。另一个问题是，我国刑法对犯罪未完成形态均只有总则性一般规定而在刑法分则中没有具体规定，给人一种十分深刻的法情感影响甚至思维定式就是：所有存在犯罪未完成形态可能的故意犯罪，其犯罪未完成形态都应当依法定罪处罚。应当说，这样两个特点，使得我国现行刑法对犯罪的规定十分突出地存在犯罪扩张化、严密化的特征，也十分深刻地影响了我国刑法司法实践，有些场合甚至出现了比较严重的司法无序状态。

从刑法司法实务立场观察，为什么我国司法实践中又能够在某些情况下做到不处罚犯罪未完成形态？通过经验做法的观察总结，可以发现，刑法司法实务上往往在以下几种情况下不处罚犯罪未完成形态：一是适用刑法第13条但书的规定，司法者认为综合全案看"但是情节显著轻微危害不大的，不认为是犯罪"；二是根据刑法谦抑主义或者宽严相济刑事政策精神，对部分犯罪未完成形态不予以定罪处理；三是由于证据事实与法情感等特殊因素的综合作用，而对部分犯罪未完成形态不予以定罪处理。这三种情况，其实都具有较大的随意性、模糊性与偶然性，且在部分情况下会使人感到莫名其妙。

通过上列理论逻辑和司法实务两种立场的观察和分析可以发现，我国对于犯罪预备行为、犯罪未遂行为和犯罪中止行为的立法政策和立法技术均需要反思调整，相应地，我国的犯罪构成论体系也需要重新进行逻辑构建。笔者认为以下具体思路是适中可行的：

一是采取明确限缩犯罪成立最低规格的立法政策和立法技术。即刑法立法上，不但继续保留规定犯罪成立上的结果犯并明确规定其犯罪成立最低规格标准就是标准的犯罪构成，而且将预备犯、未遂犯与中止犯仅有总则性一般规定的做法改变为"总则分则双重规范"的做法，即保留刑法总则对预备犯、未遂犯与中止犯的一般性规定，但同时规定成立犯罪的范围"以分则的明确规定为限"，切实改变现行刑法的"分则条文中又均未规定修正的罪状"之状况，实现预备犯、未遂犯与中止犯的分则明确规范化。这样，只有在刑法分则对具体犯罪之预备犯、未遂犯与中止犯有明确规定的场合，其犯罪成立最低规格标准才是修正的犯罪构成而不是标准的犯罪构成，如犯罪预备的犯罪构成（在刑法分则规定处罚其预备犯的场合）、未遂犯的犯罪构成（在刑法分则规定处罚其未遂犯但是不处罚其预备犯的场合）。那么，在刑法分则没有明确规定处罚其预备犯或者未遂犯的犯罪中，就不存在犯罪预备、犯罪未遂与犯罪中止遭受刑事追究的任何风险，也不存在无法准确确定犯罪成立最低规格标准的问题。

二是重新审查和构建中国犯罪构成论的逻辑关系体系，[①] 在中国犯罪构成论体系内将标准的犯罪构成、修正的犯罪构成与犯罪成立最低规格标准等犯罪论关系范畴进行周延的逻辑梳理，实现中国犯罪构成论体系逻辑自洽。中国犯罪构成论逻辑关系体系的重新建构是一个系统复杂的理论问题，尽管中国学者目前还存在较大分歧，但是我们有理由相信中国学者的理论创新力并期待尽快得到合理解决，这一点需要中国学界共同努力。逻辑上，在刑法分则对具体犯罪之预备犯、未遂犯与中止犯没有明确规定的场合，就应当认为该具体犯罪只有犯罪成立与否的问题而不存在预备犯、未遂犯或者中止犯的问题，在犯罪构成论体系上就只存在标准的犯罪构成与犯罪成立最低规格标准之犯罪论关系范畴，即其犯罪成立最低规格标准就是相应的标准的犯罪构成（二者合一），而不存在其他的修正的犯罪构成问题。反之，在刑法分则对具体犯罪之预备犯、未遂犯与中止犯有明确规定的场合，在犯罪构成论体系上就全面存在标准的犯罪构成（既遂

[①] 笔者过去将此表述为"重新构建中国犯罪构成理论体系"有失明确妥当，给人某种"重构论"的假象。参见魏东《论辩护人伪造证据、妨害作证罪的三个问题——以李庄案为例》，载《北方法学》2010 年第 6 期。实际上，笔者意在表明需要"重新审查和构建中国犯罪构成论的逻辑关系体系"，这种逻辑关系体系指涉的问题是"我国传统犯罪构成论形式逻辑的自洽性"。

犯)、修正的犯罪构成(非既遂犯与共犯)与犯罪成立最低规格标准(预备犯或者未遂犯之修正的犯罪构成)等犯罪论关系范畴,即其犯罪成立最低规格标准就是相应的修正的犯罪构成而不是标准的犯罪构成,如犯罪预备的犯罪构成(在刑法分则规定处罚其预备犯的场合)、未遂犯的犯罪构成(在刑法分则规定处罚其未遂犯但是不处罚其预备犯的场合)。

三 余论:中国犯罪构成理论的改良方案

综上所述,中国刑法的犯罪构成理论应当以传统犯罪构成理论四要件体系为基础,同时吸收大陆法系国家犯罪论之违法性和有责性的阶层体系的合理成分,即应对我国传统犯罪构成论四要件进行阶层化整合,并在其中明确融入违法性和有责性判断来适当改良和完善中国的犯罪构成理论。犯罪构成论的这种改良方案可以简称为"四要件—两阶层体系",即:

第一阶层体系为"犯罪客体与客观方面违法性要件"。包括犯罪客体(以罪状为载体的规范保护法益符合性要件)、犯罪客观方面要件(以罪状为载体的规范禁止行为符合性要件),具体包括犯罪客体法益化改造、犯罪客体通过法益化改造和违法性判断同客观方面发生勾连、犯罪客体同客观方面一体化协调进行违法性判断。

第二阶层体系为"犯罪主体与主观方面责任性要件"。包括犯罪主体要件(责任主体资格符合性要件)、犯罪主观方面要件(责任内容的罪过符合性要件),具体包括犯罪主体二元化改造(即犯罪主体要件被赋予狭义犯罪主体与责任主体的双重含义)、犯罪主体通过二元化改造和责任性判断同主观方面发生勾连、犯罪主体同主观方面一体化协调进行责任性判断。

这样,通过犯罪构成的"主客观统一性"直接达致和对应犯罪构成的"违法性、有责性"的阶层性要求,并在相当程度上实现中国传统犯罪构成论体系与德日犯罪论体系的协调一致。应当说,本书将中国犯罪构成论体系改良为"犯罪客体与客观方面违法性要件"、"犯罪主体与主观方面责任性要件"两个阶层体系,实现了客观与主观、违法与责任的立体复合判断,契合了现代法哲学转型和中国汉语哲学元素的包容承续,有助于弥补"违法—有责"的德日犯罪论体系客观存在的过于抽象的违法性判断与责任性判断之不足而获得相对于德国犯罪论体系的比较优势。需要说明的是，本书后文在论述"犯罪客体与客观方面违法性要件"、"犯罪主体与主观方面责任性要件"两个阶层体系的具体内容时，仅依次分别阐释"犯罪客体"、"客观方面"、"犯罪主体"、"主观方面"的含义及其内含诸要素，而对其"四要件—两阶层体系"的评价判断体系性特点不再重复阐明。

第九章

行为犯原理的新诠释[*]

行为犯的解释原理必须以行为犯的刑法立法论为基础。我国大陆刑法理论、台湾地区"刑法"理论以及德日刑法理论均认为刑法立法上设置了行为犯（形式犯），并基于刑法立法论上的关照考察，形成了行为犯（形式犯）理论。[①] 借助这些理论资源，本章研讨行为犯的相关解释原理问题，供学界同仁批评指正。

一　行为犯的内涵界定

关于行为犯的概念，刑法理论上存在有行为犯的形式概念与实质概念两种界定方式。

就行为犯的形式概念之界定方式而言，其是对行为犯的法律特征（形式特征）进行概括而得出的行为犯概念，又可以区分为犯罪成立标准说与犯罪既遂标准说两种对立观点。犯罪成立标准说认为，应以犯罪成立为标准，将那些必须有一定的行为举动，但是无须发生一定的犯罪结果即可成立的犯罪界定为行为犯，具体包括形式犯、阴谋犯、危险犯。[②] 或者将刑法分则条文只规定危害行为，但没有规定危害结果的犯罪界定为行为犯，如我国刑法分则条文中所规定的大多数犯罪。[③] 犯罪既遂标准说认

---

[*] 本章系作者所承担的2012年度国家社科基金项目重点课题《刑法解释原理与实证问题研究》的阶段性成果之一（课题批准号：12AFX009）。

[①] 有学者指出，中外均有少数学者持否认行为犯存在的见解，但此见解缺乏说服力且影响甚微。参见史卫忠《行为犯研究》，中国方正出版社2002年版，第68—79页。

[②] 陈兴良：《刑法哲学》，中国政法大学出版社1992年版，第214页。

[③] 张明楷：《犯罪论原理》，武汉大学出版社1995年版，第516—517页。

为，应以犯罪既遂为标准，将那些只要实施刑法分则规定的危害行为就成立既遂的犯罪界定为行为犯。犯罪既遂标准说尽管其内部具体的结论性观点各有差异，但其是目前占有通说地位的见解。①

就行为犯的实质概念之界定方式而言，其是对行为犯的实质特征进行概括而得出的行为犯概念，又可以区分为法益侵害标准说与法益危险说两种具体见解。法益侵害标准说认为，行为犯应以是否侵犯一定法益为标准，将行为犯视为一种与结果犯相对应的单纯行为犯，或者将行为犯视为一种与结果犯相等同的广义行为犯（即认为行为犯也是一种结果犯）。法益危险说认为，行为犯是指立法者在刑法分则中设置的、以行为对法益造成危险（即侵害的可能状态）为实质处罚根据的犯罪构成类型。②

我们认为，行为犯的界定方式选择，必须坚持以下三点共识性逻辑知识：

其一，符合刑法论（尤其是犯罪论）的一体性原理。就刑法论的一体性原理而言，现代刑法论基于行为刑法和罪刑法定原则之基本原理，承认无行为即无犯罪、无社会危害即无犯罪（无法益侵害即无犯罪）、无刑法规定即无犯罪等共识性知识，必须得到一体性遵从。因此，有的论著认为，只要实施行为而不要求有危害（或者危害结果）发生的犯罪类型就是行为犯，这种定义方式就可能存在某种理论逻辑上的不周全：既然刑法上根本就不存在"不要求有危害"的犯罪类型，亦即任何犯罪类型都要求"有危害"之实质特征，换言之，刑法论上犯罪之"实质特征"在"有危害"这一点上是一样的，那么，试图通过犯罪之"实质特征"来界定行为犯与其他犯罪类型之界限就成为一种不可为。当然，这种理论阐释上还关涉对相关语词概念本身的诠释差异问题，如，"危害"、"危害结果"等语词概念，在不同学者的思维中、在不同的具体的语境中均可能存在不同的含义，这个问题当然需要同时加以研讨和明确。但是，即便如此，我们仍然应当承认仅通过犯罪之"实质特征"来界定行为犯与其他犯罪类型之界限不可行，还需要进一步审查犯罪之"形式特征"（即法律特征）才可能有效界定行为犯与其他犯罪类型的界限。

---

① 参见郑飞《行为犯论》，吉林人民出版社2004年版，第66—67页。
② 同上书，第69—70页。

其二，符合犯罪类型与犯罪停止形态论的一体性原理。我知故我在，因而"我知"是前提。"我为什么是行为犯"而不是犯罪的其他类型？行为犯的界定方式选择必须在遵从刑法论一体性原理的基础上有利于回应这个问题，从而，"犯罪类型"与"犯罪停止形态"本身的有效界分就成为恰当界定行为犯概念的两个重要逻辑范畴。

犯罪类型的界定机理因语境和功能而存在不同阐释。对全部犯罪的典型样态（即逻辑上仅限于犯罪完成形态）进行平行的、周全的类型划分，属于横向的犯罪样态问题。同时应当说明的是，犯罪论意义上的横向犯罪样态，除了典型样态（即犯罪完成样态）的类型划分之外，还包括犯罪的共犯形态和罪数形态（即犯罪竞合形态）的类型划分。此处仅限于犯罪的典型样态的类型划分，其原则上不得混同于对某种犯罪的可能停止形态所进行的纵向的、个别的类型划分，后者属于纵向的犯罪停止形态（样态）问题，即因纵向考察具体个罪的预备过程、实施过程之中所可能出现的犯罪的预备形态、未遂形态、中止形态和既遂形态。同理，犯罪停止形态论（有的简称犯罪形态论）的界定机理也因语境和功能而存在不同阐释，因为犯罪停止形态论由于是纵向考察具体个罪的发展过程中所可能出现的犯罪的预备形态、未遂形态、中止形态和既遂形态，也不能混同于对全部犯罪的典型样态或者说对全部犯罪完成形态所进行的类型学阐释（如全部犯罪完成形态大致可以分为行为犯、结果犯等），其同时也不同于对犯罪的共犯形态和罪数形态的类型学阐释。以放火罪和诈骗罪为例，可能有利于说明这个逻辑关系问题。就放火罪而言，其规定在刑法第114条和第115条两个条文之中，理论上有学者将刑法第114条阐释为行为犯（危险犯），而将刑法第115条阐释为结果犯。但是，刑法第115条之被"阐释"为结果犯在逻辑上并不严谨，因为按照行为犯原理观察，刑法第115条可能应"阐释"为行为犯的结果加重犯而不是严格意义上的"结果犯"——因为放火罪已经被"阐释"为行为犯（横向的犯罪形态论），其在逻辑上不可能同时又是"结果犯"（指横向的犯罪形态论）。同理，设若将刑法第114条和第115条合并为一个刑法条文（但可能设置为两款或者多款），我们也只能将放火罪"阐释"为行为犯（即行为犯中的危险犯）。这里的逻辑关系是：行为犯被有效"阐释"之后，即使其因出现严重的物质性危害结果或者非物质性危害结果而由法律规定了更重的法定刑，其仍然属于行为犯（即行为犯的结果加重犯）。而就诈骗罪而言，相应地，由于诈骗罪已经被"阐释"为结果犯，那么，即使我们需要惩治诈骗罪的未遂犯（甚至预备犯），我们也只能借助于纵向的犯罪样态理论，将诈骗罪的未遂犯"阐释"为作为结果犯的未遂形态的诈骗罪，而不得将诈骗罪的未遂犯"阐释"为行为犯（尽管其在未出现物质性危害结果这一特征上十分近似于危险犯）。

其三，符合行为犯的类型一体性区分原理。行为犯本身是指某一大类的犯罪类型，如有的论著认为行为犯包括了阴谋犯（预谋犯）、举动犯、过程犯和持有犯四种，[①] 另有的论著则认为我国刑法中规定的行为犯有阴谋犯、举动犯、危险状态犯三种。[②] 此外，行为犯还有单一行为犯与复合行为犯、作为行为犯与不作为行为犯、普通行为犯与情节行为犯、故意行为犯与过失行为犯、自然人行为犯与单位行为犯等其他分类。[③] 可见，行为犯并非仅指涉单一的阴谋犯、单一的举动犯、单一的过程犯或者单一的持有犯之中的某一个单一的犯罪类型，更不是仅指涉某一个具体罪名，而是指涉包括若干单一的犯罪类型在内的"某一大类"的犯罪类型（属于横向的犯罪样态理论），因而，在具体选择确定行为犯的界定方式时，必须照应其既能够含摄"某一大类"的犯罪类型的要求，而不至于出现"挂一漏万"的现象，又能够区分出"另类"的犯罪类型（即不属于"行为犯"的其他犯罪类型）。那么，在此就必须明确与行为犯相对应的"另类"的犯罪类型是什么。与行为犯相对应的"另类"的犯罪类型是结果犯（属于横向的犯罪样态理论），抑或是危险犯和结果犯？若答案是结果犯，那么，在界定行为犯时就必须照应结果犯并使得"行为犯—结果犯"形成一个完整闭合的"两位一体"的犯罪分类逻辑。若答案是危险犯和结果犯，则在界定行为犯时就必须同时照应危险犯和结果犯并使得"行为犯—危险犯—结果犯"形成一个完整闭合的"三位一体"的犯罪分类逻辑。应当说，目前学术界关于行为犯的犯罪分类逻辑尚存在较大争议。

从以上三点共识性逻辑知识出发，我们认为，行为犯本身在实质上必须实施了危害社会的具体行为（如实质概念的界定方式），以及在客观上

---

① 郑飞：《行为犯论》，吉林人民出版社2004年版，第109页。
② 刘树德：《行为犯研究》，中国政法大学出版社2000年版，第63页。
③ 参见郑飞《行为犯论》，吉林人民出版社2004年版，第105页；刘树德《行为犯研究》，中国政法大学出版社2000年版，第64—65页。

尚没有出现具体的物质性危害结果时即可以成立犯罪（如犯罪成立标准说的界定方式）等立场上，均无法恰当地界定出能够体现鲜明"个性"的行为犯概念，而只能够从形式概念的、犯罪既遂标准说的界定方式（即通说立场）对行为犯加以恰当界定。不过，称其为"通说"立场，其实只是某种表象，因为在此种"通说"内部尚有许多具体观点存在较大分歧，因而实则没有形成真正意义上的通说见解。

我们认为，从形式概念的、犯罪既遂标准说的界定方式出发，可以将行为犯定义如下：所谓行为犯，是指只实施刑法分则规定的危害行为而不要求发生物质性危害结果就成立犯罪既遂的犯罪类型。

二 行为犯的具体类型

根据行为犯之上列定义，我们认为，行为犯大致包括以下五种具体的犯罪类型：预备行为犯、举动行为犯、过程行为犯、持有行为犯、危险状态犯。因而，在行为犯与结果犯的范畴分类框架下（即遵行"行为犯—结果犯"的"两位一体"的犯罪分类逻辑），结果犯之结果，是指物质性危害结果：出现物质性危害结果时之犯罪状态为结果犯之犯罪既遂，尚未出现物质性危害结果时之犯罪状态为结果犯之犯罪未完成形态。相应地，行为犯之结果，是指非物质性危害结果：预备行为犯、举动行为犯、过程行为犯、持有行为犯、危险状态犯五类行为犯均存在非物质性危害结果（具体包括精神性危害结果与制度性危害结果），但均不要求出现物质性危害结果。

本书认为，危险状态犯作为一种犯罪标准形态（犯罪既遂形态），宜将其界定为行为犯。这种理论界定不同于目前学术界的相关见解：有学者认为，"危险犯的位置介于行为犯与结果犯之间"，同时认为"在司法实践中能够认定的危险，只能是指客观的、可以衡量的危险，是具体的危险。抽象危险及抽象危险犯的存在不仅没有理论中的认识根源，同时也缺乏实践中的认定可能。在危险犯的分类中设置抽象危险犯毫无意义，不应存在具体危险犯与抽象危险犯的划分"[1]，因而认为危险犯是一种不同于行为犯与结果犯的独立犯罪类型，其遵行"行为犯—危险

---

[1] 郑飞：《行为犯论》，吉林人民出版社2004年版，第98—104页。

犯—结果犯"这样一种"三位一体"的犯罪分类逻辑;[①] 另有学者认为，只宜将抽象危险犯界定为行为犯，因而反对将具体危险犯界定为行为犯。那么，危险犯到底应否界定为行为犯？这个问题的回答可能需要厘清一系列的逻辑关系，如行为犯与哪一种犯罪类型相对应并组成一个犯罪逻辑系统，物质性危害结果在犯罪逻辑系统中到底有何界定功能，等等。应当说，这些逻辑关系在刑法学界的研究是比较深入的。笔者认为，将物质性危害结果作为界定行为犯的重要范畴是缘于以下几个因素。

其一，犯罪的分类体系根据。在行为犯与结果犯这一对范畴体系之中，行为犯并非是没有任何危害结果，而仅仅是没有物质性危害结果的犯罪类型，将物质性危害结果作为区分行为犯与结果犯的重要因素，是犯罪分类的体系化和逻辑周延性的基本要求。如果说任何犯罪都有危害结果，那么，就不能成立"行为犯没有危害结果"之命题，因为只有有危害结果的行为才可能被规定为犯罪。如果说危害结果包括物质性危害结果与非物质性危害结果（下文详述），那么，就可以成立"行为犯没有物质性危害结果"之命题。因而，从犯罪的分类体系根据而言，行为犯（即"没有物质性危害结果"之犯罪既遂类型）与结果犯（即"有物质性危害结果"之犯罪既遂类型）作为一对范畴体系就是逻辑周延性的分类体系。

本书认为，危害结果既包括物质性危害结果，也包括非物质性危害结果，因而所有犯罪都必然存在危害结果，在此意义上，以物质性危害结果为完整犯罪标准形态的犯罪归属于结果犯，以非物质性危害结果为完整犯罪标准形态的犯罪归属于行为犯，从而所谓危险犯应当归属于行为犯。至于危险犯内部是否宜于进一步划分为具体危险犯与抽象危险犯的问题，本书认为，由于抽象危险犯本身认定时仍然需要具体审查所谓的抽象危险是否实际存在（有的论著表述为是否准许反证），因而，在逻辑上所谓抽象危险也需要"具体审查"，从而抽象危险难以脱离所谓具体危险犯之具体危险相当的"具体审查"，二者界分缺乏逻辑基础，故此，不应当在危险

[①] 参见苏彩霞《危险犯及其相关概念之辨析——兼评刑法分则第116条与第119条第1款之关系》，载《法学评论》2001年第3期；郑飞《行为犯论》，吉林人民出版社2004年版，第98页；史卫忠《行为犯研究》，中国方正出版社2002年版，第171—172页。

犯内部再作具体危险犯与抽象危险犯之界分。综上，本书认为将危险犯界定为行为犯更为合理，因为危险犯必定出现精神性危害结果与制度性危害结果（尽管其尚未出现物质性危害结果），行为犯的解释机理完全契合危险犯。

其二，犯罪的文化哲学根据。在犯罪的危害结果这一范畴体系之内，存在物质性危害结果与非物质性危害结果的体系性划分，有其文化哲学根据。文化哲学认为，物质文化、制度文化、精神文化组成了低级到高级的文化范畴体系，其中制度文化和精神文化可以统称为非物质文化。以此立场看，犯罪作为一种文化现象，其侵害文化的表现形态相应地也可以划分为物质性危害结果、制度性危害结果和精神性危害结果三种危害结果形态，其中后两者可以统称为非物质性危害结果。

其三，比较优势。相对于行为犯的其他界定方式，以物质性危害结果界定行为犯更为准确、更有逻辑性和实用性。其中显性特点是，将尚未出现现实而具体的物质性危害结果的持有犯、危险犯都囊括于行为犯之范畴内，有助于展开对行为犯本身的系统性研讨，也有利于将结果犯限定于适当范围加以体系性分析。有观点不认同将持有犯界定为行为犯，但是我们认为持有犯因其完全符合行为犯"只实施刑法分则规定的危害行为、而不要求发生物质性危害结果就成立犯罪既遂的犯罪类型"之基本特征，理应将持有犯界定为行为犯类型。还有的观点认为，危险犯并不属于行为犯，理由是危险犯并非没有物质性危害结果，而是表现为某种物质性危害结果发生的危险，因而应将"没有物质性危害结果"与"物质性危害结果发生的危险"区分开来。此种见解尽管并非毫无道理，但是其主张将"没有物质性危害结果"与"物质性危害结果发生的危险"区分开来，本来就缺少评价标准的统一性。因为，我们对行为犯类型的界定，就是针对犯罪既遂类型的某种划分，这里的"犯罪既遂"是指停顿下来静态的、确定的犯罪既遂类型，危险犯就是因为其具有"只实施刑法分则规定的危害行为、而不要求发生物质性危害结果"之特点才成为一种特定的犯罪既遂类型。危险犯尽管要求其在客观上必须具有某种非物质性危害结果，亦即"物质性危害结果发生的危险"，但是，此种物质性危害结果"发生的危险"恰恰是某种精神性的危害结果。此种"物质性危害结果发生的危险"设若进一步发展成为现实具体的物质性危害结果，则在犯罪既遂类型上出现了质变，即在犯罪既遂类型上只能将其界定为结果犯。但是，这种犯罪既遂类型的变化本身，并不能解释为由危险犯（犯罪既遂类型）"发展"成为结果犯（另一种犯罪既遂类型），因为其不是作为犯罪既遂类型的结果犯本身可能存在多种发展演变形态，如犯罪预备、犯罪未遂与中止、犯罪既遂等，否则，逻辑混乱就在所难免，我们就会在理论逻辑上将犯罪预备、犯罪未遂与中止"犯罪未完成形态"等混同于作为"犯罪既遂类型"的危险犯。

三 行为犯的犯罪样态

行为犯原理的重要价值合理性之一，在于其能够有效界分行为犯的犯罪形态不同于其他犯罪类型的犯罪形态。犯罪样态理论认为，按照刑法原理，犯罪样态总体上包括犯罪的纵向犯罪样态（犯罪的完成形态与未完成形态论）、横向犯罪样态（包括典型样态即犯罪完成样态的类型划分理论、共犯论、罪数论与竞合论），既有一般性的共通原理，也有行为犯自身不同于其他犯罪类型的特别原理。那么，行为犯原理的重要价值合理性，正是表现于其有利于揭示和阐释行为犯的纵向犯罪样态（犯罪的完成形态与未完成形态论）、横向犯罪样态（包括典型样态即犯罪完成样态的类型划分理论、共犯论、罪数论与竞合论）的特殊性。因本书篇幅限制和研讨重点所致，此处仅着重研讨行为犯的纵向犯罪样态，即研讨犯罪论意义上的纵向犯罪样态所包括的犯罪的完成形态（即既遂形态）和未完成形态（即犯罪预备、犯罪未遂与中止）。

（一）行为犯的既遂形态

就行为犯的犯罪既遂标准问题而言，因为行为犯是作为犯罪既遂类型之一种（相对的另一种犯罪既遂类型是结果犯），因而行为犯的犯罪既遂标准必然有其不同于结果犯既遂标准的特殊性。

行为犯之既遂标准，必须符合犯罪既遂标准理论的体系性安排。关于犯罪既遂标准问题，我国理论界有既遂的结果说、既遂的目的说、既遂的构成要件说等多种学说，其中通说是既遂的构成要件说，认为"所谓犯罪既遂，是指行为人所故意实施的行为已经具备了某种犯罪构成的全部要件。确认犯罪是否既遂，应以行为人所实施的行为是否具备了刑法分则所规定的某一犯罪的全部构成要件为标准"[①]。我们认为，通说的基本观点是正确的，应当以既遂的构成要件说为基础来恰当界定行为犯之既遂标准。在此基础上，我们认为，犯罪既遂是解决犯罪成立标准基础上进一步确定犯罪完整成立的典型形态，而不能将犯罪既遂标准等同于犯罪成立标准。犯罪成立必须具有主、客观的诸方面条件，如主观上具有罪过有责的因素、客观上具有符合构成要件的违法行为，"有"与"没有"是解决罪与非罪的界限问题。在此基础上，犯罪完整成立的典型形态之判断标准的关键点只能是其客观方面要件的违法行为是否完整成立（但同时不能忽略其主观上的罪过有责性因素）、危害结果是否出现实然危害，只有实施了客观方面要件意义上的"完整行为"并造成了精神上、制度上或者物质上的实然危害之时才能成立行为犯的既遂。

因此，我们认为，犯罪既遂，应以行为人所实施的行为具备了刑法分则所规定的某一犯罪的构成要件意义上的"完整行为"、"实然危害"并成立完整犯罪的典型形态为标准。结果犯的犯罪既遂，必须是行为人所实施的行为具备了刑法分则所规定的某一犯罪的构成要件意义上的"完整行为"并具备了相应的物质性危害结果这一"实然危害"而成立完整犯罪的典型形态。如故意杀人罪的既遂标准，要求行为人所实施的故意杀人行为这一"完整行为"并具备了被害人生命被剥夺这一"实然危害"而成立完整的故意杀人罪的典型形态，否则即不成立故意杀人罪的既遂。再如诈骗罪的既遂标准，要求行为人所实施的诈骗行为这一"完整行为"并具备了被害人财物被行为人非法占为己有这一"实然危害"而成立完整的诈骗罪的典型形态。

行为犯的犯罪既遂，必须是行为人所实施的行为具备了刑法分则所规定的某一犯罪的构成要件意义上的"完整行为"并具备了相应的精神上的或者制度上的危害结果（即非物质性危害结果）这一"实然危害"而成立完整犯罪的典型形态。如预备行为犯、举动行为犯、持有行为犯，尽管由于其在法理逻辑上不成立犯罪预备（即不具备可罚性）与犯罪未遂，

---

① 参见高铭暄主编《刑法学原理》（第二卷），中国人民大学出版社1993年版，第291—295页。

从而其成立标准等同于其既遂标准,① 要求行为人所实施的"预备"行为(其在预备行为犯之中已经作为预备行为犯之"实行行为论")、举动行为、持有行为具备了刑法分则所规定的某一犯罪的构成要件意义上的"完整行为"并具备了相应的非物质性危害结果而成立完整犯罪的典型形态。正如有学者指出,在举动犯的范围内,行为犯的成立标准与既遂标准是一致的,犯罪成立的同时也构成举动犯的既遂。② 再如过程行为犯的既遂标准,要求行为人所实施的行为具备了刑法分则所规定的某一犯罪的构成要件意义上的"完整行为"并具备了相应行为过程所达到的特定的非物质性危害结果这一"实然危害"而成立完整的过程行为犯的典型形态。如强奸罪的既遂标准,要求行为人实施了刑法分则所规定的强奸行为这一"完整行为"并具备了相应的强奸行为过程所达到的充分侵害被害女性之性权利的危害结果这一"实然危害"而成立完整的强奸罪的典型形态。危险状态犯的既遂标准,要求行为人所实施的行为具备了刑法分则所规定的某一犯罪的构成要件意义上的"完整行为"并具备了特定危险状态所所侵害的制度上的危害结果(即相应的非物质性危害结果)这一"实然危害"而成立完整的危险状态犯的典型形态。如放火罪的既遂标准,要求行为人实施了刑法分则所规定的放火行为这一"完整行为"并具备了发生火灾的充分的危险状态所侵害的公共安全制度上的危害结果(即相应的非物质性危害结果)这一"实然危害"而成立完整的放火罪的典型形态。

但是,就行为犯的犯罪既遂形态而言,上述描述仅仅是初步地粗略叙说,有些具体问题尚需进一步阐释。

---

① 刑法学界有一种观点纠结于犯罪的"成立标准"与"既遂标准"之间、"犯罪未完成形态"与"犯罪既遂"(即犯罪完成形态)之间的逻辑关系。笔者认为,犯罪的"成立标准"实际上指涉犯罪的"最低成立标准",其可能是犯罪预备标准(当其预备行为具备可罚性时),也可能是犯罪未遂标准(当其预备行为不具备可罚性而其未遂行为具备可罚性时),还可能是犯罪既遂标准(当其预备行为不具备可罚性且其客观上不能成立犯罪未遂形态时)。就犯罪的最低"成立标准"等同于犯罪的"既遂标准"之情形而言,是否存在这样一种逻辑悖论:某种犯罪本来就没有犯罪未遂形态(如举动犯),何来"犯罪既遂"?或者换句话讲,提及某种犯罪之"犯罪既遂",是否必须以该罪能够成立犯罪未完成形态(如犯罪预备与犯罪未遂)为前提?笔者认为这里不存在此种逻辑悖论,将不成立犯罪预备和犯罪未遂等"犯罪未完成形态"的犯罪的"成立标准"等同于犯罪的"既遂标准"是可以的,这是逻辑上将全部犯罪(包括过失犯罪)的完备的典型形态加以有效概括的重要方法。

② 郑飞:《行为犯论》,吉林人民出版社2004年版,第163页。

过程行为犯的犯罪既遂形态，应准确把握该过程行为"完整行为"所达到的特定的精神上的或者制度上的危害结果（即相应的非物质性危害结果）这一"实然危害"的基本内容。如果过程行为尚未达到刑法分则规定的犯罪构成客观方面要件意义上的"完整行为"，或者相应行为过程尚未达到特定的精神上的或者制度上的危害结果（即相应的非物质性危害结果）这一"实然危害"，则仍然不能构成犯罪既遂。以强奸罪既遂为例，在阐释强奸之性侵入行为这一"完整行为"及其所达到的充分侵害被害女性之性权利这一"实然危害"时，应将"性侵入行为"这一过程实施完整从而达到"充分侵害被害女性之性权利"的特点作为基本内容。因此，若强奸行为尚未将性侵入行为这一过程实施完整（而只是刚刚达到性器官之表面接触），从而并未达到"充分侵害被害女性之性权利"这一特定的非物质性危害结果（但是并非没有任何非物质性危害结果），因缺乏行为完整性和精神上实然危害的充分性则仍然不能成立强奸罪的犯罪既遂。至于我国传统刑法理论认为，奸淫幼女型强奸罪的既遂标准采"性接触说"，实质上是基于特别保护未成年女性性权利之刑事政策立场而进行的某种理论上的犯罪既遂"拟制"，并非犯罪既遂标准的"真相"的阐释。而从更为周全的刑事政策立场看，奸淫幼女型强奸罪的既遂标准根本上不宜采"性接触说"，而应统一采用强奸罪既遂标准的"性侵入说"。[①] 可见，"性侵入行为"这一过程是否实施完整、"实然危害"是否达到"充分侵害被害女性之性权利"的特点是相互联系在一起的，对于那种"性侵入行为"过程没有实施完整，从而没有达到"充分侵害被害女性之性权利"之情形，尽管仍然存在非物质性危害结果（即被害女性之性权利客观上已有一定程度的侵害），就仍然不能构成强奸罪既遂。

危险状态犯的既遂标准，应准确把握行为人所实施的行为具备了"完整行为"和特定危险状态的"实然危害"（即相应的非物质性危害结果）的基本内容。即这里"特定危险状态"，应当将其限定为侵害了公共安全制度上的实然危害。由于危险状态犯在理论上还可以进一步区分为抽象危险犯与具体危险犯，因而，危险状态犯所造成的"特定危险状态"

[①] 参见魏东、蒋春林《论奸淫幼女犯罪既遂的认定标准》，载《政法论丛》（山东）2007年第4期。

还需要进一步区分抽象危险犯之危险状态与具体危险犯之危险状态。

就抽象危险犯而言，其危险状态属于显性危险而通常无须加以"具体"证明的危险。如醉驾型危险驾驶罪，由于醉驾行为属于显性危险而通常无须对个案加以"具体"证明，其侵害的法益是汽车运行中的公共交通安全制度方面的实然危害（制度上的实然危害）。通常而言，只要行为人实施了醉驾行为，这种制度上的实然危害即已存在并成立犯罪既遂。但是也应注意，这只是一种常态判断，其并不完全排斥特别判断。如某人特定时段在荒郊野岭上醉驾的行为，因其"抽象危险"很轻甚至缺失而没有产生汽车运行中的公共交通安全制度方面的实然危害（制度上的实然危害），则仍然不应成立抽象危险犯，当然不成立抽象危险犯的既遂。为此，有学者提出了抽象危险也需要审查其客观存在性的观点，认为"应当允许反证危险不存在而出罪"①，应当说这种见解既有利于深化抽象危险犯理论研究，也有利于限缩抽象危险犯成立范围，值得肯定。

就具体危险犯而言，其危险状态需要进行个案的具体的判断。以放火罪的既遂标准为例，只有出现引火物被点燃（即具备放火的"完整行为"）之危险状态并侵害了公共安全制度上的实然危害，才能成立放火罪既遂。但是，若引火物尚未被点燃（而只是实施了点火行为但是尚未具备放火的"完整行为"），由于点火行为并未有效实施完毕，则尽管出现了特定危险状态并在一定程度上侵害了公共安全制度上的实然危害，就不能成立放火罪既遂。

（二）行为犯的犯罪未完成形态问题

就行为犯的犯罪未完成形态的存在范围问题，因为行为犯作为一种既遂类型，其犯罪的既遂和未遂的成立标准均是以存在非物质性危害结果为特征，此种非物质性危害结果之判断标准本身具有相当的抽象性和主观性，加之预备行为犯、持有行为犯、危险状态犯等即使作为"犯罪既遂类型"本身也面临着处罚必要性和处罚范围的限定问题，从而，行为犯的犯罪未完成形态之存在范围（处罚范围）的限定必然面临更多的限制性考量。

行为犯之犯罪未完成形态的存在范围，与我国刑法理论上"故意犯

---

① 付立庆：《应否允许抽象危险犯反证问题研究》，载《法商研究》2013年第6期。

罪停止形态存在的范围"理论相关联。我国传统刑法理论认为，直接故意犯罪可能存在犯罪的预备、未遂与中止等未完成形态（但并非一定存在未完成形态），举动犯不存在犯罪未遂，间接故意犯罪、过失犯罪等均不存在犯罪未完成形态。[①] 就预备行为犯、举动行为犯、过程行为犯、持有行为犯、危险状态犯五种行为犯而言，其是否存在犯罪未完成形态以及如何判断，均需检讨。一般而论，预备行为犯、持有行为犯均不存在犯罪预备、犯罪未遂与中止等犯罪未完成形态，因为预备行为、持有行为本身只能是某种意义上的"例外处罚"的特殊立法规定，从而对其本身之"未完成行为"断无处罚必要性，因而不应承认预备行为犯和持有行为犯的未完成形态。举动行为犯通常可以存在犯罪预备形态以及犯罪预备阶段的犯罪中止形态，但不存在犯罪实行阶段的犯罪未遂与中止的形态，因为按照举动行为犯的构成机理，只要实施举动行为即成立举动行为犯之既遂。过程行为犯和危险状态犯可以存在犯罪预备、犯罪未遂与中止的形态，其原理在于过程行为犯之"过程"可以出现预备行为、不完整的实行行为，危险犯之"危险"可能存在于预备行为和实行行为之中。因而总体看，举动行为犯、过程行为犯和危险状态犯的犯罪未完成形态值得展开理论研讨。

举动行为犯的犯罪未完成形态，包含犯罪预备形态、预备阶段出现的犯罪中止两种情况。举动犯在我国现行刑法中有较多规定，大体上可以分为教唆型举动犯与实施型举动犯两类，在举动犯的场合中，不会出现犯罪未遂，但是"不排除举动犯中预备犯与预备中止的可能"[②]。在举动犯的预备犯与预备中止犯的可罚性范围上尚有深入研究的必要。如分裂国家罪（刑法第103条第一款）与煽动分裂国家罪（刑法第103条第二款），二者均属于举动犯，前者属于实施型举动犯，后者属于教唆型举动犯，那么，二者的预备犯与预备中止犯是否均有处罚必要性的问题就值得检讨。我们认为，实施型举动犯的预备犯与预备中止犯通常具备相当的处罚必要性，但是教唆型举动犯的预备犯与预备中止犯通常不具有处罚必要性，因为教唆型举动犯在本质上是通过"预备行为实行行为化"而独立成罪的，

[①] 参见高铭暄主编《刑法学原理》（第二卷），中国人民大学出版社1993年版，第268—277页。

[②] 郑飞：《行为犯论》，吉林人民出版社2004年版，第163、180页。

再进一步处罚教唆型举动犯之前的预备行为有违刑法谦抑性原理而不具有妥当性。

过程行为犯的犯罪未完成形态，即有犯罪预备、犯罪未遂与中止的形态三种情况。由于过程行为犯的完整犯罪形态，需要有一个完整的行为过程，包括预备行为、实行行为、完成行为过程，因而过程行为犯通常都有犯罪预备、犯罪未遂、犯罪中止三种未完成形态。以强奸罪为例，强奸罪的完整犯罪形态是强奸行为过程的完成，其经历过程可能成立强奸罪的犯罪预备形态（仅实施强奸预备行为）、犯罪未遂形态（着手实施强奸行为过程中因行为人意志以外的原因而尚未完成完整的强奸行为）、犯罪中止（在强奸预备行为与实行行为过程中主动放弃而尚未完成完整的强奸行为）。

危险状态犯的犯罪未完成形态，在逻辑上存在犯罪预备、犯罪未遂与中止的形态三种情况。对于一些关涉重大民生或者严重危及公共安全的危险状态犯而言，如放火罪，生产、销售假药罪等，应当依法惩治尚处于犯罪预备、犯罪未遂与中止等犯罪未完成形态的犯罪。但是，对于某些普通的危险状态犯，如危险驾驶罪等，其成罪标准本来就很低、法定刑也很轻，当其处于犯罪未完成形态时，则在刑事政策上缺乏惩罚必要性和充分性，依法可以不作为犯罪论处。

第 十 章

我国不纯正不作为犯之作为义务根据的完善[*]

  德日刑法理论中不纯正不作为犯之作为义务的基本类型,与我国刑法理论中不纯正不作为犯之作为义务根据相对应。换言之,我国不纯正不作为犯之作为义务根据,是中国特色的刑法理论叙说方式,实质上等同于德日刑法理论中不纯正不作为犯之作为义务的基本类型。

  在不纯正不作为犯的机理构造和刑法解释论上,作为义务根据乃判断之核心。无论在德国、日本,还是我国刑法通说中,都无可否认此点。我国通说中的不纯正不作为犯之作为义务根据,不仅在学说上存在诸多纠结混乱的问题,而且在我国刑法典总则中更无踪迹。学说的缺陷、立法的缺位,使我国作为义务根据之理论和立法均有进一步发展完善的必要。作为一种研究路径,本章拟通过考察和借鉴德日刑法中不纯正不作为犯之作为义务的基本类型,在已有相关研究初步成果的基础上,[①] 提出进一步完善我国刑法中不纯正不作为犯之作为义务根据的学术建议。

---

  [*] 本章是笔者和王德政博士合作研究成果,系笔者所承担的 2012 年度国家社科基金项目重点课题《刑法解释原理与实证问题研究》的阶段性成果之一(课题批准号:12AFX009)。

  [①] 已有相关研究的初步成果,参见魏东、王德政《论不纯正不作为犯之作为义务根据》,载《中日刑事法学术研讨会会议资料》,四川师范大学 2014 年 5 月印制,第 163—173 页。

一 德日刑法知识中不纯正不作为犯之作为义务的基本类型理论

不纯正不作为犯的研究始于近代刑法学鼻祖费尔巴哈，[①] 之后在德日引起重视和争议。梳理经过百年流变的当代德日不纯正不作为犯之作为义务的基本类型理论，实有重大教益。

（一）德国通说

在阐述作为义务基本类型之前，有必要简要交代其演变轨迹。因为演变轨迹可以更为清晰地展示当今德国通行的作为义务基本类型为何如此。19世纪初，费尔巴哈认为，只有法律和合同，才能产生作为义务。[②] 1828年斯鸠贝尔提出先行行为能产生作为义务，这是自然主义思潮盛行的背景下的产物。[③] 20世纪开始，新康德主义抬头，形式法义务说占据通说地位，法律、合同、先行行为正式成为作为义务的三大基本类型。[④] 19世纪30年代"密切生活关系和危险共同体"被学者提出，认为是作为义务的基本类型。19世纪50年代，考夫曼创立功能理论，将作为义务分为两类：第一，照顾义务，如父母对子女的照顾义务，夫妻之间的照顾义务。第二，监督义务，即监控危险源不侵害法益，如不让宠物伤人的义务。[⑤] 如今居于德国通说地位的是罗克辛提出的支配说，其将作为义务分为两类：一是对特定法益的保护义务，二是对特定危险源的监控义务。[⑥]

从以上作为义务的演变轨迹，我们可以得知，作为义务自被费尔巴哈创立以来，历经从形式到实质的转变。这里谨以德国通说之作为义务基本类型为准，详加探讨各类型，至于学者个人观点，则放至各类型之下，再行探讨。

---

① ［德］安塞尔姆·里特尔·冯·费尔巴哈：《德国刑法教科书》，中国方正出版社2010年版，第36、37页。
② 同上书，第36页。
③ 许玉秀：《主观与客观之间：主观理论与客观归责》，法律出版社2008年版，第305页。
④ 林东茂：《刑法综览》，中国人民大学出版社2009年版，第116页。
⑤ 许玉秀：《当代刑法思潮》，中国民主法制出版社2005年版，第723页。
⑥ 林东茂：《刑法综览》，中国人民大学出版社2009年版，第116页。

1. 对特定法益之保护义务

这种类型的作为义务，在于行为人因处于对特定法益的保护地位，而负有防止其发生危险的保护义务。具体类型包括：

（1）特定近亲关系

特定近亲关系，包括直系血亲、夫妻、兄弟姐妹之间，彼此有基于近亲关系而产生的保护义务，直系血亲、夫妻之间不以同居生活为必要，但对于兄弟姐妹而言，是否同居可作为作为义务的辅助判断标准。就保护义务的范围而言，行为人固然对于受保护者的生命、身体、自由法益有保护义务，但对其财产、名誉法益，则应在个案中具体判断保护义务存在与否。德国有判例将特定近亲关系扩大至姻亲关系和婚约关系，[①] 但这是不利于行为人的扩大解释，其是否可取尚需进一步研讨。

林东茂认为，非亲生父母，对子女的保护义务存在与否，取决于是否与子女共同居住。亲生父母如果不与已具备民事行为能力的子女共同居住，就不负保护义务。[②] 我们对前半段赞同，后半段反对。因为养父母、继父母毕竟不同于生身父母，而是法律拟制的亲属关系，自然不如血亲那样负有严苛的保护义务，共同居住与否，就影响了作为义务的判断。当然，如果存在共同居住关系，这里的作为义务应当来源于特定共同体关系（详见下文）。但亲生子女不管是否与父母共同居住，基于特定近亲关系，父母都对子女负保护义务，同样，子女对父母也如此。这是人类社会几千年来传承的人伦道德。如韦塞尔斯所言："孩子们长大后比如离开父母，并不由此就消失保证人地位，假如情况是恰好需要他们的帮助，在现实的对生命、身体或者自由的危险中，父母对孩子或者孩子对父母，继续担负有保护和援助的义务。"[③]

韦塞尔斯还认为，分居的夫妻之间是否有保护义务，不可一概而论，只能个案判断。要看分居何时开始，夫妻是在友好还是敌对的情绪中分开的，分居后个人生活状态怎样。[④] 林东茂也认为，分居的夫妻有无作为义

---

① [德]汉斯·海因里希·耶赛克、托马斯·魏根特：《德国刑法教科书（总论）》，徐久生译，中国法制出版社2009年版，第748页。
② 林东茂：《刑法综览》，中国人民大学出版社2009年版，第118页。
③ [德]约翰内斯·韦塞尔斯：《德国刑法总论》，李昌珂译，法律出版社2008年版，第434页。
④ 同上书，第434页。

务，要看分居的情形。① 我们认为，夫妻虽然分居，但法律上仍为亲属关系，居住状态的改变，不足以撼动相互保护的义务。若认为夫妻关系冷淡，就无保护义务，这无异于架空特定近亲保护义务的设定初衷，以致人伦尽丧。所以特定近亲具备保护义务的原则必须得到维持，个案判断对于定罪并无影响。但凡婚姻关系并未解除，夫妻双方自应具备保护对方的义务。当然考虑到夫妻关系淡漠时，期待一方保护另一方的可能性较低，可以降低罪责，也就是说，夫妻间仍有保护义务，只不过在量刑时可从宽处罚。

（2）特定共同体关系

特定共同体关系是指存在特殊信赖及互助关系的生活共同体和危险共同体，其成员彼此之间存在保护义务。这种特定共同体关系，可能来自长期性的亲密生活关系（如长期同居的恋人之间），也可能来自临时性共同冒险的行为人（如登山、潜水、探险团体）之间。但是，松散、偶然的同居、共事或旅游关系，比如共同租房者、同一公司员工或参团旅游的偶然同团者之间，通常还不足以认定为特定共同体关系。此外，酒吧餐厅刚认识的酒肉朋友、偶然共同吸毒者，也不具备此种作为义务。施特拉腾韦特认为，为了防止保护义务的泛化和法律的不确定性，应将保护义务针对的法益限定为生命、健康或其他人身法益。② 因为这体现了通过对处罚内容的限定，而间接表现出刑法次要性、辅助性或最后手段性的特点。③

特定共同体成员之所以有作为义务，在于这种特定共同体的形成，是基于成员间信赖彼此能够互助，不顾信赖而不作为，将对特定共同体的运行产生阻碍，进而有损社会和平共同生活，所以为有效发挥信赖对于社会和平共同生活运行的推动作用，应认为特定共同体有作为义务。比如，恋人决定长期同居时，相互间存在信赖，相信彼此能同心同德、互助保护，从而开始幸福的共同生活，如果不顾信赖而不作为，当然有损美好的共同生活。放大为家庭而言，家庭生活不美好，自然损害社会共同体的正常运

---

① 林东茂：《刑法综览》，中国人民大学出版社2009年版，第120页。
② ［德］冈特·施特拉腾韦特、洛塔尔·库伦：《刑法总论Ⅰ——犯罪论》，杨萌译，法律出版社2006年版，第372页。
③ 李海东：《刑法原理入门（犯罪论基础）》，法律出版社1998年版，第15页。

行。而刑法的任务，恰好是保护人类社会的共同生活秩序。①

长期同居的同性恋者能否视为特定共同体？施特拉腾韦特认为能，②林东茂亦然。③ 包括中国在内的世界各国，伴随着经济的发展，人们观念和行为模式的多元化，同性恋并非罕见之事，虽然有的国家之主流社会不予认可，但刑法学说必须对新型社会现象予以研究，使得此种不真正的"法漏洞"尽量被填补。④ 同性恋者之间，仍有信赖关系，所以同性恋者之间仍有作为义务。

犯罪集团能否认为是特定共同体？林东茂认为不能作此认定。因为从社会保护的立场而言，若认定为是，成员间负有保护义务，无异于加强其战斗力，反而有损社会和平共同生活。⑤

(3) 自愿承担保护义务者

如果自愿承担对他人的保护义务，也自然承担了他人对之能尽到保护义务的信赖，这种信赖产生了作为义务。

自愿承担保护义务者，分为二种情形：一是行为人通过与被害人签订合同，设定或接管了作为义务，比如保姆与家主签订照顾小孩的合同。二是行为人通过与被害人口头协商，设定或接管了作为义务。比如，张三对李四说："你出差期间，小孩由我照顾。"三是通过事实行为，推定行为人设定或接管了作为义务。这是自愿承担保护义务者类型的作为义务中的特别情形，又分两种具体情形：一是通过事实行为，推定行为人设定了作为义务。这是指行为人在受害人的法益遇有被侵害的危险时，以保护该法益的事实行为，为自身设定了保护受害人的义务。比如，甲路遇被野兽攻击而受伤以致不能动弹的乙，出于怜悯之心，将乙带回家照料，就通过带乙回家的事实行为，推定甲设定了保护乙的义务。二是通过事实行为，推定行为人接管了作为义务。这是指被害人已处于他人的保护之下，相应地，他人对被害人具备保护义务。此时，行为人将被害人带离出他人的控制，转由自身控制，就通过移转对被害人的控制之事实行为，推定其接管

---

① [德] 汉斯·海因里希·耶赛克、托马斯·魏根特：《德国刑法教科书（总论）》，徐久生译，中国法制出版社2009年版，第1页。
② [德] 冈特·施特拉腾韦特、洛塔尔·库伦：《刑法总论Ⅰ——犯罪论》，杨萌译，法律出版社2006年版，第371页。
③ 林东茂：《刑法综览》，中国人民大学出版社2009年版，第120页。
④ 林山田：《刑法通论》（上册），北京大学出版社2011年版，第90页。
⑤ 林东茂：《刑法综览》，中国人民大学出版社2009年版，第121页。

了该保护义务。比如，地震后，志愿者进入灾区医院，接替护士照顾伤员，就通过他接替护士控制伤员的事实行为，推定其接管了护士对伤员的保护义务。

自愿承担义务，以事实上是否承担为准，与民法上合同成立与有效与否无关。据此标准，保姆与家主的合同即便是民法上无效法律行为，也不影响作为义务的承担。相反，登山向导与登山者的合同关系即使有效，但如果他错过了队伍出发的时间，也没有保护义务。自愿承担保护义务后，即便被保护人放弃了预防法益侵害的措施，也无影响。

自愿承担保护义务者，并非对被保护者面临的一切风险负责，应该将义务限定为制止特定危险。特定风险应与自愿承担的义务具备直接相关性。比如，登山向导固然对登山者由于登山直接导致的风险负责，但如果登山者路遇仇家，向导就无保护义务。如若不然，自愿承担保护义务者的责任太过宽泛，超越其自愿承担范围所直接关联的危险，对责任者要求过苛。

(4) 有保护义务的公务员、法人及其他非法人组织成员

此类作为义务不仅包括公务员，也包括法人及其他非法人组织成员。前者如警察或消防员，在职权范围内有作为义务。后者如物管公司的保安，有负责小区安全保障的义务。

这类义务与我国刑法通说中"职务或业务要求的义务"如出一辙，使得它的借鉴不会产生与我国国情是否抵触的疑问。此外，以刑罚制裁的方式，升格了对社会共同体或者他人有保护义务的公务员或组织成员，在不履行义务，造成法益侵害时，应承担的责任。这对于增进他们的工作责任心和社会公益心，进而推动社会道德感、责任感的加强，有显著益处。

公务员、法人及其他非法人组织成员的作为义务应仅限于其职权范围，不能泛化。施特拉腾韦特即持有此观点。[①] 虽然德国有相关判例，法院将疏于污水处理的一位城市市长，判以实施污染水域罪。但学界认为，根据德国法律，该市市长并没有保持水域清洁的权限，也就没有作为

---

① ［德］冈特·施特拉腾韦特、洛塔尔·库伦：《刑法总论Ⅰ——犯罪论》，杨萌译，法律出版社2006年版，第437页。

义务。①

2. 对特定危险源的监控义务

行为人开启或者支配了危险源，就产生了防止该危险源危害他人的义务。此义务可分为以下类型：

（1）危险物的监督者

此作为义务针对特定物。比如，屋主必须避免其维修不善的房屋倒塌而伤害他人。法律也有无数安全义务的规范，但是，即便没有明文法律规范，物主对其物也负有防止危险发生的义务。应注意，物主不仅以民法上所有权人为限，如果某物完全脱离物主的使用、支配范围，那么，监督义务转由事实上的使用者承担。除物主以外，危险活动的举办者也有相同义务，如举办赛车活动者，就有采取安全措施的义务。但是义务的范围要限定，不能无穷无尽。危险物的监督义务局限在该危险物产生的危险，如果某物仅是偶然提供给他人犯罪的，物主不负监督义务。比如，有人在他人房屋墙壁上写侮辱第三者的文字，不予理睬的屋主并不构成侮辱罪的帮助犯。此外，不是物主对其所有的物都有监督责任，此作为义务只能局限为"危险物"，即能产生法益侵害危险的物。例如，德国有相关判例，酒馆老板没有阻止盗贼在其酒馆销售赃物，被法院定罪，但耶赛克反对，认为酒馆不是危险物。②

韦塞尔斯还认为，危险物的监督义务来源于物主对危险物的排他处置权。在某人的控制范围内，外人不被允许对危险物施加作用，只能依赖在控制范围内有处置权的物主，控制发生的危险，保护法益不受侵害。③ 因为，在物主丧失对危险物的控制之情形下，要求物主尽到监督义务，是不现实的，由此，要求一个人对他事实上不能控制的所有物承担监督责任，就是不公平的。

（2）管护他人者

除了物、人也能成为危险源，如有攻击性的精神病人、监狱犯人、成年人等。但是，夫妻之间不负有防止对方犯罪的义务，因为夫妻缔结婚姻

---

① [德] 汉斯·海因里希·耶赛克、托马斯·魏根特：《德国刑法教科书（总论）》，徐久生译，中国法制出版社 2009 年版，第 751 页。

② 同上书，第 756 页。

③ [德] 约翰内斯·韦塞尔斯：《德国刑法总论》，李昌珂译，法律出版社 2008 年版，第 438 页。

关系的目的是相互保护、照料，而非相互监督。

基于监督义务而管护这些人者，应避免被管护者危害他人。管护他人者包括三类：一是具备监督义务的公务员、法人及其他非法人组织成员；二是近亲属；三是自愿承担监督义务者。

管护他人者负有监督义务，来源于公众对管护者的信赖。如耶赛克所言，基于既存的权威和监督地位，公众相信，义务人能够控制由被管护者产生的危险[1]。

（3）先行行为

先行行为，是极其重要、相当具备开发潜力、极有学说和实务张力的研究领域，而德国、日本在很多细节上也未达成共识、争议重重。我国台湾地区学者许玉秀甚至在详尽评析其态样和实质根据之后，认为应废除先行行为，并提出相应的取代方案。[2] 下文先叙述德国关于先行行为的通说，再研究其争点。

通说认为，先行行为的实质根据为，如果行为人因其行为对他人法益造成危险，就有义务再以行为排除之，以避免结果发生。可见，先行行为因为制造了危险源，才被归入对特定危险源的监控义务之中。

先行行为是否任何行为均可，或者必须具备特定性，存在重大争议。但为避免过度扩张刑罚制裁范围，先行行为应为特定。据此，先行行为必须具备两点：一是先行行为必须制造了法益侵害的密接危险；二是先行行为违反了义务。分而述之于下：

一是密接危险。行为人必须通过先行行为制造了法益侵害的密接危险。如果一行为制造了遥远危险或者制造了他人单独负责的危险，就不能论以先行行为。比如，赠与他人红酒后，他人醉后驾车肇事，赠与者并不对其肇事负防止义务，但如果将他人灌醉后仍听凭其开车上路，则有作为义务。前者情形，赠与人的赠酒行为并未制造法益侵害的密接风险，只能说制造了遥远危险，所以不是先行行为，但后者情形，被灌醉后开车明显就有法益侵害的密接风险，故灌酒是先行行为。再举一例，甲与乙吵架后，坐视乙上吊而不救，致其身亡。甲的吵架行为不是先行行为，因为乙

---

[1] ［德］汉斯·海因里希·耶赛克、托马斯·魏根特：《德国刑法教科书（总论）》，徐久生译，中国法制出版社 2009 年版，第 757 页。

[2] 许玉秀：《主观与客观之间——主观理论与客观归责》，法律出版社 2008 年版，第 318 页。

上吊的危险不能认为是甲所设定，而是出于其自身意志自由的选择。

二是违反义务。先行行为必须客观上违反了义务。违反义务，不限于法律上的义务，其他保护人的生命、身体、自由、财产、名誉法益的规范设定的义务均可。比如，行为人在禁烟病床上抽烟以致失火的抽烟行为，并未违反法律上的义务，但违反了医院的管理规定，仍属违反义务。行为人若未违反规范设定的义务，但违反了一般人所认为的"不得为此"的道德认知，也应认定违反义务。同时，行为人不作为侵害的法益，必须是违反的义务所欲保护的法益。行为人如果未违反任何义务，就不是先行行为。如正当防卫者，对于攻击者的生命、身体法益，不负作为义务。紧急避险亦如此。

关于先行行为的理论争议有三点值得重视。争点一：先行行为是否必须违反义务？在德国，先行行为经历了从限定一边倒到出现不限定论的转变。20世纪80年代之前，无论学说还是实务界，都害怕不限定先行行为会不当扩大刑罚制裁范围，从而认为先行行为必须违反义务。但后期，伴随作为义务类型的不断充实和细化，先行行为与其他作为义务逐渐重叠、交错，界限愈加模糊，先行行为大多落入其他作为义务。如此一来，通过义务违反来限定先行行为，从而限制刑罚制裁范围已意义不大。所以20世纪80年代之后，认为先行行为不以违反义务为限的观点增多。限定先行行为的通说地位虽未被颠覆，但也因此受到挑战。[1] 比如，带小孩游泳，坐视小孩溺水而不救，致其溺毙。[2] 如果认为先行行为必须违反义务，那么当然大人没有作为义务。因为带小孩游泳的行为本身没有违反任何义务。但是大人作为自愿承担保护义务者，具备保护小孩的作为义务。理由是：行为人通过将小孩带走控制的事实行为，推定他接管了监护人对小孩的保护义务。具体而言，该作为义务的推导顺序如下：首先，监护人对小孩具备保护义务；其次，行为人从监护人处带走小孩，从而控制小孩；最后，行为人带走控制小孩的事实行为，推定他接管了监护人对小孩的保护义务。所以，先行行为限定与否，效果一样。但这仅就一般情况而言。就某些特殊案例，恐怕还是限定为好。比如，同宿舍室友甲与乙吵架

---

[1] 许玉秀：《主观与客观之间——主观理论与客观归责》，法律出版社2008年版，第297页。

[2] 最高人民法院中国应用法学研究所：《人民法院案例选》（1994年第4辑），人民法院出版社1995年版，第36页。

后,乙跳楼而甲不制止,乙因而死亡。难道甲有作为义务?显然不合理。因为没有违反任何义务的行为,就算制造了风险,社会也必须容忍。争点二:紧急避险果真无作为义务?紧急避险是合法行为,按照大陆法系犯罪论体系之三阶层说,是阻却违法的行为。① 通说认为,紧急避险没有作为义务,但林山田②、林东茂③、黄荣坚④否定之。目前反对者观点逐渐获得有力支持。紧急避险,是"正对正",不同于正当防卫"正对不正"(因此属于自然法⑤)的格局。格局的不同,决定了紧急避险是否有作为义务的判断,不同于正当防卫。紧急避险中,受害人是无辜者,是替罪羔羊,他的利益并非本来当然地可以被牺牲,而是为了保护行为人更大的利益,不得已而被牺牲。所以避难者对于利益受侵害的人,必须防止侵害的扩大,这就产生了作为义务。⑥ 比如,行为人驾车上路,为闪躲卡车撞击,猛转方向盘而撞伤路人,就不能拂袖而去,应对路人的死伤负责。争点三:犯罪行为有无作为义务?如果认为犯罪行为无作为义务,显然不行。面临的质问是:为何违反非刑法之义务都有作为义务,而犯罪行为却不行?那么只有承认犯罪行为有作为义务。但问题又出现了:这样会出现数罪。数罪并罚的话,不仅意味着法官将作两次犯罪构成的判断、两次量刑,也意味着行为人受到更严重的刑罚。这在司法实践中行不通。所以只能退一步,以作为犯的一罪来处理,其在竞合论上的依据是:在行为人整体行为包含积极的"作为"部分以及消极的"不作为"部分之多重的行为方式时,(不纯正)不作为是作为的补充规定,退居次位。⑦

(4) 商品制造者责任

商品制造者有避免其商品对他人法益造成危害的义务,尤其是发现瑕疵后的回收。这种回收义务常见于药物、汽车(如日本丰田公司曾经的汽车召回事件)。如果商品制造或上市时,制造者已经遵循了当时所有相关的客观注意义务,即在现代社会可容许风险的范围内,并未制造法所不

---

① [德] 克劳斯·罗克辛:《德国刑法学总论》(第1卷),王世洲译,法律出版社2005年版,第467页。
② 林山田:《刑法通论》(下册),北京大学出版社2011年版,第161页。
③ 林东茂:《刑法综览》,中国人民大学出版社2009年版,第120页。
④ 黄荣坚:《基础刑法学》(下),中国人民大学出版社2009年版,第483页。
⑤ 李斯特:《德国刑法教科书》,法律出版社2006年版,第218页。
⑥ 林东茂:《刑法综览》,中国人民大学出版社2009年版,第122页。
⑦ 林钰雄:《新刑法总则》,中国人民大学出版社2009年版,第453页。

容许的风险。但如果科学技术检测出某种先前未发现、可能造成法益侵害的设计缺陷,制造者就因此负有回收义务,以避免危及继续使用商品的消费者,商品制造者若未尽回收义务而致他人法益受损,就构成不纯正不作为犯。对于召回义务成为作为义务,德国有判例认为:"从制造者或者销售商的保证人地位中,可以推导出将已经进入交易的、有害健康的产品加以召回的义务。"① 如果商品制造人是公司企业,由于单位依法不能构成故意杀人罪、故意伤害罪、过失重伤罪、过失致人死亡罪,因此,以不作为方式构成的以上犯罪,只能由公司企业负责人承担。②

(二) 日本学说

日本刑法通说关于作为义务的基本类型,与我国通说类似,范围较窄,包括法律、契约与事务管理、情理三大类。在情理类中,大塚仁具体分为四类:基于监护人地位的作为义务、基于管理人地位的作为义务、基于卖主等地位产生的作为义务、基于先行行为产生的作为义务。③

当前,日本学者对于作为义务的基本类型之界定,与德国一致,呈现实质化的态势,催生了琳琅满目的学说。其中最为引人注目的是日高义博的等置说与山口厚的结果原因支配说。

1. 日高义博的等置说

日高义博认为,作为义务的基本类型与其多元化,不如设定为一个类型——先行行为。他指出:"在把不纯正不作为犯和作为犯等置的情形中,两者存在结构上的空隙成为等置的障碍。因此,如果要使不纯正不作为犯与作为犯等置,就要填补不纯正不作为犯与作为犯结构上的空隙。作为与不作为是否等置主要应当根据以下三个标准判断:(1)犯罪构成要件的特别行为要素;(2)该行为事实;(3)不作为人的原因设定。上述三个判断标准的关键是不作为人的原因设定,即在不作为人实施不作为以前,是否已经设定了向侵害法益方向发展的因果关系。如果回答是肯定

---

① [德] 克劳斯·罗克辛:《德国最高法院判例刑法总论》,何庆仁等译,中国人民大学出版社 2012 年版,第 249 页。
② [德] 冈特·施特拉腾韦特、洛塔尔·库伦:《刑法总论 I——犯罪论》,杨萌译,法律出版社 2006 年版,第 375 页。
③ [日] 大塚仁:《刑法概说(总论)》,冯军译,中国人民大学出版社 2009 年版,第 158、159 页。

的，就被认为具有等置性，否则不然。"①

日高义博提出的等置问题，其实是从作为犯与不纯正作为犯的构造差异角度，为作为义务找一个一统天下的共同类型。从构造区别，推导出作为义务的基本类型，角度的确独特，但也有一些问题：

首先，将犯罪构成要件的特别行为要素，作为不纯正不作为犯与作为犯等置的标准之一，并无必要。因为犯罪构成要件的特别行为要素，仅仅针对作为犯而言，而不纯正不作为犯的行为表现，本身就与作为犯相异。要求不纯正不作为犯必须具备作为犯的行为表现，忽略了两者的本来差异，事实上是不可能的。比如，强奸罪的构成要件是："违背妇女意志，与之强行性交的行为"，甲是乙的未婚夫，两人长期同居，一日眼见他人强奸乙，却坐视不理，甲应构成强奸罪的不纯正不作为犯。因为甲与乙处于特定共同体关系，使甲具备保护乙的作为义务。要求甲具备强奸罪中"违背乙意志，与之强行性交"的特别行为要素，才成立强奸罪的不纯正不作为犯，是不可能的，因为甲事实上并未强奸乙。作此要求，会产生一个后果：甲不构成强奸罪的不纯正不作为犯。换言之，强奸罪只能是作为犯，不能是不纯正不作为犯。推而广之，所有具备特别行为要素的犯罪构成要件，如盗窃罪、诈骗罪等，都不包括不纯正不作为犯。如此限缩，大规模地放弃了对这些构成要件法益的保护，是不合理的。只要具备作为义务，同时具备不纯正不作为犯构造的其他要件，就能成立不纯正不作为犯，无须其他条件。所以日高义博提出的第一个标准，并无存在的必要。

其次，"行为事实"也没有必要成为作为犯与不纯正不作为犯等置的标准。行为事实是指不作为本身。要判断作为犯与不纯正不作为犯是否等置，内含的一个前提是：当然要具备不作为！要判断等置性，就必须要有不作为，这是理所当然的事，并无特别强调的必要，否则，连不作为都没有，还判断什么呢？

最后，日高义博认为"三个判断标准的关键是不作为人的原因设定"。也就是说，不纯正不作为犯要成立，取决于行为人必须设定导致法益侵害发生的原因。这种"原因"，貌似实质化，本相还是先行行为。先行行为成为唯一的作为义务类型，其余所有的作为义务类型，均被否决。

---

① [日]日高义博：《不作为犯的理论》，王树平译，中国人民公安大学出版社1992年版，第94、95、112页。

这令人无法接受。

2. 山口厚的结果原因支配说

山口厚认为"结果原因的支配"是作为义务产生的实质根据，下位包括"对危险源的支配"与"对法益脆弱性的支配"两种类型。

山口厚指出："对法益脆弱性的支配典型例子是父母养育子女的场合。在这一场合，子女对于针对自己的法益侵害的危险无法充分地应付，在这个意义上，是具有脆弱性的，从而，父母承担着对子女的养育，而子女的安全等都依赖于父母，处在这样一种关系之中，所以对于父母来说，是能够肯定其对于子女法益的保证人地位从而肯定其作为义务的。"①

山口厚认为"对法益脆弱性的支配"是作为义务的实质根据，站不住脚。就父母养育子女而言，父母与子女具备近亲关系，这种关系基于先在的人伦道德，产生了一种从人类史上传承下来的养育义务。该养育义务，植根了重大道德，可以说是自然法的必然要求。当然，子女在弱小时，往往表现为依赖于父母的养育，父母自然支配了子女法益的脆弱性。但父母对法益脆弱性的支配，只是一种浅层化的表象，并非作为义务的产生根据。表面化、技术化的"对法益脆弱性的支配"无法成为作为义务产生的实质根据。实质根据，必须深刻化，深入重大道德与自然法的层面，不能太过表象、太过技术，否则，是错误的。错误的根据，容易推导出错误的结论。比如，甲在深山老林路遇因野兽来袭而身受重伤的猎人乙，不伸援手，致乙死亡。甲是否支配了乙脆弱的生命权法益？可以说，深山老林这种人迹罕至的所在，甲的救助与否直接决定了乙的命运，同时，期待他人救助的乙比较困难，甲当然支配了法益的脆弱性。但他对乙并无现有任何类型的救助义务。因此，"对法益脆弱性的支配"不适宜成立作为义务的实质根据。

3. 西田典之的保护接受说

西田典之看出了结果原因支配说的浅层化、技术化的缺陷，转而支持保护接受说，试图将作为义务的根据深刻化、伦理化："作为义务的产生，应限于接受了保护之时。例如，要成立杀人罪，必须是接受了保护被

---

① ［日］山口厚：《刑法总论》（第2版），付立庆译，中国人民大学出版社2011年版，第90页。

害人的责任,并由此获得了排他性。"① 保护接受说的实质是,既然接受了保护他人的责任,就应尽心尽力、善始善终,不能背弃责任、虎头蛇尾。这有"元道理"或自然法的旨趣。然而,保护接受说实际上是"自愿承担保护义务者"类型的作为义务,该说将所有的作为义务类型限缩为"自愿承担保护义务者"一种类型,会导致一个后果:并非所有的作为义务都能以"保护的接受"来推导出。比如,行为人在街上耍猴卖艺,就应该保证观者不被猴抓伤,如有人被抓伤,行为人应负责。可以说,行为人的保护义务是基于对危险源的监控责任,以"保护的接受"来推导,极其牵强。深入观察前案例的作为义务产生过程,发现流程如下:耍猴(制造危险源)→应当对猴子进行监控→行为人未尽监控责任→路人被抓伤→行为人应负责。这个流程是极其清晰的,道理在于:谁不当制造了危险,谁就应监控危险。若非以保护接受说来解释,禁不住的两个疑问是:耍猴人的保护义务依据何处?凭什么说耍猴人接受了该义务?当一个学说的自圆其说性大为降低时,就有必要否定它了。

4. 大谷实的"社会生活上的依存关系"

大谷实认为,各种作为义务的共同根据是"社会生活上的依存关系"②,这在日本学者的各种学说中,合理性最强。生存于社会共同体的每个人,都与其他人有或多或少、或亲或疏、法律道德上的各类关系,比如合同上的义务关系、近亲关系,这些关系衍生一种社会期待,期待行为人在与他人有依存关系的人之法益受到危险时,保护法益。依存关系是一种事实,这样的事实在伦理上蕴含了作为义务的期待。比如,父母与子女存在近亲关系,这种事实让一般人都期待父母应该养育子女。

但"社会生活上的依存关系"在某些类型作为义务的解释力上也不尽如人意。例如,动物园饲养猛禽,其员工有管理猛禽的义务,防止游客为猛禽所伤。若认为动物园的作为义务来源于它与游客之间存在依存关系,也不是不行,只是疑问在于:难道它只与游客存在依存关系?对动物园外的人就没有依存关系了吗?如果认为它与园外的人没有依存关系,猛禽逃出园外伤人,动物园就不用负责了吗?当然不是!可见,动物园防止

---

① 西田典之:《日本刑法总论》(第2版),刘明祥等译,中国人民大学出版社2013年版,第105页。

② [日]大谷实:《刑法讲义总论》(新版第2版),黎宏译,中国人民大学出版社2008年版,第135页。

猛禽伤人的义务，并非来源于它与哪些人具备依存关系，而在于，它是猛禽这种危险物的管理者。

（三）德日理论评说

对外国刑法理论的引介和研究，其重要价值在于甄别其得失并取其精华，因而十分有必要简要总结德日学说的理论得失，以确定究竟哪国学说、哪些刑法知识对我国更有借鉴意义。

1. 德国通说的理论评判

观察德国不纯正不作为犯之作为义务的基本类型理论通说，我们不难发现具有两个优点：一是对作为义务的基本类型描述极其细致，分为八种具体类型，不会由于模糊性而过分扩大作为义务的范围，也不会因类型稀少而过分限缩作为义务的范围；二是作为义务由两个实质根据予以支撑：对危险源的监控和对法益的保护，避免了形式作为义务入罪时解释机能的弱化，也使大众更为信服。这种理论观察对于我国不纯正不作为犯之作为义务根据理论的宏观体系性完善与微观具体细节性完善，均具有十分重大的启发和借鉴意义。[①] 比如，就微观具体细节性问题而言，关于德国通说中的商品制造者责任，我国也有借鉴的必要。就我国立法而言，《侵权责任法》第 46 条规定："产品投入流通后发现存在缺陷的，生产者、销售者应当及时采取警示、召回等补救措施。未及时采取补救措施或者补救措施不力造成损害的，应当承担侵权责任。"按照本条规定，商品制造者未尽回收义务，侵害法益的，承担侵权责任。这一条并不构成否认商品制造者作为义务存在的理由。因为，侵权行为与犯罪行为有竞合的可能。[②] 我国产品质量问题向来是一个严重的问题，从 2008 年的三鹿奶粉三聚氰胺超标事件到 2012 年媒体曝光的国产奔驰汽车车内异味问题都可以看出，将商品制造者对问题产品的回收义务变为刑法上的作为义务，就我国社会现实而言，具备极强的针对性和必要性。将我国某些无良商品制造者的回收义务上升到作为义务的高度，是一种对商家应具备的社会责任感的强烈警示，也可以全面、充分地保护民众的生命、身体、财产法益。

---

① 魏东、王德政：《论不纯正不作为犯之作为义务根据》，载《中日刑事法学术研讨会会议资料》，四川师范大学 2014 年 5 月印制，第 163—173 页。
② 王利明、杨立新、王轶、程啸：《民法学》，法律出版社 2005 年版，第 766 页。

不过在此前提下，学界对于德国通说也提出了一些反思性意见。例如，留德学者许玉秀即研讨过先行行为的存废之论。我们认为，废除先行行为，虽然有理论支撑点，但是考虑会对我国实务造成重大问题，比如，废除之后，我国刑法通说的其他作为义务能否胜任保护法益？毕竟在我国台湾地区，学说和实务认可的作为义务类型相当细致，废除先行行为之后，可由其他作为义务替代，但大陆并不具备此土壤，这就会造成法益保护的漏洞。现以一案说明之。将他人灌醉而任由其上路行车以致交通肇事，劝酒者有罪吗？如果废除先行行为，我国刑法通说的其他三大作为义务，即法律义务、职务和业务上的义务、合同义务都不能认定，这就明显不合理。所以我们赞同保留先行行为，但必须限定。以前文提到的带小孩游泳不救助致其溺毙为例，我国刑法通说承认法律义务、职务和业务上的义务、合同义务、先行行为四类作为义务（虽然我们认为通说只规定了三类，详见本文第二部分），如果限定先行行为，那么大人当然没有先行行为类型的作为义务，重要的是，大人也没有法律义务、职务和业务上的义务、合同义务，这就不当限缩了刑罚制裁范围。所以只有不限定一条路可走。而国内学者大多赞同此点的原因，大概也莫过于此。如陈兴良教授认为："至于先行行为的性质，在所不问。"[1] 张明楷教授认为："一般来说，只要先前行为制造了法益侵害的危险，都会成为作为义务的来源。"[2] 如上所述，弊端依旧存在。如何改变我国刑法通说限定先行行为不利于法益保护、不限定又不利于人权保障的困境？认真思考，只有一条路可走：借鉴德国通说，并转化为我国通说。

2. 日本学说的理论得失

纵览日本学者对作为义务的各类学说，我们发现其共通的优点在于：不满足形式上的作为义务，致力为作为义务寻找实质根据，方向上值得肯定。因为，仅存在形式上的作为义务，不能满足大众对于作为义务合理性的信服。技术上讲，也缺乏入罪时的解释机能。比如，"法律义务"这一类型的作为义务，表面上涵括了各种法律义务，包括纯行政法上的技术性规范，比如交通管理规范中的"驾驶人应系安全带"。若行为人不系安全带，开车时将醉酒乱闯的行人撞至重伤而不救助，致其死亡，难道也成立

---

[1] 陈兴良：《规范刑法学》，中国人民大学出版社2013年版，第123页。
[2] 张明楷：《刑法学》，法律出版社2011年版，第156页。

故意杀人罪的不纯正不作为犯？这无法让大众信服，进而，会产生质疑：为何不论青红皂白的各种法律义务都能成为刑法上的作为义务？诚如罗克辛所言："从'法律'中产生的保证人地位，在实际上就已经不能为刑法中防止结果出现的义务提供什么有说服力的产生根据了。"[①] 同时，"法律义务"由于失之宽泛，入罪时门槛尽丧，解释机能弱化。但实质化的作为义务根据就能使人信服，也具备入罪的解释机能了。如果非要维持法律义务的存在价值，一个权宜之计是，可以将其实质化为"保护公民生命权、身体权、自由权、财产权、名誉权、重大国家法益、重大社会法益的法律规范设定的作为义务"，并且，行为人的不作为侵害的法益，必须是上述义务所欲保护的法益。这就使得大众对作为义务的信服程度增加，也具备入罪的解释机能。

对于日高义博的等置说，我们认为，有两大合理性：一方面，不纯正不作为犯的表现形式是"不作为"，与作为犯之"作为"，在表现形式上背反。因此，不能理所当然地认为不纯正不作为犯等同于作为犯，否则有不利于行为人的类推解释之嫌，从而产生有违罪刑法定原则的指摘。如前文所述，虽然我们认为，日高义博指出的不作为与作为等置的三个判断标准存在一些问题，但也应该客观地指出，日高义博的等置说在大方向是正确的，只是在等置的判断标准上，应有所修正，使得该判断标准能更为合理地诠释处罚不纯正不作为犯的合理性。另一方面，等置说在解释先行行为类型的作为义务时，也较为具备说服力，因为先行行为的确设定了向侵害法益方向发展的因果关系，只是由于行为人的不作为使得该因果流程任意发展下去，以致危险转化为实害。所以在先行行为类型的作为义务的推导理由上，等置说也值得我国借鉴。

然而，日本学说客观上存在较多不足。

首先，日本通说不如德国通说合理。日本通说中作为义务包括法律、契约与事务管理、情理三大类。在情理类中，又分为四类：基于监护人地位的作为义务、基于管理人地位的作为义务、基于卖主等地位产生的作为义务、基于先行行为产生的作为义务。这有三个缺陷：第一，"情理类"作为义务从字面上讲，带有自然法的意味，违背了当前日本刑法学界普遍

[①] [德] 克劳斯·罗克辛：《德国刑法学总论》（第2卷），王世洲等译，法律出版社2013年版，第537页。

认可和追求的"去伦理道德化"趋势,造成自相矛盾。松宫孝明也认为:"我国通说广泛地承认习惯、道义上的义务的倾向。从伦理与法严格区别的要求来看,存在着非常严重的问题。"[①] 同时,"情理类"作为义务的"实质"风格与其他三类作为义务的"形式"风格明显不同,造成了并列的作为义务风格不一致的怪异情状。还有,"情理类"作为义务范围广阔,下位分为不同类型,与其他作为义务内容单一化相抵触,让人感觉叠床架屋。第二,日本通说中的"法律"作为义务是形式上的作为义务,与当前日本学者追求的作为义务实质化发展方向背反,不仅不合时宜,还弱化了入罪的解释机能、降低了公众的信服度。第三,日本通说作为义务中,"契约与事务管理"+"监护人"+"管理人"+"卖主"+"先行行为"对应德国通说作为义务中的"自愿承担保护义务者"+"特定近亲"+"危险物的监督者"+"商品制造者责任"+"先行行为",但无法对应"特定共同体关系"+"有保护义务的公务员、法人及其他非法人组织成员"+"管护他人者"。这说明,相比德国通说,日本通说的作为义务范围过窄,有损刑法的法益保护机能。

其次,日本学者找寻作为义务根据时,呈现远离伦理道德的趋势,技术化、浅层化增强,如山口厚的"结果原因支配说",这是有问题的。日本学者致力于与伦理道德切割,认为远离伦理道德必保障人权,是否真如此姑且不论,但法益侵害的背后,依然不排除有伦理道德的影子。比如,父母不养育幼儿,致其死亡,的确侵害了幼儿的生命权,这仅为表象,深层根源是,父母违反了"应养育儿女"的伦理道德,而这种违背,是根本上决定父母有作为义务的因素。此外,作为义务的根据,与伦理道德交涉甚密,根本无法切割。就连"危险物的管理者"这种类型的作为义务,也来源于一个道德认知:"谁不当制造了危险,谁就应该监控危险!(谚语版:解铃还需系铃人!)。"因此,在为作为义务寻找实质根据时,视伦理道德为畏途,并不可取。

最后,日本学者试图为众多作为义务找寻一个统一根据,却最终失之片面(见前文对诸多学者观点的评析),在多元的作为义务面前显得解释乏力。对此,高桥则夫的观点值得肯定:"即使在实质的法义务说中,最

[①] [日] 松宫孝明:《刑法总论讲义》(第 4 版补正版),钱叶六译,中国人民大学出版社 2013 年版,第 68 页。

终从具体性处理的妥当性来看，一元性地理解是困难的，我认为必须和形式的法义务说一样作多元的理解。……与此相对，在德国，与将保证人地位根据这个'发生依据'分类相反，而是依据保证人义务的'功能'进行分类的见解是有力的。"① 因而，在问题的复杂性面前，设法为众多作为义务找一个统一的根据，最大的可能是造成无法自圆其说的结局，更可能产生一个后果：将所有的作为义务类型限缩为一种作为义务类型，"只及一点、不及其余"。

日本学者对作为义务根据进行实质上的追问，促使我们思考一个问题：作为义务根据的真义何在？以父母养育子女为例，观察作为义务产生的过程，有两点值得重视：一是事实因素，二是规范因素。作为义务的产生，先是基于一个事实，比如父母子女间的近亲关系，这是客观的、无法否认的。基于此，社会道德一般认为，父母养育子女，天经地义，无法逃避责任。可见，作为义务根据的真义是：某国在特定时期，多数人基于事实的存在，对行为人产生何种道德期待？事实的存在哪怕类型化，也是多样的，这决定了道德期待的多样，因此，单独的作为义务根据，容易流于解释乏力。对此，德国通说较为合理，将作为义务的实质根据分为两类：对特定法益的保护义务、对特定危险源的监控义务。在第一种实质根据中，行为人基于与法益的特定关系，社会期待他应保护法益。背后蕴含的终极道理是：因为你与某人有特殊关系，所以应该保护他（她）；第二种实质根据中，行为人基于对危险源的特定关系，社会期待他应监控危险，以防转化为实害。背后蕴含的终极道理是：因为你不当制造了危险，所以应该监控危险。至于行为人与法益和危险源具备哪些特定关系、能产生怎样的道德期待，取决于某国某时斯土斯民的具体情况。

综上可见，德国刑法通说中的作为义务基本类型，具备作为义务范围宽窄合理、实质根据深刻恰当两大优点。而日本刑法学说中的作为义务基本类型，虽有合理之处，但日本刑法通说上存在作为义务实质根据浅层化、作为义务实质根据追求一元论而致片面等诸多不足，因而德国刑法通说整体上对我国的借鉴意义更大。

---

① ［日］高桥则夫：《规范论与刑法解释论》，戴波等译，中国人民大学出版社2011年版，第110页。

二 我国刑法中不纯正不作为犯之作为义务根据的理论完善

我国刑法通说认为:"在不作为犯罪中,作为义务的根据包括以下几种:(1)法律明文规定的义务。其中的法律,不是仅指刑法,而是指由国家制定或认可并由国家强制力保证其实施的一切行为规范的总和,包括宪法、法律、行政法规、条例、规章等。需要说明的是,违反非刑事法律明文规定的义务,并非都构成不作为的义务根据,其中只有经过刑法认可或要求的,才能视为作为义务的根据。另外,应当注意,在司法实践中,对于行为人无法律明文规定的义务,不能仅机械地着眼于法律条文上的直接规定,对于法律没有直接规定的,要根据案件的事实,运用法理分析有关法律规范的内涵,以及行为人同所发生的法律事件的关系,加以确定。(2)职务或业务上要求的义务。严格地讲,职务或业务要求上的义务亦属法律明文规定的义务,因为这些义务一般都表现于各种法规、条例、规章以及某些司法解释中,而其效力的根据仍在于法律的规定。(3)法律行为引起的义务。在司法实践中,法律行为引起的义务,大多数情况下是指合同行为引起的义务。(4)先行行为引起的义务。[1]"那么,应当如何评判我国刑法通说理论呢?

我国当前通行的作为义务根据理论,源自苏联,而苏联刑法学理论,其实也源自德国。之后几十年,德国的作为义务理论(乃至整体刑法学理论)获得了与时俱进的大发展,而我国的作为义务根据理论基本没有大的变动,虽然其中根据我国实际进行了某种意义上的中国本土化改造,但始终停留在20世纪50年代苏联的水准。通过前述德国刑法理论观察可以发现,我国当前之作为义务根据理论,与其本源国即德国当下之作为义务基本类型理论之间,实在是差距惊人,亟须改进、发展和完善。

---

[1] 高铭暄、马克昌:《刑法学》,北京大学出版社、高等教育出版社2011年版,第67、68页。

(一) 我国通说的作为义务根据理论及其缺陷

我们发现，我国刑法通说的作为义务根据理论存在较大缺陷：[①]

1. 我国刑法通说范围太窄，不利于保护法益

通过比较可以发现，我国刑法通说之四类作为义务根据理论所确认的作为义务范围，远小于德国通说之两类作为义务基本类型理论所确认的作为义务范围。我国刑法通说的作为义务，大致可以对应于德国通说中"国家工作人员、法人及其他非法人组织成员之义务"＋"先行行为人之义务"，以及"自愿承担保护义务者义务"中的"合同义务"部分。也就是说，我国刑法通说不包括德国刑法通说中"特定近亲之义务"＋"商品制造者之义务"＋"特定共同体成员之义务"＋"危险物的监督人之义务＋"管护他人者之义务"，以及"自愿承担保护义务者义务"中的"自愿义务"部分。其中，"自愿承担保护义务者义务"包括"合同义务"和"自愿义务"两部分，范围宽泛于我国刑法中"法律行为引起的义务"。

然而，我国刑法通说不包括的部分，有的确实有处罚理由。试举一例，甲乙驴友结伴深山探险，渡河时甲不幸被卷入河水，善泳之嫌河水太冷而坐视不理，致甲毙。我国刑法通说的四类作为义务，都束手无策。乙的不救助损害了特定共同体成员之间的互助信赖，认为其无作为义务明显不合理。可见，我国刑法通说不利于保护法益。

2. "法律明文规定的义务"混乱纠结

首先，通说认为："违反非刑事法律明文规定的义务中，只有经过刑法认可或要求的，才能视为作为义务的根据。"这就意味着，"法律明文规定的义务"既包括"刑法明文规定的义务"，也包括"刑法未明文规定，但认可的其他法律规定之义务"。但是从逻辑上讲，"法律明文规定的义务"不仅包括上述两种义务，也包括"刑法未明文规定，也未认可的其他法律规定之义务"。既然上述两种作为义务的范围明显小于"法律明文规定的义务"，那等同处理就不合适。

其次，"刑法认可的其他法律规定之义务"中"认可"一词究竟含义

[①] 参见魏东、王德政《论不纯正不作为犯之作为义务根据》，载《中日刑事法学术研讨会会议资料》，四川师范大学2014年版，第163—173页。

何在，也有疑问。换言之，根据通说的描述，"认可"并不同于"明文"，那么认可究竟是什么意思呢？通说并未说明。在我国《刑法》分则中，也找不出"刑法未明文规定，但认可的其他法律规定之义务"，只能得出结论：这种义务并不存在。

再次，承上，既然"刑法未明文规定，但认可的其他法律规定之义务"并不存在，那么，"法律明文规定的义务"就只包括"刑法明文规定的义务"，但"刑法明文规定的义务"显然是纯正不作为犯的义务，不纯正不作为犯的义务由此只有三种："职务或业务上要求的义务"、"法律行为引起的义务"、"先行行为引起的义务"。这个发现让人很惊诧，因为一般人都将"法律明文规定的义务"作为不纯正不作为犯的义务，但根据对通说掘地三尺的研究，结论确实这样。

最后，通说认为：对于行为人无法律明文规定的义务，不能仅机械地着眼于法律条文上的直接规定，对于法律没有直接规定的，要根据案件的事实，运用法理分析有关法律规范的内涵，以及行为人同所发生的法律事件的关系，加以确定。这是从法学方法论的角度，试图以解释填补漏洞。但是，一方面，在刑法中，但凡超越法律条文之文义者，均属法律漏洞，① 如果成为不利于行为人的类推解释，应竭力避免，以免违反罪刑法定原则。此间过程，态度要审慎，方法要细致，绝不可轻率大意。另一方面，通说既然通过这种方式将非法律明文规定的义务类推为作为义务，就抵触了"法律明文规定的义务"这一概念，造成自我矛盾。

3. "职务或业务上要求的义务"有问题

通说认为："严格地讲，职务或业务要求上的义务亦属法律明文规定的义务。"那么，具体来讲，此类作为义务，只能是"刑法未明文规定，也未认可的其他法律规定之义务"，因为根据通说，"刑法明文规定的义务"和"刑法未明文规定，但认可的其他法律规定之义务"既然属于"法律明文规定的义务"，而"法律明文规定的义务"，被通说列为与"职务或业务上要求的义务"并行的义务，这就要求两者外延不可一致，否则造成重复累赘。既然两者外延不可一致，那"职务或业务上要求的义

---

① ［德］约翰内斯·韦塞尔斯：《德国刑法总论》，李昌珂译，法律出版社 2008 年版，第 25 页。

务",只能是"刑法未明文规定,也未认可的其他法律规定之义务"。"职务或业务上要求的义务"既然为其他法律所规定,也算是在法律明文规定范畴之内,就没有必要单列为独立的作为义务类型,还不如纳入"法律明文规定的义务"这类作为义务的范畴,从而取消其单独存在,维持学说的简洁性和经济性。

另外,"刑法未明文规定,也未认可的其他法律规定之义务"包括很多种,当然包括职务或业务上要求的义务。但职务或业务上要求的义务不一定理所当然应该上升为作为义务。因为我国的不同法律规范保护的法益层次有区别。违背有些规范设定的义务,并不一定侵害值得刑法保护的重大法益。所以,问题的判断重点并非"职务或义务上要求的义务"本身,而在于,只要是"刑法未明文规定,也未认可的其他法律规定之义务",就应该纳入判断的材料,以实质性基准加以判断,从而看能否上升为作为义务。实质性基准可以设定为:违反的义务保护的法益是重大法益,同时,行为人的不作为侵害的法益,正是该义务所保护的重大法益。根据三分法,重大法益包括公民的生命、身体、自由、财产、名誉法益,某些国家法益,以及某些社会法益。①

(二) 我国作为义务根据理论的发展完善

通过上文分析,可以对有关不纯正不作为犯之作为义务根据(作为义务基本类型)理论之德日刑法知识与中国本土刑法知识有一个概貌性认识,我们不难发现德国刑法知识具有某种显而易见的比较优势。具体而言,德国通说具有两大优点:一是恰当界定了作为义务的具体类型,有利于明确作为义务的适用范围;二是合理阐释了作为义务的实质根据,增加了大众的信服度并具备适当的入罪解释机能。这启迪我们,对于中国作为义务根据的理论完善,可以借鉴德国刑法理论通说,从两方面予以改进:其一,作为义务根据应具体化、多样化,切忌模糊化、单一化;其二,作为义务根据应实质化,将"对特定法益的保护义务与对特定危险源的监控义务"作为我国作为义务的实质根据。② 因而我国应当更多地借鉴吸纳

---

① 林山田:《刑法各罪论》(上册),北京大学出版社2012年版,第11页。
② 魏东、王德政:《论不纯正不作为犯之作为义务根据》,载《中日刑事法学术研讨会会议资料》,四川师范大学2014年版,第163—173页。

德国刑法理论知识,[①] 适当吸纳日本刑法理论知识中的合理内容,以有效形塑更加科学合理的我国作为义务根据的通说理论,实现中国作为义务根据理论的创新发展。

1. 我国作为义务根据新通说发展完善方向之一:作为义务根据的进一步具体化、多样化

通过对德国通说之作为义务基本类型理论进行汉语化语言的整理,我国作为义务根据新通说理论可以将作为义务根据具体确立为以下八类:(1)近亲属之作为义务。近亲属之作为义务,是指直系血亲、夫妻、兄弟姐妹负有的保护彼此的法益不被侵害的义务。(2)特定共同体成员之作为义务。特定共同体成员之作为义务,是指生活共同体(长期性亲密生活关系的团体)和危险共同体(临时性共同冒险的团体)的成员负有的保护彼此的法益不被侵害的义务。(3)自愿承担保护义务的人之作为义务。自愿承担保护义务的人之作为义务,是指行为人通过与被害人签订合同、口头协商,负有的保护被害人的法益不被侵害的义务,以及通过控制被害人的事实行为,推定其负有的保护被害人的法益不被侵害的义务。(4)国家工作人员、法人及其他非法人组织成员之作为义务。国家工作人员、法人及其他非法人组织成员之作为义务,是指国家工作人员、法人及其他非法人组织成员,在职权范围内,负有的防止法益不被侵害的义务。(5)危险物的监督人之作为义务。危险物的监督人之作为义务,是指危险物的制造人、管理人,负有的防止法益侵害的危险转化为实害的义务。(6)管护他人的人之作为义务。管护他人的人之作为义务,是指国家工作人员、法人及其他非法人组织成员、近亲属与自愿承担管护义务的人,负有的防止被管护的人侵害法益的义务。(7)先行行为人之作为义务。先行行为人之作为义务,是指行为人违背义务,实施某种行为,制造了法益侵害的密接危险,负有防止该危险转化为实害的义务。(8)制造商品的组织和个人之作为义务。制造商品的组织和个人之作为义务,是指组织和个人因其制造的某种商品具备侵害他人生命、

[①] 比较德日两国学说的理论得失,可知德国通说的可借鉴性在整体上远胜于日本学说。比如日本学说中,虽然不少学者观点具备作为义务实质化的优点,但整体上日本通说不如德国通说合理,且日本学者寻找的作为义务根据呈现表面化、技术化的态势而过分逃离对自然法及伦理道德的靠近,日本学者过度追求作为义务实质根据一元论以致在某些作为义务类型的推导上无法自圆其说。

身体、财产法益的危险,负有包括回收义务在内的防止该危险转化为实害的义务。

2. 我国作为义务根据新通说发展完善方向之二:作为义务根据的进一步实质化

德国刑法知识揭示并强调了不纯正不作为犯之作为义务的深刻的实质根据,这是经历了无数学者绞尽脑汁、倾其一生精力研究的结果,在历经德国严苛学术市场大浪淘沙之后幸存的德国通说之作为义务实质根据——罗克辛的支配说。罗克辛认为:"许乃曼就把'区分监护性的和照料性的保证人地位',标记为是'不是针对危险源就是针对法益无助性的两种在物本逻辑上可能的控制形式所得出的直接结论'。在事实上,这种由许乃曼挑选出来的解释角度是最具有说服力的。他的出发点,在实行性犯罪中,这个实行人通常通过具有'行为控制'来成为特征。因此,在'出现结果的原因的控制中',当这种原因存在于那种法益的无助性之中时,通过没有对处于自己控制的被害人提供保护而引起了结果的出现,应当对不作为行为人进行惩罚。对'危险源的事实控制'也相应地这样适用了。这种'控制'又进一步分解为'保护性控制'与'监护性控制'这两种形式。我们能够把这些今天主流的保证人地位的两分法,作为下面介绍内容的基础。①"此即罗克辛的支配说。罗克辛的支配说之"支配",等同于"控制",建立在许乃曼的控制说基础之上。支配说的优点在于:将作为义务的实质根据分为"保护性控制"即"对特定法益的保护义务"与"监护性控制"即"对特定危险源的监控义务",从而为八种具体类型的作为义务提供合理的上位根据。然而,支配说以"出现结果的原因的控制"作为"保护性控制"与"监护性控制"的共同上位根据,企图以一元论的终极实质根据,来推导出"对特定法益的保护义务"与"对特定危险源的监控义务"两类实质根据,缺点在于:复制了日本学说中作为义务实质根据一元论的弊端以及作为义务实质根据浅层化、技术化的弊病。

我们认为,罗克辛的支配说确立的两类作为义务实质根据——"对特定法益的保护义务"与"对特定危险源的监控义务",在对八种具体作

---

① [德]克劳斯·罗克辛:《德国刑法学》(第 2 卷),王世洲等译,法律出版社 2013 年版,第 539、540、542 页。

为义务类型的推导上甚为合理,值得我国借鉴,但支配说在作为义务的终极实质根据上存在与日本学说一致的缺陷,不能直接被我国借鉴,但经改造之后,可以为我所用。改造的具体路径是,构建我国作为义务实质根据的三层次理论:第一层次实质根据是普遍真义。即某国在特定时期,多数人基于事实的存在,对行为人产生的某种道德期待。第二层次实质根据是社会生活性因素。透过作为义务根据的普遍真义,可以抽离出两个社会生活性因素:一是事实因素,二是规范因素。根据生活经验,事实的存在可以分为两类:一是行为人与某人有法律或道德上的特殊关系,如近亲关系、生活同体关系等;二是行为人与危险源有监督管理上的特定关系,比如制造了危险物、监督管理有危险性的精神病人等。相应地,道德期待表现为两类:一是行为人应该保护某人不被侵害;二是行为人应该监控危险源,以防转化为实害。通过以上论述,作为义务的终极实质根据被揭示出来,表现为两类:一是"因为你与某人有特殊关系,所以应该保护他(她)";二是"因为你的不当制造了危险,所以应该监控危险"。第三层次实质根据是类型化因素。根据上述两类终极实质根据,可以推导出两类实质根据:一是行为人对特定法益的保护义务;二是行为人对特定危险源的监控义务。实质依据可以推导出我国作为义务的八类根据。简言之,我国作为义务实质根据的三层次理论,服务于推导出我国作为义务的八类根据,推导的全部流程展示如下:作为义务根据的普遍真义→作为义务的社会生活性实质根据→作为义务的类型化实质根据(亦即作为义务的根据)。[1] 可见,借鉴罗克辛的支配说之优点,改造它的缺点,可以逻辑清晰地为我国作为义务根据新通说的实质根据,提供一个合理性强于德日理论、又具备中国特色的三层次理论。

除了罗克辛的支配说,日高义博的等置说在我国已经产生了重大影响,也值得我们重视。前文已论证,等置说具备两个优点:一是为不纯正不作为犯的处罚,清除其违反罪刑法定原则的指摘;二是为先行行为类型的作为义务的推导理由,从因果关系的角度,提供根据。但等置说的三个判断标准也存在一些缺陷,因而又需要相应地做出改造,以适应我国作为义务根据理论新通说。我们认为,日高义博之等置说的改造路径可做如下

---

[1] 魏东、王德政:《论不纯正不作为犯之作为义务根据》,载《中日刑事法学术研讨会会议资料》,四川师范大学2014年版,第163—173页。

选择：一方面，维持不纯正不作为犯与作为犯等置的必要性，但应将"等置"的具体要求理解为：行为人的不作为，必须具备作为义务，才能等置于作为犯。这就在不纯正不作为犯的构造中，加入了作为犯构造中所没有的"作为义务"，既维护了不纯正不作为犯的现有理论，又吸收了等置说具备的消除违反罪刑法定原则质疑的功能。另一方面，等置说认为，先行行为之所以能成为作为义务产生的根据，在于它设定了向侵害法益方向发展的因果关系。这一点类似于我国作为义务终极实质根据的第二类："因为你的不当制造了危险，所以应该监控危险。"但值得注意的是，我国作为义务终极实质根据的第二类强调行为人"不当"制造了法益侵害的危险，说明并非所有引起法益侵害危险的行为都能成立先行行为，先行行为必须"不当"，即"违背义务"，这蕴含有行为无价值的限定，并非单方面强调结果无价值一元论。因此，等置说中关于先行行为作为义务的产生根据，可以修正为："先行行为不当设定了向侵害法益方向发展的因果关系。"概言之，日高义博的等置说，值得我国借鉴，但应将"等置"的判断标准改换为"行为人之不作为是否违反了作为义务"，同时，应将先行行为类型的作为义务之推导理由，改换为"行为人不当设定了向法益侵害方向发展的因果关系"。

3. 我国作为义务根据新通说视野下的本土判例解读

在确立了我国作为义务根据新通说，并以之解读了我国法院代表性刑事判例之后，有必要为我国新通说确立实质根据，以增加我国新通说在推导上的逻辑自洽性，以及使我国新通说适应当前全球作为义务根据实质化的大趋势，由此增强我国新通说的深层正当性。

我国作为义务根据新通说相比旧通说，在新时代的背景下，更能切合我国法院审判的需要。我国法院判决书对于不纯正不作为犯的说理，或者只字不提，或者含糊不清，这很难使人信服，也难以体现我国法官对于判决书的严谨态度。当然，这不能苛求法官，只能归罪于我国作为义务根据旧通说的弊病。在此，我们选取我国法院关于不纯正不作为犯的四个有代表性的刑事判例，来诠释我国作为根据新通说在解读我国法院判决之定性与论证上的合理性。

案例1：薛玉连故意杀人案（近亲属之作为义务）。

薛玉连酒后长时间打骂其妻聂景爱，聂景爱便服毒自杀，被他人发现后告知薛玉连，薛玉连竟说"我不管"，弃聂景爱于不顾，致其延误救治而死。法院认定:"薛玉连与聂景爱是夫妻关系,彼此之间有共同生活、相互照顾的义务。薛玉连拒不履行救助义务,造成延误救治致聂景爱死亡的危害结果,其行为完全符合故意杀人罪的要件。"① 可见,法院从近亲属之作为义务的角度,认为薛玉连具备保护其妻的作为义务。

然而,冯军教授主张以"自我答责"原则来排除夫妻一方在意志自由的情况下自杀或自伤时,另一方负有的保护义务。自我答责原则是德国刑法学中一个较为前沿的理论,是指只要被害人的任意支配着损害结果的发生,损害结果的发生仍然处在被害人的行为所能控制的领域之内,就存在着被害人对不发生损害结果的优先负责性,就要由被害人自己对所发生的损害结果予以答责。② 自我答责原则是被害人自主权理论发挥到极致的一个产物,虽然具备合理性,但有两个问题:其一,当前我国正处于缓慢借鉴、吸收德日刑法理论时期,贸然引进比较"激进"的自我答责原则,全盘否定夫妻一方意志自由情形下自杀或自伤时另一方的保护义务,极可能遭遇理论界与实务界的联合反对,使该原则"南橘北枳"而引进失效;其二,夫妻之间作为义务的根据,从深层次讲,是基于近亲属关系的一种社会伦理道德认知,若认为自我答责原则也是一种基于"一人做事一人当"或"自己挖坑自己跳"的社会伦理道德认知,那这两种认知中,在当前我国,显然是前者占支配地位。前文已论证,作为义务根据的普遍真义既然是"某国在特定时期,多数人基于事实的存在,对行为人产生的某种道德期待",那么,当前我国语境下夫妻之间的保护义务就不能以自我答责原则而排除。这是取舍问题,更是某国某时斯土斯民的道德认知问题。

案例2:张永年故意杀人案(特定共同体成员之作为义务)。

张永年与郭以凤以夫妻名义同居,之后又与戴素珍恋爱。一日凌晨,张永年对郭以凤提出要和戴素珍同宿,郭以凤很生气,便喝农药自杀,张永年发现后开始送她到医院抢救,半途中产生不再将她送医的念头,致郭以凤中毒身亡。法院认为,郭以凤服毒是因张永年提出与戴素珍同宿所

---

① 国家法官学院、中国人民大学法学院:《中国审判案例要览(2001刑事审判案例卷)》,中国人民大学出版社2001年版,第32页。

② 冯军:《刑法中的自我答责》,载《中国法学》2006年第3期。

致，因此，张永年提出与他人同宿的行为是先行行为，由此具备先行行为人之作为义务，构成故意杀人罪的不纯正不作为犯。① 其实，张永年与郭以凤既然长期同居，虽不是夫妻，但具备生活共同体关系，所以他对郭以凤具备特定共同体之作为义务。法院认为张永年提出与戴素珍同宿的行为是先行行为，是有问题的。如上文所述，先行行为应作"违反义务"与"制造密接危险"两点限定，但张永年提出与戴素珍同宿的行为，既未违反任何法律规范设定的义务，也不必然违反一般人"不得为此"的道德认知，因为张永年与郭以凤并非夫妻，自无夫妻之间严格的忠诚义务，同时，张永年提出与戴素珍同居的行为，制造的是"他人负责的危险"，并非"密接危险"，因为郭以凤服毒自杀的危险是出于郭以凤本人意志自由的设定，不能认为是张永年所设定，所以张永年不具备先行行为人之作为义务。法院将张永年的行为定性为故意杀人罪的不纯正不作为犯是正确的，但在说理中认定张永年的作为义务根据之种类宜由先行行为人之作为义务变更为特定共同体成员之作为义务为佳。

案例3：郭威、刘伟、李征盗窃案（国家工作人员、法人及其他非法人组织成员之作为义务）。

李晓勇、郭威、刘伟、李征是邮政工作人员，在从事邮政速递工作期间，李晓勇提议拿走一件多出来的邮包，并将该邮件的信息从电脑上删除，郭威、刘伟、李征均在场，且均对李晓勇的行为表示默许。法院认为：郭威、刘伟、李征作为邮政局的员工，在工作时对工作场所内的所有邮包都应承担其力所能及的责任。简言之，因职务要求而产生的"实施某种积极行为的特别义务"。故三人应定盗窃罪的不纯正不作为犯之共犯。② 虽然法官将三人的作为义务定位于我国作为义务根据旧通说中的"职务或业务上的义务"，但其实这就是新通说中的"国家工作人员、法人及其他非法人组织成员之作为义务"之适例。

国家工作人员、法人及其他非法人组织成员之作为义务中，一种深具实务意义、值得研讨的特殊情形是医生救护病人的义务。医生救护病人的义务，是否不应作任何限定，是关键所在。比如，医生是否无论在上班或

---

① 国家法官学院、中国人民大学法学院：《中国审判案例要览（2003刑事审判案例卷）》，中国人民大学出版社2004年版，第12页。
② 国家法官学院、中国人民大学法学院：《中国审判案例要览（2008刑事审判案例卷）》，人民法院出版社、中国人民大学出版社2009年版，第51页。

下班时间都对病人有救护义务？病人是否无论身处医疗机构之内或医疗机构之外，医生都对病人有"主动出击"的救护义务？医生是否无论病人按照规定办理完毕就医手续或未办理完毕就医手续，都对病人有救护义务？如果认为对医生救护病人的义务不应作任何限定，答案就是肯定的。但这将无限扩大医生的救护义务，对医生不公平。从普通人法情感的角度，这种做法也无法令人接受。比如，某人因脚崴被家人送到某医院，本应根据医院规定办理就医手续，但其家人不想缴纳医药费，而不办理就医手续，并与院方大吵大闹，医生见状不救护病人，以致他最终瘫痪，难道也成立故意伤害罪的不纯正不作为犯？此案中，如果认为医生具备无限制救护病人的义务，就无理地为医生设定了一个挑战医院办理就医手续规定的责任了。由此将致两难情形：医生救护病人，将违反医院规定，不救护病人，又要承担刑责。医生无路可走。然而，法律总是要给人一条路走的，而且给的必须是一条人走的路。[①] 所以，毫无疑问，这里存在较大问题。许乃曼看出了问题的所在，认为："法律尚不足以确立保证人地位，要求医生实际上接管了保护机能。"[②] 也就是说，许乃曼认为，应当将医生对病人的救护义务，从"国家工作人员、法人及其他非法人组织成员之作为义务"中排除，而认为是"自愿承担保护义务的人之作为义务"。但这又衍生新的问题。比如，被害人在某医院上班时间，因心脏病突发被家人送到该医院，办理好住院手续后，医生见被害人是仇家，拒绝救护，结果被害人因延误病情而死。难道医生因为没有自愿承担对该病人的救护义务，就自始至终没有作为义务吗？倘若如此，医生救护病人义务的公共利益性（救护病人不是纯粹牟利性质的服务）、伦理道德性（救死扶伤是医生的天职）、制度服从性（既然病人办理完毕就医手续，医生就应服从制度救护病人）完全被磨灭，该作为义务的产生与否也就完全沦为医生一念之差的操纵支配。这同样让人无法理解和接受。因此，对于医生救护病人的义务，应当维持在"国家工作人员、法人及其他非法人组织成员之作为义务"之下，不能归入"自愿承担保护义务的人之作为义务"，但应同时作出以下限定：第一，该作为义务的时间应当限制在医生的上班时

---

① 黄荣坚：《刑罚的极限》，元照出版公司1999年版，第84页。
② ［德］克劳斯·罗克辛：《德国最高法院判例刑法总论》，何庆仁等译，中国人民大学出版社2012年版，第240页。

间内，医生在下班及休假时间，不具备作为义务；第二，该作为义务的地点应当限制在病人身处医疗机构内，病人若身处医疗机构外，医生不具备"主动出击"的作为义务（当然，120急救等应约外出医院场所的除外）；第三，该作为义务的前提应当限制在病人按照医疗机构的规定办理完毕就医手续之后，若病人未按规定办理完毕就医手续，医生也不具备作为义务。通过以上三点限定，在扩大与限制医生救护病人的义务上，取得了一个相对合理的平衡点。

案例4：曲龙敏、刘峻伟、郭德海过失致人死亡案（危险物的监督人之作为义务）。

北京某房地产经纪公司员工曲龙敏、刘峻伟与郭德海签订房屋出租代理合同后，明知郭德海的房屋内安装的燃气热水器存在安全隐患，却在该安全隐患未被排除的情况下将该房屋出租给某公司负责人刘颖心。刘颖心在他人对租赁房屋内的设备是否安全产生质疑时未进行检查，并违反所签订协议上居住3—5人的规定，安排10名公司员工入住，致使9人因长时间使用燃气热水器而致一氧化碳中毒死亡。法院认为曲龙敏、刘峻伟、刘颖心皆构成过失致人死亡罪的作为犯。[①] 法院对三人的行为以过失的作为犯定性并说理，并未考虑过失的不纯正不作为犯原理，这是片面的。因为该房屋既然存在安全隐患，就是危险物，其管理者曲龙敏、刘峻伟应有排除该安全隐患的作为义务，两人未尽作为义务，将房屋出租给刘颖心，造成其公司员工中毒身亡，自应构成过失致人死亡罪的不纯正不作为犯。至于刘颖心，租赁了该房屋后，成为房屋的实际管理人，也应负有"危险物的监督人之作为义务"，同样应构成过失致人死亡罪的不纯正不作为犯。三人既构成过失的作为犯，又构成过失的不纯正不作为犯，这又如何处理？根据竞合论，在行为人整体行止包含积极的"作为"部分以及消极的"不作为"部分之多重的行为方式时，（不纯正）不作为是作为的补充规定，退居次位。[②] 可见，法院对三人的行为以过失的作为犯定性是可以的，但必须考虑不纯正不作为犯的角度，并结合竞合论进行说理，才不失片面。稻垣悠一认为："在不作为的过失犯中，以作为与不作为的等置

[①] 国家法官学院、中国人民大学法学院：《中国审判案例要览（2008刑事审判案例卷）》，人民法院出版社、中国人民大学出版社2009年版，第95页。

[②] 林钰雄：《新刑法总则》，中国人民大学出版社2009年版，第453页。

为前提的不作为犯论构成是没有必要的。"[①] 亦即，过失的不纯正不作为犯是不存在的，其本来对应的情形一概以过失的作为犯处理。稻垣悠一的观点似可支撑法院的定性与说理。然而，作为犯与不纯正不作为犯各有其构造，只要行为人的行为符合不纯正不作为犯的构造，就不能否认其成立不纯正不作为犯，否则不纯正不作为犯的构造意义何在？同时，以过失的作为犯定性三人的行为，重在谴责三人"提供安全隐患的房屋"的作为。以过失的不纯正不作为犯定性，重在谴责三人"不排除房屋的安全隐患"的不作为。本案中三人的作为与不作为根本就是两回事，不可混淆也不可抹杀其中任何一方。抹杀过失的不纯正不作为犯之存在价值，就连带抹杀了"危险物的监督人之作为义务"，更连带抹杀了该作为义务背后的社会生活性因素之实质根据——"因为你不当制造了危险，所以应该监控危险"，这是不可理喻的。因此，对三人的行为以过失的作为犯定性，用竞合论说理即可，无须否定过失的不纯正不作为犯之存在价值，因而采纳稻垣悠一的观点只会制造理论上新的混乱。

三　我国刑法中不纯正不作为犯之作为义务根据的立法完善

　　理论成果的实践转化意义十分重大。在重新确立了我国刑法上不纯正不作为犯之作为义务根据理论新通说之后，如何借鉴相关国家和地区的刑法立法经验并为我所用以切实完善我国刑法立法的相关条款，这是本书试图完成的一项重要的学术使命。

　　我们注意到不纯正不作为犯之条款，在不少国家，包括日本在内（这可能是日本刑法教科书总论中不作为犯一般不单列一章的原因），都付之阙如，但如果刑法典完全不作规定，其与罪刑法定原则相冲突的指责就难以消减。虽然从实质上讲，处罚不纯正不作为犯肯定正确，但起码要在刑法典中明确规定，才能"师出有名"。因此，就我国而言，实有必要在刑法典总则中规定不纯正不作为犯条款。我们以下依次分析德国刑法典，以及间接吸取德国刑法典相关立法经验的我国台湾地区"刑法"之

[①] 〔日〕稻垣悠一：《刑事过失责任与不作为犯论——特别是刑法上的制造物过失》，载《中日刑事法学术研讨会会议资料》，四川师范大学 2014 年 5 月印制，第 161 页。

不纯正不作为犯条款，再结合我国作为义务根据新通说，提出我国刑法典中如何设置不纯正不作为犯条款的修法建议（学术建议稿）。

（一）德国刑法之不纯正不作为犯条款的立法经验借鉴

德国刑法立法所规定的不纯正不作为犯条款值得我国刑法立法实践借鉴。德国刑法典第13条规定："（1）不防止属于刑法构成要件的结果发生的人，只有当其有依法必须保证该结果不发生的义务，且当其不作为与因作为而使法定构成要件的实现相当时，才依法受处罚。""（2）可依第49条第1款减轻处罚。"①

从德国刑法典第13条之立法规定可见，其立法经验有以下三点值得重视：

其一，有依法必须保证该结果不发生的义务。这表明立法者认为不纯正不作为犯成立必须具备作为义务。但问题在于，第13条虽然提出作为义务，但没有具体界定其基本类型，法官适用此条款时，不得不对何为作为义务倚重于学说或者解释，以填补空缺，这其实是构成要件要素不明确。但罪刑法定原则要求构成要件要素明确化，②难免与罪刑法定原则发生冲突。德国甚至有学者认为，第13款的作为义务，是习惯法的补充。③此外，"依法"容易产生歧义，难道可以理解作为义务是指法律义务？虽然以德国法官的水准，应该没有人这样认为，但作为法条，表述应当严谨。

其二，不作为与因作为而使法定构成要件的实现相当。此所谓"等价条款"，有两层意义：一是说明立法者采取保证人说的观点，即不作为除了另有保证人地位之外，使用作为犯的构成要件该当性。但采取保证人说意味着继承其被学者指出的缺陷，④与其引发矛盾，还不如不规定。况且，不规定的话，也应该不会有人在进行不纯正不作为犯的判断时，不沿用作为犯的构造。二是德国早年有学者认为，等价条款说明不作为要与作

---

① 徐久生、庄敬华：《德国刑法典》，中国方正出版社2004年版，第9页。
② ［德］冈特·施特拉腾韦特、洛塔尔·库伦：《刑法总论 I——犯罪论》，杨萌译，法律出版社2006年版，第48页。
③ ［德］汉斯·海因里希·耶赛克、托马斯·魏根特：《德国刑法教科书（总论）》，徐久生译，中国法制出版社2009年版，第732页。
④ 许玉秀：《当代刑法思潮》，中国民主法制出版社2005年版，第626页。

为具备同等的行为无价值和结果无价值。意思是，在对行为方式无特殊不法内涵要求的罪中，比如故意杀人罪（不管你用什么手段杀都行），其不作为的行为无价值和结果无价值等同于作为犯。这就表明故意杀人罪可由不作为构成。但在诈骗罪中，刑法学说对诈骗行为的不法内涵有特殊要求，必须是行使诈术，这是特定的行为方式，单纯的不作为不能满足行使诈术的不法内涵，其行为无价值不同于作为犯。所以诈骗罪等行为方式具备特殊不法内涵的犯罪，不能成立不纯正不作为犯。我们认为，以上说法，表面有理，但漏洞也很明显：判断不纯正不作为犯成立与否的唯一路径是，沿用被加入作为义务的作为犯构造，只要有作为义务，又能通过其他阶层的判断（按我国刑法理论就是其他犯罪构成要件），就算某些行为方式不具备特殊不法内涵，也成立不纯正不作为犯。所谓"不作为要与作为具备同等的行为无价值和结果无价值"，既然不是不纯正不作为犯的成立标准，那根本就是空话一句。等价条款也成了无实益的条款。①

其三，可减轻处罚。德国刑法典第 13 条第 2 款规定对不纯正不作为犯可减轻处罚。我们发现，其立法理由在于，一般情形下，不纯正不作为犯较故意作为犯，无论是不法还是罪责，程度都要低。因为就不法而言，故意作为犯中，行为人是积极的行为，不作为犯中，行为仅是消极的不作为，前者比后者投入的犯罪能量更大。就罪责而言，如果是直接故意犯罪，作为犯比不作为犯的行为人，更有强烈的法敌对意思，以致影响罪责形态的故意，② 从而影响罪责程度。比如，宋福祥与妻吵架后不顾其上吊而离开，致妻身亡，③ 比宋福祥以积极手段杀害妻子，不法和罪责程度都要低。所以减轻处罚，也属必要。有一点值得注意，第 13 条第 2 款的表述是"可"即可以而非应当，表明不法与罪责的程度差异，乃仅就一般情况而言，如果出现例外情形，可以不减轻处罚，这取决于法官的个案判断。这就有效照顾了个别正义。

根据以上分析，德国刑法典之不纯正不作为犯条款，对我们的启示在于：第一，要具体界定作为义务的基本类型，免得造成构成要件要素不明

---

① 黄荣坚：《基础刑法学》（下），中国人民大学出版社 2009 年版，第 467 页。
② 林山田：《刑法通论》（上册），北京大学出版社 2011 年版，第 259 页。
③ 中国高级法官培训中心、中国人民大学法学院：《中国审判案例要览（1996 年刑事审判卷）》，中国人民大学出版社 1997 年版，第 35 页。

确的弊病；第二，虽然可以支持经过改造的等置理论，但在法条中不能沿用等价条款，因为法条中的等价条款争议重大且不实用；第三，我国未来刑法之不纯正不作为犯规定，应加入"可减轻处罚"条款，以发挥其有益作用。

（二）我国台湾地区刑法之不纯正不作为犯条款的立法经验借鉴

我国台湾地区"刑法"1935年始创于我国大陆，系以德国刑法典为蓝本而制定，起草时就创设有第15条之不纯正不作为犯条款。因而可以说，台湾地区的立法经验尤其值得珍视和借鉴。

我国台湾地区"刑法"第15条规定："对于一定结果之发生，法律上有防止义务能防止而不防止者，与因积极行为发生者同。""因自己行为致有发生一定结果之危险者，负防止其发生之义务。[①]"

我们认为，我国台湾地区"刑法"之15条可从以下角度评析：

首先，打破德国刑法典不具体界定作为义务的局限，规定了先行行为类型作为义务，这是创举，但问题也在此。仅仅规定先行行为，而不规定其他类型作为义务，挂一漏万，也易使人认为不纯正不作为犯只有一种作为义务。

其次，"法律上有防止义务"有歧义，这一点病同德国。黄荣坚认为，法律上有防止义务是指刑法典明文规定的作为义务，那就只能是第15条第2款规定之类型。但台北"高等法院"判例认为，"法律上有防止义务"指法律义务，与先行行为并列。[②] 我们认为，虽然有歧义，还是应作后者解释（虽然此种解释也不理想），否则作为义务岂非只有先行行为一种？况且也会给实务界带来不必要的困惑和争执。这是我国未来刑法设置相关条款时应注意之处。

再次，"能防止而不防止"，是要求行为人有防止结果发生的能力。通说认为，如果行为人没有防止结果发生的能力，不认为有作为义务，故排除犯罪。[③] 这是通说的成文化。在德国刑法典中，没有此表述，说明这是我国台湾地区刑法典在法律移植中的创新。虽然法官在进行不纯正不作

[①] 三民书局编辑委员会：《宪法·民法·刑法》，三民书局2009年版，第447页。
[②] 黄荣坚：《基础刑法学》（下），中国人民大学出版社2009年版，第473页。
[③] 林钰雄：《新刑法总则》，中国人民大学出版社2009年版，第408页。

为犯的认定时,应该会考虑此要求,但是,在法律条文中明确规定,更加师出有名,也不算是浪费立法资源。然而,对于无防止结果发生的能力者,出罪依据何在?我们认为,有两种依据:一是规范责任论中的期待可能性判断。行为人如果没有防止结果发生的能力,就不能期待他作为。[1] 按照此方案,行为人即便不具备防止结果发生的能力,也有作为义务,只是从期待可能性角度,排除罪责而已。二是因果关系的判断。不纯正不作为犯的因果关系,并不存在自然意义上的因果关系,[2] 虽然与作为犯都采取条件说,但考虑到不作为的特殊行为方式,被修改为"如果行为人作为,结果照样发生,那么不作为与结果的发生就没有因果关系"[3]。行为人若没有防止结果发生的能力,即便他采取行动,结果也会发生,所以不能通过因果关系的检验,从而排除犯罪。无论采取哪种依据,都不能得出通说"如果行为人没有防止结果发生的能力,不认为有作为义务"的结论,行为人自始至终有作为义务,只是通过期待可能性或者因果关系的检验,出罪而已。因为行为人有无防止结果发生的能力,只是他个人的状况,这种个人状况与作为义务的根据无关,故不能影响作为义务的成立,否则就架空了作为义务的根据。

最后,"因自己行为致有发生一定结果之危险者"中,并未对先行行为作出限定,这不合适。发生一定结果之危险的行为,实在太过庞杂,即便是不违反义务的合法行为,也能发生一定结果之危险,此时如果也认为是先行行为,恐怕使得犯罪的不法内涵完全沦为结果无价值一元论,丧失了行为无价值与结果无价值二元论之限定机能,从而不当扩大了作为义务与刑罚制裁的范围。

根据以上分析,我国台湾地区"刑法"之不纯正不作为犯条款尽管问题重重,但是其对我们仍有以下有益启示:第一,要尽可能将作为义务的基本类型(作为义务根据)规定完备,不能挂一漏万;第二,法条表述应当严谨,避免明显歧义;第三,"能防止而不防止"可以加入我国未来刑法之作为义务条款;第四,应对先行行为附加"违反义务"的限定,如果不附加,也应在立法解释、司法解释或学说中附加,以免我国实务界

---

[1] 格吕恩特·雅科布斯:《行为、责任、刑法——机能性描述》,中国政法大学出版社1997年版,第45页。
[2] 克劳斯·罗克辛:《刑事政策与刑法体系》,中国人民大学出版社2011年版,第65页。
[3] 黄荣坚:《刑法问题与利益思考》,中国人民大学出版社2009年版,第88页。

作不当解释。

（三）我国刑法增设不纯正不作为犯条款的立法设计

我们建议借鉴德国、我国台湾地区关于不纯正不作为犯之作为义务的立法经验，结合我国作为义务根据理论之新通说，修正我国《刑法》第14条并在该条之中增设第3、4款作为不纯正不作为犯条款，实现不纯正不作为犯之作为义务根据在我国刑法立法上的完善。为此，我们对我国《刑法》第14条的修正方案提出如下具体的内容设计（学术建议稿）：

"第14条明知自己的行为会发生危害社会的结果，并且希望或者放任这种结果发生，因而构成犯罪的，是故意犯罪。"

"故意犯罪，应当负刑事责任。"

"下列有作为义务的人，能够防止危害社会的结果发生而不防止的，应当负刑事责任。"

1. 近亲属；
2. 特定共同体成员；
3. 自愿承担保护义务的人；
4. 国家工作人员、法人及其他非法人组织成员；
5. 危险物的监督人；
6. 管护他人的人；
7. 先行行为人；
8. 制造商品的组织和个人。

"对于不纯正不作为犯，可以比照作为犯从轻或者减轻处罚。"

我们提出立法上增设上列不纯正不作为犯条款（学术建议稿），其基本依据和重要意义在于：

其一，刑事政策论上，有利于适当权衡人权保障和秩序维护。

我们建议修正我国《刑法》第14条，增设不纯正不作为犯条款，其意义不仅在于完善我国刑法教义学中关于不纯正不作为犯的理论，还在于刑事政策上的意义，即权衡两大刑事政策的价值目标：人权保障和秩序维护。在当今时代，人权保障状况是区别法治国家与非法治国家的显著标志。① 不纯正不作为犯之认定的关键在于作为义务的根据，将作为义务的根据成文化，明文规定作为义务根据的八大种类，从构成要件要素的明文化，甚至一定程度的明确化角度，推行罪刑法定原则在不纯正不作为犯领域的实现，由此发挥罪刑法定原则的人权保障机能。同时，刑事政策的人权保障价值与秩序维护价值是相互联结、相互促进的。人权保障尽管可以说是终极价值目标，但是自由不是空穴来风或者空中楼阁，而是需要前提基础以及相当的实现方法与手段，这种前提基础就是秩序价值。② 为了保护行为人的不作为侵害的法益，以及维护作为义务根据背后潜藏的深层次的社会伦理道德，我们建议在借鉴德日刑法理论的优点之前提下，结合我国作为义务根据新通说，在我国《刑法》第 14 条中设立不纯正不作为犯条款，这是从技术的角度和方法，为不纯正不作为犯的认定作秩序上的构建，以免司法实践工作者因法律条款的缺位，在认定作为义务时流于简单与随意，这恰好推动了刑事政策之人权保障价值的实现。因此，增列不纯正不作为犯条款，有助于适当权衡人权保障和秩序维护。

其二，刑法立法论上，有利于科学填补刑法立法漏洞。

法律漏洞可能出现在一切法律漏洞的组成部分中，法官可能因为漏洞而陷入窘境。③ 刑法上出现漏洞，如果以解释来填补，很可能成为不利于行为人的类推解释，从而违反罪刑法定原则，以司法侵权立法的方式，违背权力分立制衡原则。④ 因此，应当坚持刑法立法漏洞由立法填补的刑法漏洞填补原则：刑法漏洞如果必须填补，其救济途径选择是立法修改补充，反对司法填补。⑤ 我国刑法并未规定不纯正不作为犯条款，我们建议修正我国《刑法》第 14 条，设立第 3、4 款为不纯正不作为犯条款，使得司法实践工作者在认定不纯正不作为犯时，以"法有明文规定"的方式，彻底消除处罚不纯正不作为犯将违背罪刑法定原则的指摘，使我国刑法更加完善，也起到一个附带的警示作用：避免在我国刑法出现漏洞时，完全求助于类推解释，扼杀在立法上科学填补刑法立法漏洞的动机和

---

① 魏东：《刑事政策学》，四川大学出版社 2011 年版，第 45 页。
② 同上书，第 46 页。
③ 卡尔·恩吉施：《法律思维导论》，法律出版社 2004 年版，第 168 页。
④ 林山田：《刑法通论》（上册），北京大学出版社 2011 年版，第 40 页。
⑤ 魏东：《保守的实质刑法观与现代刑事政策立场》，中国民主法制出版社 2011 年版，第 9 页。

尝试。

其三，刑法解释论上，有利于坚守罪刑法定原则和刑法解释的保守性立场。

如上所述，刑法解释论上，罪刑法定原则的明文化要求，是我国立法上增设不纯正不作为犯条款的必然之义，自然有利于坚守罪刑法定原则。同时，增设不纯正不作为犯条款也有利于坚守刑法解释的保守性立场。刑法解释的保守性立场宣示了一种保守的入罪立场，只要关涉入罪，都必须予以保守的、形式的审查，不允许动辄入罪，更不允许司法上的犯罪化现象。[①] 比如，夫妻之间的救助义务，如果认为来源于我国《婚姻法》第20条第1款"夫妻有相互抚养的义务"，那么，就必须将"救助"解释为"抚养"，这虽然有一定道理，但也存在争议。不可否认，这种解释带有一定的激进性。如果根据修正后的我国《刑法》第14条第3款第1项"近亲属"之作为义务，夫妻之间的救助义务就可顺势得以确立，不必通过将"救助"解释为"抚养"，来为夫妻之间的作为义务寻找根据，这就坚守了刑法解释的保守性立场。

[①] 魏东：《刑法观与解释论立场》，中国民主法制出版社2011年版，第101页。

第十一章

法条竞合之特别关系的
具体类型与界定方法[*]

一 问题的缘起

实务中，行为人使用数额较大的假币向被害人购买财物的案例发生不少，这类行为一般被认定为诈骗罪而非使用假币罪，但使用假币罪与诈骗罪的关系，未得深入研究。有学者认为，使用假币罪与诈骗罪是法条竞合之特别关系。如周光权教授认为："使用假币罪和诈骗罪之间也存在普通法条和特别法条的关系。使用假币行为带有诈骗性质，这是立法上当然可以预想的事情，但是，由于立法特别规定，对使用假币行为只能定使用假币罪，排斥诈骗罪的适用；如果对使用假币行为定诈骗罪，使用假币罪就没有存在的余地。"[①] 张明楷教授先是认为："使用假币行为另触犯诈骗罪的，也应认定为使用假币罪。"[②] 后又更改观点："使用假币行为同时触犯诈骗罪的，属于想象竞合犯。"[③] 这对从事司法实践的工作者来讲，可能会造成困惑：此类行为涉及的两个法条，究竟是法条竞合之特别关系，还是想象竞合的关系？这得求助于法条竞合之特别关系的界定。

宏观而论，刑法理论上的所谓"刑法分则条文竞合"，实际上就是指刑法分则规定的内容在一定程度和范围内的重合、重复，当竞合现象出现

---

[*] 本章是笔者和王德政博士合作研究成果，系笔者所承担的 2012 年度国家社科基金项目重点课题《刑法解释原理与实证问题研究》的阶段性成果之一（课题批准号：12AFX009）。

[①] 周光权：《法条竞合的特别关系研究——兼与张明楷教授商榷》，载《中国法学》2010年第 3 期。

[②] 张明楷：《刑法学》，法律出版社 2007 年版，第 581 页。

[③] 张明楷：《刑法学》，法律出版社 2011 年版，第 681 页。

以后，就存在一个如何选择适用刑法分则条文的问题。针对这种竞合现象的解决方案，刑法理论上就提出了两个理论：一个是法条竞合，另一个是想象竞合。① 德国通说认为，法条竞合包括特别关系、补充关系、吸收关系。② 日本通说认为除上述关系外，还存在择一关系，③ 而我国传统理论认为法条竞合只包括特别关系。④ 不管如何，特别关系是一种法条竞合关系，或者说是法条竞合的一种表现形式，对此，已经不存在任何争议。⑤ 根据通说，一个不法构成要件若在概念上必然包括另一个不法构成要件的所有构成要件要素，则前一个不法构成要件对于后一个不法构成要件而言，即具特别关系。⑥ 两个法条构成特别关系的情形下，适用特别法条，排斥普通法条，就起到了禁止重复评价两者中重叠的构成要件行为要素的作用。然而，"包括"一词是比较粗糙的描述，往往导致在个案的判断上容易出现偏差。从而，"包括"一词需要具体界定，以防理解失误。

二 罗克辛的界定方法及其缺陷

文献几乎都没有详细探讨具体的界定方法，无论是代表性的德国刑法教科书，⑦ 还是代表性的日本刑法教科书，⑧ 我国通行的刑法教科书亦然。⑨ 但德国学者罗克辛近来提出了比较具体可行的方法。他不是笼统地从"包括"一词界定特别关系，而是将之具体化，从构成要件要素的比较中界定特别关系。罗克辛认为："法条竞合中的特别关系是指，一个罪刑规范包含另一个罪刑规范的所有要素，并且只能根据其至少还包含一个

---

① 魏东：《刑法各论若干前沿问题要论》，人民法院出版社2005年版，第22页。
② [德]约翰内斯·韦塞尔斯：《德国刑法总论》，李昌珂译，法律出版社2008年版，第477页。
③ [日]山口厚：《刑法总论》，付立庆译，中国人民大学出版社2011年版，第369页。
④ 高铭暄、马克昌：《刑法学》，北京大学出版社、高等教育出版社2010年版，第202页。
⑤ 张明楷：《法条竞合中特别关系的确定与处理》，载《法学家》2011年第1期。
⑥ 林山田：《刑法通论（下册）》，北京大学出版社2012年版，第211页。
⑦ [德]汉斯·海因里希·耶赛克：《德国刑法教科书（总论）》，徐久生译，中国法制出版社2001年版，第894页。
⑧ [日]西田典之：《日本刑法总论》，刘明祥、王昭武译，中国人民大学出版社2007年版，第34页。
⑨ 高铭暄、马克昌：《刑法学》，北京大学出版社、高等教育出版社2010年版，第202页。

进一步的特别要素,而将之与后者相区分。"① 这一方法比较值得称道,但结论有以下问题:

一方面,罗克辛只承认一种类型的特别关系:"如果甲罪的犯罪构成要件是 A + B + C + D,而乙罪的犯罪构成要件是 A + B + C + D + E,则可以确定甲罪与乙罪之间成立特别关系。其中,甲罪的法条为一般法条,乙罪的法条为特别法条。②" 但这并未界定完备。比如,走私武器罪是否与走私普通货物、物品罪具备特别关系?按照罗克辛的界定,如果走私武器罪相比走私普通货物、物品罪,多出了一部分构成要件要素,且其余构成要件要素重叠,就成立特别关系。但是,若比较二罪的构成要件要素,发现二罪的构成要件要素仅存在行为客体的区别(武器是普通货物、物品的特别态样),也就是说,走私武器罪并不比走私普通货物、物品罪多出任何构成要件要素,若按照罗克辛的界定,两罪并不具备特别关系。此即不合理之处。因此,虽然罗克辛界定特别关系的方法值得称道,但其概括的特别关系太狭窄,不足以涵盖所有的特别关系。

另一方面,罗克辛只界定一种特别关系,容易使人在面对案例时,误信只存在这种类型而无其他,从而将事实上的其他类型特别关系,生拉硬扯认为是这类特别关系,进而付出在论证上不可避免存在瑕疵的代价。

例如,劳东燕教授在分析贵州习水官员嫖宿幼女案时,以罗克辛的界定为判断基准,认为嫖宿幼女罪的构成要件要素,相比奸淫幼女型强奸罪,多出"幼女从事卖淫行业"、"以财物为对价"两个特别构成要件要素,而两罪的其余构成要件要素是重合的,故嫖宿幼女罪是奸淫幼女型强奸罪的特别条款。③ 劳东燕教授的论述有以下问题:第一,"幼女从事卖淫行业"实为行为主体要素,即"从事卖淫行业的幼女"根本就是奸淫幼女型强奸罪中行为主体要素的特别态样,并非多出的特别构成要件要素,两者是一一对应的关系(不是完全对应,而是特别态样的对应),并非前者凭空多出。第二,确切地讲,嫖宿幼女罪的行为要素为:取得幼女同意,与之发生性关系,并支付对价(根据常识,"幼女同意"和"支付对价",是嫖宿行为的两个本质特征,离开双方"你情我愿"和"各取所

---

① [德]克劳斯·罗克辛:《德国刑法学总论》(第 2 卷),王世洲等译,法律出版社 2013 年版,第 638—639 页。
② 劳东燕:《强奸罪与嫖宿幼女罪的关系新论》,载《清华法学》2011 年第 2 期。
③ 同上。

需",就不是嫖宿行为);奸淫幼女型强奸罪的行为要素为:与幼女发生性关系。可见,"与幼女发生性关系"的具体情形千差万别,涵括了"取得幼女同意,与之发生性关系,并支付对价"的特别情形,故后者是前者的特别态样。所以,"幼女同意"和"以财物为对价",是嫖宿幼女罪行为要素的内在一部分,并因之存在,使得嫖宿幼女罪的行为要素成为奸淫幼女型强奸罪行为要素的特别态样,并不是多出的构成要件要素。第三,承上,嫖宿幼女罪行为要素中,"幼女同意"这一内在部分也在论述中漏掉了。但"幼女同意"一点,极其重要,因为没有争议的是,无论幼女身份为何(是否从事卖淫),在其不同意性交时,行为人当然构成强奸罪。[①]

问题的关键是,嫖宿幼女罪的行为客体要素"从事卖淫行业的幼女"虽然是奸淫幼女型强奸罪中行为客体要素"幼女"的特别态样,但不是完全等同的关系,同时,其行为要素"取得幼女同意,与之发生性关系,并支付对价"也是奸淫幼女型强奸罪中行为要素"与幼女发生性关系"的特别态样,也不是完全等同的关系,那么,嫖宿幼女罪与奸淫幼女型强奸罪,自然套不上罗克辛描述的"如果甲罪的犯罪构成要件是 $A+B+C+D$,而乙罪的犯罪构成要件是 $A+B+C+D+E$,则可以确定甲罪与乙罪之间成立特别关系"。因为按照该描述,乙罪的 $A+B+C+D$,等同于甲罪的 $A+B+C+D$,并且乙罪比甲罪多出 E 这样一个构成要件要素,但如前所述,嫖宿幼女罪与奸淫幼女罪的行为要素并不完全等同,也不比后者多出任何构成要件要素。既然嫖宿幼女罪与奸淫幼女型强奸罪之间,并非罗克辛界定的特别关系,而是其他类型的特别关系(后将论述),那么罗克辛只描述这类特别关系,就容易使人将符合其他类型特别关系的二法条强行用这类特别关系加以解释,造成论证上肯定会出现的瑕疵。

三 罗克辛界定方法的借鉴完善及其精细化

刑法是最精确的法学。[②] 既然罗克辛界定的特别关系不完备,但方法

---

① 车浩:《强奸罪与嫖宿幼女罪的关系》,载《法学研究》2010年第2期。
② [德]克劳斯·罗克辛:《德国刑法学总论》(第1卷),王世洲译,法律出版社2005年版,第1页。

上殊值肯定，就应该借鉴他"具体比较构成要件要素，从而界定特别关系"的方法，并进一步精细化，以求界定完备。从上述实例可知，比较构成要件要素，必须注意是否多出不同种类的构成要件要素，以及态样的差别，才能精确且全面地涵括所有类型的特别关系。例如，行为要素与结果要素就是不同的种类。"使用贷款进行诈骗"与"诈骗行为"，是两种相同的构成要素种类——行为要素，但前者的概念外延被后者包括，用本书说法，即态样有别，前者是后者的特别态样。

　　结合构成要件要素的上述特点，设甲、乙为不同的刑法构成要件法条，从逻辑上去推演"一个不法构成要件在概念上包括另一个不法构成要件的所有构成要件要素"，发现只能存在三种情形：第一，甲法条的构成要件要素，在种类上，多于乙法条，并且二法条重叠的构成要件要素，态样一致。此时适用甲法条，排斥乙法条，有如下作用：首先，禁止了重复评价；其次，评价了乙法条的不法内涵；最后，可以评价甲法条多出的构成要件要素的不法内涵。第二，甲法条的构成要件要素在种类上与乙法条一致，但至少有一个构成要件要素是乙法条对应构成要件要素的特别态样。此时适用甲法条，排斥乙法条，作用如下：首先，禁止了重复评价；其次，评价了乙法条的不法内涵；最后，可以评价甲法条特别态样构成要件要素的特别不法内涵。第三，甲法条的构成要件要素，在种类上，多于乙法条，同时，至少有一个构成要素是乙法条对应构成要件要素的特别态样。此时适用甲法条，排斥乙法条，作用是前两者情形的综合。犯罪竞合论的基本任务，就是要做到对犯罪不法内涵进行充分，但不过度、不重复的评价，法条竞合就是为了完成这个任务而来。[①] 以上三种情形，完全满足该任务。

　　可见，构成特别关系的两个法条，具备四个特点：第一，两个法条不能在构成要件要素的种类和态样上完全一致，否则二者将无法区分；第二，两个法条在构成要件的行为要素上存在重叠，包括态样一致和态样特别两种重叠，否则，就没有必要禁止重复评价行为人的行为，也就没有必要形成特别关系；第三，适用特别法条，可以评价其可能多出的构成要件要素的不法内涵，或者可以评价其可能存在的特别态样之构成要件要素的特别不法内涵；第四，适用特别法条，可以评价普通法条的不法内涵。以

[①] 林钰雄：《新刑法总则》，中国人民大学出版社2009年版，第448—449页。

上四点，是法条竞合之特别关系的基本特点，也是创设它的必要性、合理性和正当性之基本体现。

下一步，有必要对特别关系的三种类型及其界定方法予以精细化描述。

目的行为论者将实现整体客观构成要件的故意，从罪责内涵中分解出来，完全置于犯罪构成要件之中，而确立了主观构成要件的概念。[①] 由此，构成要件要素分为主观构成要件要素和客观构成要件要素。主观构成要件要素包括两类：故意或过失（目的要素内含于故意之中），客观构成要件要素包括五类：行为主体、行为客体（行为对象）、行为方式、行为结果、因果关系。[②] 故意或过失，不仅是主观构成要件要素，也是行为人的主观罪过形式，[③] 而构成要件要素能在样态上进行比较，须具备明确、直接、可行、客观的判断条件，因此，将故意或过失的主观要素，纳入比较范围，将造成不必要的思维浪费。目的由于其可以成为某些特定的故意犯罪的特别要素，因而有必要将其作为特定的故意犯罪的特别态样加以考虑。另外，因果关系是行为与结果之间的关联，行为与结果有事实上的外部联系，[④] 这种联系本身没有相互包含或从属的性质，故无法进行态样比较。所以在特别关系的判断中，有比较意义的，仅为行为主体、行为目的、行为客体、行为方式、行为结果五类构成要件要素。

现设甲、乙为两个不同法条，A、B、C、D 为法条包含的构成要件要素，a、b、c、d 为前者的特别态样。比如，A 为"使用诈术"，则 a 为"使用假币"这种特殊的使用诈术态样。特别关系的三种类型及其界定方法可以进行如下具体描述：

（一）超越要素类型

此即，甲法条构成要件要素为 A、B、C、D，乙法条构成要件要素为 A、B、C，两者形成的特别关系。

[①] 柯耀程：《变动中的刑法思想》，中国政法大学出版社 2003 年版，第 15 页。
[②] 林山田：《刑法通论》（上册），北京大学出版社 2012 年版，第 153 页。
[③] [德] 恩施特·贝林：《构成要件理论》，王安异译，中国人民公安大学出版社 2006 年版，第 115 页。
[④] [德] 冈特·施特拉腾韦特、洛塔尔·库伦：《刑法总论 I——犯罪论》，杨萌译，法律出版社 2006 年版，第 93 页。

这类情形中，甲法条的构成要件要素在种类上多于乙，且两者重合的构成要件要素，在态样上一致。如果行为人同时触犯甲法条和乙法条，很明显，行为人构成甲罪，即可评价乙法条所有构成要件要素的不法内涵，且评价了多出的 D 要素的不法内涵。此时，甲法条为特别法条，乙法条为普通法条。

如绑架致人死亡的结果加重犯包括了绑架罪的所有构成要件要素，但种类上多了一个"致人死亡"结果要素，所以绑架致人死亡的结果加重犯条款，是绑架罪的特别条款。

（二）特别态样类型

此即，甲法条构成要件要素为 a、b、c，乙法条构成要件要素为 A、B、C，两者形成的特别关系。

这种情形下，甲法条的构成要件要素在种类上与乙法条一致，但前者中至少有一个要素是后者的特别态样。如果行为人同时触犯甲法条和乙法条，应适用甲法条，因为这样才能评价甲法条之特别态样构成要件要素的不法内涵，也能评价乙法条所有构成要件要素的不法内涵。因此，甲法条为特别法条，乙法条为普通法条。

如贷款诈骗罪的构成要件要素与诈骗罪的种类一致，但前罪的构成要件要素之行为要素为"利用贷款进行诈骗"，这明显是后罪行为要素"虚构事实、隐瞒真相"的特别态样。因此，贷款诈骗罪为诈骗罪的特别法条。

再如嫖宿幼女罪与奸淫幼女型强奸罪。如前所述，嫖宿幼女罪构成要件要素之行为要素和行为客体要素，均为奸淫幼女型强奸罪中对应要素的特别态样，因此，嫖宿幼女罪是奸淫幼女型强奸罪的特别法条。

（三）超越要素、特别态样竞合类型

此即，甲法条构成要件要素为 a、b、c、D，乙法条构成要件要素为 A、B、C，两者形成的特别关系。

这类情形下，甲法条的构成要件要素种类，比乙法条多出一个 D，并且，至少有一种构成要件要素是后者的特别态样。如果行为人同时触犯甲法条和乙法条，应适用甲法条，因为这既能体现 D 要素的不法内涵，也考虑了 a、b、c 相对于 A、B、C 的特殊性，也顺带评价了 A、B、C 的不

法内涵。

实例如假币罪与诈骗罪、绑架罪与非法拘禁罪之关系的判断，下文将详述。

四 实例应用

实务中，使用假币罪与诈骗罪、绑架罪与非法拘禁罪是否具备特别关系比较有探讨意义。现根据本书界定的三种类型之特别关系，分而述之。

使用假币罪的构成要件为，行为人（行为主体要素）对人或机器（行为客体要素）使用伪造的货币（行为要素）的行为。[1] 诈骗罪的构成要件为，行为人（行为主体要素）以非法占有为目的（目的要素），对被害人（行为客体要素）使用虚构事实、隐瞒真相的方法（行为要素），使其产生错误认识，从而处分财产，行为人或者第三人取得财产，被害人遭受财产损害（以上四点均为结果要素）的行为。[2] 比较两罪的构成要件要素，发现诈骗罪相比使用假币罪，多出目的、结果两种要素，同时，使用假币罪的行为要素是"使用伪造的货币"，是诈骗罪行为要素"使用虚构事实、隐瞒真相的方法"的特别态样，诈骗罪的行为客体是"人"，是使用假币罪行为客体"人或机器"的特别态样。综合而言，使用假币罪的构成要件要素可以表示为 A（行为人）、B（人或机器）c（使用伪造的货币），诈骗罪的构成要件要素可以表示为 A（行为人）、B（人）、C（使用虚构事实、隐瞒真相的方法）、D（以非法占有为目的）、E（被害人陷入认识错误，从而处分财产，继而遭受损失，行为人获得利益）。简言之，即使用假币罪的构成要件要素为：A、B、c，诈骗罪的构成要件要素为 A、B、C、D、E。可见，这种类型的关系，与上述三种类型之特别关系根本不同。如果强行认为使用假币罪是诈骗罪的特别法条，排斥诈骗罪的适用，将无法评价诈骗罪多出的构成要件要素 D、E 的不法内涵。再者，如果反过来认为诈骗罪是使用假币罪的特别法条，而排斥使用假币罪的适用，也无法评价 c 的"特别态样"的不法内涵，不利于保护使用假币罪侵害的法益（国家的货币发行权）。因此，诈骗罪也不是使用假币罪

---

[1] 曲新久、陈兴良、张明楷：《刑法学》，中国政法大学出版社 2006 年版，第 205 页。

[2] 张明楷：《刑法学》，法律出版社 2007 年版，第 735 页。

的特别法条。一言概之，诈骗罪与使用假币罪，根本不具备任何类型的特别关系。

绑架罪与非法拘禁罪是否具备特别关系？详细比较二罪的构成要件要素，发现绑架罪相比非法拘禁罪，多出了目的要素（以勒索财物或满足其他不法要求为目的），[①] 而其行为要素（使用强制手段将被害人置于行为人控制之下，剥夺或者限制其人身自由的行为），[②] 是后者行为要素（非法拘禁，或者以其他方法，非法剥夺他人人身自由的行为）的特别态样，[③] 这属于超越要素、特别态样竞合之特别关系。因此，绑架罪是非法拘禁罪的特别法条。

陈兴良教授在分析杨保营案时指出："绑架行为往往涉及非法拘禁。当然，在刑法理论上，如何区分绑架罪与非法拘禁罪，始终是一个较为复杂的问题……对于我国刑法中的绑架罪与非法拘禁罪的关系值得进一步考察。"[④] 其实，绑架罪就是非法拘禁罪的特别法条，与其硬性区分，还不如按照法条竞合的规则处理。陈兴良教授在分析席学森、郑思东案时，指出绑架罪与非法拘禁罪是想象竞合犯的关系，[⑤] 而没有认识到二者之间其实存在特别关系，这一点，也表明针对特别关系的原有界定方法并不妥当。

另外，周光权教授认为："择一关系是指不同法条对构成要件的描述彼此矛盾、'誓不两立'，适用其中一个法条时，另外的法条就被排斥。这一关系是特别关系的对立面。在特别关系中，不同法条对相同行为有完全或者绝大部分重合的规定。但具有择一关系的两个刑法条文之间实质上存在对立关系……在为索取债务而拘禁、扣押第三人的场合，行为从自然的意义上看，和绑架罪的构成要件相当。但是，《刑法》第238条第3款明确规定以非法拘禁罪论处，从而排斥绑架罪的适用。"[⑥] 这种论述并不当然合理。那么，《刑法》第238条第3款规定的为索取债务非法扣押、

[①] 张明楷：《刑法学教程》，北京大学出版社2007年版，第276页。
[②] 高铭暄、马克昌：《刑法学》，北京大学出版社、高等教育出版社2010年版，第529页。
[③] 陈兴良：《规范刑法学》（下册），中国人民大学出版社2013年版，第770页。
[④] 陈兴良：《拘禁他人并向其勒索财物行为之定性研究——杨保营案的分析》，载《河北法学》2005年第3期。
[⑤] 陈兴良：《刑法疑案研究》，法律出版社2002年版，第208页。
[⑥] 周光权：《法条竞合的特别关系研究——兼与张明楷教授商榷》，载《中国法学》2010年第3期。

拘禁他人的行为，与绑架罪，究竟是何种关系？为索取债务非法扣押、拘禁他人的行为，除了包括非法拘禁罪的构成要件要素之外，还多出一个目的要素：为索取债务。绑架罪虽然在行为要素上是"为索取债务非法扣押、拘禁他人的行为"之行为要素的特别态样，但其目的要素与后者的目的要素根本不同。如果认为绑架罪是"为索取债务非法扣押、拘禁他人的行为"的特别法条，将无法评价"为索取债务非法扣押、拘禁他人的行为"之目的要素的不法内涵。如果认为"为索取债务非法扣押、拘禁他人的行为"是绑架罪的特别法条，也无法评价绑架罪之目的要素的不法内涵，及其行为要素的特别不法内涵。因此，为索取债务非法扣押、拘禁他人的行为，与绑架罪不具备任何类型的特别关系。所以，周光权教授认为的"在为索取债务而拘禁、扣押第三人的场合，行为从自然的意义上看，和绑架罪的构成要件相当"是不成立的，因为两者在构成要件要素上不存在包括关系，也就根本不相当。行为人实施为索取债务非法扣押、拘禁他人的行为，自然构成非法拘禁罪。因此，《刑法》第238条第3款将为索取债务非法扣押、拘禁他人的行为定性为非法拘禁罪而非绑架罪，并不是法律拟制的结果，仅为提示规定。周光权教授的思路流程在于：首先，绑架罪是"为索取债务非法扣押、拘禁他人的行为"的特别法条，表面上应按照法条竞合之特别关系的处理原则，定性为绑架罪；其次，《刑法》第238条第3款将"为索取债务非法扣押、拘禁他人的行为"定性为非法拘禁罪，这就通过法律拟制，否定了"为索取债务非法扣押、拘禁他人的行为"与绑架罪存在法条竞合之特别关系；最后，既然刑法条文否定了"为索取债务非法扣押、拘禁他人的行为"与绑架罪存在法条竞合之特别关系，那么两者就具备择一关系。周光权教授的上列思路流程存在如下问题：第一，绑架罪并不是"为索取债务非法扣押、拘禁他人的行为"的特别法条；第二，《刑法》第238条第3款将"为索取债务非法扣押、拘禁他人的行为"定性为非法拘禁罪，不是法律拟制而是提示规定；第三，既然周光权教授的论述过程已充满误解，那么，以《刑法》第238条第3款将"为索取债务非法扣押、拘禁他人的行为"定性为非法拘禁罪为例，来说明"为索取债务非法扣押、拘禁他人的行为"与绑架罪具备择一关系，根本就是南辕北辙、治丝益棼，没有论及问题的本旨。

五　以法益数量为界定方法之缺陷

在界定两个刑法条文属于法条竞合之特别关系还是想象竞合关系时，有学者认为应根据行为所侵害法益的数量作为界定方法。如甘添贵教授认为："行使伪币或伪造有价证券之行为，所侵害者为属于社会法益之公共信用；诈欺取财之行为，所侵害者则为属于个人法益之财产安全。一个行使伪币或伪造有价证券之行为，实质上已侵害二个性质不同之法益，并已触犯二个不同之罪名，应以想象竞合犯予以处理，始为妥当。"① 但问题并非这样简单。

首先，既然"特别关系之认识，如自构成要件之构成要素加以比较分析，显较为简便与容易"②，那么，就更应该运用构成要件要素比较的方法，来确定两个刑法条文是否属于法条竞合之特别关系。避开本应运用的方法，从法益角度径行界定，虽然结论可能与构成要件要素比较的方法得出的结论一致，但方法论本身存在问题。方法有问题，得出的结论，可能正确，但万一是"毒树之果"怎么办？因此，结论的推导，应遵循正路，不能投机取巧，只图过程简便，寄期望于偶然性。正如判断行为是否构成犯罪，应从犯罪构成的角度判断，而不能直接通过行为是否具备社会危害性或法益侵害性，从而判断行为是否构成犯罪。所以不能以行为所侵害法益的数量作为界定法条竞合之特别关系的方法。

其次，张明楷教授认为："法条竞合时，只有一个法益侵害事实。"③ 但在法条竞合之特别关系的情形，行为并非只能侵害一个法益。黄荣坚教授指出："呈现包含关系的两个犯罪类型构成要件是在保护同一法益，其实此一命题并非逻辑关系上的命题，而只是经验上观察的结果……以构成要件上的特别关系认定法益保护的同一性，只能说是大致如此，但是并非绝对。"④ 此观点可谓一针见血。从我国《刑法》分则规定的罪名中，也能找出此例外。例如盗窃尸体罪与盗窃罪，按照本书的界定方法，前者在

---

① 甘添贵：《罪数理论之研究》，中国人民大学出版社 2008 年版，第 153 页。
② 同上。
③ 张明楷：《法条竞合中特别关系的确定与处理》，载《法学家》2011 年第 1 期；周光权：《法条竞合的特别关系研究——兼与张明楷教授商榷》，载《中国法学》2010 年第 3 期。
④ 黄荣坚：《基础刑法学（下）》，中国人民大学出版社 2009 年版，第 585 页。

构成要件行为客体要素上是后者的特别态样,属于特别态样类型的法条竞合之特别关系。但盗窃尸体罪被《刑法》规定于第六章妨害社会管理秩序罪的第一节扰乱公共秩序罪之下,可知,该罪侵害的法益应为中国社会大众自古以来存在的"死者为大"或者"尊重死者"的社会伦理规范或者道德情感。盗窃罪所要保护的法益,乃是财产法益,① 具体而言,是持有利益。② 二罪所侵害的根本不是同一个法益。可见,周光权教授所说的"原则上,法条之间具有特别关系时,不同条文之间必须具有法益保护的同一性"③,其"原则上"这一点很重要,表明了有例外情形。

最后,如果以法益为界定方法,不利于刑法研究方法的创新。如果仅靠法益就能轻易界定法条竞合之特别关系,那么,刑法教义学上认为的"法条竞合中的特别关系,是指两个构成要件之间有包含关系,也就是逻辑上的从属关系"④,以及罗克辛为界定法条竞合之特别关系创设的具体方法皆为不必要。关于法条竞合之特别关系的界定方法,也更没有进一步研究、创新的必要。我国学者指出:"传统教科书里所介绍的那些研究方法可能并不充分,需要借助一些新的思维和新的研究方法,即需要理论创新、方法论创新。"⑤ 所以,以法益为界定方法,于法条竞合之特别关系的界定方法的创新,是一种阻碍。

六 "大竞合论"之乏善可陈

法条竞合与想象竞合的硬性区分,是考验学者创新意识、思维能力的契机,对于行为人适用从一重罪或特别法处断的原则,也与公民宪法上的权利休戚相关。但当前我国刑法学界有学者提出不必严格区分法条竞合与想象竞合的"大竞合论"论点,殊值警惕。

陈洪兵教授提出大竞合论论点,认为:"我国刑法理论界习惯于准确区分此罪与彼罪,孜孜不倦于分清法条竞合与想象竞合……可是实践告诉

---

① 林山田:《刑法各罪论》(上册),北京大学出版社2012年版,第208页。
② 林东茂:《刑法综览》,中国人民大学出版社2009年版,第286页。
③ 周光权:《法条竞合的特别关系研究——兼与张明楷教授商榷》,载《中国法学》2010年第3期。
④ 许玉秀:《当代刑法思潮》,中国民主法制出版社2005年版,第762页。
⑤ 魏东:《保守的实质刑法观与现代刑事政策立场》,中国民主法制出版社2011年版,第12页。

我们，一般性案件不劳驾理论界也能很容易区分此罪与彼罪，但当碰到非典型的所谓疑难案件时，理论界费尽心血提出的区分此罪与彼罪的所谓标准却不管用。罪与罪之间原本就没有所谓明确的界限，不如承认构成要件间存在广泛的竞合关系，也不必硬性归入法条竞合或者想象竞合，只需承认竞合关系的存在，从重处罚即可。在有的学者眼中，刑法中到处是缺陷……其实，立法本身没有缺陷。"[1] 应当说，陈洪兵教授的这些论述问题重重，缺乏新意而乏善可陈。

第一，"当碰到非典型的所谓疑难案件时，理论界费尽心血提出的区分此罪与彼罪的所谓标准却不管用"。理论界提出的标准"不管用"，只能说明此标准有缺陷，反过来证明更应加深研究，以提出"管用"的标准解决问题，而不能因为提出的标准"不管用"，就放弃进一步研究，并为此放弃找寻一个貌似漂亮的借口，包装其外。此外，这也是夸大其词之说。因为疑难案件也并非哲学上的不可知论。理论界提出的区分疑难案件中罪与罪之间的标准，事实上并非一概不管用。但无论如何，一竿子推定所有情形下都不管用，有投机取巧之嫌。

第二，"罪与罪之间原本就没有所谓明确的界限"。这个论断既让人困惑，也很危险。贝林指出："刑法根据可罚性的程度而将可罚性行为分为不同的类型，即不同类型的犯罪，每个犯罪类型均有其基本法定刑，而每个基本型亦针对某个独立的犯罪类型……立法者规定之特定形象、类型、抽象法律形式指导，都指示着具体的犯罪类型，还指示着这些类型彼此之间的价值关系。"[2] 可见，罪与罪之间理应存有明确界限。立法者在建立每个罪名时，通过设定此罪与彼罪之间的区别，而产生类型化功能，借以准确评价各行为的不法内涵，最终合理判定对行为人应处的刑罚。其实陈洪兵教授以上论证的因果流程在于：先是不能为法条竞合与想象竞合的区分提供合理的方法，所以干脆模糊法条竞合与想象竞合之间的区别。进一步，则为了增强说服力，顺势提出模糊化的依据：否定罪与罪之间的明确界限。可见，这种论证思路是比较难以令人信服的。这种论点还存在以下危险：其一，架空罪与罪之间的区别，使立法者心血落空；其二，否

---

[1] 陈洪兵：《不必严格区分法条竞合与想象竞合：大竞合论之提倡》，载《清华法学》2012年第1期。

[2] ［德］恩施特·贝林：《构成要件理论》，王安异译，中国人民公安大学出版社2006年版，第19—20页。

定此罪与彼罪的区别，一概适用从一重罪处断的原则，极可能跳开本应适用的轻罪轻刑，殃及人权；其三，逃避争议，径行处断，阻碍法条竞合与想象竞合之区分方法的创新。

第三，使法条竞合之特别关系的适用原则和存在价值尽丧殆尽。比如，A、B是不同的构成要件法条，对应的是A、B罪，前罪重于后罪。行为人的一行为触犯A、B法条时，若认为A是普通法条，B是特别法条，根据特别法排斥普通法的原则，应对行为人定B罪。若认定为想象竞合关系，根据从一重罪处断的原则（在法律无"本法另有规定的，依照规定"之规定时），应对行为人定A罪。但若认为不必严格区分法条竞合与想象竞合，直接从一重罪处断，行为人就被定为A罪，这与想象竞合的处理原则一致。那么，相应地，法条竞合之特别关系的适用原则就被彻底否定了。更严重的是，在"不必严格区分"的大旗下，法条竞合之特别关系的适用原则被堂而皇之否定，而其存在价值，也随之被悄然抛弃。据此，我们只能看见想象竞合犯适用原则的孤独存在。而这个原则的孤独存在，其实就是重刑主义的不死阴魂借机卷土重来、死灰复燃的招魂幡。

第四，"在有的学者眼中，刑法中到处是缺陷……其实，立法本身没有缺陷"。刑法的解释和学说的张力确是一定程度上克服法条缺陷的法宝。但一概迷信法律解释的魔力和学说的张力，否定法条的缺陷，会误入极端，摒弃法律的修改，从而不利于纠正它的缺陷，无助于实现良法之治的法治美景。毫无疑问，立法者并非"全能"，立法缺陷也是可能的和客观的。不承认立法缺陷，反对开展刑法立法的应然性研究，反对动辄指责和修改刑法等研究方法，这种见解过于绝对，也比较偏激，而且也不利于刑法学发展，不利于刑法立法完善，不利于司法规范，因而是比较不可取的学术立场。[①]

七 结论

行为人的一行为触犯的两个法条是法条竞合之特别关系还是想象竞合

[①] 魏东：《保守的实质刑法观与现代刑事政策立场》，中国民主法制出版社2011年版，第10页。

关系产生疑问时，不能以行为侵害的法益数量作为判断标准，更不能否定法条竞合与想象竞合之间的区别，以"大竞合论"回避问题的方式而径行从一重罪处断，而应比较两个法条所设定的行为主体、行为目的、行为客体、行为方式、行为结果五类构成要件要素，看是否为本书所界定的超越要素类型、特别态样类型或超越要素、特别态样竞合类型的特别关系。若是，两个法条为法条竞合，若否，则为想象竞合。

第十二章

我国共犯论的知识性考察[*]

我国共犯论在通常语境下指涉共同犯罪理论整体（广义共犯论与整体共犯论），在特别提示的语境下则可以指涉相当于德日刑法学中与"正犯论"相对的仅限于帮助犯与教唆犯的理论（狭义共犯论）。[①] 通过多年来全体刑法同仁的共同努力，我国共犯论业已形成较为成熟的占通说地位的共同犯罪理论逻辑体系（后文详述）。而近十年来，我国学术界针对共犯论中的众多理论问题展开了学术争鸣，呈现出某种学术繁荣景象。在这些学术争议中，我国著名刑法学家陈兴良教授在其新著《刑法的知识转型（学术史）》一书中，基于促进我国刑法知识转型的学术使命，以"共犯论的嬗变"为题（该书第十四章），"以我国共犯论的嬗变为经线，以共犯的基本问题为纬线进行学术史的考察"，在系统分析研讨我国共犯论逻辑体系历史嬗变及其知识渊源考察的基础上，提出并论证了包括我国共犯论在内的"我国的刑法知识开始了一个从苏俄化到德日化的逐渐但却有力的演变过程"的学术观点，[②] 具有比较突出的代表性和学术影响力。但是，笔者发现陈兴良教授在其学术论证过程中存在一定瑕疵，其提出的某些学术命题和学术观点值得商榷，其得出的部分学术论断尚待进一步研究论证。为此，本章针对陈兴良教授关于我国共犯论刑法知识体系之知识渊源的论断及提出的相关学术命题展开学术研讨，就教于陈兴良教授及学

---

[*] 本章系笔者所承担的2012年度国家社科基金项目重点课题《刑法解释原理与实证问题研究》的阶段性成果之一（课题批准号：12AFX009）。

[①] 狭义共犯论指涉对象通常是帮助犯和教唆犯，有时还包括组织犯在内，其具体内容与特定语境有关。

[②] 参见陈兴良《刑法的知识转型（学术史）》，中国人民大学出版社2012年版，第521—577页、"代序"第3页。

界其他同仁。

一 我国共犯论刑法知识体系的渊源考察

陈兴良教授将我国共犯论的刑法知识嬗变归纳为共犯论的流变、正犯与共犯的区分、共犯二重性说的衰败、部分犯罪共同说的接受、共犯处罚根据论的引入、单一正犯体系的兴起六项内容，其中较为详细地考察论述了上列共犯论刑法知识的渊源问题，得出了我国传统共同犯罪理论的刑法知识渊源主要是苏俄刑法知识，后来逐渐引入德日刑法知识（渊源）并出现从苏俄化到德日化的演变过程的结论。[①] 但这一结论可能有失客观公允。为了更加客观、更有针对性地对我国共同犯罪理论进行刑法知识渊源上的考察分析，本书在参考和观照陈兴良教授对我国共犯论的刑法知识嬗变的归纳的基础上，特按照我国占通说地位的共同犯罪理论逻辑体系，从共同犯罪的概念法定化、共同犯罪的成立范围、共同犯罪的构成、共犯的性质、共犯的分类与处罚五个方面，对我国传统的通说的共同犯罪理论的刑法知识体系及其知识渊源加以理论描述，并提出新的考察分析结论。

（一）共同犯罪的概念法定化

我国刑法第 25 条（以及我国 1979 年《刑法》第 22 条）明确给出了共同犯罪的法定概念，即"共同犯罪是指二人以上共同故意犯罪"。共同犯罪的概念法定化具有重要的理论价值和学术意义，正如陈兴良教授所指出的，"我国刑法中的共同犯罪的概念是共同犯罪理论的基石。只有从我国刑法中的共同犯罪的概念出发，才能正确地揭示共同犯罪的性质，科学地确定共同犯罪的范围和辩证地理解共同犯罪的构成"[②]。如果说共同犯罪的概念法定化是一种关涉共犯论刑法知识的文化选择（作为我国共同犯罪理论的基石），那么，这种文化选择的刑法知识渊源何在呢？对此，陈兴良教授曾经指出："我国刑法中的共同犯罪的概念，不是立法者随心

[①] 参见陈兴良《刑法的知识转型（学术史）》，中国人民大学出版社 2012 年版，第 521—577 页、"代序"第 3 页。

[②] 陈兴良：《共同犯罪论》，中国社会科学出版社 1992 年版，第 49 页。

所欲的杜撰,而是对历史上莫衷一是的诸种共同犯罪学说进行批判地借鉴的基础上形成的。"① 此言不差。我国共同犯罪的概念法定化并将其作为我国共同犯罪理论的基石,其刑法知识渊源可以说主要有我国传统刑法知识和以苏俄为代表的社会主义国家刑法知识。

共同犯罪的概念法定化之中包含有浓郁的中国法文化传统。我国《唐律》关于共同犯罪的规定已相当完备而富有特色,且自唐以后的宋、元、明、清之历朝刑律均承袭了《唐律》关于共同犯罪的规定,无大变动。② 而针对《唐律》规定之"诸共犯罪者,以造意为首,随从者减一等",《唐律疏议》的解释是:"共犯罪者,谓二人以上共犯,以先造意者为首,余并未从。"③ 可以看出,作为刑法规范解释文本的《唐律疏议》对"共犯罪"进行了规范解释,在一定意义上彰显了共同犯罪概念法定化、共同犯罪仅限于两人以上共同故意犯罪等中国法文化传统的刑法知识特点;其"造意者"和"随从者"之共犯人二分法规范定型,也较为明确地标示了以共犯人地位和作用为标准而对共犯人进行分类的中国法文化传统。无疑,以我国《唐律》和《唐律疏议》关于共犯罪者的规定与解释来对照观察我国现行刑法第 25 条之规定,我们可以发现我国刑法古往今来关于共同犯罪概念法定化的法文化传承关系。

毋庸讳言,共同犯罪的概念法定化之中包含有突出的以苏俄刑法知识特点为代表的"社会主义国家刑法典"所特有的反资产阶级刑法典传统立法的文化特色。德日等大陆法系国家刑法典之中均不直接规定共同犯罪的一般概念,但是与此立法传统不同,苏联、阿尔巴尼亚等社会主义国家的刑法典之中均对共同犯罪的概念作了明确规定。如 1919 年《苏俄刑法指导原则》第 21 条规定:"数人(结伙、匪帮、聚众)共同实施的行为,实行犯、教唆犯和帮助犯都受处罚。"其后,《阿尔巴尼亚刑法典》第 12 条也规定了共同犯罪的一般概念:"数人共同故意实施犯罪或者以这种目的组织犯罪团体的,都是共同犯罪。"对此,陈兴良教授曾经评价说,这是关于共同犯罪一般概念的规定,虽然它还很不完善,但一反资产阶级刑法典不设共同犯罪概念之规定的传统立法例,首次在刑法上明文引入共同

---

① 陈兴良:《共同犯罪论》,中国社会科学出版社 1992 年版,第 49 页。
② 同上书,第 20 页。
③ 参见《唐律疏议》,中华书局 1983 年版,第 115—116 页。

犯罪概念，对共同犯罪制度起到了奠基的作用，具有重大历史意义。[1]

以上观察分析表明，我国共同犯罪的概念法定化作为一种关涉共犯论刑法知识的文化选择，是充分吸收我国传统刑法知识和苏俄刑法知识之后所形成的综合结果。这种刑法知识结果的形成，应当说具有一定的国别文化色彩，即我国传统刑法知识本来就没有将共同犯罪概念法定化作为"他者"予以排斥，而是将其作为自我文化特色予以坚持，因而一旦出现了相同文化特色的立法例，就自然而然地容易产生文化亲近感并加以进一步地开发利用；同时，毋庸讳言，这种刑法知识结果的形成之中还有一定的地缘政治和意识形态上的亲和性，即我国在 20 世纪以来的地缘政治、意识形态和文化交流等诸方面更多地被历史地安排为"中俄板块"之中，即使是其间仍然经常性地存在政治、经济、文化等诸因素之间的差异甚至分歧并且中俄各方均有各自独立性，但是这种多方位的"中俄板块"至今难以撼动，应当说这也是我国能够有效吸纳苏俄刑法知识的影响因素之一。而我国关于共同犯罪的概念法定化的这种"进一步地开发利用"与"有效吸纳"，在本质上还是将其"进一步内化"为中国"自我"的刑法知识形态的过程。当然，共同犯罪概念法定化本身也具有其科学合理性，这是超越国别文化的一般性问题，有待深入检讨。

（二）共同犯罪的成立范围

由共同犯罪法定概念所决定，我国共同犯罪的成立范围实质上坚持了刑法规范意义上的犯罪共同说（部分犯罪共同说、主客观统一说）。陈兴良教授曾经指出，我国刑法关于共同犯罪概念的规定，明确地将共同犯罪限定在二人以上共同故意犯罪的范围以内，因此，我国刑法关于共同犯罪的概念，是主客观统一说的法理根据。[2] 张明楷教授则进一步补充论证和提倡了部分犯罪共同说，指出：二人以上虽然共同实施了不同的犯罪，但当这些不同的犯罪之间具有重合的性质时，则在重合的限度内成立共同犯罪。例如，甲以杀人的故意、乙以伤害的故意共同加害于丙时，只在故意伤害的范围内成立共犯。但由于甲具有杀人的故意与行为，对甲应认定为

---

[1] 陈兴良：《共同犯罪论》，中国社会科学出版社 1992 年版，第 45 页。
[2] 参见高铭暄主编《刑法学原理》（第二卷），中国人民大学出版社 1993 年版，第 416 页；陈兴良《共同犯罪论》，中国社会科学出版社 1992 年版，第 68—70 页。

故意杀人罪（不成立数罪）。① 尽管，张明楷教授后来放弃了部分犯罪共同说而改采行为共同说立场，② 且陈兴良教授也表达了"后来，在有关论文中，我又对部分犯罪共同说作了全面检讨，尤其是对部分犯罪共同说与构成要件的行为共同说的差异作了分析，因为这两者对不同罪名之间可成立共犯的结论是相同的，这也表明犯罪共同说与行为共同说具有相互接近的趋势"这样一种审慎严肃的学术犹豫。但是应当承认，部分犯罪共同说业已获得了我国大多数学者的赞同，并且在某种意义上说已经成为我国刑法学界的通说。③ 事实上，经过我国刑法规范塑造之后的共同犯罪法定概念，是与汉语语境下的犯罪共同说（以及部分犯罪共同说）完全匹配的，亦即汉语语境下的犯罪共同说作为一种与我国刑法所规定的共同犯罪概念相匹配的理论学说，完全能够有效地界定和诠释我国共同犯罪的本质特征与成立范围。这是因为，汉语语境下的犯罪共同说（以及部分犯罪共同说）之"犯罪"、"共同犯罪"、"犯罪共同"，均是指涉主客观相统一的、刑法规范意义上的"犯罪"、"共同犯罪"、"犯罪共同"，而并非指涉德日刑法学理上所可能包含的违法层面的、违法且有责的层面的、或者仅仅是具有构成要件该当性层面等多层面意义上的"犯罪"、"共同犯罪"、"犯罪共同"等含义。汉语语境下，部分犯罪共同说在本质上就是犯罪共同说，因为部分犯罪共同说仅仅是在进一步阐明"法规范重合部分的犯罪共同"这一明确限定上具有特别意义，而并非否定犯罪共同说的根本观点。比如，故意杀人者与故意伤害者二人共同故意实施加害被害人的情形，由于在法规范意义上仅能够在"故意伤害罪"之内成立共同犯罪，因而可以直接按照汉语语境下的犯罪共同说认定二人依法成立共同犯罪（共同故意伤害罪）。对此的另一种理论界说是，就故意杀人者而言，其只能在故意杀人罪所能包含的故意伤害罪这一"部分犯罪"之内同故意伤害者之间成立共同犯罪（共同故意伤害罪），因而将其界说为部分犯罪共同说。但是实际上，汉语语境下的犯罪共同说完全可以直接界说

---

① 参见张明楷《刑法学》（上），法律出版社1997年版，第277页；《刑法学》（第二版），法律出版社2003年版，第316页；张明楷《部分犯罪共同说之提倡》，载《清华大学学报（哲学社会科学版）》2001年第1期。
② 参见张明楷《刑法学》（第四版），法律出版社2011年版，第358页。
③ 参见陈兴良《刑法的知识转型（学术史）》，中国人民大学出版社2012年版，第556—557页。

明白我国共同犯罪的本质特征和成立范围,而无须借助"部分犯罪共同说"这一德日刑法知识(主要是日本刑法知识)。当然也应承认,引入日本刑法知识中的"部分犯罪共同说"仍然具有学术意义,即其能够(且仅能够)在进一步"佐证"我国汉语语境下的犯罪共同说之合理性上具有意义。综上所述,我们认为,我国共同犯罪的成立范围(成立根据)在于主客观相统一的共同犯罪行为(犯罪共同说与主客观统一说),这是汉语语境下的犯罪共同说的基本观点。对此,笔者曾经指出:

> 其具体内容有三个方面:一是在行为主体上必须是二人以上的有刑事责任能力者;二是在主观上必须具有共同犯罪的意思;三是在客观上必须具有共同的犯罪行为,包括共同的教唆行为、帮助行为、组织行为与实行行为。三者的有机统一,才能成立共同犯罪,其参与者才能成立共犯者。[①]

因此,如果说我国共同犯罪概念法定化在刑法知识论上具有一定的苏俄化刑法知识色彩(引入并吸纳苏俄刑法知识),那么,我国在共同犯罪的成立范围之刑法知识论上则更多地坚持了具有中国自主色彩的汉语语境下的犯罪共同说,即我国刑法规范意义上的犯罪共同说。在此基础上也应当看到,我国汉语语境下的犯罪共同说客观上也认可和吸纳了主客观相统一原理的苏俄刑法知识(中俄刑法知识论体系上均特别强调主客观相统一原理),有鉴于此,我国刑法学也将我国共同犯罪的成立范围的理论概括为"主客观统一说"。[②] 可见,就共同犯罪的成立范围的理论界说而言,汉语语境下的犯罪共同说与主客观统一说应当说是协调一致的。不过,在此基础上还应明白,汉语语境下的犯罪共同说相对于"主客观统一说"而言更加具有具体的针对性,因为主客观统一说不只是针对共同犯罪的成立范围问题的理论界说,甚至还是针对我国犯罪论、刑罚论乃至整体刑法论问题的理论界说,因而,我国关于共同犯罪的成立范围之共犯论刑法知识上应明确坚持汉语语境下的犯罪共同说。

[①] 参见魏东《教唆犯诠释与适用》,中国人民公安大学出版社2012年版,第72页。
[②] 参见陈兴良《共同犯罪论》,中国社会科学出版社1992年版,第68—71页;魏东《教唆犯诠释与适用》,中国人民公安大学出版社2012年版,第72页。

同时还应当看到，我国汉语语境下的犯罪共同说也充分观照了德日刑法共犯论中犯罪共同说与部分犯罪共同说的刑法知识，但是这种知识观照仅仅是知识梳理性的、参照性的、佐证性的甚至批判性的刑法知识论体系审查，而非盲从性的囫囵吞枣。关于共同犯罪的成立范围（及其根据）问题，在德日刑法理论中主要有犯罪共同说、行为共同说、共同意思主体说三种学说。[①] 其中，德日刑法学中的犯罪共同说又称为犯意共同说，是资产阶级早期古典学派客观主义的共犯理论，德国的毕克迈耶和日本的小野清一郎、大场茂马、泷川幸辰等学者持这种见解。德日刑法中犯罪共同说认为，犯罪的本质是对法益的侵害，因此，共犯是两人以上共同参与实施一个犯罪，共同对同一法益进行的侵害的事实。所谓"共同"，就是以同一犯罪的意思，对同一犯罪事实的协同加功。德国学者毕克迈耶认为，"刑法意义上的共犯，指数人为了使一个犯罪结果发生而协力，因而协力者中的各人应就其达成的全部结果处罚的场合"[②]。日本刑法学界一般认为，若根据犯罪共同说，认为数人共同进行特定的一个犯罪就是共犯。如大场茂马视共犯为"一个犯罪由数人所为的场合"。泷川幸辰认为，"共犯是数人共同进行特定的犯罪（如杀人罪）"，因此"共同者共同进行的是特定的犯罪，客观上预谋实施特定的犯罪，以此为基础来论述几个人的共同犯罪行为"，显然是直截了当地采用了犯罪共同说的立场。[③] 这一学说的理论根据是：按照德日构成要件的理论，犯罪首先必须是符合构成要件的行为，构成要件是犯罪的类型，共犯就必须是相同的犯罪类型的共犯，因此，共同正犯的成立，要求二人以上的行为符合某个构成要件。这样严格地限定共犯的成立条件，有利于实现刑法的保障机能。[④] 后来，犯罪共同说还进一步划分为完全犯罪共同说与部分犯罪共同说两种。完全犯罪共同说认为，所有的共同正犯者所实施的行为在罪名上必须是同一的，即共同正犯者在同一罪名上才成立共同正犯。但一方行为人只有实施轻罪的故意，则依轻罪法定刑处断。例如，某甲、某乙共谋伤害某丙，但后来

---

① 参见甘雨沛、何鹏《外国刑法学（上册）》，北京大学出版社1984年版，第426—427页。

② 转引自李光灿、马克昌、罗平《论共同犯罪》，中国政法大学出版社1987年版，第191页。

③ 参见［日］木村龟二主编《刑法学词典》，顾肖荣、郑树周译校，上海翻译出版公司1991年版，第347页。

④ 参见张明楷《外国刑法纲要》，清华大学出版社1999年版，第293页。

某甲以杀人故意实施犯罪行为,在这种情况下,二行为人成立杀人罪的共犯,但对某乙只能在伤害罪的法定刑内处罚。显然,这样就使得罪名与法定刑相分离,因而一般都认为是不妥当的。部分犯罪共同说也是以犯罪共同说为前提,认为二人以上共同实施的虽然是不同的犯罪,但当这些不同的犯罪之间具有重合的性质时,则在重合的限度内成立共犯。例如,某甲教唆某乙盗窃,而某乙却实施了抢劫行为,则某甲和某乙在重合的限度内——盗窃罪的限度内成立共犯。德日多数学者认为,部分犯罪共同说不至于使罪名与法定刑分离,不至于损害构成要件的定型性,因而是比较妥当的。[①] 犯罪共同说的基本结论是:共犯只能在所实施的行为都具备犯罪构成要件的行为人之间发生,共犯只能在一个犯罪事实范围内发生。但后来对此有发展,承认在犯意"重叠"的范围内可以构成共犯,如日本学者认为,某甲、某乙两人共同谋划之后,某甲杀死了某丙,而某乙仅有伤害某丙的意思,则在杀人罪和伤害罪的构成要件互相重叠的限度内,也就是在伤害罪的范围内,一般应该看成是共同正犯。[②] 在事后共犯或者后续犯的场合,即在犯罪后藏匿犯人、湮灭罪证或窝藏赃物等事后帮助行为,能使犯罪的完成可靠,有的学者认为也是共犯的一种,但现在赞成这种观点的人很少。否定片面的共犯和不同罪过形式的共犯。[③] 对于作为德日刑法知识论体系内容之一的上列犯罪共同说,我国刑法学界予以充分关注和深入研究,并在引入、借鉴或者批判该刑法知识的基础上提出了完善我国共同犯罪的成立范围的理论学说,因而其学术意义是显而易见的。如前所述,张明楷教授先是提倡我国采用部分犯罪共同说立场,后来才又放弃部分犯罪共同说而改采行为共同说立场;陈兴良教授同样也是先赞同部分犯罪共同说,后来又在对部分犯罪共同说与构成要件的行为共同说的差异进行分析的基础上得出了犯罪共同说与行为共同说具有相互接近的趋势的结论。张明楷和陈兴良两位教授在引入德日刑法共犯学说并开展的上述学术研究活动无疑极大地推动和丰富了我国共犯论刑法知识体系的研究,对于

---

① 参见张明楷《外国刑法纲要》,清华大学出版社 1999 年版,第 293—294 页。
② 参见[日]木村龟二主编《刑法学词典》,顾肖荣、郑树周译校,上海翻译出版公司 1991 年版,第 347 页。
③ 多数内容和观点,主要参见李光灿、马克昌、罗平《论共同犯罪》,中国政法大学出版社 1987 年版,第 191—192 页;[日]木村龟二主编《刑法学词典》,顾肖荣、郑树周译校,上海翻译出版公司 1991 年版,第 347 页。

我国共犯论刑法知识体系的完善大有助益。例如，我国刑法学界一般认为，犯罪共同说作为资产阶级上升时期的产物，具有较强烈的反对封建专制（如刑事司法中的罪行擅断），主张民主、自由和人权等进步思想的色彩，犯罪共同说较为严格地限定了共犯成立的条件，较大程度上揭示了共犯成立的科学根据，因而具有重要的历史进步意义。但这种学说的局限性也是显而易见的，其用因果关系论中的原因说作为共犯论的理论基础，不可能对共犯的成立和共犯的区分作出科学的说明，其承认事后共犯，把无事前通谋而仅有事后隐匿犯罪、湮灭罪证或者窝藏赃物的行为者作为共犯者，与其自身的共犯理论相悖，不科学，显属不当。[1] 本书前面已提出，共同犯罪的成立范围（成立根据）在于主客观相统一的共同犯罪行为，这是汉语语境下的犯罪共同说的基本观点。可见，对于作为德日刑法知识论体系内容之一的上列犯罪共同说的全面引介与学术评判，并在此基础上提出和论证我国汉语语境下的共同犯罪成立的各种理论学说（包括本书所主张的汉语语境下的犯罪共同说），无疑也表明了德日共犯论刑法知识已经成为我国汉语语境下共同犯罪之成立范围的各种理论学说的刑法知识源泉之一。

（三）共同犯罪的构成

共同犯罪的构成（构成条件或者成立条件），是共同犯罪理论中的重要组成部分。我国刑法学原理对于共同犯罪的构成理论问题的解决思路是：根据我国犯罪构成理论的基本原理，结合共同犯罪的特点，来确立共同犯罪的构成。为此，我国刑法学原理在犯罪构成理论基础上确立了共同犯罪构成的特殊性与犯罪构成的修正形式的概念。我国刑法学原理认为：

> 犯罪构成一般是以一人犯一罪为标本的，因此，根据一般的犯罪构成理论不能解决共同犯罪的构成问题。共同犯罪的构成不同于单独犯罪的构成，为使共犯承担刑事责任，需要对单独犯罪的构成加以修正。在这个意义上可以认为，共犯的构成是犯罪构成的修正形式……根据修正的犯罪构成的理论，我国刑法总则中规定的组织犯、教唆犯和帮助犯，并不是不具备犯罪构成，而只是不具备刑法分则所规

---

[1] 参见魏东《教唆犯诠释与适用》，中国人民公安大学出版社2012年版，第72页。

定的基本的犯罪构成，但它们具备修正的犯罪构成，这就是共犯承担刑事责任的根据。①

因此，我国通说的共同犯罪理论认为，根据我国犯罪构成理论的基本原理并结合共同犯罪的特点，共同犯罪的成立必须具备以下三个条件（除犯罪客体条件外）：一是共同犯罪的主体，必须是两个以上达到了刑事责任年龄、具有刑事责任能力的人。二是共同犯罪的客观方面，必须是两个以上的人具有共同犯罪的行为。而所谓共同犯罪行为，是指各行为人的行为都指向同一犯罪，并相互联系、相互配合，形成一个有机的犯罪活动整体。行为的分工，不影响共同犯罪的成立，只影响行为人刑事责任的大小。三是共同犯罪的主观方面，必须是两个以上的行为人具有共同犯罪故意。而所谓共同犯罪故意，是指各行为人通过意思的传递、反馈而形成的，明知自己是和他人配合共同实施犯罪，并且明知共同的犯罪行为会发生某种危害社会的结果，而希望或者放任这种危害结果发生的心理态度。②

为此，在刑法知识论上，我国共同犯罪的构成理论同时借鉴吸纳了苏俄刑法知识体系与德日刑法知识体系之中的相关内容，其突出之处在于引入了苏俄刑法理论中的"犯罪构成的修正形式"和"修正的犯罪构成"的概念，以及德日刑法理论中的"构成要件的修正形式"的概念。

关于苏俄刑法学以犯罪构成的修正形式来解决共同犯罪的构成理论问题，苏联刑法学家特拉伊宁指出：

> 共同犯罪并不变更刑事责任的根据，不论是单独行动的人，还是共同犯罪中的行为人，都只有在他们的行为包含了相当的犯罪构成的全部因素，特别是包含了像因果关系和罪过这样一类必要的构成因素时，才负刑事责任。③

可见，苏俄刑法学在犯罪构成四要件体系的基础上，以犯罪构成的修

---

① 高铭暄主编：《刑法学原理》（第二卷），中国人民大学出版社1993年版，第420页。
② 参见赵秉志主编《新刑法教程》，中国人民大学出版社1997年版，第205—207页。
③ ［苏］特拉伊宁：《犯罪构成的一般学说》，中国人民大学出版社1958年版，第231页。

正形式来解决共同犯罪的构成理论直接为我国确立共同犯罪构成理论体系提供了刑法知识源泉。

而德日刑法学则以构成要件的修正形式来解决共犯的构成要件该当性问题。德日刑法学中的共犯理论通常是构成要件理论的一部分，且通常在被修正的构成要件符合性之中讨论共犯的构成要件。[①] 小野清一郎更是明确指出：

> 总则中的共犯，属于构成要件的修正形式，也就是设定了对于没有满足分则中各具体构成要件的某些行为赋予可罚性的一般形式。所说的共犯是构成要件的修正形式，指的是以分则中所规定的具体构成要件为基本而修正其内容的一般概念性的形式。像盗窃、杀人这样的构成要件是基本的构成要件，共犯即是与这些基本的构成要件有关联而修正了其内容。[②]

德日刑法知识中构成要件的修正形式理论，是为阐释狭义共犯的"行为"可以作为行为定型意义上的构成要件该当性与符合性问题而提出的一种解释理论，与我国和苏俄刑法知识中犯罪构成的修正形式概念"主要是针对共同犯罪中组织犯、教唆犯和帮助犯等非实行犯的构成而言的"之间具有本质上的一致性，有利于合理阐释我国共同犯罪中非实行犯的组织行为、教唆行为和帮助行为也具备犯罪构成的修正形式之理论正确性。可见，德日刑法学以构成要件的修正形式来解决共犯构成要件该当性问题的理论为我国刑法学者解决共同犯罪论问题提供了重要参考，亦为我国确立共同犯罪构成理论体系提供了重要的刑法知识源泉。

（四）共犯的性质

共犯的性质历来成为我国共同犯罪理论中的重要理论问题，中间曾经

[①] 参见［德］汉斯·海因里希·耶赛克、托马斯·魏根特《德国刑法教科书（总论）》，徐久生译，中国法制出版社 2001 年版，第 775 页；［日］大塚仁《刑法概说（总论）》（第三版），冯军译，中国人民大学出版社 2003 年版，第 213 页。

[②] 转引自陈兴良《共同犯罪论》，中国社会科学出版社 1992 年版，第 74 页。

形成过占有通说地位的教唆犯二重性说与共犯二重性说。[1]

按照我国传统刑法理论通说观点，共犯的性质不仅指涉狭义共犯与实行犯（正犯）之间的关系属性，而且还指涉狭义共犯的本质属性与罪责根据（处罚根据）。在此基础上，我国刑法学界引入、借鉴并批判性地吸收大陆法系犯罪论中的共犯独立性说与共犯从属性说的合理成分，提出并论证了共犯二重性说（教唆犯二重性说）。陈兴良教授指出，理解正犯与共犯的关系，成为揭示共同犯罪性质的关键，而关于正犯与共犯的关系主要存在共犯从属性说与共犯独立性说的聚讼。我国刑法否定了区分正犯与共犯的共同犯罪理论的西方共犯论传统格局，确立了统一的共同犯罪的概念，但是我国刑法中的共同犯罪，从构成要件来分析，仍然存在符合刑法分则规定的构成要件的实行犯与在刑法分则规定的基础上刑法总则加以补充规定的非实行犯（包括组织犯、教唆犯、帮助犯）的区别，因此，确立实行犯与非实行犯的关系，对于认识我国刑法中的共同犯罪的性质具有重要意义。亦即，共犯从属性说与共犯独立性说各有缺陷，不能对我国刑法中的实行犯与非实行犯的关系作出正确的解释，然而此两种学说却给我们取其各自所长并建立第三说的理论启迪，我们可以在批判地借鉴此两种学说的基础上建立共犯从属性与独立性统一说，由此解释我国刑法中的实行犯与非实行犯的关系。共犯从属性与独立性统一说坚持主观与客观相统一的原则，因而克服了共犯从属性说与共犯独立性说割裂主观与客观联系的缺陷。在具体的两重性说与抽象的两重性说之中，应当坚持抽象的两重性说，因为从属性和独立性是辩证统一不可分割的，从属性是相对独立性基础上的从属性，而独立性是在相对从属性前提下的独立性，在共犯的这

---

[1] 我国首先由四川大学法学院伍柳村先生提出并论证了"教唆犯二重性说"，后来经过武汉大学法学院马克昌先生、中国人民大学法学院高铭暄先生、赵秉志先生、陈兴良先生等众多学者共同努力深入论证并逐步发展成为"共犯二重性说"。主要参见伍柳村《试论教唆犯的二重性》，载《法学研究》1982年第1期；马克昌《论教唆犯》，载《法律学习与研究》1987年第5期；赵秉志《犯罪未遂的理论与实践》，中国人民大学出版社1987年版，第214页；陈兴良《共同犯罪论》，中国社会科学出版社1992年版，第54—56页。同时还需要指出，尽管教唆犯、帮助犯在构造上不同，但是，为了表述上的方便以及学术上的约定俗成，通常可以以教唆犯作为典型例证来展开对包括教唆犯和帮助犯在内的"共犯"问题的学术讨论，这也符合德日刑法学上的技术处理方式。参见杨金彪《共犯的处罚根据》，中国人民公安大学出版社2008年版，第86页（该页脚下注）。

种二重性之中不存在孰主孰从的问题。①

与此相当的学术观察结论还有很多。例如,有学者指出:关于共犯的属性(也即共犯独立的行为基础和罪责根据),大陆法系刑法理论界素有"共犯从属性说"与"共犯独立性说"之间的长期聚讼,而为了调和二者之间的矛盾并力图克服二者所具有的缺陷,我国学者于20世纪80年代初主张教唆犯既具有"独立性",也具有"从属性",从而首创"教唆犯(共犯)二重性说"。②再如,有学者指出:教唆犯的性质,所要涉及并要回答的问题是教唆犯在共同犯罪中到底居于何种地位、与实行犯具有怎样的关系以及教唆犯的成立条件及可罚性条件(基础)是什么;而抽象的二重性说或者说辩证统一的二重性说是目前关于教唆犯性质的最科学、最合理的理论。③

但是自21世纪初以来,我国部分学者对共犯二重性说提出了质疑。如张明楷教授认为,"共犯从属性说与共犯独立性说,不管是就基本观点而言还是就理论基础而言,都是非此即彼、完全对立的,无论如何也看不出来二者可以调和、折中",因而断言共犯二重性说是一种"不可思议的"学说。④再如陈兴良教授,尽管其起先赞成教唆犯二重性说并将其"上升为共犯的二重性说",认为"对于共同犯罪的性质,应在区分实行犯与非实行犯的基础上,对非实行犯的可罚性从它与实行犯的从属性中独立性的统一性上进行科学的论证"⑤,但是后来陈兴良教授却明确表态赞同张明楷教授对共犯二重性说的否定观点,指出:

> 在二重性说提出之初,我对共犯从属性说与共犯独立性说的理解是十分肤浅的,甚至是错误的,建立在这一基础之上的二重性说,现在确实需要进行重新的反思与检讨。
> 我现在的观点认为,刑法关于教唆犯的规定是一个整体,只要具

---

① 参见陈兴良《共同犯罪论》,中国社会科学出版社1992年版,第49—56页;高铭暄主编《刑法学原理》(第二卷),中国人民大学出版社1993年版,第407—412页。
② 参见陈世伟《论共犯的二重性》,中国检察出版社2008年版,第7—13页。
③ 参见魏东《教唆犯研究》,中国人民公安大学出版社2002年版,第73—100页;魏东《教唆犯诠释与适用》,中国人民公安大学出版社2012年版,第48—65页。
④ 参见张明楷《刑法的基本立场》,中国法制出版社2002年版,第305页。
⑤ 参见陈兴良《论共同犯罪的性质与构成》,载《社会科学战线》1991年第2期。

有独立性就不可能具有从属性。在这个意义上，二重性说确实难以成立。①

这些学术质疑导致再起学术争议，共犯二重性说确实业已成为目前我国刑法学界的一个重要争议问题。尽管如此，但是仍然应当承认共犯二重性说至今在我国学术界影响巨大。

根据以上学术观察可以看出，我国汉语语境下的共犯二重性说理论主要是在充分研究借鉴德日刑法共犯论中共犯从属性说与共犯独立性说的刑法知识的基础上，同时也有意识地借鉴并运用了苏俄刑法学"主客观统一"原理的刑法知识而创造性地建立发展起来的独具中国特色的"第三说"，因而在刑法知识来源上断难将其简单地归结为苏俄刑法知识。

对此问题，陈兴良教授的以下学术观察结论值得注意：

> 在我国刑法学中引入了共犯的从属性说与共犯独立性说等德国刑法学理论，从而使我国刑法学界关于共犯性质的研究逐渐地摆脱了苏俄刑法学的影响，形成二重性说。当然，二重性说的理论根据仍然是具有苏俄刑法学色彩的主客观统一说。随着我国刑法学的去苏俄化，二重性说也随之而逐渐衰败。②

在此，陈兴良教授基于最终选择否定共犯二重性说的学术立场而进行学术论证的过程中，尽管其对自己的学术观点进行了较多的"合乎学术规范"的学理论证，例如其对我国刑法关于教唆犯的规定"只要具有独立性就不可能具有从属性"、中国台湾地区 2006 年修正"刑法"关于教唆犯规定之修正理由以及德国学者关于"假定的从属性"命题等的理论阐释与简要论述，以及引用并赞同张明楷教授关于"二重性说：不可思议的学说"的命题、刘明祥教授关于"从单一正犯体系出发，根本否定共犯从属性"论点、余淦才先生关于共犯二重性之"很难想象"论点，③

---

① 参见陈兴良《刑法的知识转型（学术史）》，中国人民大学出版社 2012 年版，第 538—549 页。
② 同上书，第 549 页。
③ 同上书，第 542—549 页。

等等。但是，陈兴良教授关于我国共犯论之共犯二重性说的刑法知识源泉的观察结论却存在某种"欲说还休"的困境，一方面承认其是"在我国刑法学中引入了共犯的从属性说与共犯独立性说等德国刑法学理论"；另一方面又指责其"理论根据仍然是具有苏俄刑法学色彩的主客观统一说"，其对所谓的苏俄刑法知识的学术批评可谓"成也萧何，败也萧何"，这种关于刑法知识源泉的论证过程是相互矛盾的、有失公允的，也是缺乏学术论证力的，因为依此逻辑，我们似乎也可以对所谓的有关共犯论的德日刑法知识进行某种"成也萧何，败也萧何"式的学术批判，从而将导致这种关于刑法知识源泉的学术批判失去其应有的学术意义。客观上讲，如前所述，共犯二重性说是我国学者的"独创"与"首创"，因为大陆法系共犯论刑法知识与苏俄共犯论刑法知识之中均没有共犯二重性说。如果非要在刑法知识源泉上刨根究底并挖出所谓的"罪魁祸首"，我们只能理性地承认"主要的"刑法知识源泉非德日刑法理论莫属（即主要来源于其共犯从属性说与共犯独立性说之共犯论刑法知识），而苏俄刑法知识充其量也只是一个"次要的"替死鬼。由此可见，仅从刑法知识渊源上论证学术观点之取舍的思路并不合理。

因此，尽管我们应当承认，我国刑法学这种共犯二重性说近来业已遭遇前所未有的理论责难，但是我们同样应当明确，这种理论责难实难简单地以刑法知识"去苏俄化"与"到德日化"等命题来作出某种学术上的是非评断。

（五）共犯的分类与处罚

我国刑法学共犯论所讨论的共犯的分类，一般是指共同犯罪人的分类，并在此基础上连带讨论各共同犯罪人的处罚（处罚原则与规则）问题，因而我国刑法学共同犯罪理论一般将"共犯的分类与处罚"放在一起加以讨论。但是需要说明的是，在我国汉语语境下的"共犯"还有"共同犯罪"之意，因而，"共犯的分类"有时还可以指称"共同犯罪的分类（形式分类）"，我国许多共同犯罪论著均以"共同犯罪的形式"为题对此问题加以讨论。我国刑法学关于共同犯罪的形式分类存在一定程度上的学术之争，主要有"一元标准说"与"多元标准说"之争。一元标准说认为仅应根据共同犯罪人组织结合程度的差别作为划分共同犯罪形式的标准，将共同犯罪划分为一般的共同犯罪和犯罪集团两种形式。① 多元标准说则主张按照多元不同的标准将共同犯罪划分为多组不同的共同犯罪形式，其内部有三元标准说（将共同犯罪划分为三组六种共同犯罪形式）、四元标准说（将共同犯罪划分为四组八种共同犯罪形式）等不同的见解，其中四元标准说成为我国刑法学界的主导观点。例如，高铭暄教授1984年主编的刑法学统编教材认为可以将共同犯罪形式划分为以下四组八种：其一，以共同犯罪是否能够从任意形式上划分，将共同犯罪分为任意共同犯罪和必要共同犯罪；其二，以共同犯罪形成的时间来划分，将共同犯罪分为事前无通谋的共同犯罪和事前通谋的共同犯罪；其三，以共同犯罪行为的分工来划分将共同犯罪分为简单共同犯罪和复杂共同犯罪；其四，以共同犯罪有无组织形式来划分，将共同犯罪分为一般共同犯罪和有组织的共同犯罪（犯罪集团）。②

从刑法知识渊源上考察我国共同犯罪的分类，我国刑法学界早就指出：我国刑法理论对共同犯罪形式的划分，在很大程度上是参照甚至照搬苏联刑法理论的基础上发展起来的。③ 但是这种观察结论可能并不准确。苏联刑法学通说是将各共犯之间主观上联系的性质和程度作为划分共同犯罪形式的基础，将共同犯罪分为事前未协议的共同犯罪（事前未串通的共同犯罪）、事前协议的共同犯罪（事前串通的共同犯罪）和犯罪的组织（犯罪集团）三种。④ 苏联刑法学界对共同犯罪形式的划分也存在意见分歧，如苏联刑法学家马洛霍夫认为，共同犯罪的各种形式就是执行、帮助和教唆，科瓦廖夫主张共同犯罪的形式应划分为共同正犯和狭义上的共同犯罪，而布尔恰克在赞同科瓦廖夫观点的基础上又补充了第三种形式即"刑法分则的规范中所规定的特种共同犯罪"⑤。通过对照苏联刑法学共同犯罪形式的研究状况来观察我国刑法学关于共同犯罪形式的理论发展，有学者认为，我国刑法学将共同犯罪形式划分为四组八种"这是我国刑法

---

① 参见林文肯《共同犯罪形式再研究》，载《争鸣》1982年第4期；陈宝树等：《刑法中的若干理论问题》，辽宁大学出版社1986年版，第149页。
② 参见高铭暄主编《刑法学》，法律出版社1984年版，第191—192页。
③ 参见高铭暄主编《刑法学原理》（第二卷），中国人民大学出版社1993年版，第436—437页。
④ 参见[苏]孟沙金总编《苏联刑法总论》（下册），大东书局1950年版，第447页。
⑤ 参见高铭暄主编《刑法学原理》（第二卷），中国人民大学出版社1993年版，第436—437页。

理论关于共同犯罪形式的研究上的重大突破"①。不但如此，实际上我们还可以进一步观察发现，我国共犯的分类理论并非完全来源于苏联，其中也吸收了相关的德日刑法知识，如任意共同犯罪和必要共同犯罪的分类即是适例。已故著名刑法学家马克昌教授指出，日本学者夏目文雄、上野达彦即主张可以将共犯分为任意的共犯与必要的共犯，并且还有大塚仁和板仓宏等日本学者对此问题展开过学术讨论：

"任意的共犯，指本来单独也能犯的构成要件，任意由数人共同实施的场合。"② 根据刑法分则的规定，这种犯罪不以复数行为者实行犯罪为必要，一个人可以实行，两人以上也可以实行，如杀人罪、强奸罪等，两人以上实施这种犯罪时，就是任意的共犯。任意的共犯由刑法总则加以规定，刑法理论上研究的共犯，主要是这种共犯。"必要的共犯，是构成要件上以两人以上的行为为必要的犯罪，也可以称为多主体犯。"③ 在理论上它又可以分为对向犯（对立的共犯、会合犯）与集合犯（集合的共犯、平行犯、多众犯、集团犯）。"对向犯，指两人以上的行为者互相对向的行为的存在为其成立要件的犯罪。"④ 在这种犯罪中，如果缺少另一方的行为，该种犯罪就不能成立。例如受贿与行贿，没有行贿行为，就不可能构成受贿罪……这种情况虽仍称为必要共犯，但用语实属不妥，因而德国学者称为"所谓必要的共犯"。集合犯，"是像内乱罪（第77条）、骚乱罪（第106条）那样，犯罪的成立上，以向着同一目标的多数者的共同行为存在为必要"的犯罪⑤……对集合犯，刑法分则通常考虑它为集团的群众心理特质，适应参与的形态、程度，规定对参与者的处罚。⑥

而关于共同犯罪人的分类与处罚问题，应当说，多年来我国刑法学界主要是依据我国现有刑法的规定而针对共同犯罪人的分类标准与处罚原则

---

① 参见高铭暄主编《刑法学原理》（第二卷），中国人民大学出版社1993年版，第437页。
② [日]夏目文雄、上野达彦：《犯罪该说》，敬文堂1992年版，第260—262页。
③ [日]板仓宏：《新订刑法总论》，劲草书房1998年版，第347页。
④ [日]大塚仁：《注解刑法》（增补第2版），青林书院新社1977年版，第385页。
⑤ 同上书，第386页。
⑥ 马克昌：《比较刑法原理——外国刑法学总论》，武汉大学出版社2002年版，第608—609页。

展开了一些"应然与实然"两个层面的讨论,尽管学者间在共同犯罪人的分类(主要指"应然分类")上各有主张,① 但是在共同犯罪人的处罚问题上却难说存在重大的学术分歧。直到近年来,学术界才针对"共犯处罚根据"论问题展开了较为深入的学术研究并出现学术之争。

共同犯罪人的分类,在我国又称为共犯的分类或者共犯者的分类、共犯的种类或者共犯者的种类,是指依照一定的标准而对共同犯罪人进行的种类划分。我国刑法学界一般认为,我国刑法规定直接将共同犯罪人分为主犯、从犯、胁从犯和教唆犯四种,这种共同犯罪人的分类是作用分类法和分工分类法的统一,有利于兼顾共同犯罪人的量刑问题和定罪问题,具有科学性与独创性。在此基础上,我国刑法还对各共同犯罪人的概念进行了明确界定。如刑法第26条规定了"组织、领导犯罪集团进行犯罪活动的或者在共同犯罪中起主要作用的,是主犯";刑法第27条规定了"在共同犯罪中起次要或者辅助作用的,是从犯";刑法第28条规定了"被胁迫参加犯罪的"是胁从犯;刑法第29条规定了"教唆他人犯罪的"是教唆犯。对此,高铭暄教授主编的《刑法学原理》(第二卷)指出:

> 按照这种分类法,将共同犯罪人分为主犯、从犯、胁从犯,使共同犯罪人的量刑问题得以圆满解决。而教唆犯单独规定一条,并对教唆犯按照他在共同犯罪中所起的作用处罚。这样就将教唆犯这一分类,纳入以共同犯罪中所起的作用为分类标准的分类体系中,从而获得了分类的统一性。②

从刑法知识渊源上分析,可以说我国共同犯罪人的分类理论主要是在比较研究我国传统刑法文化、德日刑法知识和苏俄刑法知识的基础上进行综合考量和折中权衡的结果,而难说是纯粹的或者一边倒的刑法知识苏俄化的结果。比如,德日刑法理论通常是采用分工分类法将共同犯罪人分为

---

① 在共同犯罪人的"实然分类"上,我国刑法学界也存在一定程度上的不同认识和诠释,如教唆犯,尽管我国多数学者认为教唆犯理所当然地成为我国刑法规定的共同犯罪人中的一个种类,但是张明楷教授却认为教唆犯不是我国刑法规定的共犯人中的独立种类,而应将教唆犯分别归入主犯与从犯。参见张明楷《教唆犯不是共犯人中的独立种类》,载《法学研究》1986年第3期。

② 参见高铭暄主编《刑法学原理》(第二卷),中国人民大学出版社1993年版,第459—460页。

共同正犯、教唆犯、从犯,① 苏俄刑法也是采用分工分类法将共同犯罪人分为实行犯、组织犯、教唆犯和帮助犯,② 以及我国传统上采用作用分类法的"中国古代刑法向来把共同犯罪人分为首犯与从犯两类",③ 均在我国现行刑法规定上与我国现代刑法学理论中有较为充分的反映。对此,高铭暄教授主编的《刑法学原理》(第二卷)有较为详细的论述:

> 关于共同犯罪人的分类,古今中外存在不同的立法例。对这些立法例的比较研究,可以为理解我国刑法中的共同犯罪人的分类提供历史背景与理论基础。
>
> ……
>
> 作用分类法,从严格意义上说,是指我国《唐律》创立的共同犯罪人的分类法。它虽然圆满地解决了共同实行犯的量刑问题,但它是在把教唆犯与帮助防范排斥于共同犯罪的范畴之外的基础上确立的,这就使它带有不可避免的狭隘性。正因为如此,作用分类法在当代世界上通行的共同犯罪的概念即共同犯罪人不仅指实行犯而且包括非实行犯的基础上,不可能单独地成为共同犯罪人的分类法。
>
> ……
>
> 刑法颁行以后,我国刑法学界关于共同犯罪人分类的认识也大体上得到了统一,即认为我国刑法关于共同犯罪人的分类是两种分类法的统一,这种分类法既解决了共同犯罪人的量刑问题,又解决了共同犯罪人的定罪问题。④

在确定共同犯罪人的分类的基础上,我国刑法明确规定了各共同犯罪人的刑罚处罚。一是关于主犯的处罚规定:对组织、领导犯罪集团的首要分子,按照集团所犯的全部罪行处罚;对于其他主犯,应当按照其所参与的或者组织、指挥的全部犯罪处罚。此外,我国1979年刑法还曾经规定

---

① 参见马克昌《比较刑法原理——外国刑法学总论》,武汉大学出版社2002年版,第606—607页。
② 参见[俄罗斯]库兹涅佐娃、佳日科娃主编《俄罗斯刑法教程(总论)》(上卷·犯罪论),黄道秀译,中国法制出版社2002年版,第393页。
③ 高铭暄主编:《刑法学原理》(第二卷),中国人民大学出版社1993年版,第453页。
④ 同上书,第452—460页。

了"对于主犯,除本法分则已有规定的以外,应当从重处罚",但在 1997 年修订刑法典时将该规定予以删除了。二是关于从犯与胁从犯的处罚规定:对于从犯,应当从轻、减轻处罚或者免除处罚;对于胁从犯,应当按照其犯罪情节减轻处罚或者免除处罚。三是关于教唆犯的处罚规定:对于教唆犯,应当按照其共同犯罪中所起的作用处罚;教唆不满 18 周岁的人犯罪的,应当从重处罚;如果被教唆的人没有犯被教唆的罪,对于教唆犯,可以从轻或者减轻处罚。那么,相应地,我国刑法学界针对共同犯罪人的处罚的理论研究,在相当长时间内都主要是围绕着各共同犯罪人的具体处罚规定应该如何理解和阐释来展开的,其中除了主犯是否应当以及如何从重处罚、从犯和胁从犯如何从宽处罚、教唆犯的未遂与未遂教唆到底应该如何阐释和处罚等问题存在一定争议和学术研讨之外,基本没有展开共犯处罚根据(含广义和狭义的共犯处罚根据)的理论研究。直到临近 21 世纪的 1999 年以来,我国才有论著较为详细地引介德日刑法学上的共犯处罚根据论,并在借鉴这一德日刑法理论知识的基础上反思研讨我国的共犯处罚根据理论。[①]

时至今日,我国"共犯处罚根据论就是一个引人瞩目的问题"[②],我国刑法学界也已经初步形成了充满争议的共犯的处罚根据论。目前,我国学者对于共犯的处罚根据之理论界说主要存在以下两种:

一种是立足于我国传统刑法原理的主观客观统一论。如陈兴良教授早先在论述作为共犯之一的教唆犯的处罚根据时曾经指出,关于教唆犯的处罚的一般根据有共犯从属性说、共犯独立性说与共犯二重性说之区分,而"根据我国刑法理论中的共犯从属性与独立性的统一说,教唆犯的处罚根据在于教唆行为本身"。关于教唆犯处罚的具体根据,在刑法理论上又存在犯罪起因说与责任参与说两种观点,而"在我们看来,教唆犯的处罚根据在于教唆行为本身所具有的社会危害性。而这种社会危害性是由教唆犯的主观要件与客观要件的有机统一所决定的"[③]。笔者本人赞同陈兴良

[①] 张明楷:《外国刑法纲要》,清华大学出版社 1999 年版,第 298—299 页;马克昌:《比较刑法原理——外国刑法学总论》,武汉大学出版社 2002 年版,第 639—643 页;主要参见杨金彪《共犯的处罚根据》,中国人民公安大学出版社 2008 年版,第 9 页;魏东《教唆犯诠释与适用》,中国人民公安大学出版社 2012 年版,第 74—78 页。

[②] 陈兴良:《刑法的知识转型(学术史)》,中国人民大学出版社 2012 年版,第 558 页。

[③] 参见陈兴良《共同犯罪论》,中国社会科学出版社 1992 年版,第 275—276 页。

教授的这个观点,并且至今仍然坚持这一学术见解。① 应当说,始终坚持这种学术见解的学者是比较多的,如马克昌教授在评介德日刑法关于共犯的处罚根据之责任共犯说、社会的完全侵害性说、行为无价值惹起说、惹起说(纯粹惹起说与修正的惹起说)等理论后指出:

> 我们认为,共犯的处罚根据,应当依据主客观统一的原则来寻求。共犯在客观上教唆或帮助正犯,共犯引起正犯的犯罪事实或犯罪结果,具有社会危害性;同时共犯在主观上希望或放任自己的教唆行为或帮助行为促使或便于正犯的犯罪事实或犯罪结果发生,具有人身危险性。各国刑法之所以规定处罚共犯,原因当在于此。②

另一种则是直接吸纳德日刑法原理的共犯的处罚根据论。德日刑法理论中,共犯的处罚根据之关注点在于共犯不法是源于还是独立于正犯行为的不法,③ 其学说上大致有责任共犯论、不法共犯论、惹起说三种。责任共犯论认为,共犯的处罚根据在于共犯者将正犯引诱至责任和刑罚中,或者说由于共犯使正犯堕落而至责任和刑罚(故而又称为"堕落说");违法共犯论认为,共犯的处罚根据是使正犯实施符合构成要件的违法行为从而造成法益侵害和使正犯陷入反社会性的状态;惹起说认为,共犯的处罚根据应从共犯行为和法益侵害之间的惹起与被惹起的因果联系中寻找共犯的处罚根据,其内部还存在纯粹惹起说、修正惹起说与折中惹起说(混合惹起说)的差异。④ 我国有学者指出,鉴于当前德日刑法中共犯的处罚根据论体现了试图合理限制共犯的处罚范围的倾向并展现出由在责任上探求共犯的处罚根据向在违法上寻求共犯的处罚根据过渡的发展方向,我国刑法应坚持修正惹起说,即主张通过正犯行为共同惹起法益侵害结果而受到处罚的理论。⑤ 陈兴良教授在此问题上似乎表达了我国关于共同犯罪理论对德日"共犯处罚根据论的引入"以及"越来越多地吸收了德日学说"

---

① 参见魏东《教唆犯诠释与适用》,中国人民公安大学出版社2012年版,第77页。
② 马克昌:《比较刑法原理——外国刑法学总论》,武汉大学出版社2002年版,第643页。
③ 参见刘斯凡《共犯界限论》,中国人民公安大学出版社2011年版,第26页。
④ 参见〔日〕高桥则夫《共犯体系和共犯理论》,冯军、毛乃纯译,中国人民大学出版社2010年版,第136—138页;陈洪兵《共犯论思考》,人民法院出版社2009年版,第8—25页。
⑤ 参见杨金彪《共犯的处罚根据》,中国人民公安大学出版社2008年版,第83—85、86—94页。

的立场,同时又提出了"这一观点面临重大的法律障碍"并且"还存在一个重大的理论上的障碍,这就是四要件的犯罪论体系"的疑问,并顺带重申了其"只有废弃四要件的犯罪论体系,改采三阶层的犯罪论体系,才能为共犯理论的发展提供足够的学术空间"之学术见解。①

需要指出,对于共犯处罚根据论的上列两种理论界说,我国刑法学者之间素有争议与不同评断,既有学者极力推崇德日刑法共犯处罚根据理论,认为这是我国刑法共犯论今后的发展方向,也有学者认为德日刑法共犯处罚根据理论并非完全契合我国刑法实际而不宜简单照搬,而我国传统刑法原理之主客观统一说具有科学合理性和强大解释力,因而我国共犯处罚根据论应坚持独立自主的发展方向。对此,笔者在论述教唆犯的处罚根据时曾经指出:

> 西方国家关于共犯的处罚根据问题的理论诠释可能并不能契合中国刑法观念与规范现实,且西方国家两种共犯体系(区分制共犯体系与单一制正犯体系)也无法匹配中国共犯体系。
> 首先,中国刑法关于共同犯罪的规定难以在单一制正犯体系与区分制共犯体系之间做出确切判断……其次,中国的共犯体系是一种兼顾两种统一的共犯体系,即犯罪论上主客观相统一的犯罪体系与行为定型上总则分则相统一的行为定型体系。②

关于共犯处罚根据论的刑法知识渊源,不唯直接引入吸纳德日共犯的处罚根据之责任共犯论、不法共犯论、惹起说等诸说本来就属于德日刑法知识,而且我国传统的主客观统一说亦具有德日刑法知识要素(以及苏俄刑法知识和我国传统刑法文化知识要素),这一点正如前述所论及的共同犯罪的成立范围、构成、性质等诸方面共犯论内容的知识渊源一样。正如笔者在分析教唆犯的处罚根据论时所指出的那样:

> 在中国刑法规范的语境下,教唆犯的处罚根据,实质上是指教唆

---

① 详见陈兴良《刑法的知识转型(学术史)》,中国人民大学出版社 2012 年版,第 558—568 页。

② 魏东:《教唆犯诠释与适用》,中国人民公安大学出版社 2012 年版,第 74—76 页。

犯的"刑罚处罚根据"或者说"刑事责任根据",其不同于刑法分则规定的单独犯罪与共同犯罪中规定的实行犯(在我国主要是主犯)的"刑罚处罚根据"与"刑事责任根据",而并非如西方国家一样仅仅指向"共犯不法是源于还是独立于正犯行为的不法"①。

综上所述,我国共犯论逻辑体系的历史嬗变和最终形成应当说是一种历史的文化选择,其刑法知识渊源主要有我国传统刑法知识(中国元素)、苏俄刑法知识(苏俄元素)和德日刑法知识(德日元素)三个方面,是综合吸纳和考量我国传统刑法知识以及包括苏俄和德日等在内的"他者"刑法知识的结果,因而难以简单地以"刑法知识苏俄化"命题来进行学术上的是非判定。正如笔者曾经在论述教唆犯理论时所指出的那样,我国共犯论逻辑体系中内在的中国自主的刑法知识元素及其与作为"他者"的他国刑法知识元素之适当融合是值得我们充分关切的:

> 应当说,中国共犯体系秉承兼顾两种统一的共犯体系的特点,是一种固守了中国刑法元素的共犯体系,这种共犯体系下教唆犯的成立根据值得特别考量:犯罪论上主客观相统一、行为定型上总则分则相统一。必须明确,行为定型理论应当面对这样一种现实:并非只有刑法分则才能定型,而只是刑法总则和刑法分则的有机结合才能完成行为定型。如,非共犯教唆犯行为定型,就是典型的由刑法总则直接规定的、由刑法总则和刑法分则共同塑造的行为定型。除共犯外的教唆犯和间接正犯之外(因为共犯外的教唆犯本不属于共同犯罪范畴),所有的共犯教唆犯、分则外的帮助犯、分则外的组织犯等,均需要共同犯罪规范来塑造其行为定型,换言之即是这些共犯行为定型均必须在主客观相统一的"共同犯罪范围"之内来塑造,即在一定意义上具有类似于"迈耶公式"中的夸张从属形式所要求的条件下来塑造。这就突破了西方大陆法系国家共犯理论中关于单一制正犯体系与区分制共犯体系的框架,弥补了该两种正犯体系内在的缺陷性和不协调性,并赋予了其中国刑法元素。②

---

① 魏东:《教唆犯诠释与适用》,中国人民公安大学出版社2012年版,第76页。
② 同上。

二 "从苏俄化到德日化"之命题辨正

针对我国共犯论的刑法知识体系现状及其存在的一些学术分歧和争议,尤其是对于未来我国共犯论乃至整体刑法理论的刑法知识体系的发展完善方向问题,陈兴良教授从"合理建构刑法知识体系"的立场提出了我国刑法知识"从苏俄化到德日化"的学术命题,而这个学术命题还可以分解为两个紧密相关的子命题:一个是"去苏俄化",另一个是"到德日化"。这里应当指出的是,陈兴良教授提出的"从苏俄化到德日化"这一学术命题及其两个子命题本是针对整体刑法理论且主要是针对狭义犯罪论而言的,而不仅是针对共犯论而言(虽然其针对的对象当然包括共犯论)。

关于整体刑法理论之"从苏俄化到德日化"命题,陈兴良教授有以下几段论述比较典型:

> 我国1911年颁布的《大清新刑律》则是继受日本1907年刑法的产物,也可以说是间接地继受了德国刑法。德日刑法以及刑法学,成为我国近代刑法及刑法学的摹本。[1]

> 对于具有六十多年历史的共和国刑法学来说,清末刑法改革引入德日刑法学,在此基础上发展起来的民国刑法学,可以说是一段"前史"。[2]

> 我国刑法从20世纪50年代开始,经历了一个刑法知识的苏俄化的过程,使清末以来逐渐形成的德日刑法学的传统为之中断。20世纪80年代的刑法学术重建,实际上是恢复了苏俄刑法知识,并使之成为我国主导的刑法理论。而在20世纪90年代以后,随着德日刑法知识的传入,其影响越来越大,我国的刑法知识开始了一个从苏俄化到德日化的逐渐但却有力的演变过程。[3]

---

[1] 陈兴良:《刑法的知识转型(学术史)》,中国人民大学出版社2012年版,第4页。
[2] 同上书,第10页。
[3] 同上书,"代序"第3页。

观察分析上列言论可以发现，就我国整体刑法理论而言，"从苏俄化到德日化"的学术命题在本质上其实仅是某种"全盘西化"思想意义上的学术立场，其核心是主张以西方德日刑法文化为中心、为标杆来重新审查中国现有刑法知识体系并重新建构中国未来的刑法文化，因而其本质上又是某种"移植刑法学"的学术主张，难免因其"乏善可陈"而难以获得正当性。正如陈兴良教授本人充分赞许的、梁根林教授和何慧新同仁所作出的以下批评所言：

但民国时期的刑法学也存在明显的缺憾。民国时期的刑法学的整体品格表现为典型的"移植刑法学"，对西方主要是大陆法系德国、日本的刑法学说，不加分析和批判，不经中国现实社会经验的证明，即盲目地全盘予以移植照搬。①

其实，梁根林教授等学者所表达的学术立场，正是某种反对全盘西化论、西方文化中心论与标杆论的观点，其批判的民国时期的刑法学的整体品格之"移植刑法学"，可能正是陈兴良教授今日所谓中国刑法学"从苏俄化到德日化"（及其子命题"去苏俄化"与"到德日化"）之学术命题的翻版表达。如果我们今天还能够有效反思并坚决摒弃当年那种邯郸学步式的"移植刑法学"，——包括民国时期针对德日刑法理论的移植刑法学以及其后新中国成立以来一段时间针对苏联刑法理论的移植刑法学——那么，何来如此绝对而刺耳的"从苏俄化到德日化"的学术命题呢？如果我们只是说需要适当借鉴和吸纳德日刑法知识、苏俄刑法知识乃至其他更多国别的刑法知识中的部分合理内容，则何来如此决绝激进的中国刑法知识之"去他国化"与"到另一他国化"呢？平心而论，中国刑法知识论体系建构立场上的任何一种绝对地针对他国而言的"去国别化"与"到国别化"之学术命题，均是难以想象的，更是难以达成的。对此，陈兴良教授似乎也注意到了问题的复杂性，提出了我国刑法知识转型的实现应当注意人文社科知识的吸收、德日刑法知识的借鉴以及我国法治实践经验的汲取等径路问题，指出：

---

① 梁根林、何慧新：《二十世纪的中国刑法学》（上），载《中外法学》1999 年第 2 期。

我国能否完全排拒外国刑法学建立起一套中国独特的刑法学知识体系呢？我的回答是：既不可能也无此必要。因为我国近代刑法是从德日引入的，与此同时也引入了德日刑法学，此后，又引入苏俄刑法及苏俄刑法学。从法治现代化的意义上说，我国是一个后发的现代化国家，在这种情况下，刑法相关问题在国外都已经得以充分研究，积累了丰富的刑法文化知识。我国不可能自外于此，另创一套，而应当吸收与借鉴先进的刑法知识来解决中国的刑法问题，并在此过程中逐渐形成我国刑法学的理论体系。

　　……例如我国刑法分则关于个罪的规定往往存在罪量要素，这一点是与德日刑法规定完全不同的。因此，德日刑法学中并没有形成一套成熟的理论学说，用于解释情节、数额、后果等犯罪成立的数量要素。在这种情况下，就应当立足于我国的刑事立法与刑事司法，形成具有中国特色的理论观点。①

　　但是疑问乃至矛盾却仍然存在：陈兴良教授之"应当吸收与借鉴先进的刑法知识来解决中国的刑法问题"论点（可谓中国刑法知识的"吸收与借鉴"命题），与其之中国刑法知识的"从苏俄化到德日化"学术命题（并断言"建立起一套中国独特的刑法学知识体系"之"既不可能也无此必要"），二者之间如何匹配和呼应呢？比如，意大利刑法知识、法国刑法知识乃至英美刑法知识可否甄别出某些"先进的刑法知识"而加以吸收与借鉴呢？如果可以，那么是否还可以提出刑法知识之某种新的国别化命题呢？再如果"当下"苏俄刑法知识也可以甄别出某种"先进的刑法知识"的话，②即使仅如陈兴良教授所说"在某种意义上说，组织犯这一概念是苏俄及我国刑法关于共犯理论的唯一亮点"③，那么是否也可以提炼出某种意义上的刑法知识之"到当下苏俄化"命题呢？面对这些疑问，我们只能说看似无解。

---

①　陈兴良：《刑法的知识转型（学术史）》，中国人民大学出版社2012年版，第34、38页。
②　陈兴良教授在提出"我国面临着犯罪论体系的去苏俄化这一历史命题"时强调："应当指出，这里所说的去苏俄化是指废黜20世纪50年代传入我国的苏俄四要件的犯罪论体系，而不涉及对目前俄罗斯刑法学的评价。"参见陈兴良《刑法的知识转型（方法论）》，中国人民大学出版社2012年版，第450页。
③　陈兴良：《刑法的知识转型（学术史）》，中国人民大学出版社2012年版，第576页。

或许对中国刑法学而言，我们可以十分谦卑地说：如果我们客观、理性地审视我们"中国的"刑法知识并且也可以甄别出某种哪怕是一丁点儿"先进的刑法知识"，如前所述陈兴良教授所指出的组织犯理论、"犯罪成立的数量要素"（亦即所谓罪量要素）理论等，那么，我们似乎也可以当然地、自命不凡地提出中国刑法知识之"到中国化"命题！事实上，中国刑法学确实必须鼓起勇气并且义无反顾地切实建构鲜明体现作为国别的"中国"自己的刑法学，其唯一理由就是中国刑法学只能是"根据中国的理想图景"[①]，我们是中国、中国人、中国自己的刑法理论（用以解决中国自己的刑法实践问题），理所当然地要建构起具有中国特色的刑法学，如此，中国刑法学之"到中国化"的学术命题就成为必然，正如德日刑法学之"到德日化"的学术命题名至实归一样。但是，就"中国"而言，中国刑法学之"到德日化"的学术命题断然是一个伪命题。

就本书研讨的共犯论的刑法知识体系而言，如前所述，我国共犯论刑法知识体系在综合借鉴和吸纳我国传统刑法知识以及苏俄、德日等国别刑法知识的基础上，经过新中国成立60余年以来几代学人的艰难建构，业已形成现在较为切合中国刑法实践需要且较为成熟稳定的具有中国特色的共同犯罪理论体系，那么在这种状况之下，所谓我国共犯论的刑法知识体系之"从苏俄化到德日化"的学术命题当然无法成立。因为众所周知，我国共犯论刑法知识体系之共同犯罪的概念法定化、共同犯罪的成立范围、共同犯罪的构成、共犯的性质、共犯的分类与处罚等理论知识，几乎都程度不同地借鉴和吸纳了苏俄刑法知识（这一点，正如其中也借鉴和吸纳了德日刑法知识一样），并将所吸纳的苏俄刑法知识内化为中国共犯论刑法知识体系自身的血肉灵魂，并成为指导和阐释中国共同犯罪立法实践和司法实践的有效理论工具。可以毫不夸张地讲，抽掉了其中业已内化为中国共犯论刑法知识体系之下的苏俄刑法知识，在本质上就是抽掉了中国共犯论刑法知识"自我"，必然破坏了中国共犯论刑法知识的体系性与有效性，因而难以获得正当性。同理，硬性移植和照搬那些不能有效匹配我国共同犯罪立法实践和司法实践的德日刑法知识（即能够有效匹配我

---

① 参见邓正来《中国法学向何处去——建构"中国法律理想图景"时代的论纲》，商务印书馆2006年版，第2—23页。

国共同犯罪实践的德日共犯论刑法知识之外的那一部分德日刑法知识），在本质上同样是破坏性的、不具有正当性的。例如，以共同犯罪的概念法定化和成立范围而言，应当说这一中国特色的共同犯罪理论界说恰恰精确反映了中国刑法立法实践的基本特色及其理论诉求，一方面，我们不能因为其中较多地借鉴吸纳了苏俄刑法知识（渊源）而罔顾中国实际并将其"去苏俄化"；另一方面，在此问题上，我们更不能因为片面切合"到德日化"之学术命题需要而主张"去苏俄化"，——在一定意义上，这种"去苏俄化"极有可能演变为某种荒诞不经的"去中国化"、"去自我化"，——因为，我们的刑法理论工作者难以静候时日期待作为立法者（立法机构）的全国人民代表大会及其常务委员会也接受德日刑法学家和政治家的"德日刑法知识"并秉持某种"从苏俄化到德日化"的学术命题并修订中国刑法关于共同犯罪的立法规定，进而，我们的刑法学也不应以将中国的司法人员乃至全体法律人改造成为德日刑法知识的布道者和迷信者为重要使命。同样的道理，陈兴良教授公开宣称其赞同张明楷教授所主张的共同犯罪的成立范围应当是"违法性意义上的"行为共同说，这其实也只能是一种根本无法有效界说中国共同犯罪刑法规定的"他者"刑法知识，完全不宜导入中国刑法知识体系。而陈兴良教授却认为我国共同犯罪概念法定化以及共同犯罪人分类的立法规定等是中国共犯论刑法知识实现"到德日化"的学术命题所存在的"立法障碍"，既不利于刑法教义学的展开，也不利于共同犯罪难题的司法解决。陈兴良教授指出：

> 我国刑法采用作用分类法，将共同犯罪人分为主犯、从犯、胁从犯与教唆犯，模糊了正犯与共犯的区分，具有《唐律》"共犯罪分首从"立法例的痕迹。至于胁从犯的设立，则是"首恶必办，胁从不问"的刑事政策在共同犯罪制度中的体现，因此，我国刑法关于共同犯罪的规定，是十分具有中国特色的。当然，这也为刑法教义学的解释带来相当大的障碍。[①]
>
> 我国刑法关于共同犯罪的立法规定，以统一的共同犯罪概念为基础，采用作用分类法为主的共同犯罪人的分类方法，在很大程度上偏离了德日刑法学传统的关于共犯的立法格局，甚至与《苏俄刑法典》

[①] 陈兴良：《刑法的知识转型（学术史）》，中国人民大学出版社2012年版，第529页。

关于共同犯罪的规定也已经存在重大差别。在这种情况下，若不采用德日关于共犯的理论加以补救，则司法上的许多难题是难以解决的。例如，间接正犯、片面共犯、身份犯的共犯等问题。①

可见，陈兴良教授比较彻底地持有一种以德日共犯论刑法知识体系（包括德日刑法立法）为标准来全面审视我国关于共同犯罪的立法规定以及我国共同犯罪理论体系，亦即其理论责难的对象不仅限于我国共同犯罪刑法知识体系而是还包括了我国刑法关于共同犯罪的立法规定。这是值得我们警惕的现象。那么，到底应当如何正确诠释"我国"共同犯罪这一立法实践与"德日"共犯论刑法知识（国别渊源意义上的共犯论刑法知识）之间的矛盾呢？是反思刑法理论之不适应刑法实践从而应当反思刑法理论呢，还是反思刑法实践之不照顾刑法理论从而应当让刑法实践改弦更张呢？这涉及理论与实践的关系原理，我们难以证明"实践必须为理论服务"之合理性，正如我们难以否定"理论应当为实践服务"之合理性一样，因而我们更难以说服人民拿着"他国"刑法理论武器向着"我国"的刑法实践阵地进行狂轰滥炸。这些道理，同样也表现于我国共同犯罪的构成理论、共犯的性质论、共犯的分类论与处罚论等刑法知识，只有当这些共犯论刑法知识能够有效界说我国共同犯罪实践并内化为"中国的"刑法知识之时，我们方可以说这是我们所需要的、有效的中国共犯论刑法知识，而不论其渊源于苏俄还是德日英美，不论其出身高贵血统还是寒微家族，不论其生发于中国学人自己的传统思维还是灵感创新，因为，客观上，这些内化为"中国的"刑法知识及其理论逻辑自洽性本身才是值得我们珍视的，其刑法知识的渊源考察或许应当隐退其后。

在共犯论刑法知识体系建设问题上，正如德日刑法学需要在借鉴吸纳中国刑法学理论的基础上改进完善自身学说一样，中国刑法学只能是在借鉴吸纳包括德日刑法学和苏俄刑法学等在内的他国刑法学理论的基础上改进完善自我，相互学习借鉴、相互交流融合均可获得正当性，但绝不是丧失自我的"从苏俄化到德日化"。对此，我国有学者早有观察和总结，指出：

---

① 陈兴良：《刑法的知识转型（学术史）》，中国人民大学出版社2012年版，第538页。

到 19 世纪 50 年代初，日本刑法学者则将与单独犯罪形态相对应的犯罪形态统称为共犯罪形态。中国著名刑法学者黄觉非教授认为这是一大发展。共犯罪这一概念在我国古已有之，《唐律·疏议》："诸共犯罪者，以造意为首，随从者减一等。"在唐朝时代，日本派人员来中国学习，将共犯罪这一概念移植到日本。明治维新时期，日本向西方资本主义国家学习，从西方资本主义国家刑法中移植来了共犯的概念。我国在制定《大清新刑律》的过程中，通过冈田朝太郎从日本又将共犯这一概念贩到中国来。20 世纪 50 年代，日本恢复明治维新前的旧制，也就恢复了共犯罪的概念，从而划清了作为犯罪形态的共犯罪和作为参加共犯罪的罪犯的共犯的界限。虽然是恢复旧制，但不是简单的重复，对于资产阶级刑法学关于共犯罪的理论却是一个进步。

正犯这一概念是资产阶级刑法首创的。我国封建社会刑律将共犯分为首从……日本国在我国唐朝时，从唐律中贩回首从这一概念，明治维新后，从西方资本主义国家贩回正犯这个概念，我国又将正犯这个概念从日本贩来。从此以后，我国刑法中就有正犯的规定。①

其中"正犯"概念在我国刑法学中通常称为"实行犯"，应当说在称谓上乃至理论内核上我国还是借鉴了苏俄刑法学知识，② 但"实行犯"概念在实质内涵上等同于德日刑法学"正犯"概念，我们难以想象那种单纯从刑法知识渊源上针对某一概念（理论）进行是非和取舍判断的学术立场。例如，我国刑法学者在论述简单的共同犯罪时即明确指出并使用了"实行犯"的概念：

简单的共同犯罪，是指各共同犯罪人都直接实行某一具体犯罪构成客观要件行为的共同犯罪。换言之，就是每个共同犯罪人都是实行犯。③

---

① 宁汉林、魏克家：《大陆法系刑法学说的形成与发展》，中国政法大学出版社 2001 年版，第 128、138 页。
② 参见 [俄] 库兹涅佐娃、佳日科娃主编《俄罗斯刑法教程（总论）》（上卷·犯罪论），黄道秀译，中国法制出版社 2002 年版，第 393 页。
③ 赵秉志主编：《新刑法教程》，中国人民大学出版社 1997 年版，第 211 页。

此处之实行犯，是指德日共犯论刑法知识之正犯。从而，对应于德日刑法学共犯论之正犯与共犯（狭义共犯）的一组概念，我国刑法学共犯论是以实行犯与非实行犯这一组概念来指称的，应当说这一组概念已经内化为我国共同犯罪理论刑法知识体系之中。因此，尽管正如前述论述之中我国有的刑法学者也直接使用正犯与共犯这一德日共犯论刑法知识话语，但是应当承认其对应于并且等同于我国其他学者所使用的实行犯与非实行犯这一更为纯粹的中国共犯论之汉语刑法知识话语。

而通观中外刑法学共同犯罪理论的历史与现状，笔者认为，当下中国刑法学共同犯罪理论知识体系的完善方向应当"根据中国的理想图景"特别审慎地处理好以下诸方面问题：

其一，建设性地审查和完善既有的我国共同犯罪理论的汉语刑法知识体系框架，以刑法知识"中国本土化汉语化"命题取代"从苏俄化到德日化"命题。针对我国共犯论业已形成的较为成熟的占通说地位的共同犯罪理论逻辑体系，中国刑法学者应当结合我国实然的共同犯罪的刑法立法规范，秉持"良法之治"和面向立法的学术立场，借鉴吸纳德日刑法知识、苏俄刑法知识以及我国已有传统刑法知识，进一步建设性地审查我国共同犯罪理论的汉语刑法知识体系本身所具有的科学性、合理性以及其不足，并进一步建设性地展开我国共同犯罪理论的中国本土化汉语化刑法知识体系的完善研究。要在共同犯罪理论的中国本土化汉语化刑法知识体系下，合理引入、借用德日和苏俄刑法知识话语并将其内化为中国自我的汉语刑法知识体系，进行共同犯罪理论的范畴遴选和体系化排列组合，将共同犯罪、共犯根据、共犯范围、共犯构成、共犯性质、共犯形式、共犯人分类、共犯处罚八个范畴作为共同犯罪理论的基本范畴，并以此为基础构建我国共同犯罪理论的基本范畴体系。[①] "共同犯罪"范畴是一个具有统领共犯论全局的基石性范畴，在我国已有共同犯罪理论体系之中已经形成了较为成熟稳定的通说见解，同时也有十分明确的刑法典依据，因而其内涵界定及其对于其他基本范畴的统领意义是十分明了清晰的。在我国汉语语境下，中国本土化的共同犯罪范畴的概念界定必须坚持依法规范和主客观相统一原则进行界定，"共同犯罪是指二人以上共同故意犯罪"的刑

[①] 关于共同犯罪理论的八个基本范畴及其体系化问题，有待另文展开深入研究。

法规范本身已经成为一种最为经典的汉语刑法知识和我国共同犯罪范畴的内涵界定方式,这一点显然不同于德日共犯论之共同犯罪概念。在基本立场上,笔者认为共同犯罪的概念法定化是一种应当坚持的做法,其有助于实现共同犯罪立法上的规范定型和司法上的解释适用,对于恰当界定共同犯罪的成立范围、构成条件、性质特点、类型划分、处罚制度等均有特殊意义,对于科学合理地建设有中国特色的共同犯罪理论体系亦具有积极作用,因而应当予以充分肯定。"共犯根据"范畴则是一种较多借鉴吸纳德日共犯论刑法知识基础上的汉语刑法知识范畴,其内容具体包括共同犯罪的成立根据、处罚根据等,其中"成立根据"主要是阐释共同犯罪在自然法理上的存在空间以及其在实定法上的成立与归类依据的问题,而"处罚根据"主要是阐释共同犯罪在刑法哲学、立法论和司法论上的处罚依据和理由的问题。[①] 可见,"共犯根据"范畴之中既有德日刑法知识元素,更有中国自身特色,尤其是其中融入了共同犯罪的存在空间与归类依据、在刑法哲学及立法论和司法论上处罚依据等内容超出了德日刑法知识之中"共犯的处罚根据"理论的内涵,因而其并不能完全等同于德日刑法知识本身,从而在刑法理论上将其有效内化为中国本土化的共犯论刑法知识内容就具有十分重要的学术意义。"共犯范围"范畴在借鉴吸纳了德日共犯论刑法知识元素的基础上,更多地关照和体现了我国刑法立法的实然规范,强调了法定性和主客观统一性。"共犯性质"范畴则在借鉴吸纳了德日共犯论刑法知识元素的基础上,既批评借鉴传统的德日刑法知识中共犯从属性说和共犯独立性说之理论智识并加以适当改造融合,又特别关注并审视新近出现的德日刑法知识中"单一正犯体系"理论之理论智识,同时又更多地观照和体现了我国刑法立法的实然规范特点,强调了对汉语语境下的共犯性质的科学合理阐释。"共犯构成"、"共犯形式"、"共犯人分类"和"共犯处罚"四个范畴则更多强调了运用我国传统犯罪构成理论和苏俄刑法知识的借鉴吸纳,分别对共同犯罪成立条件、共同犯罪形式、共同犯罪人的分类及其刑罚处罚原则和规则制度等问题的系统阐释,因而属于较为典型的中国本土化汉语化的中国共犯论刑法知识范畴。如此,通过确立我国汉语语境下共同犯罪理论八个基本范畴而建构形成的共

[①] 参见魏东《教唆犯诠释与适用》,中国人民公安大学出版社2012年版,第66—78页。

同犯罪基本范畴体系，比本书前述所列共同犯罪的概念法定化、共同犯罪的成立范围、共同犯罪的构成、共犯的性质、共犯的分类与处罚五个方面加以理论描述的我国既有的共同犯罪理论体系更加具有体系性、周密性和合理性。

其二，科学理性地反思我国共同犯罪理论的宏观体系定位问题。在我国汉语语境下中国本土化刑法知识体系中，共同犯罪理论是作为真正"犯罪"意义（相当于德日刑法知识上完全符合了构成要件该当性、违法性和有责性三阶层后的犯罪意义）之上的"犯罪形态"问题加以理论阐释的，在刑法学宏观体系定位上是将其置于犯罪总论之"犯罪构成论"之后，与作为犯罪形态的"故意犯罪的停止形态"、"罪数形态"相并列的特殊犯罪形态为内容而进行体系性安排的，而不是将共同犯罪理论内置于犯罪构成理论之下、某个构成要件之中来进行的体系性安排。例如，曾获得国家图书奖的我国权威刑法学专著《刑法学原理》一书，即在"第二编犯罪总论"之中对"共同犯罪"做了如下体系性安排（依次序排列）：犯罪概说、刑事责任、犯罪构成、犯罪客体、犯罪客观方面、犯罪主体、犯罪主观方面、定罪、类推（因我国1979年刑法之中规定有类推——引者注）、排除社会危害性的行为、故意犯罪的停止形态、共同犯罪、一罪与数罪。[①] 这种体系性安排表明，在我国汉语刑法知识体系中，共同犯罪理论是真正意义上的犯罪形态理论，这与德日刑法理论将共犯论作为构成要件形态理论（行为样态理论）而在犯罪构成要件该当性中观察讨论共犯的体系性安排显然不同。如日本学者大塚仁即在"被修正的构成要件符合性"之中阐释共犯论，并明确提出"关于被修正的构成要件，应该考察的是未遂犯和共犯的构成要件"[②]。当然，也有更多德日刑法学者在狭义犯罪论之后观察讨论共犯理论，[③] 但是在实质的学术立场上

[①] 参见高铭暄主编《刑法学原理》（第一卷），中国人民大学出版社1993年版，"说明"第1—3页。

[②] 参见［日］大塚仁《刑法概说（总论）》（第三版），冯军译，中国人民大学出版社2003年版，第213页。

[③] 如德国李斯特、耶赛克和魏根特、日本木村龟二等学者。参见［德］李斯特《德国刑法教科书》，徐久生译，法律出版社2006年版，"目录"，第2—4页；［德］海因里希·耶赛克、托马斯·魏根特《德国刑法教科书》，徐久生译，中国法制出版社2001年版，"目录"，第2—4页；［日］木村龟二主编《刑法学词典》，顾肖荣、郑树周译校，上海翻译出版公司1991年版，"目录"，第4—20页。

还是体现出某种在"被修正的构成要件符合性"之中阐释共犯论的体系性安排之特点,这种体系性安排和学术立场值得我们中国刑法学者关注并进行反思性审视。那么,科学理性地审视我国共同犯罪理论的汉语刑法知识体系,结合中外刑法学关于共犯论的体系性安排经验。笔者认为,中国本土化的共同犯罪理论的宏观体系定位不宜学习日本刑法学界分别采用在犯罪构成要件该当性中观察讨论共犯与在狭义犯罪论之后观察讨论共犯的多样性体系性安排,而应该坚持将共同犯罪与作为犯罪形态的"故意犯罪的停止形态"和"罪数形态"相并列的特殊犯罪形态来进行体系性安排,并在此基础上集中关注共同犯罪论体系自身的逻辑自洽性。

其三,全面深入地研讨我国共同犯罪理论的微观疑难问题。应该系统地清理、归纳并研究解决共同犯罪中的系列疑难问题和争议问题,其中不仅包括我国刑法学界已经有所关注和讨论的"老"问题,如共犯身份犯、共犯错误论、共犯停止形态论、共犯罪数论、组织犯与中国特色的黑社会性质的组织犯罪等,而且更要增强发现并解决问题的意识、借鉴吸纳的意识,以"吸收与借鉴"立场发现"新"的共同犯罪问题、借鉴"新"的共犯论刑法知识(元素)并提出合理有效的学术方案,如共犯处罚根据、假定的从属性(理论)、故意助成犯与片面共犯、承继共犯、共犯关系的脱离、共谋共同正犯、网络教唆与设定性教唆等新问题、新理论,切实处理好借鉴他国刑法知识与融入并完善我国汉语刑法知识体系的关系,在促进我国共同犯罪论汉语刑法知识体系完善的同时丰富我国共同犯罪理论,增强其深入发现问题、恰当解决问题的理论阐释能力和创新能力。或许,陈兴良教授在这方面的理论探索和学术建设上仍然具有典范意义,正如某杂志编辑在为陈兴良教授发现并论证设定性教唆理论时所写的"编者按"那样:

> 刑法学是实践法学。刑法学研究应当关注实践案例所反映的具体问题的学理分析。以具体案件为切入点,通过对案件所反映问题的理论剖析,找到具体的处理方案。这种研究不仅对司法实践具有直接的指导作用,同时经由充分的理论证成甚至新的理论或范畴的创设,也发展了刑法理论。[①]

[①] 陈兴良:《设定性教唆:一种教唆类型的证成》,"编者按",载《国家检察官学院学报》2012年第4期。

综上可见，我国共犯论刑法知识体系建设需要提出某种新的学术命题并加以深入地展开论证，其总体目标应当定位于体现我们"中国的"国别特色与"汉语的"话语体系，即我国共犯论刑法知识体系之中国本土化与汉语化命题，其必须立足于"主体性的中国"（中国文化、汉语语言与中国法律），其必须面向全球文化来思考和解决中国问题，以加固我国共犯论汉语刑法知识体系的规范定型并稳中求进地实现我国汉语刑法知识增量、逻辑自洽与理论创新。就整体刑法理论研究而言，或许我们中国刑法学人理应秉持一种"建构理解的、沟通的刑法学，确保多种理论体系能够共生共存"的学术立场，[1] 既不故步自封盲目排外，也不妄自菲薄崇洋媚外，而是以建设的、平等的理性心态审视吸纳各国刑法知识的有益成果为我所用，以海纳百川的学术胸怀进行开放性、包容性、创新性的刑法学术建设。这需要我们中国刑法学人的共同努力。

---

[1] 参见周光权《刑法学的向度》，中国政法大学出版社 2004 年版，第 14 页。

第十三章

教唆犯根据论的立体诠释[*]

欲正确界定教唆犯的内涵，得适当诠释教唆犯的根据。在十余年前"世纪之交"前后的一段时间里，我国刑法学界在教唆犯的概念界定之中对教唆犯的成立根据和归类根据进行了理论阐释，同时在教唆犯的刑事责任论（而非教唆犯的概念论）之中阐释教唆犯的刑事责任根据。[①] 这种体系性安排，在其后十余年时间中发生了微妙的变化，这就是我国刑法学在借鉴和反思德日共犯论刑法知识的基础上，将教唆犯的处罚根据问题亦提前放置于教唆犯的概念论之下并将其"作为共犯论基础理论"进行研讨。[②] 但是，我国学术界对于如何借鉴德日共犯论刑法知识、如何进行中国共犯论（尤其是教唆犯论）刑法知识的体系性安排以及如何具体阐释教唆犯的成立根据与处罚根据等问题却存在不同看法，需要展开进一步的学术研讨。为此，本章略陈管见并就教于学界同仁。

本书认为，教唆犯的根据在体系论上包括教唆犯的成立根据与教唆犯的处罚根据两个方面。

一　教唆犯的成立根据

教唆犯的成立根据，主要是解决教唆犯在自然法理上的存在空间以及

---

[*] 本章系笔者所承担的2012年度国家社科基金项目重点课题《刑法解释原理与实证问题研究》的阶段性成果之一（课题批准号：12AFX009）。

[①] 参见魏东《教唆犯研究》，中国人民公安大学出版社2002年版，第64—73页（第二章第一节）、第263—265页（第六章第一节）。

[②] 参见杨金彪《共犯的处罚根据》，中国人民公安大学出版社2008年版，第9—11页；魏东《教唆犯诠释与适用》，中国人民公安大学出版社2012年版，第66—78页。

其在实定法上的成立与归类依据的问题。

(一) 教唆犯的存在空间

在奴隶社会和封建社会的古代刑法里，存在着两种不合现代法理的、相互极端对立的现象：一是客观归罪，或称犯罪结果责任论。即认为只要发生危害结果，不问行为人主观方面有无故意或过失，对于结果都要负刑事责任。这种现象的存在主要与当时人类的认知水平和社会文化的整体发展状况有密切关系，同时也是由奴隶主阶级和封建主阶级极其残酷愚昧的阶级本性所决定的。[1] 二是主观归罪，即将一些单纯的思想言论规定为犯罪。如腹诽罪、非所宜言罪等，可以由封建官吏随意推定，则主要是由封建专制主义刑法严格钳制人民思想及其专横暴虐的反动本质所决定的。[2]

对于上述客观归罪和主观归罪两种现象，资产阶级启蒙思想家都是持坚决反对态度的，因为这与主张自由、平等、博爱的思想观点是根本对立的。在启蒙主义的刑法思想中，主要有以自然法理论和社会契约论为理论基础的以下观点：一是刑法与宗教分离；二是主张罪刑法定，反对罪刑擅断；三是坚持客观主义，反对对思想定罪和处罚；四是罪刑相称；五是目的论的刑罚观；六是法律面前人人平等。[3]

因为反对对思想定罪和处罚，所以，就有必要从理论上阐明：作为主要是传播犯罪思想和意图的教唆犯，它被规定为犯罪并接受处罚的根据和可能性是什么？这就是教唆犯的存在空间问题，即教唆犯为什么存在，在哪种情况下存在。对此问题，启蒙思想家首先给予了回答。其代表人物是英国的托马斯·霍布斯和法国的孟德斯鸠。

霍布斯明确否定思想可以构成犯罪，他举例说，有偷盗或杀人的意图也是一种罪恶，但这种罪恶在其没有见之于行为之前，就不能称为罪行。[4] 但同时，霍布斯认为，"言"和"煽动"可以不同于一般的道德或思想范畴，从而可以构成罪行。他在《利维坦》中讲："罪行是一种罪

---

[1] 参见宁汉林、魏克家《中国刑法简史》，中国检察出版社1997年版，第93—95页。
[2] 参见张晋藩主编《中国法制史研究综述》，中国人民公安大学出版社1990年版，第163页。
[3] 参见马克昌主编《近代西方刑法学说史略》，中国检察出版社1996年版，第3—6页。
[4] 同上书，第4页。

恶，在于以言行犯法律之所禁或不为法律之所令。"[①] 至于"煽动"群众闹事，在霍布斯看来简直就是最严重的犯罪。[②] 而从实质意义上讲，或从广义上讲，煽动行为也是一种教唆行为。[③]

孟德斯鸠在区分思想与行动、反对"思想犯"的论述中，正面肯定了教唆犯的存在空间。他认为，"思想应该和某种行为连接起来"才能具有该行为的性质，言辞只有在准备犯罪行为、伴随犯罪行为或追从犯罪行为时才能构成犯罪，"法律几乎不可能因言词而处人以死刑，除非法律明定哪些言词应处死刑"[④]。他还认为，一个人到公共场所鼓动人们造反即犯大逆罪，因为此时言辞已经和行为连接在一起，并参与了行为。同理，文字不是用来进行犯罪，那么，文字不能成为犯罪的理由。[⑤]

霍布斯和孟德斯鸠从自然法理论和社会契约论思想出发，在批判封建社会刑法客观归罪、主观归罪以及罪刑擅断的基础上，从哲学意义上、法理上阐明了教唆犯的存在空间，从而为把教唆犯作为一种独立的共犯种类进行深入研究奠定了基础，因而具有重大理论意义。

（二）教唆犯的成立根据

作为共犯的教唆犯为什么能够成立，在怎样的条件下成立？此即教唆犯成立的根据问题。教唆犯为什么能够从共同犯罪人中单独划分出来，其划分依据是什么？此即教唆犯归类的根据问题。这两个问题是教唆犯理论中最具有基础意义的问题，是研究教唆犯其他问题的理论前提，因此，在研究教唆犯的性质和概念之前，必须首先予以解决。

关于教唆犯的成立根据问题，在西方资产阶级刑法理论中是将其置于"关于共犯成立的学说"中予以讨论的，主要有三种学说，即犯罪共同说、行为共同说、共同意思主体说。

1. 犯罪共同说。犯罪共同说又称为犯意共同说，是资产阶级早期古典学派客观主义的共犯理论。德国的毕克迈耶和日本的小野清一郎、大场

---

① 参见［英］霍布斯《利维坦》，黎思复等译，商务印书馆1985年版，第226页。
② 参见马克昌主编《近代西方刑法学说史略》，中国检察出版社1996年版，第10页。
③ 参见魏东、郭理蓉《现行刑法中煽动型犯罪的司法认定》，载《犯罪与改造研究》1999年第4期。
④ 见［法］孟德斯鸠《论法的精神》（上册），张雁深译，商务印书馆1993年版，第197页。
⑤ 参见马克昌主编《近代西方刑法学说史略》，中国检察出版社1996年版，第20—21页。

茂马、龙川幸辰等学者持这种见解。犯罪共同说认为，犯罪的本质是对法益的侵害，因此，共犯是两个以上具有刑事责任能力的人共同参与实施一个犯罪，共同对同一法益进行的侵害的事实。所谓"共同"，就是以同一犯罪的意思，对同一犯罪事实的协同加功。① 如德国学者毕克迈耶认为，"刑法意义上的共犯，指数人为了使一个犯罪结果发生而协力，因而协力者中的各人应就其达成的全部结果处罚的场合"②。日本刑法学界一般认为，若根据犯罪共同说，认为数人共同进行特定的一个犯罪就是共犯。如大场茂马视共犯为"一个犯罪由数人所为的场合"。龙川幸辰认为"共犯是数人共同进行特定的犯罪（如杀人罪）"，因此，"共同者共同进行的是特定的犯罪，客观上预谋实施特定的犯罪，以此为基础来论述几个人的共同犯罪行为"，显然是直截了当地采用了犯罪共同说的立场。③ 这一学说的理论根据是：按照构成要件的理论，犯罪首先必须是符合构成要件的行为，构成要件是犯罪的类型，共犯就必须是相同的犯罪类型的共犯，因此，共同正犯的成立，要求二人以上的行为符合某个构成要件。这样严格地限定共犯的成立条件，有利于实现刑法的保障机能。④

在资产阶级刑法理论中，犯罪共同说还可以进一步划分为完全犯罪共同说与部分犯罪共同说两种。完全犯罪共同说认为，所有的共同正犯者所实施的行为在罪名上必须是同一的，即共同正犯者在同一罪名上才成立共同正犯。但一方行为人只有实施轻罪的故意，则依轻罪法定刑处断。例如，某甲、某乙共谋伤害某丙，但后来某甲以杀人故意实施犯罪行为，在这种情况下，二行为人成立杀人罪的共犯，但对某乙只能在伤害罪的法定刑内处罚。显然，这样就使得罪名与法定刑相分离，因而一般都认为是不妥当的。后者也是以犯罪共同说为前提，认为二人以上共同实施的虽然是不同的犯罪，但当这些不同的犯罪之间具有重合的性质时，则在重合的限度内成立共犯。例如，某甲教唆某乙盗窃，而某乙却实施了抢劫行为，则某甲和某乙在重合的限度内——盗窃罪的限度内成立共犯。多数学者认

---

① 参见李光灿、马克昌、罗平《论共同犯罪》，中国政法大学出版社 1987 年版，第 191 页。
② 转引自李光灿、马克昌、罗平《论共同犯罪》，中国政法大学出版社 1987 年版，第 191 页。
③ 参见［日］木村龟二主编《刑法学词典》，顾肖荣、郑树周译校，上海翻译出版公司 1991 年版，第 347 页。
④ 参见张明楷《外国刑法纲要》，清华大学出版社 1999 年版，第 293 页。

为，部分犯罪共同说不至于使罪名与法定刑分离，不至于损害构成要件的定型性，因而是比较妥当的。①

犯罪共同说的基本结论是：（1）共犯只能在所实施的行为都具备犯罪构成要件的行为人之间发生。如果有两个共同行为人，其中一人是无责任能力者、或无过错者、或具备阻却违法的情况者，这种人的行为即不构成犯罪，那就谈不上构成共犯。例如，有责任能力者教唆无责任能力者犯罪的场合，就不能构成共同犯罪，而应由有责任能力者（教唆行为人）单独构成犯罪。（2）共犯只能在一个犯罪事实范围内发生。如果二人共同实施某种行为，各人所造成的犯罪事实不同，例如二人对被害人射击，一人出于杀人的意思，另一人出于伤害的意思，由于侵害的法益不一样，构成的犯罪事实不同，只能分别构成杀人罪和伤害罪，而不能构成共犯。但后来对此有发展，承认在犯意"重叠"的范围内可以构成共犯。如日本学者认为，某甲、某乙两人共同谋划之后，某甲杀死了某丙，而某乙仅有伤害某丙的意思，则在杀人罪和伤害罪的构成要件互相重叠的限度内，也就是在伤害罪的范围，一般应该看成是共同正犯。②（3）在事后共犯或者后续犯的场合，即在犯罪后藏匿犯人、湮灭罪证或窝藏赃物等事后帮助行为，能使犯罪的完成可靠，有的学者认为也是共犯的一种。但现在赞同这种观点的人很少。（4）否定片面的共犯和不同罪过形式的共犯。即认为，如果一方有共同犯罪的意思，另一方没有共同犯罪的意思，或者一方是出于故意，另一方是出于过失，都不能成立共犯。③

2. 行为共同说。行为共同说又称为构成要件之前的行为共同说、事实共同说，是近代资产阶级近代学派的刑法学者布黎所主张的主观主义的共犯理论，日本学者牧野英一、山冈万之助等也赞同这一看法。这种学说从犯罪是犯罪人恶性的表现的观点出发，认为共犯中的"共同"关系，不是二人以上共犯一罪的关系，而是共同表现恶性的关系。所以，共犯应理解为二人以上基于共同行为而各自实现自己的犯罪意图，只要行为共

---

① 参见张明楷《外国刑法纲要》，清华大学出版社1999年版，第293—294页。
② 参见［日］木村龟二主编《刑法学词典》，顾肖荣、郑树周译校，上海翻译出版公司1991年版，第347页。
③ 多数内容和观点，主要参见李光灿、马克昌、罗平《论共同犯罪》，中国政法大学出版社1987年版，第191—192页；［日］木村龟二主编《刑法学词典》，顾肖荣、郑树周译校，上海翻译出版公司1991年版，第347页。

同，不仅共犯一罪可以成立共犯，而且即使各自实施不同的犯罪，也不影响共犯的成立。① 因此，行为共同说认为，所谓共犯并不是数人共同实施一个犯罪，而是数人由共同的行为来完成各自意图的犯罪。② 如牧野英一解释道："恶性表现为犯罪时，并不意味着数人共犯一个罪；在主观上理解犯罪时，认为共犯是由数人的共同行为来完成那种犯罪——依照这种思路想下去的话，首先要有共同预谋的事实，并根据这事实来论述犯罪的成立。共同的事实不等同于考虑的法律上构成的犯罪事实，就是说很可能共同关系常会跨越几个犯罪事实，或者可能仅限于一个犯罪事实中的一小部分。而且并非一定需要那些人有同样的犯意。在他们的共同行为中，对于甲的犯意来说，应构成甲罪，而乙的犯意则应构成乙罪。"③ 可见，行为共同说所指的"共同行为"，并不是构成要件意义上的共同行为，而是在构成要件之前的自然意义上的共同行为，因而这种学说又被称为"构成要件之前的行为共同说"④。这一学说的根据是：犯罪是行为人的危险性格的征表，在构成要件之前就能考察自然行为本身是否构成共同，共同的行为就表现出行为人的危险性格，因而共犯关系的成立不要求行为在同一构成要件之内。⑤

　　行为共同说的基本结论是：（1）共犯只要有共同行为的意思为已足，并不一定需要使故意共通化，因而一方有共同犯罪的意思而另一方没有共同犯罪的意思，或者一方是出于故意而另一方是出于过失，都可以成立共犯。所以，行为共同说不仅承认片面共犯的存在，也要承认不同罪过形式的共犯的存在。只要行为是共同进行的，就可以按照各行为者的故意、过失的程度来确认各自的犯罪。（2）不承认所谓事后共犯的存在。因为既然共犯以共同行为为要件，则犯罪后的藏匿犯人、湮灭罪证或者窝藏赃物

---

　　① 参见李光灿、马克昌、罗平《论共同犯罪》，中国政法大学出版社1987年版，第192页。
　　② 参见［日］木村龟二主编《刑法学词典》，顾肖荣、郑树周译校，上海翻译出版公司1991年版，第347页。
　　③ 转引自［日］木村龟二主编《刑法学词典》，顾肖荣、郑树周译校，上海翻译出版公司1991年版，第347—348页。
　　④ 与"构成要件之前的行为共同说"相对应的，还有一种"构成要件的行为共同说"。后者认为，共犯的成立不要求整个犯罪行为是共同的，只要求有一部分犯罪行为是共同的，就成立共犯。参见张明楷《外国刑法纲要》，清华大学出版社1999年版，第294—295页。
　　⑤ 参见张明楷《外国刑法纲要》，清华大学出版社1999年版，第294页。

等事后帮助行为，对犯罪的完成丝毫也没有影响，根本谈不到行为共同，因而不承认所谓事后共犯的存在。（3）共犯不一定只在所实施的行为都具备犯罪构成要件的行为人之间发生。二人以上只要行为共同，即使其中一人没有责任能力，或者缺乏罪过，或者有阻却违法情况，都不影响共犯的成立。不过一方负刑事责任，另一方不发生刑事责任而已。（4）共犯不一定只在一个犯罪事实范围内发生，只要行为共同，即使是犯意不同的数个犯罪事实，也可以构成共犯。①

3. 共同意思主体说。共同意思主体说为日本刑法学者草野豹一郎所创立，并得到斋藤金作、植松正等学者的支持。草野豹一郎认为，"一切社会现象不仅由个人的单独行为而生，而且由数人的共同行为而生，此共同现象，在经济学中作为分工或合同关系被研究，在民法、商法中作为法人或组合制度被研究，而从刑法上观察此现象时，则生共犯的概念，——唯所谓二人以上共同犯罪，先有为实现一定犯罪的共同目的存在，而在其目的之下，二人以上成为同心一体（共同意思主体），至少其中一人要着手实行犯罪。因为不存在共同目的，所谓共同不仅不能存在，而且不能在共同目的下成为一体，从而就不能有共同意思主体的活动"②。按照草野豹一郎的观点，共犯是一种作为特殊的社会心理现象的共同意思主体的活动。所谓共同犯罪，必须先有实施一定犯罪的目的存在，在此目的下，二人以上变为同心一体，即成立共同意思主体，若其中一人着手实行犯罪，即成立共犯。所谓二人以上共同，是指两个以上的有责任能力者在意思联络下成为一体。而为了有意思联络，要求对共同犯行的认识和互相利用他方的行为，全体成员协力而实现犯罪的意思。但要成立共犯还必须有人实行犯罪，即实施相当于分则条文所规定的犯罪构成要件的行为，而实现犯罪事实，并不需要共同者全部分担实行行为，只要共同者中的任何一人实行就够了。参与谋议者纵不分担实行行为，但只要有人实行，他就要作为共谋共同正犯处理，所以不能以分担实行行为与否作为区分正犯和从犯的唯一标准。关于共犯的刑事责任问题，草野豹一郎从共同意思主体说的立场出发，坚持共犯的团体性和共犯成立上的从属性。但不承认共犯处罚上

---

① 此"基本结论"的多数内容和观点，主要参见李光灿、马克昌、罗平《论共同犯罪》，中国政法大学出版社1987年版，第193页；[日]木村龟二主编《刑法学词典》，顾肖荣、郑树周译校，上海翻译出版公司1991年版，第347—348页。

② 转引自草野豹一郎《刑法总则讲义》（第1分册），劲草书房1951年版。

的从属性，而以个人责任为原则，主张各个共犯者应当各自负担责任。从共同意思主体说的立场来看，教唆犯虽然未参与实行行为，但教唆犯对于犯罪的实行起了重大作用，所以应以实行行为的正犯同样处理。不过，教唆犯的成立，要被教唆者答应教唆，决意犯罪并实行犯罪，因为教唆是由教唆者与被教唆者成为共同意思主体的一个渐进过程的行为，被教唆者由于应诺教唆而成为共同意思主体，因实行犯罪行为始有共同意思主体的活动。①

4. 关于教唆犯成立根据的思考。西方资产阶级关于共犯的成立根据的三种学说，在从不同侧面揭示出共犯成立的合理依据的同时，都存在程度不同的局限性。犯罪共同说作为资产阶级上升时期的产物，具有较强烈的反对封建专制（如刑事司法中的罪行擅断），主张民主、自由和人权等进步思想的色彩。犯罪共同说严格限定了共犯成立的条件，它要求成立共犯必须具备主体上是两人以上的有刑事责任能力者，主观方面具有对于同一犯罪具有共同犯罪意思，客观上具有对于同一犯罪的共同的犯罪行为。可见，犯罪共同说在较大程度上揭示了共犯成立的科学根据，因而具有重要的历史进步意义。但这种学说的局限性也是显而易见的，主要有两点：一是用因果关系论中的原因说作为共犯论的理论基础，不可能对共犯的成立和共犯的区分作出科学的说明。二是犯罪共同说承认事后共犯，把无事前通谋而仅有事后隐匿犯罪、湮灭罪证或者窝藏赃物的行为者作为共犯者，与其自身的共犯理论相悖，不科学。行为共同说作为一种主观主义的共犯理论，强调共犯者主观恶性和否定事后共犯存在等看法具有合理性。但它极大地放宽了共犯的成立条件，只要求行为主体上是二人以上，客观上具有共同行为这两个条件，就可以成立共犯。它不具体考虑每个共同行为人的刑事责任能力、主观罪过形式，并且主要从主观上来区分正犯与共犯，具有很大的局限性。共同意思主体说强调共犯是一种特殊的社会心理现象、共同意思主体的活动，具有一定的可取因素。但它只强调共犯者的意思共同，而不要求实行行为共同，只要其中一人实施实行行为就可以成立共谋共同正犯，并以共同正犯论处，有失科学性。② 同时，共同意思主

---

① 参见李光灿、马克昌、罗平《论共同犯罪》，中国政法大学出版社 1987 年版，第 194—195 页。

② 同上书，第 195—196 页。

体说还有难以区分共犯者,错误强调非经团体协议(通谋或阴谋)不成立共犯等缺陷。①

我们认为,共犯的成立根据在于主客观相统一的共同犯罪行为。其具体内容有三个方面:一是在行为主体上必须是二人以上的有刑事责任能力者;二是在主观上必须是具有共同犯罪的意思;三是在客观上必须是具有共同的犯罪行为,包括共同的教唆行为、帮助行为、组织行为与实行行为。三者的有机统一,才能成立共同犯罪,其参与者才能成立共犯者。就教唆犯而言,其成立根据在于,行为人具有与他人共同犯罪并教唆有刑事责任能力者实行犯罪的主观故意,并实施了教唆他人犯罪的行为。教唆犯罪行为具有严重的社会危害性。

(三)教唆犯的归类根据

教唆犯的归类根据主要在于以下三个方面:

1. 教唆犯的行为性质,是一种具有社会危害性的行为。教唆犯的教唆行为,一方面表明了教唆犯本人具有鲜明的主观恶性和反社会性,另一方面它可以挑起被教唆者的犯罪意图,使被教唆者实施犯罪行为,在危害社会的同时又使被教唆者蜕变为犯罪人。教唆犯在制造犯罪的同时,又制造了犯罪人。因此,教唆犯是犯意的挑起者,也是犯罪的传播者,具有严重的社会危害性,应当将其归入犯罪。

2. 教唆犯的行为特点,只挑起他人的主观犯意,使被教唆者实施犯罪并成为犯罪人。这一特点,使得教唆犯不同于任何其他共犯的行为特点。实行犯具体实施犯罪的实行行为;帮助犯具体帮助实行犯,对实行犯进行精神上或物质上的帮助;组织犯对整个共同犯罪行为进行组织、策划和指挥,使共同犯罪行为成为一个有机的整体。

3. 共同犯罪人的分类方法论。在人类历史上,共同犯罪人的分类方法主要有三种:一是以行为人在共同犯罪中的分工为标准对共同犯罪人进行分类。这种分类法始于1810年《法国刑法典》,法国刑法典把共犯分为正犯与从犯,其中的从犯包括教唆犯与帮助犯,规定对教唆犯和帮助犯处以与正犯相同之刑。1871年《德国刑法典》继承了法国刑法典对共同

---

① 参见李海东主编《日本刑事法学者》(上),中国法律出版社、日本国成文堂联合出版1995年版,第124—125页。

犯罪人按分工分类的传统，并在此基础上有所发展，将共同犯罪人明确分为正犯、教唆犯和从犯三种，规定对从犯的处罚采得减主义。其后的许多国家都沿袭德国刑法典的分工分类法，将教唆犯从共同犯罪人中独立划分出来。苏联刑法典及现行俄罗斯刑法典也采用分工分类法，将共同犯罪人分为组织犯、教唆犯、帮助犯和实行犯。二是以行为人在共同犯罪中的作用为标准对共同犯罪人进行分类。中国古代刑法即是如此，如《唐律》就确立了将共同犯罪人分为首犯与从犯的分类法，并规定"造意为首"的处罚原则。三是兼采行为人在共同犯罪中的分工与作用进行分类。中国现行刑法典将共同犯罪人分为主犯、从犯、胁从犯与教唆犯四种，明显兼采分工分类法与作用分类法两种分类法。在理论界，有的主张分工分类法，有的主张作用分类法，有的主张分工分类与作用分类相结合的分类方法。

笔者认为，对共同犯罪人的分类主要是解决共同犯罪人的"身份"和"归属"问题，因此在逻辑上应以采分工分类法为宜，不过这种见解在部分西方国家中反而被立法实践和理论研究所否定，其中的突出表现就是"单一制正犯体系"的立法实践及其学理诠释。至于其刑事责任问题，应在规定其处罚原则中予以解决，如规定对于共同犯罪人应按照其在共同犯罪中的作用进行处罚。若按照分工分类法对共同犯罪人分为以下四类：实行犯、帮助犯、组织犯、教唆犯，其各自的刑事责任问题，除组织犯与帮助犯在共同犯罪中的作用确定，并应明确规定对组织犯应按照其所参与或组织指挥实施的全部犯罪处罚，对帮助犯应当从轻、减轻或者免除处罚以外，其他共同犯罪人如实行犯与教唆犯则在共同犯罪中的作用都不确定，因而应明确规定对其按照他在共同犯罪中所起的作用处罚。

二 教唆犯的处罚根据

西方国家的刑法理论中，关于共犯处罚根据争议的焦点在于，共犯不法是源于，还是独立于正犯行为的不法。[①] 如前所述，在共犯体系论与教唆犯归属理论问题上，西方国家刑法立法和理论上大致出现了区分制共犯

[①] 参见刘斯凡《共犯界限论》，中国人民公安大学出版社 2011 年版，第 26 页。

体系与单一制正犯体系，相应地，教唆犯理论也呈现出区分制共犯体系下的教唆犯理论（狭义的从犯理论）与单一制正犯体系下的教唆犯理论（单一正犯论）。这样两种共犯体系下的教唆犯处罚根据是被纳入"共犯的处罚根据"之中来展开的。西方国家尤其是德日的刑法理论，关于共犯的处罚根据学说大致有责任共犯论、不法共犯论、惹起说三种。责任共犯论认为，共犯的处罚根据在于共犯者将正犯引诱至责任和刑罚中，或者说由于共犯使正犯堕落而至责任和刑罚（故而又称为"堕落说"）；违法共犯论认为，共犯的处罚根据是使正犯实施符合构成要件的违法行为从而造成法益侵害和使正犯陷入反社会性的状态；惹起说认为，共犯的处罚根据应从共犯行为和法益侵害之间的惹起与被惹起的因果联系中寻找共犯的处罚根据，其内部还存在纯粹惹起说、修正惹起说与折中惹起说（混合惹起说）的差异。[①] 当前，西方国家共犯的处罚根据论呈现出以下三个方面的发展趋势：一是体现了试图合理限制共犯的处罚范围的倾向；二是展现出由在责任上探求共犯的处罚根据向在违法上寻求共犯的处罚根据过渡的发展方向；三是在共犯从属性问题上，呈现出实行从属性逐渐受到重视，而要素从属性逐渐得到缓和的趋势。[②]

但是，西方国家关于共犯的处罚根据问题的理论诠释可能并不能契合中国刑法观念与规范现实，且西方国家两种共犯体系（区分制共犯体系与单一制正犯体系）也无法匹配中国共犯体系。

首先，中国刑法关于共同犯罪的规定难以在单一制正犯体系与区分制共犯体系之间作出确切判断。中国有学者提出了"我国到底是采单一正犯体系还是二元参与体系"之类的疑问，而对这个疑问的回答有时是模棱两可的，"这两种观点的对立其实源自于观测点不同，如果从主犯、从犯、胁从犯的规定出发，就得出我国采取的是单一的正犯体系；如果从教唆犯的规定出发，就得出我国采取的是二元的参与体系"。但是应当承认，较多的学者认可"我国的共犯体系虽然维持了二元参与体系的基本框架，同时又具有单一正犯体系的某些特征"，但是"我国并未采取单一

[①] 参见［日］高桥则夫《共犯体系和共犯理论》，冯军、毛乃纯译，中国人民大学出版社2010年版，第136—138页；陈洪兵《共犯论思考》，人民法院出版社2009年版，第8—25页。

[②] 参见杨金彪《共犯的处罚根据》，中国人民公安大学出版社2008年版，第83—85页。

正犯体系",①"我国共犯制度模式属于区分制"②。在此基础上,还有学者提出,相对于德日刑法单层区分制共犯体系而言,中国刑法规定的共同犯罪体系具有双层区分制的体系性特点,"中国刑法对参与人同时采用了分工和作用两种并存不悖、功能各异的分类标准。分工分类标准下的正犯与共犯旨在解决参与人的定性及其间的关系问题,而不直接决定和评价参与人的刑罚轻重,承载量刑功能的是作用分类标准下的主犯和从犯。在这种双层区分制立法模式下,正犯与共犯的界分宜采以构成要件为轴心的实行行为说",而"在我国双层区分制之下,主、从犯的划分是一个直接决定和影响参与人刑罚轻重的重要实践性课题"。③"我国共犯的规定和大陆法系有实质差异,如果直接套用其学说,根本无法解决与共犯相关的理论问题。因此,共犯的处罚根据理论在我国刑事立法框架内,有重构的必要。"④这些现象均表明了中国共同犯罪立法规定的特殊性,我们在诠释中国共同犯罪与教唆犯原理时应当时刻关注我们自身的特殊性。

其次,中国的共犯体系是一种兼顾两种统一的共犯体系,即犯罪论上主客观相统一的犯罪体系与行为定型上总则分则相统一的行为定型体系。(1)犯罪论上主客观相统一贯彻始终,不同于西方刑法学多重含义的"犯罪论",即使在共同犯罪论上也是如此。因此,共犯行为类型说、共犯违法类型说等均不能匹配中国犯罪论,同理,最小从属性、限制从属性、极端从属性等理论均不能匹配中国共同犯罪规范。中国犯罪论是真正意义上的主客观相统一的犯罪论。(2)行为定型上始终坚持总则与分则相统一,总则规定的行为定型相对于分则规定的行为定型始终保持了从属性与独立性相统一的特点,因为总则规定的"特别行为定型"仅仅是分则规定的行为定型的补充。这表明,就行为定型体系而言,刑法总则并非没有规定特别的行为定型(尽管其需要结合刑法分则规范来共同塑造)。行为定型在中国刑法体系中的表现,除了刑法分则规定的分则作为、分则不作为、分则持有之外,尚有刑法总则规定的总则共犯行为定型(总则共犯教唆犯行为定型、分则外的帮助犯行为定型、分则外的组织犯行为定

---

① 刘斯凡:《共犯界限论》,中国人民公安大学出版社2011年版,第18—19页。
② 王志远:《共犯制度的根据与拓展——从"主体间"到"单方化"》,法律出版社2011年版,第30页。
③ 钱叶六:《双层区分制下正犯与共犯的区分》,载《法学研究》2012年第1期。
④ 刘斯凡:《共犯界限论》,中国人民公安大学出版社2011年版,第26页。

型)、总则共犯行为外的特别行为定型(非共犯教唆犯行为定型、预备犯行为定型、间接正犯行为定型),它们无不是在刑法总则和刑法分则的共同塑造下完成行为定型任务的。

应当说,中国共犯体系秉承兼顾两种统一的共犯体系的特点,是一种固守了中国刑法元素的共犯体系,这种共犯体系下教唆犯的成立根据值得特别考量:犯罪论上主客观相统一、行为定型上总则分则相统一。必须明确,行为定型理论应当面对这样一种现实:并非只有刑法分则才能定型,而只是刑法总则和刑法分则的有机结合才能完成行为定型。如非共犯教唆犯行为定型,就是典型的由刑法总则直接规定的、由刑法总则和刑法分则共同塑造的行为定型。除共犯外的教唆犯和间接正犯之外(因为共犯外的教唆犯本不属于共同犯罪范畴),所有的共犯教唆犯、分则外的帮助犯、分则外的组织犯等,均需要共同犯罪规范来塑造其行为定型;换言之即是这些共犯行为定型均必须在主客观相统一的"共同犯罪范围"之内来塑造,即在一定意义上具有类似于"迈耶公式"中的夸张从属形式所要求的条件下来塑造。这就突破了西方大陆法系国家共犯理论中关于单一制正犯体系与区分制共犯体系的框架,弥补了该两种正犯体系内在的缺陷性和不协调性,并赋予了其中国刑法元素。

在中国刑法规范的语境下,教唆犯的处罚根据,实质上是指教唆犯的"刑罚处罚根据"或者说"刑事责任根据",其不同于刑法分则规定的单独犯罪与共同犯罪中规定的实行犯(在我国主要是主犯)的"刑罚处罚根据"与"刑事责任根据",而并非如西方国家一样仅仅指向"共犯不法是源于还是独立于正犯行为的不法"。同时,在整体论意义上,教唆犯的处罚根据总共关涉两种情形下的教唆犯的处罚根据问题:一是共犯教唆犯的处罚根据,这是在共同犯罪形态之下所进行的考察;二是非共犯教唆犯的处罚根据,这是在非共同犯罪形态之下所进行的考察。其中第二种情形,实质上就是考察刑法第29条第二款所规定的"如果被教唆的人没有犯被教唆的罪"之情形下,这种非共犯教唆犯的处罚根据问题。

综合分析,我们认为,教唆犯的处罚根据有其法哲学上、立法论上、司法解释论上的处罚根据三个方面:

(一)刑法哲学上教唆犯的处罚根据

关于处罚教唆犯的理论根据,主要有共犯从属性说与共犯独立性说的不同立场。共犯从属性说采"共犯借用犯罪说"的立场，认为教唆犯本身不构成犯罪，当然也不可罚，只是由于实行犯构成犯罪和具有可罚性，才使得教唆犯因具有犯罪的从属性（犯罪性之借用）和可罚性的从属性（可罚性之借用）而具有犯罪的可罚性。因此，共犯独立性说的立场是，教唆犯本身具有犯罪的故意和可罚的犯罪行为，是行为人所固有的反社会性的充分表现，因而教唆犯本身的教唆行为就具有犯罪性可罚性，而不是借用其他人的犯罪性与可罚性。这两种看法都具有一定的片面性。共犯从属性说无视教唆犯本身的主观罪过与客观的社会危害性，将其完全看作是实行犯的附属物，显然具有片面性。共犯独立性说在教唆犯的犯罪性和可罚性上应该说是抓住了问题的本质，具有相当的合理性。当然，共犯独立性说人为地割断教唆犯与实行犯的内在联系，过分夸大了教唆犯的独立性，不利于科学确定教唆犯的刑事责任。那么，根据教唆犯的二重性说立场，我们认为，教唆犯的犯罪性和可罚性基本上是由于教唆犯本身的性质所决定的，即使被教唆人没有接受教唆、没有实施所教唆的犯罪，教唆犯也因其本身所具有的人生危险性和社会危害性而具有犯罪性和可罚性。同时，教唆犯又总是同被教唆人相联系的，表现在教唆犯的刑事责任的轻重要受被教唆人的实行行为的制约和影响。

（二）立法论上教唆犯的处罚根据

关于处罚教唆犯的实践根据主要有四种观点：一是犯罪起因说。认为教唆行为是使他人发生犯罪之决意，实为他人实施犯罪之远因，因此教唆犯作为实行犯犯行之无形起因者，故应予处罚。二是责任参与说。认为，教唆行为使他人发生犯罪之决意为已足无须诱使他人成为犯人，因此教唆犯系使他人为有责之犯人，并参与其犯罪，故应予处罚。[1] 此两种观点均有失片面：前者注重从客观方面来阐明教唆犯与被教唆人的犯意产生和犯罪实行行为的联系，并进而论证教唆犯的处罚根据。后者则注重从主观方面来看教唆犯对于被教唆人主观犯意的激发而具有的内在联系，并以此论证教唆犯的处罚根据。三是不法共犯论。日本学者平野龙一主张以"不法共犯论"来作为教唆犯的处罚根据。平野认为，共犯者惹起了正犯的

---

[1] 参见郭君勋《案例刑法总论》，三民书局印行1983年版，第479—480页；陈兴良《共同犯罪论》，中国社会科学出版社1992年版，第276页。

故意，使之实施了违法行为，或者以其援助行为促进了违法的正犯行为，故应惩罚共犯者。① 四是因果的共犯论。日本学者牧野英一在研究关于共犯处罚根据的责任论与不法共犯说的基础上，主张以共犯者对正犯的实行行为的完成的影响力来论证共犯的处罚根据，提出了重视其间的因果关系的所谓"因果关系论"。牧野认为，教唆犯、从犯并不是因为正犯的行为与结果之间具有因果关系而对结果承担刑事责任，而是由于自己的行为与结果之间有因果关系从而表现出一定的恶性，才受刑罚处罚。②

我们认为，正确的态度应该是：结合教唆犯对被教唆人的主观犯意的联系以及对被教唆人实行行为的作用，坚持主客观相统一的原则来看待教唆犯的处罚根据。因此，我们认为，教唆犯本身具有人身危险性和社会危害性，是教唆犯的处罚根据之一。

（三）司法解释论上教唆犯的处罚根据

刑法总则关于教唆犯应受刑罚处罚的明确规定，是刑法解释论上教唆犯的处罚根据。我国现行刑法典（总则）第 29 条关于教唆犯受刑罚处罚的具体情形有以下两种：

其一，共犯教唆犯的处罚根据。刑法第 29 条第一款规定："教唆他人犯罪的，应当按照他在共同犯罪中所起的作用处罚。教唆不满 18 岁的人犯罪的，应当从重处罚。"

其二，非共犯教唆犯的处罚根据。刑法第 29 条第二款规定："如果被教唆的人没有犯被教唆的罪，对于教唆犯，可以从轻或者减轻处罚。"

部分西方国家没有规定非共犯教唆犯的刑事责任后果，这种非共犯教唆犯在刑法解释论上就不具有处罚根据。从而，这种刑法解释论上教唆犯的处罚根据又在一定意义上回归到了立法论上教唆犯的处罚根据，二者之间存在相互关联和相互制约的关系。

---

① 参见［日］早稻田司法考试研究室《刑法总论》，早稻田经营出版 1990 年版，第 209—249 页；李海东主编《日本刑事法学者》（上），法律出版社 1995 年版，第 287 页。
② 参见马克昌主编《近代西方刑法学说史略》，中国检察出版社 1996 年版，第 256 页。

第十四章

特别防卫权的规范解释与滥用责任[*]

一 引言

正当防卫尤其是其中的特别防卫权作为刑法上的正当化行为,由于其具备犯罪的形式外观,在认定上总是存在一定的风险。若是将正当防卫行为错误的解释为犯罪,不仅不利于防卫人人身或财产法益的保护,加剧了犯罪所可能导致的损害后果,也无助于公民与违法犯罪行为作斗争的良善观念的养成。正所谓正义无须向不正义让步,对于符合正当防卫主客观要件的行为,有从刑法上予以保障的绝对必要。与此同时,在对正当防卫进行解释的过程中也必须要警惕另外一种风险,即将不属于正当防卫或欠缺正当防卫部分构成要件的行为如防卫过当、事前防卫、事后防卫、假想防卫以及事后报复行为等解释为正当防卫。正如有学者所言,防卫权由于具有介入或替代国家刑罚权的倾向,其适用应受到合理的限制,因为权利的膨胀则意味着被滥用的风险,滥用权利必然会使权利的行使走样变形,防卫权不是也不可能是个例外。[①] 所以,在特别防卫权的规范解释中如何准确界定防卫行为,如何认定"不法侵害正在进行",以及对滥用防卫权尤其是其中的特别防卫权的行为如何定性处理就成为一个值得关注的问题。本章即结合"90后少女刺死性侵大叔案"及其争议问题展开特别防卫权相关法理的讨论,以期有利于特别防卫权理论完善以及其在实践中正确贯彻实施。

---

[*] 本章是笔者和钟凯博士合作研究成果,系笔者主持2012年度教育部社科规划项目课题《中国当下刑法解释论问题研究》的阶段性成果之一(项目编号:12YJA820080)。

① 李成福:《论无限防卫权》,载《四川警官高等专科学校学报》2003年第4期。

（一）案情

2011年5月28日晚，"90后"少女旋某打算从广州火车站乘车前往厦门，但未买到当日车票，因无钱住宿，旋某轻信主动搭讪的"好心大叔"杨某，跟随对方到出租屋休息，却遭遇对方实施的性侵犯，慌乱之间旋某拔下电视机墙上挂着的军用匕首与杨某发生争斗，争斗过程中旋某双手持刀连捅杨某数刀，致其受伤倒在床上。随后，在旋某准备离开时，其又"担心杨某未死会事后报复"，又持刀砍刺杨某的头部数刀并致杨某当场死亡。

2011年9月10日，广州市中级人民法院一审裁判认为，旋某在实施正当防卫之后继续持刀故意杀害已丧失侵害能力的被害人杨某，其行为已构成故意杀人罪。鉴于杨某有先行侵犯被告人的人身权利的事实，且被告人犯罪时年仅18周岁，故依法予以从轻处罚，判处旋某有期徒刑四年。[①]

（二）争议

针对本案的法律定性问题，我们在观察分析网络媒体舆情和组织四川大学法学院部分刑法硕士研究生、博士研究生进行探讨的过程中，发现主要形成了以下两种意见：

一种意见认为，本案应依法不能成立特别防卫，广州市中级人民法院的判决合法适当。理由是：审查判断那些针对"严重危及人身安全的暴力犯罪"实施打击行为并"造成不法侵害人伤亡的"（特别防卫权之容许后果）是否成立特别防卫权，关键在于审查判断这些打击行为是否成立防卫行为：这些打击行为如果成立防卫行为，那么就成立特别防卫权；这些打击行为如果不成立防卫行为，那么就不能成立特别防卫权。因为特别防卫权必须是也只能是正当防卫权，其特别之处仅仅在于：针对"严重危及人身安全的暴力犯罪"实施防卫行为，即使"造成不法侵害人伤亡的"（特别防卫权之容许后果）依法不构成"正当防卫明显超过必要限度

[①] 案例来源：《广州日报》：《力拒性侵捅死大叔　90后女孩被判4年》，来源：人民网，http://www.people.com.cn/h/2012/0912/c25408-3430194300.html，访问时间：2012年11月26日。

造成重大损害的"（防卫过当之不法后果），而是依法成立正当防卫中的特别防卫。本案中，旋某在杨某已然丧失侵害能力的情况下，仍然实施所谓的"防卫"，由于欠缺防卫意识这一主观内容和不法侵害正在进行这一客观条件，应属于刑法上的防卫不适时，其行为并不具有防卫行为的基本属性，而是防卫之后的事后报复行为，具有滥用特别防卫权的性质，依法应当承担故意杀人的刑事责任。

另一种意见则认为，本案应成立特别防卫，广州市中级人民法院的判决存在不当。理由是：对于不法侵害的结束时间，仅以客观上不法侵害的排除作为判断标准是不合理的，完全忽略了防卫人在紧急状态下的认知能力以及应急反应，不利于对防卫人的保护。本案中，在旋某的认知中不法侵害尚未结束，在未能确认杨某丧失加害能力并安全离开封闭的出租屋之前，她始终都处于紧迫的现实威胁之中，此时所实施的砍刺行为应是针对现实存在的威胁所采取的必要措施，不能认定为防卫不适时，也不属于事后的报复行为。广州市中级人民法院的判决事实上是剥夺了被害人所享有的特别防卫权。

二 特别防卫权的规范解释

防卫权乃至特别防卫权均来源于人性的本能，"如果有什么一般的生命法则的话，那它就是，每个动物都会以防御来回答对它的攻击，这防御本身常常就是还击或反击，这是一种原始的本能，它植根于反射运动和生命组织的应激性中，若没有这种本能，生命将不可能存在。在像人这样的高级动物中，这种本能虽然有所改变，但它仍然存在。在不开化的社会中，一个人不能还击加于他的灾难，或比这做得更多些，那他就很难生存下去，这意味着他迟早会完蛋"[①]。因此，在天赋人权观念盛行的17、18世纪，防卫权被认为是无限的、不受约束的，如洛克便认为："当为了保护我而制定的法律不能对当时的强力加以干预以保障我的生命，生命一经丧失就无法补偿时，我就可以进行自卫并享有战争的权利，即杀死侵犯者的自由，因为侵犯者不容许我有时间诉诸我们的共同的裁判者或法律的判

---

① ［法］居友：《无义务无制裁的道德概论》，余涌译，中国社会科学出版社1994年版，第171页。

决来救助一个无可补偿的损害。"① 随着社会的发展和法治观念的进步，我们开始认识到：不能将人类的防卫本能等同于动物的自然冲动，作为社会中的人，其所能实施的全部行为均要受其理性的支配和法律的制约，行使防卫权也不能顺理成章地成为处死不法侵害人的理由。国家之所以赋予公民以防卫权，并不是因为公民天然地具有惩罚犯罪的权利，而是因为法律作为一种静态的存在，在面对已然出现的犯罪时，其总是表现出一种滞后性，国家的权威在正在进行的犯罪面前显得捉襟见肘，此时依赖国家统一行使刑罚权就可能为时已晚，犯罪所可能造成的后果也就无力挽回。于是，就有必要将专属于国家的刑罚权适度下放，赋予遭遇正在进行的不法侵害的受害人以防卫权，以补充法律在控制违法犯罪方面的不足，从而弥补国家刑罚权适用的真空。可以说，防卫权是一种"准刑罚权"，其本质就是一种基于立法授权的"越俎代庖"行为。然而，在倡行法治的现代，防卫权作为一种维护人权和社会利益的法律行为，其行使就应"以不对社会利益造成危害为限；否则，就和不法侵害一样具有社会危害性，同样为社会和法律所反对和禁止"②。因为惩罚犯罪、保护社会的责任只能归属于国家，因此防卫权的行使就决不允许凌驾于国家刑罚权之上，反而必须受到刑事立法的约束与限制，否则就可能演化为权利的滥用。正所谓"社会文明程度越高，法律就越发达完备；法治的精神越是深入人心，公民的防卫权行使的范围就越益狭小"③。基于此，即使是面对正在进行的严重危及人身安全的暴力犯罪，法律也会为防卫人的防卫行为设置必要的界限，避免防卫人任意代行国家刑罚权之职甚至是滥用防卫权，从而任意剥夺或损害不法侵害人的合法权利。这也就决定了在对防卫行为进行解释时，我们始终都只能抱持一种限缩的立场。

（一）防卫行为的界定

以本案为例，我们首先必须审查的一个关键问题是：旋某在杨某已然丧失侵害能力的情况下所实施的刺杀他人的行为是否属于防卫行为？若旋某的行为属于防卫行为，则杨某的死亡就属于法律容许之后果；若旋某的

---

① ［英］洛克：《政府论》（下编），叶启芳、瞿菊农译，商务印书馆1964年版，第13—14页。
② 田宏杰：《防卫权限度的理性思考》，载《法学家》1999年第4期。
③ 同上。

行为不成立防卫行为,则杨某的死亡就属于法律所不容许的不法后果。显然,基于前述限缩的解释立场,防卫行为的存在是以满足立法设定的合理界限为前提的,其包括主客观两个方面的内容:

从主观方面来看,防卫行为的成立要求防卫人具有防卫意识,也即具备主观的正当化要素。防卫意识包括防卫认识和防卫意志两个要素。防卫认识的内容包括三点:(1)认识到不法侵害正在进行中。(2)认识到不法侵害是严重的、紧迫的。何谓严重或紧迫?从词性和语义上分析,作为形容词的严重或紧迫意指情势危急、没有缓冲的余地,其内涵抽象、外延模糊,并不能作为一个精确的认定标准。这就决定了在司法活动中只能通过综合考察不法侵害发生的时间、地点、环境、侵害行为的性质、强度以及侵害者的具体情况等客观因素来对之予以判断。这里有一个现实的问题,在不法侵害进行的过程中,防卫人的精神往往处于高度的紧张状态,其不可能或是来不及对现场的诸多客观因素进行综合分析与判断,若将这一客观标准予以绝对化,实属强人所难。因此笔者认为也有必要兼带考虑同等条件下的普通人在相同的情境下的认识,亦即"平行的一般人"理论,若相同条件下的普通人不会感受到不法侵害的严重性与紧迫性,就不能基于对防卫人的同情和不法侵害人的憎恶而人为地设置一个严重或紧迫的情境。(3)认识到防卫行为所指向的对象是不法侵害人本人。至于防卫意志,其内容则表现为防卫人保护合法权益免受正在进行的不法侵害的目的追求。

从客观方面来看,防卫行为的成立要求必须是针对现实的、正在进行的不法侵害采取的对不法侵害人本人的制止行为。具体包括以下六点:(1)侵害行为应具有不法性,也即侵害行为本身是不受法律保护的,其既可以是违法行为,也可以是犯罪行为。对于他人实施的合法行为不允许进行防卫,因为此时不存在经授权的"准刑罚权"发动的理由,包括国家都不可能对合法行为施以惩戒,个人就更不应具备这样的权利。(2)侵害行为应具有严重性,也即侵害行为会对防卫人的个人法益造成重大的威胁或已经造成法益的某种严重损害。这意味着两点:其一,对于轻微的违法乃至仅是不适当的行为如普通的恶作剧,不能实施防卫,而只能采取其他的如喝止等非防卫手段予以制止。因为防卫行为是对不法侵害人的"加害",其在程度上往往具有致伤或者致死性,若允许对轻微违法等行为实施防卫,则必然超出法秩序所允许的社会相当性范围,造成不应有的损害。其二,对于单纯侵害公共法益的行为,原则上不能实施防卫。单纯针对公共法益的不法侵害行为,其防卫主体应是国家,防卫手段则表现为国家刑罚权的运用,公民个人一般仅应在面对同时侵害公共法益与个人法益的不法侵害时才可行使防卫权;否则,公民的防卫权就不再具有补充性质,而是一种非节制代行国家权力的行为。(3)侵害行为应具有现实性,也即不法侵害必须是现实的存在。若所谓的"不法侵害"仅是"防卫人"的假设性推断,应成立假想防卫,不属于正当防卫。假想防卫是"防卫人"基于错误认识实施的"伪防卫",不可能充足正当防卫的构成,实为违法。(4)侵害行为应具有紧迫性,也即不法侵害处于正在进行的过程当中,已经开始且尚未结束。在不法侵害尚未开始或者已经结束时进行所谓的"防卫",应成立防卫不适时,不属于正当防卫。(5)防卫对象的特定性,也即正当防卫只能针对不法侵害人本人的人身或财产进行。若针对第三人实施防卫或实施防卫的过程中兼带导致第三人的人身、财产损害的,符合紧急避险条件的应按紧急避险处理,否则应追究相应的法律责任。(6)防卫权的有限性,也即防卫行为没有明显超过必要限度造成不应有的损害。应该承认,公民在行使任何权利的同时,都必须承担相应的义务,对防卫权的行使亦不例外,此时公民承担的义务就是不侵犯不法侵害者的合法权益。[①] 一般认为,防卫权的必要限度"应以制止不法侵害、保护法益的合理需要为标准,一方面要分析不法侵害行为的危险程度、侵害者的主观内容,以及双方的手段、强度、人员多少与强弱、在现场所处的客观环境与形势等;另一方面,还应权衡防卫行为所保护的法益性质与防卫行为所造成的损害后果,即所保护的法益与所损害的利益之间,不能相差过大,不能为了保护微小权益而造成不法侵害者重伤或死亡,即使是非杀死侵害人不能保护微小法益的情况下,也不能认为杀死不法侵害人是必需的"[②]。也即是说,防卫行为所造成的损害的上限与不法侵害所可能造成的损害在量上应基本持平。当然,由于不法侵害往往事发突然,防卫人在仓促之间限于客观条件和认知能力,其不可能做到防卫强度的零误差或绝对平衡,从鼓励防卫人与犯罪作斗争的角度出发,也应当允许防卫行为所造成的损害适度大于不法侵害。不过,鼓励不等于纵容,

---

[①] 徐振华:《论刑法中的防卫权》,载《法学评论》2003年第3期。
[②] 张明楷:《刑法学》(第四版),法律出版社2011年版,第201页。

若防卫强度显著过大，如为保护个人少量财产不被盗窃而当场致犯罪人死亡的，就应追究防卫人的刑事责任，否则，刑法的功能就不再是惩罚犯罪，而是在制造犯罪。

（二）特别防卫权的诠释

仍以本案为例，我们认为本案需要讨论的第二个关键问题是：特别防卫权的适用是否应以成立普通的防卫行为为前提？这个问题实际上涉及刑法第 20 条第 3 款与第 1 款的关系判断。对此关系判断，理论上有两种见解：一种见解是，特别防卫权在本质上属于正当防卫权，其中"采取防卫行为"仍应受到普通防卫行为主客观要件的制约，则事后防卫或事后报复等非防卫行为所造成的结果也就必然不属于特别防卫权所容许的后果范畴之内；另一种见解则认为，特别防卫权就是一种"无限制的防卫权"，则意味着只要是对正在进行的行凶、杀人、抢劫、强奸、绑架以及其他严重危及人身安全的暴力犯罪所实施的任何有效反制，均可解释为"采取防卫行为"，由此造成的任意程度的后果都不得解释为"不法后果"。如果以第二种理解即"无限制的防卫权"为基础，那么，旋某在杨某丧失侵害能力之后实施的刺击行为也就具有某种合理性，因为既然国家赋予了防卫人在面对严重危及人身安全的暴力犯罪时处死不法侵害人的权利，正如国家在处死一个犯罪人时通常不会考虑行刑时犯罪人的生理状况一般（法定的如孕妇、未成年人和 75 岁以上的老年人除外），不法侵害人是否丧失了侵害能力对于权利的行使者来说就不应成为一个"问题"。但是，第二种理解显然不符合我国特别防卫权的立法本义。

笔者认为，刑法第 20 条第 3 款所规定的特别防卫权，仍应以成立刑法第 20 条第 1 款的正当防卫为前提，该第 20 条第 3 款仅是刑法上的注意规定与特别提示而已，所谓特别防卫权其实仅是刑法理论的归纳解释而已，其本质仍然是刑法所明确规定的"正当防卫权"。所谓注意规定，是在刑法已作基本规定的前提下，提示司法人员注意、以免司法人员忽略或者误解的规定。注意规定的特点决定了其设置并不会改变基本规定的内容，只是对基本规定内容的重申，即使不设置注意规定，也存在相应的法律适用根据，即按基本规定处理。① 作此解释主要是基于以下三个理由：

---

① 张明楷：《刑法学》（第四版），法律出版社 2011 年版，第 587 页。

第一，特别防卫权的立法理由决定了刑法第 20 条第 3 款是注意规定。从立法沿袭来看，1979 年刑法在正当防卫方面的规定在司法实践中存在着司法机关对正当防卫及其限度条件掌握过严的问题。在处理防卫案件中，司法机关并没有真正把握正当防卫立法的旨趣，往往偏袒不法侵害者，苛求正当防卫人，把正当防卫的立法在一定程度上错误地视为处罚防卫人的法律，扭曲了正当防卫的法律形象。① 因此，就有必要在刑法修订的过程中就正当防卫的适用问题，尤其是在可能导致误判的方面增设一个说明性的条款，以增强刑事司法的可操作性和明确性。王汉斌同志在 1997 年八届人大五次会议上也就刑法第 20 条第 3 款的立法原因作出过与前述分析一致的说明："由于对正当防卫超过必要限度的规定太笼统，在实际执行中随意性较大，出现了不少问题，比如受害人受到不法侵害时把歹徒打伤了不但得不到保护反而以防卫过当追究刑事责任，为了保护被害人的利益，鼓励见义勇为的行为……"②

第二，刑法第 20 条的条文关系决定了特别防卫权是注意规定。分析刑法第 20 条 3 款文字的关系，我们会发现，第 1 款是对正当防卫质的规定性，第 2 款是对正当防卫量的规定性，这两款是关于正当防卫制度的一般性规定，具有普遍的意义，适用于任何情形下正当防卫的认定。因为这两款涵盖了成立正当防卫所必需的各项条件，包括防卫意图、防卫起因、防卫时机、防卫对象以及防卫的必要限度。第 3 款则是对第 1 款和第 2 款的进一步阐明，使之更具可操作性。③ 该第 3 款的立法意义就在于提示司法者把握好正当防卫的必要限度，并非只要造成不法侵害人死亡的，都可以不分情况地按防卫过当处理，对于正在进行的杀人、强奸等严重危及人身安全的暴力犯罪，即使在某些情况下造成犯罪分子重伤或死亡的，也属于防卫限度内的行为，仍应成立正当防卫。

第三，特别防卫权所容许的后果决定了刑法第 20 条第 3 款是注意规定。从特别防卫权所指涉的防卫手段、强度以及防卫人所造成的损害来看，由于该第 3 款规定的不法侵害均具有紧迫性、暴力性和高度的危险

---

① 赵秉志、田宏杰：《特殊防卫权问题研究》，载《法制与社会发展》1999 年第 6 期。
② 王汉斌在 1997 年 3 月 6 日八届人大五次会议上所作的《关于〈中华人民共和国刑法（修正草案）〉的说明》。
③ 杨鸿、商志超：《"无限防卫权"质疑》，载《中山大学学报》（社会科学版）2001 年第 4 期。

性，侵害强度较普通的不法侵害要大，在面对这类严重暴力犯罪时，法律所能期待的就只能是防卫人通过以暴制暴的手段来保障公民赖以生存的重大权益。当然，由于防卫强度大，造成不法侵害人死亡、重伤的可能性也会相应增大。从法益均衡的角度来看，防卫人所造成的不法侵害人死亡或重伤的损害后果与不法侵害所加害的法益也是基本相当的。因此，这种程度的防卫行为仍属于制止不法侵害、保护法益的合理需要，也就没有超出普通正当防卫的必要限度。故刑法第 20 条第 3 款和第 1 款的规定并无实质区别，将该第 3 款的规定作为注意规定予以解释适用并按普通的正当防卫的成立条件为之设限也就具有合理性。

基于此，我国刑法第 20 条第 3 款规定的特别防卫权相较于普通的防卫行为在成立条件上仅存在两个形式上的表述差异，一为犯罪的特定性，二为强度的特殊性。从实质上看，特别防卫权就是前述已界定的正当防卫权，在适用上不应存在本质区别。也即特别防卫权的成立要求防卫人在主观认识上具有保护合法权益的意图，客观方面存在针对现实的、正在进行的不法侵害所采取的对不法侵害人本人的制止行为。这里有必要就立法所提示的两个形式差异进行分析。

犯罪的特定性，表现在特别防卫权只能针对正在进行的行凶、杀人、抢劫、强奸、绑架以及其他严重危及人身安全的暴力犯罪这类特定的不法侵害行为进行。显然，无论是严重的暴力犯罪抑或是普通的需要防卫的违法行为，都属于不法侵害的子概念，它们与不法侵害之间应是属种关系。至于特别防卫权所指涉的行凶、杀人等严重暴力犯罪究竟是指具体的罪名还是犯罪的形式，理论上也曾出现过争议，如有观念就认为从文理上分析，应将其中的"杀人、抢劫、强奸、绑架"等能够对应分则罪名的行为解释为具体的罪名。[1] 但近年来，学界则基本趋于一致地认为刑法第 20 条第 3 款是一种罪名与手段相结合的立法形式，[2] 其中的"杀人、抢劫、强奸、绑架"不仅是指故意杀人罪、抢劫罪、强奸罪和绑架罪等具体罪名，还包括具有同等强度的严重危害人身安全的其他暴力犯罪如采用暴力非法拘禁致人死亡而构成的"杀人"犯罪的转化犯，奸淫幼女等基于立

---

[1] 赵秉志主编：《刑法学总论》，群众出版社 2000 年版，第 174 页。

[2] 王作富、阮方民：《关于新刑法中特别防卫权规定的研究》，载《中国法学》1998 年第 5 期。

法推定而涵括的犯罪，以绑架方式实施的拐卖妇女、儿童等以特定暴力犯罪为手段的其他犯罪以及其他严重危及人身安全的暴力犯罪如抢劫枪支、弹药罪、劫持航空器罪等犯罪。笔者认为，衡量是否构成特别防卫权中的不法侵害，关键在于是否严重危及生命、健康、性、人身自由等重大人身安全，而无须以最终成立何种罪名为准，特别防卫权的存在理由不在于出现了构成某种特定犯罪的不法侵害，而在于不法侵害严重危及人身安全，因此才有必要赋予防卫人以特别的防卫权。如采用一般暴力行为实施的绑架，但并不以杀害或严重重伤相威胁的，就不应允许实施特别防卫。那么，这里的"行凶"也就不应仅作语义上的"打人、杀人"或是"做凶暴的伤害人的事情"的解释，因为普通的拳打脚踢致人轻伤的也是行凶，但却未能达到成立特别防卫权所要求的严重程度，故"行凶"就只能被解释为能够对生命与重大身体安全造成紧迫危险的非杀人犯罪。[①]

强度的特殊性，表现在特别防卫权允许防卫人造成不法侵害人伤亡。值得注意的是，作为注意规定的刑法第 20 条第 3 款所规定的造成不法侵害人伤亡的后果并非特别防卫权的必然后果，正如前文所述，特别防卫权允许出现伤亡结果在于不法侵害的强度过大，对应的防卫行为的强度往往也就具有致人死亡的高度盖然性，因此有必要将之作为特别防卫权所容许的后果上限，而并不意味着防卫人可以采取任意强度的防卫行为，特别防卫权在防卫强度上仍旧存在限度标准，也即是达到制止不法侵害、保护法益的合理需要程度。因为正当防卫是一种公民权利，这种公民权利相应的也是某种"刑权力"，而权力就具有权力天生的扩张、侵犯的特性，决定了其必须具有相对性、派生性、受制约性。正如有学者所言："只要认为对方是严重危害自己或他人的人身安全，就可以毫无顾忌地反击，哪怕手段已经超过足以制止不法侵害的限度或犯罪人已无力再实施侵害，还可以继续'防卫'直至其'伤亡'。一旦如此，何等危险。这无疑是从另一个角度助长公民滥施私刑，助长私力报复。"[②] 所以，必须对正当防卫的权力意蕴予以必要的限制。如果不适当地强调正当防卫的权力性质，必然会弱化对不法侵害人应有合法权益的保障，如此会导致国家责任的不恰当转

---

① 语义层面的行凶包括杀人行为，但由于刑法第 20 条第 3 款已专门将杀人行为单列，故应将杀人从特别防卫权中的行凶中排除。

② 陈兴良：《论无过当之防卫》，载《法学》1998 年第 6 期。

嫁，公力救济的旁落。① 因此，在实施特别防卫权的过程中，即便是曾经出现过严重危及人身安全的暴力犯罪，若因犯罪实施完毕、不法侵害人已被制服或丧失侵害能力等原因导致犯罪处于一种终结状态时，又或是防卫人不具有防卫意识的，都不应成立特别防卫权，而只能是一种滥用特别防卫权的行为。

三 防卫不适时与事后报复的行为依法不能成立特别防卫权

前文在对防卫行为进行界定时已提及，防卫行为的成立要求侵害行为具有紧迫性，也即是说实施防卫行为必须把握适当的时机，针对正在进行的不法侵害进行。正如孟德斯鸠所言："公民和公民之间，自己是不需要攻击的。他们不必攻击，只要向法院申诉就可以了。只有在紧急的情况下，如果等待法律援助，就难免丧失性命，他们才可以行使这种有攻击性的自卫权利。"② 若是认为本案中的旋某在杨某丧失侵害能力后所实施的刺击行为仍发生在紧迫的情势之下，那么旋某的行为就具有正当性，应排除其行为的犯罪性；若认为在杨某丧失侵害能力后旋某便不再具有成立防卫行为的条件，则以故意杀人罪追究其刑事责任就具有合理性。这里便涉及一个防卫行为"适时"与否的解释判断问题。

理论上一般认为防卫不适时有两种情况，一是事前加害，二是事后加害。事前加害是指在不法侵害尚未开始时进行的"防卫"，事后加害是指在不法侵害已经结束后进行的"防卫"。事后加害具体又可细分为两种情形：第一种是没有正当防卫前提的事后防卫，即事前存在不法侵害，但在不法侵害正在进行时，行为人没有对不法侵害实行正当防卫，而是在不法侵害过去以后，才对不法侵害实行所谓的正当防卫；第二种是具有正当防卫前提的事后防卫，是指在实行正当防卫的过程中，不法侵害人已经丧失了侵害能力或者中止了不法侵害，或者已经被制服，仍不罢手，继续加害

---

① 郭泽强、蒋娜：《刑法第20条第3款与第1款关系研究——兼论第20条第3款条款的意义》，载《法学家》2002年第6期。
② ［法］孟德斯鸠：《论法的精神》（上册），张雁深译，商务印书馆1961年版，第137页。

于不法侵害人。① 防卫行为究竟属于事前还是事后，判断的标准在于不法侵害是否正在进行，也即解决不法侵害的开始与结束的时间节点的问题。关于不法侵害的开始时间，理论上存在着进入侵害现场说、着手说、直接面临说与综合说等观点，通说一般以着手为判断标准，特殊情况以直接面临为标准。② 因此，认为如果不法侵害人已经着手实行不法侵害的，理所应当属于正在进行，在特殊情况下，若待不法侵害人着手就来不及减轻或避免后果的，如不法侵害人持枪射击防卫人的，若待不法侵害人着手开始实施具体的杀人行为也即举枪瞄准时再进行防卫必然不利于防卫人人身法益的保护，此时就应允许防卫人在不法侵害已经现实地威胁到防卫人的人身或财产法益时即开始实施防卫。关于不法侵害的结束时间，理论上有人坚持行为完毕说，③ 有人坚持事实继续说，④ 还有人主张离去现场说，⑤ 观点不一。我们赞同这样一种认识，即认为不法侵害已经结束，是指法益不再处于紧迫、现实的侵害、威胁之中，或者说不法侵害已经不可能（继续）侵害或者威胁法益，⑥ 具体就表现为侵害者自动中止了不法侵害、侵害者已经被制服或者已经丧失了继续侵害的能力、侵害人已经离开现场或者是不法侵害已经造成损害结果且来不及挽回等情形。此时防卫人的人身或财产法益处于一种平和的状态之中，实施防卫行为对于制止不法侵害已无任何意义，此时再赋予公民以防卫权和动用国家刑罚权具有相同的效果，即滞后于不法侵害，既如此，国家就没有必要下放其专属的刑罚权来实现对犯罪的控制，否则既有损国家刑罚权的地位，也会助长权利的滥用。

所以，在防卫不适时情况下，"防卫人"无论是事前防卫还是事后防卫，即便承认其主观上具有防卫意识，但根据前述防卫行为的规范解释，我们也会基于事前防卫和事后防卫所欠缺的客观方面的时间条件而否认其成立防卫行为，也就不可能产生法规范所期待的防卫效果，故不能将不适时的"防卫"评价为防卫行为。当然，成立防卫不适时并不意味着就必

---

① 陈兴良：《正当防卫论》，中国人民大学出版社1987年版，第203—208页。
② 赵秉志主编：《刑法争议问题研究》（上卷），河南人民出版社1996年版，第525页以下。转引自张明楷《刑法学》（第四版），法律出版社2011年版，第195页。
③ 高格：《正当防卫与紧急避险》，福建人民出版社1998年版，第29页。
④ 陈朴生：《刑法总论》，台北正中书局1999年版，第91页。
⑤ 高铭暄：《新中国刑法学研究综述》，河南人民出版社1986年版，第297页。
⑥ 张明楷：《刑法学》（第四版），法律出版社2011年版，第195页。

定成立故意犯罪，此时还应根据行为人的认知能力区分不同的情况予以具体的处理：[1] 一是故意犯罪，即明知不法侵害尚未开始或已经结束，而故意对不法侵害人造成侵害；二是过失犯罪，应当预见不法侵害尚未开始或者已经结束，因为疏忽大意而没有预见，对不法侵害人造成侵害；三是意外事件，客观上不能预见不法侵害尚未开始或者已经结束，因而对不法侵害人造成损害。

防卫不适时是针对基于防卫意思但不符合防卫时间条件的"防卫"情形所进行的理论概括，这与防卫之后的事后报复行为具有一定相似性，同时也有所差异性，因而有必要予以检讨。以本案为例，本案中旋某在杨某丧失侵害能力后实施的行为实则基于"报复意思"而实施的事后报复行为，当然不能被评价为防卫行为，更无成立特别防卫权的条件，但其与基于"防卫意思"的事后防卫行为（防卫不适时）还是有所区别的。显然，事后防卫行为与防卫之后的事后报复行为之间区别的关键在于行为人的主观认识不同，前者主观上是基于防卫意思，后者主观上则是基于报复意思。

从理念上分析，防卫之后的报复行为从外在表现形式来看，与"私刑"并无二异，都是对犯罪的一种侵害。只是刑罚存在着国家公意这一正当性基础，而防卫之后的报复却是防卫人个人主观意志的表现，是其对犯罪的不满情绪和仇恨心理的一种宣泄。由于社会中的个人并非都是理性的，尤其是在面对严重侵害人身法益的暴力犯罪时，防卫人往往会在情欲或利害关系的支配下，产生强烈的报复心理，不顾一切地实施"私刑"，甚而企图置被害人于死地而后快。法律若是对这种血腥复仇予以公开认可和纵容，就必然会陷入一种自相矛盾的局面，一方面法律通过规定防卫权来制止暴力犯罪，另一方面又公然允许另一种也许是更为严重的暴力犯罪，[2] 这显然会动摇刑事法治在国民心目中的权威地位，也不利于公民守法习惯的养成。

从防卫行为的构成分析，在正当防卫之后对不法侵害人施以报复的，由于其行为本身不再是制止不法侵害的必需行为，也就不再具有防卫行为的属性，应排除其成立正当防卫乃至特别防卫权的可能性。这种行为从本

---

[1] 张明楷：《刑法学》（第四版），法律出版社 2011 年版，第 196—197 页。
[2] 田宏杰：《防卫权限度的理性思考》，载《法学家》1999 年第 4 期。

质上说就是对防卫权的滥用，是一种假借特别防卫权之名的犯罪行为，其和普通的刑事犯罪的区别仅在于此种报复行为存在一个被害人过错的前提。事实上，防卫人面对的即使是正在进行的诸如杀人、强奸这类严重危及人身安全的暴力犯罪，法律也只允许对其进行正当防卫（包括特别防卫），而不可能准许对其在不法侵害结束后予以"私刑"惩罚。

应该说，任何人都有应激的本能，在遭遇来自他人的不法侵害尤其是严重危及人身安全的暴力犯罪时，受到伤害的人总是会本能地产生报复的愿望，这种愿望和防卫的心理往往相伴而生。但是，"自从人类社会产生国家，并通过国家制定法律，行使惩罚权惩罚违法犯罪行为，为全体公民提供法律保护起，便结束了以复仇作为防卫形态的历史"①。"报复只得到了正义的表面——心理满足，而失去了正义的实质——消解冲突后实现社会大和平。"② 正如史学大家瞿同祖先生所言："法律机构发达以后，生杀予夺之权被国家收回，私人便不再有擅自杀人的权利，杀人便成为犯罪的行为，须受国法的制裁。在这种情形下，复仇自与国家法不相容，而逐渐的被禁止了。"③ 因此，旋某所实施的事后报复行为应当受到刑法的否定评价。

四 少女旋某滥用特别防卫权刺死性侵大叔行为的法律责任

通过前文分析，我们认为关于本案定性处理的第一种意见是正确的。具体而言，本案少女旋某滥用特别防卫权刺死性侵大叔行为在刑法解释和定性处理上可形成以下三个基本结论：

第一，旋某的行为具有事后防卫和事后报复的行为特点，属于滥用特别防卫权的行为，在刑法规范解释上依法不能成立正当防卫与特别防卫权。旋某的行为属于前述具有正当防卫前提的事后防卫，在杨某对旋某实施性侵害时，旋某持刀与之搏斗并致杨某受伤倒在床上的行为符合正当防卫的主客观要件，也未超出正当防卫的必要限度，成立刑法上的特别防卫

---

① 田宏杰：《防卫权限度的理性思考》，载《法学家》1999 年第 4 期。
② 高艳东：《现代刑法中报复主义残迹的清算》，载《现代法学》2006 年第 2 期。
③ 瞿同祖：《中国法律与中国社会》，中华书局 1981 年版，第 70 页。

权。但是，在杨某受伤倒在床上过后，其已丧失了继续实施不法侵害的能力，也即不可能对旋某的人身法益造成进一步的伤害，此时不法侵害已告结束，也就不再具备继续实施防卫行为的时间条件。此时旋某持刀砍刺杨某头部的行为既有基于防卫意思而实施的事后防卫的行为性质，也有基于报复意思而实施的防卫之后的事后报复行为的性质，依法不能成立正当防卫或者特别防卫权。

第二，旋某滥用特别防卫权的事后防卫行为与事后报复行为具有直接剥夺他人生命权的行为特点，在行为定性上构成故意杀人罪。在通过正当防卫制服不法侵害人的情况下，旋某应当产生的是避免发生过当性事实的反对动机，并形成避免进一步法益侵害的意思决定，事实上作为成年人的旋某也有义务、有能力避免产生侵害杨某生命法益的能力，如径直离开现场、到公安机关报案等。但旋某背离这一规范期许的内容，在实施完毕正当防卫之后，仍然刻意追求杨某的死亡，则具备了故意杀人的主观罪过，从而反映出其可非难程度与人身危险性。正如日本学者大冢仁教授所言："尽管误想了不法的侵害，但是知道是过剩的即违法的反击行为却竟然实施它，因此，对发生的结果不免要成立故意犯。"[①] 即便是对于不法侵害人或犯罪人，"他不仅不得被任意杀害，他的生命也绝不能遭受不必要的危险……这样，尊重生命、免受专横干预的自由和礼貌就成了共同道德的原则"[②]。旋某基于避免遭受杨某事后报复的动机而实施的事后防卫行为（基于防卫意思）与事后报复行为（基于报复意思），在明知用刀多次刺击他人头部会致他人死亡的情况下仍然执意而为，刻意追求杨某的死亡结果的发生，符合故意杀人的犯罪构成，应按刑法第 232 条故意杀人罪追究其刑事责任。

第三，旋某滥用特别防卫权的行为具有法定减轻或者免除处罚情节以及酌定减轻处罚情节，在刑罚处罚适用上应依法予以较大程度地减轻处罚。刑法第 232 条规定，"故意杀人的，处死刑、无期徒刑或者十年以上有期徒刑；情节较轻的，处三年以上十年以下有期徒刑"。综合本案看，旋某的行为显属故意杀人"情节较轻的"情形，应在 3 年以上 10 年以下

[①] [日] 大冢仁：《刑法概说（总论）》，冯军译，中国人民大学出版社 2003 年版，第 337 页。

[②] [英] A. J. M. 米尔恩：《人的权利和人的多样性——人权哲学》，夏勇、张志铭译，中国大百科全书出版社 1995 年版，第 178—179 页。

有期徒刑范围内适用适当刑罚。旋某虽然给杨某的生命法益造成了损害，但旋某在行为时的主观心理状态和一般的故意杀人行为仍有区别，由于本案被害人杨某存在明显的、重大的过错，旋某在刚刚遭受了来自杨某的严重危及人身安全的暴力犯罪的不法侵害情况下，其心理高度紧张、恐慌，认识能力和辨别能力有所降低，这也决定了旋某的人身危险性相对于一般故意杀人的行为人的人身危险性程度较轻，存在需要考量的较多"可恕"之情，这些案情事实和情节决定了人民法院依法应对旋某适用相对较轻的法定刑。

第十五章

刑法修正案观察与检讨[*]

自1997年刑法颁行以来，中国刑法修订（修正）的规范形式，迄今为止采用了刑法修正案和单行刑法两种形式，其中刑法修正案已颁行8个，单行刑法已颁行3个，[①] 因而，从数量、内容等方面综合评价，无疑可以说，刑法修正案是我国刑法修订的主要形式和主导方面。尤其是2011年2月25日通过并公布的《中华人民共和国刑法修正案（八）》，由于其修正内容涉及刑法总则和分则，修正条文多达50条，引起了中国刑法学界对于"刑法修正案"现象本身的广泛关注和热烈讨论。目前，中国学术界对于刑法修正案的总体评价是正面肯定的，同时也有一些反思，甚至有比较严厉的批评。这些学术批评关涉刑法修正案的形式与内容诸方面，如刑法修正案中的形式合理性、刑法观、犯罪政策、刑罚政策、学术立场等问题，本章即针对这些问题进行学术观察并展开学理研讨。

---

[*] 本章系笔者主持2012年度教育部社科规划项目课题《中国当下刑法解释论问题研究》的阶段性成果之一（项目编号：12YJA820080）。

[①] 这里有两点说明：其一，我国现行刑法公布施行以来总共出台的3个单行刑法，分别是1998年12月29日发布施行的《全国人民代表大会常务委员会关于惩治骗购外汇、逃汇和非法买卖外汇犯罪的决定》、1999年10月30日通过的《全国人民大表大会常务委员会关于取缔邪教组织、防范和惩治邪教活动的决定》、2000年12月28日通过的《全国人民大表大会常务委员会关于维护互联网安全的决定》。其中，后两部单行刑法并没有设置新的独立的罪刑规范。

其二，我国有学者认为"刑法立法解释作为刑法的渊源开始受到重视"，并提出了"今后我国刑法的局部修改、补充和完善主要应限于刑法修正案和刑法立法解释两种方式"的学术见解，即将刑法立法解释本身也作为刑法修改、补充和完善的规范形式之一。参见赵秉志、王俊平《改革开放三十年的我国刑法立法》，载《河北法学》2008年第11期。本文认为，不宜将刑法立法解释作为"中国刑法修订（修正）的规范形式"，但不否认刑法立法解释是中国刑法"完善"的规范形式。

一　中国刑法修正案中的形式合理性问题

　　就形式合理性而论，应当说中国刑法修正案获得了比较广泛而充分的肯定，中国学者均认同刑法修正案应该成为刑法修正的主要形式和主导方面，认为这是中国刑法修正走向理性和成熟完美的重要标志之一。如高铭暄教授认为：[①]"从刑法修法模式上讲，修正案模式作为在我国刑事立法实践中大获成功的立法模式日益走向成熟。"再如赵秉志教授认为：[②]"以刑法修正案的方式局部修改完善刑法典，程序灵活、针对性强；同时修正案内容要纳入刑法典，不改变刑法典原有的顺序，又能够充实刑法典。因此，这种局部修改的方式被世界各国普遍认可。"可以说，通过修正案的形式对刑法进行修订已经成为立法者的共识，[③] 也是全体刑法学者的共识。

　　但是值得注意的问题是，在认同刑法修正案作为刑法修正主要模式的基础上，不同学者的具体态度尚有一些差异。一是主张"今后我国刑法的局部修改、补充和完善主要应限于刑法修正案和刑法立法解释两种方式，而摒弃单行刑法的方式，附属刑法也宜限于呼应刑法典或刑法修正案的方式"[④]；二是主张中国刑法修正的形式应当坚持以刑法修正案为主、以单行刑法为辅的立场，认为"刑法修正案的方式应当视为基本模式，特别刑法的模式也应当得到采用，根据刑事政策的不同需要采用不同的刑法修正模式：一般情况下，当对刑法现有个罪进行修改，或者增加新的罪名所侵犯的客体没有超过现有刑法典犯罪分类的客体体系的范围时，采用刑法修正案的修订模式；当然，在特殊情况下，如果增加新的罪名所侵犯的客体已经超过现有刑法典犯罪分类的客体体系的范围时，采用单行刑法的修订模式"[⑤]，并且还应注意一些立法技术与修法技术方面的问题。

[①] 高铭暄：《走向完善的中国刑事立法》，载《法制日报》2011年第5月18日第11版。
[②] 赵秉志：《三方面标志中国特色社会主义法律体系形成》，来源：新华网，http://news.xinhuanet.com/legal/2011-03/03/c_121143904.htm，2011年3月3日。
[③] 郭泽强：《从立法技术层面看刑法修正案》，载《法学》2011年第4期。
[④] 赵秉志、王俊平：《改革开放三十年的我国刑法立法》，载《河北法学》2008年第11期。
[⑤] 郭泽强：《从立法技术层面看刑法修正案》，载《法学》2011年第4期。

有学者对刑法修正案具体规范的内容与类型进行研究后指出：目前我国刑法修正案对刑法的修订大致可以归结为两种类型，一种是解释型的刑法修订，另一种是创制型的刑法修订，而解释型的刑法修订事实上可以通过立法解释的方式来完成。虽然修正案大部分内容是罪刑规范的规定，但仍有一些规定没有规定新的罪刑规范，只是对原有刑法条文的含义进一步明确，混淆了立法权与立法解释权。因此，解释型的刑法修订在修正案中出现，从根本上看，是立法者没有很好地区分刑法修正案与立法解释，正如有学者指出，目前刑法修正案并未能真正区分"部分修改权"与"立法解释权"[①]。这些批评值得重视，其要旨在于强调刑法修正案不能大包大揽，包括不宜将一些仅仅具有立法解释性质的内容纳入刑法修正案之中。

再者，就中国刑法修正案的数量与频率问题，学界也存有争议。自1997年刑法典颁行以来至2011年的短短14年时间里，我国以平均每一年多一点的时间里就出台一个刑法修正案的频率颁行了八个刑法修正案，"短短14年期间八部刑法修正案所呈现的紧锣密鼓的犯罪化步伐就值得深刻反省"[②]，频率太高太快，数量太多太滥，已经引起了部分学者的批评。有学者甚至指责"如此频繁的刑法修改，不但在古今中国刑法立法史上绝无仅有，而且在有据可查的世界刑法立法史上，恐也无出其右"[③]。有的学者呼吁学界应对此现象进行反思，认为我国刑法修正案出台频率过高是因为缺乏立法前瞻性以及社会管理创新所致，当前社会管理方式的落后以及相关非刑事法律法规的不完善甚至缺位，导致了其对社会关系调整的力不从心，刑法被错误地委以重任并成为调控社会的一线"角色"，由此才导致刑法被多次修正。[④] 今后应"适当采用'弹性立法'技术，给法的解释留下适当空间，同时使得刑法规定有相对的稳定性和保障的前瞻性"，"尽量避免高频次的刑法修订。毕竟，刑法是关乎公民根本利益的后盾法，如此频繁的修改法典，公民就会对法典本身产生质疑，动摇其心

[①] 参见郭泽强：《从立法技术层面看刑法修正案》，载《法学》2011年第4期。
[②] 刘艳红：《我国应该停止犯罪化的刑事立法》，载《法学》2011年第11期。
[③] 邢馨宇、邱兴隆：《刑法的修改：轨迹、应然与实然——兼及对刑法修正案（八）的评价》，载《法学研究》2011年第2期。
[④] 刘伟：《刑法修正的基本动向及客观要求研究》，载《政治与法律》2011年第5期。

中对法典或者法权威的信念"①。同时，对于目前我国出现高频率刑法修正案的现象也有正面评价，有人认为我国"现阶段刑法立法应当是积极的"并且"在相当一段时期内刑法立法的活跃态势仍将持续"，因为"刑法在整个法律体系中，处于特别重要的地位，其在维护国家安全和社会稳定，保障公共安全、社会主义市场经济秩序、公民的人身权利、民主权利以及国家、集体、公民、组织的合法财产权等方面具有不可替代的作用"，同时也需要"慎重地把握刑法的适用范围和强度的调整，在充分发挥刑法对社会发展的保障作用的同时，注意最大限度地缩小打击面，以减少和缓解社会矛盾"②。这些现象表明，中国出台刑法修正案的数量和频率褒贬兼备。

此外，就中国刑法修正案与刑法典本身的融合问题，学界讨论也不少。我国有学者指出，我国在 1997 年刑法典颁行以后主要采取刑法修正案形式修订刑法，其中原因之一就是考虑到以单行刑法形式修订刑法典，往往对刑法典本身的统一性、完整性乃至于权威性具有破坏作用，不利于实现刑法典修订与刑法典本身的有效融合，并且不利于司法机关适用刑法。相对而言，刑法修正案是对刑法典原有条文的修改、补充、替换或者在刑法典中增补新的条文，不但可以直接将其修订内容纳入刑法典，不致打乱刑法典的条文次序，从而有利于维护刑法典的完整性、连续性和稳定性，有利于刑事法治的统一和协调，同时还有利于直接促成刑法典的改进，从而方便理解与适用。③ 因此，国家立法机关要适时地进行刑法典的编纂工作，吸纳已颁行的刑法修正案，并将刑法立法解释文件编附在相应条文之后，以方便刑法的适用、研究和宣传。在适当的时机，国家立法机关还可以考虑将对刑法典集中而系统、全面的修改提上立法工作的日程，以修订出更加科学、完备因而具有更长久的适应性的刑法典。④

笔者认为，中国应当在承认刑法修正案形式合理性的基础上，进一步将刑法修正案作为中国刑法修订的唯一的合法形式。其理由在于：

---

① 参见郭泽强《从立法技术层面看刑法修正案》，载《法学》2011 年第 4 期。
② 朗胜：《在构建和谐社会的语境下谈我国刑法立法的积极与谨慎》，载《法学家》2007 年第 5 期。
③ 参见黄京平、彭辅顺《刑法修正案的若干思考》，载《政法论丛》2004 年第 3 期。
④ 参见赵秉志、王俊平《改革开放三十年的我国刑法立法》，载《河北法学》2008 年第 11 期。

（1）现行中国刑法典是一部体系完备的现代刑法典，无论对其进行体系内的修订（小修）还是体系外的修订（超越既有体系的修订、大修），均应以刑法修正案形式为宜，这是迄今为止刑法修订的基本经验和成功做法。如果说中国1997年3月14日第八届全国人民代表大会第五次会议对1979年刑法典的修订属于超越既有体系的大修，那么，在1997年刑法典公布之后的八次刑法修正案则可以视为对现行刑法典体系内的小修。实际上，中国对刑法典的大修与小修都是通过刑法修正案形式来完成的，这是一条十分成功的经验，值得认真总结和始终坚持。（2）反面的教训值得提防，通过单行刑法与附属刑法的形式修订刑法问题多、效果不好，我们应当予以否定而不能再走回头路。例如，在1997年刑法典颁行之后，1998年12月19日第九届全国人民代表大会常务委员会第六次会议通过的《关于惩治骗购外汇、逃汇和非法买卖外汇犯罪的决定》，既有对刑法第190条的修改，也有增设骗购外汇罪的新罪名以及其他一些修改内容，造成了刑法典之外单设骗购外汇罪的现象存在，至今留下了一些难以妥善解决的问题，以致有学者"私自编撰"并"修改"刑法典而将骗购外汇罪列入刑法第190条第二款之中，① 令人深思。这种现象的出现，从反面说明了刑法修正案形式的唯一合理性。（3）刑法立法解释并非属于刑法修订性质，不应将其列入刑法修订的形式。前述学者所提出的"解释型的刑法修订"概念，其实不宜将其纳入刑法修订（修正）的范畴，而应当将其仅仅作为刑法解释的范畴，这种刑法解释可以是立法解释文本的规范形式，也可以是司法解释文本的规范形式，但是，刑法立法解释文本的规范形式本身不是刑法修订（修正）的规范形式。（4）将刑法修正案作为中国刑法修订的唯一的合法形式（模式）有利于切实坚持罪刑法定原则和民权主义刑法观，有利于促进中国刑法沿着科学、现代、健康的正确方向发展，也有利于中国刑法典的形式和内容两个方面的协调完善。

同时，刑法修正案不宜过于频繁启动，除非在发现刑法典存在重大漏洞或者严重不适应社会生活需要的情况下，才可以经过严肃慎重的立法修改的启动程序和修改程序而制定出台刑法修正案，以保持刑法典的相对稳

---

① 参见刘志伟、周国良编《刑法规范总整理》（第四版），法律出版社2011年版，第50页。

定性。即使需要制定出台刑法修正案，最好也要调研论证五年、十年甚至更长时间，切实做到刑法修正过程是一个严肃认真、周全权衡的过程，切实兼顾好刑法修正案与刑法典之间的有效融合，并由国家立法机关在制定出台新的刑法修正案的同时立即公布经过刑法修正案修正之后的现行刑法典。当然，某些既成的刑法规定，如果因为社会生活的变化发展而需要予以特别解释说明的，如"国家工作人员"、"卖淫"等刑法规范语言修辞等问题，以及"两高"（指最高人民法院和最高人民检察院）在司法解释活动中出现了明显分歧而需要立法解释加以解决的刑法规定问题，则可以采取立法解释的形式加以解决，以避免过度加大刑法修正案的数量和频率。

二 中国刑法修正案中的刑法观问题

对于中国刑法修正案具体内容的实质合理性（实质合法性）问题，则可以说在多数人的欢呼声中素有批评和诟病。其中重要的批评内容关涉刑法观问题。

有学者指出，回顾从1979年到《刑法修正案（七）》的刑法改革之路，我们会发现，在犯罪圈的划定与刑罚量的调整方面，我国的刑事立法一直在延续着传统的权力刑法思维，即着眼于权力统治与强化社会管理，以"秩序"为价值中心，试图将犯罪预防与治理的所有细节纳入权力的控制范围之内。直到《刑法修正案（八）》这种状况才有所改善，虽然其仍带有权力刑法思维的印记，但是其削减死刑罪名、加强对特殊群体的权利保护以及引入社区矫正等内容，才"体现出了权利刑法思维及对之的侧重"[1]。另有学者认为，综观八部刑法修正案，新增罪名30余个，它们无不以扩大国家刑罚权力、缩小或限制公民之自由为内容，这体现了我国刑事立法仍然在工具主义的轨道上前行，国权刑法的观念仍然深深根植在立法者的脑海中，民权刑法的观念离我们仍很遥远。[2] 这些评价的共同点，是认为中国刑法修正案在修法观念上存在一定程度上的错位，即体现

---

[1] 参见周振杰《〈刑法修正案（八）〉：权利刑法思维之体现与侧重》，载《山东警察学院学报》2011年第3期。

[2] 参见刘艳红《我国应该停止犯罪化的刑事立法》，载《法学》2011年第11期。

国权本位刑法观色彩过浓而体现民权本位刑法观色彩不足。

在刑法观问题上，笔者认为，现代刑法在基本立场上应该都是坚持民权本位刑法观的，中国刑法当然不能例外。[①] 在刑法史上，刑法观大致有国权本位刑法观与民权本位刑法观、权力本位刑法观与权利本位刑法观的区分。[②] 国权本位刑法观又叫权力本位刑法观、国权主义刑法观、权威主义刑法观，主张刑法是体现国家权力并且以实现国家刑罚权为核心的法律，其目的任务就是保护国家整体利益，其显著特点是以国家利益为出发点而极端限制公民自由、刑罚严酷，尤其强调死刑适用。其立足于刑法的社会保护机能，因而极端强调国家利益，它所针对的对象就是公民个人，它所限制的主要内容就是公民的自由，公民只是刑法的客体与对象。而民权本位刑法观又叫权利本位刑法观、民权主义刑法观、自由主义刑法观，主张刑法是以保护国民的权利和自由为核心的法律，因而应当严格限制国家刑罚权并使之成为个人自由的有力保障，其目的是最大限度地保障公民自由，因而极端强调严格限制国家公权行为；其立足于刑法的人权保障机能，因而极端强调公民自由价值，它所针对的对象是国家，它所限制的主要内容是国家刑罚权。这样两种刑法观的简要对比，无疑可以清晰地展示出其各自立足点、出发点和归宿点等基本立场上的巨大差异，孰是孰非不言自明。

那么，历史发展到今天，我们中国应当旗帜鲜明地、义无反顾地擎起民权主义刑法观的大旗，同时应当彻底批判国权主义刑法观的陈旧观念。而作为反映有关刑法的价值、机能、目的、任务与基本原则等根本观点和基本态度的刑法观问题，其本身是一个十分深刻而抽象的"立场观念"问题，其基本内容必然体现在具体的犯罪政策与刑罚政策及其相应的刑法规范之中，因而其基本内容的考察与讨论应当结合刑法及刑法修正案的罪刑规范来展开。大体而言，在刑法修正案中，我们应当大力张扬民权主义刑法观，恰当处理好人权保障和犯罪防控的关系权衡，继续深化限制并逐

[①] 参见魏东《保守的实质刑法观与现代刑事政策立场》，中国民主法制出版社2011年版，第15页。

[②] 陈兴良教授认为："民权刑法这个概念，是李海东先生首先在我国提出的。李海东根据国家与公民在刑法中的地位把历史上的刑法划分为两种类型：国权主义刑法与民权主义刑法。"陈兴良：《刑法学者的使命——许道敏〈民权刑法论〉序》，载许道敏《民权刑法论》，中国法制出版社2003年版，第1页。

步废除死刑、深化限缩犯罪圈和刑罚量,适时适度地开启非犯罪化、轻刑化的大门,促进中国刑法沿着现代、科学、人文的道路前进。为此,本章下文即紧接着分别针对中国刑法修正案中的犯罪政策与刑罚政策等问题加以展开论述。

三 中国刑法修正案中的犯罪政策问题

犯罪化与非犯罪化是犯罪政策上两个紧密相连而需要立足于一定的刑法观立场予以恰当权衡的方面。犯罪化是指将不是犯罪的行为在法律上确定为犯罪的过程与状态,在现代刑事法治理性中仅承认立法上犯罪化的合法性。非犯罪化是指将以前被规定为犯罪的行为,因社会变动的原因而不再认为应科处刑罚并否定其犯罪性,并从立法上或者在司法上排除其犯罪性的过程与状态,因此在现代刑事法治理性中同时承认立法上非犯罪化与司法上非犯罪化的合法性。作为一项重要立法活动(修法活动)成果的刑法修正案,自然存在立法上的犯罪化与非犯罪化两个修正方向的权衡。在此问题上,尽管中国刑法修正案面临正面的与负面的两种评价,如有的学者正面肯定了犯罪化的合理性,认为"我国立法机关应当充分吸收和利用犯罪学的最新科研成果,高度关注高新技术革命条件下衍生的新型犯罪现象,适时启动刑法立法,对新型的犯罪现象做出回应"[1],但是客观上讲,负面的批评的声音更多一些。

有学者指出,中国历次刑法修正都贯穿着决策机关过于依赖刑罚,不注重通过加强权利保护,减少矛盾根源,对犯罪进行合理治理的一贯思维方式,其具体体现在通过增加新的罪名或者修改罪状,致力于扩大犯罪圈,而对于造成上述违法行为的深层次尤其是体制性原因视而不见,这种状况直到《刑法修正案(八)》才有所转变。[2] 而另有学者提出了更为尖锐的批评,认为对于包括《刑法修正案(八)》在内的所有刑法修正案而言,犯罪化成为"现行刑法颁布以来刑事立法的绝对主导方向","综观八部刑法修正案,新增罪名三十余个,它们无不以扩大国家刑罚权力、缩

---

[1] 高铭暄:《中国共产党与中国刑法立法的发展——纪念中国共产党成立90周年》,载《法学家》2011年第5期。

[2] 参见周振杰《〈刑法修正案(八)〉:权利刑法思维之体现与侧重》,载《山东警察学院学报》2011年第3期。

小或限制公民之自由为内容",中国迄今为止"以平均每一年半一部刑法修正案的速度、以共八部刑法修正案的数量不断地实现着我国刑法犯罪化的进程"。① 这些批评表明,中国刑法修正案在犯罪化与非犯罪化发展方向的具体权衡上存在较大争议。

在犯罪政策问题上,笔者认为,中国刑法修正案的犯罪化步伐应当逐步减缓甚至暂停,在保持中国刑法典稳定性的前提下,更多地并且坚定不移地开启非犯罪化之门,将那些并非必要的、可以通过非刑法措施防控的"犯罪行为"逐步予以非犯罪化,如危险驾驶罪、持有伪造的发票罪等抽象危险犯、持有犯以及部分"无被害人犯罪"与行政犯等,并在将这些已有"犯罪"逐步予以非犯罪化处理的同时,通过探索社会管理创新和加强行政执法的努力来逐步防控这些非犯罪化的违法行为的发生和泛滥。刑法修正案在逐步开启非犯罪化的前提下,对于某些极个别严重危害民生和人权的行为,才可以个别地进行犯罪化修订,如同性强奸与强奸男性的行为,由于其发生频率逐步增多且社会危险性极大,宜通过刑法修正案形式将其作出犯罪规定。但是,这种犯罪化修订不能成为刑法修正案的主导方向,而只能是个别的并且是极其不得已的、十分慎重的"例外"。

四 中国刑法修正案中的刑罚政策问题

就法定刑及刑罚制度整体设置而言,刑事立法存在重刑化与轻刑化两种修正发展方向,此两种发展方向亦需要立足于一定的刑法观立场予以适当权衡。有学者对《刑法修正案(八)》在轻刑化方面的努力给予了十分肯定的评价,认为《刑法修正案(八)》进一步完善了从宽处理的法律规定,更好地体现了中国特色社会主义刑法的文明和人道主义以及对宽严相济刑事政策的进一步贯彻落实,既有从严的一面,又有从宽的一面,尤其是"《刑法修正案(八)》削减了13种犯罪的死刑,并对相关的刑罚制度作了配套性的改革,这是中国共产党执政以来我国立法机关首次从立法上较大幅度地削减死刑,意义重大"②,"废除这13项罪名的死刑,释放出

---

① 刘艳红:《我国应该停止犯罪化的刑事立法》,载《法学》2011年第11期。
② 高铭暄:《中国共产党与中国刑法立法的发展——纪念中国共产党成立90周年》,载《法学家》2011年第5期。

了两个积极的信号：第一，废除死刑不再是理论中的设想，已经变成了立法中的现实，我们已经走上了废除死刑之路，虽然以后的路程仍然会非常漫长，但是毕竟有了一个良好的开端；第二，我国的刑法修正有望摆脱过度依赖刑罚，一味提高刑罚量的模式，而进入根据社会形势与预防犯罪的需要，进行相应的轻重调节的时代"①。但是，也有不少学者批评《刑法修正案（八）》仍然延续了重刑化特色，"以往刑法修改的严刑轨迹，除死刑的扩大适用得到遏制与进一步矫正外，几乎均在修正案（八）中得到了延伸"，"以加重诸如寻衅滋事之类所谓涉黑犯罪的法定刑、提高数罪并罚情况下的合并执行刑期等为内容的修正或增补条款，延伸着加重刑罚分量的'严厉'的轨迹；以限制缓刑对象、提高死刑缓期2年执行的减刑上限并授权法官对被减为无期徒刑或者20年有期徒刑后可以决定不得再减刑等为内容的修正条款，延伸着限制有利于犯罪人的制度的适用的'严格'的轨迹"②。因此，在一定意义上可以说，中国刑法修正案在重刑化与轻刑化两级措施选择上仍然存在失衡的重刑化倾向。

与刑罚政策相关，学界对中国刑法修正案的修正领域与程度问题也展开了讨论。中国《刑法修正案（八）》以较多条文数量对刑法典总则规定进行了较大修改，这是以刑法修正案形式"第一次对刑法总则进行了修改，内容涉及调整刑罚结构，对一些严重暴力性犯罪被判处死缓的罪犯的减刑、假释和延长在监狱的实际最低服刑期限等作出了新的规定，延长了有期徒刑数罪并罚的刑期，完善了对老年人和未成年人从宽处理的规定，将坦白从宽的刑事政策法律化"③。应当说，《刑法修正案（八）》所作出的这些刑法总则内容的修正性规定引发了学者间较大争议，既有正面肯定的意见，也有反对意见。

我国许多学者对《刑法修正案（八）》之中的总则性修正规定给予了很高评价。如高铭暄教授认为："《刑法修正案（八）》……更好地体现了中国特色社会主义刑法的文明和人道主义。这些修改完善就是在新的社会

---

① 周振杰：《〈刑法修正案（八）〉：权利刑法思维之体现与侧重》，载《山东警察学院学报》2011年第3期。
② 邢馨宇、邱兴隆：《刑法的修改：轨迹、应然与实然——兼及对刑法修正案（八）的评价》，载《法学研究》2011年第2期。
③ 黄太云：《〈刑法修正案（八）〉解读（一）》，载《人民检察》2011年第6期。作者黄太云时任全国人大常委会法制工作委员会刑法室副主任。

形势下对宽严相济刑事政策的进一步贯彻落实,既有从严的一面,又有从宽的一面","《刑法修正案(八)》……调整了死刑与无期徒刑、有期徒刑之间的结构关系。这些修改具有开创性"①。尤其是《刑法修正案(八)》"对总则中的宏观制度设计开始了前所未有的革故鼎新,其力度之大、刻度之深堪为历次修法之最,当是我国刑法立法改革的一个里程碑"②。再如,赵秉志教授明确指出:"《中华人民共和国刑法修正案(八)》实现了刑法总则规范修改与刑法分则规范修改的相互配合、相互作用,有利于进一步完善我国刑法典的规范体系。"③还有学者认为,刑法总则关乎认定犯罪的基本框架,在已有框架下的内容已经做了修订的情况下,总则之规定就不可避免地要做出调整,"《刑法修正案(八)》对刑法总则进行修订可谓水到渠成",④ 其"在不违背立法机关职权的前提下第一次兼顾了刑法总则和分则的修改",尤其是"本次修正所涉及的总则问题,应当说是对近些年刑罚改革的一个基本认可和立法化"⑤,开启了修改刑法总则之先河,⑥ 应该予以允分肯定。

与此同时,也有学者对《刑法修正案(八)》之中的总则性修正规定提出了批评。如游伟教授认为:"刑法总则大多关乎定罪量刑的全局,因而,需要保持应有的稳定。所以,当总则规范涉及的刑法基本原则、制度、体系等要进行变动时,就会涉及'总体性'的某些大问题,需要慎之又慎,或许应当提请全国人大全会去进行讨论。"⑦

在刑罚政策问题上,笔者认为,刑法修正案应当坚持现代刑事政策科学理性和宽严相济刑事政策基本精神,要继续探索严格限制死刑并最终废除死刑,适当纠正重刑主义传统文化文思方式,在法定刑配置、刑罚制度设置上适当扭转"趋重"的修正方向,探索改良监狱管理教育措施、保

---

① 高铭暄:《中国共产党与中国刑法立法的发展——纪念中国共产党成立90周年》,载《法学家》2011年第5期。
② 高铭暄:《走向完善的中国刑事立法》,载《法制日报》2011年5月18日第11版。
③ 赵秉志:《〈中华人民共和国刑法修正案(八)〉诠释性宏论》,载魏东主编《刑法观与解释论立场》,中国民主法制出版社2011年版,第389—406页。
④ 参见郭泽强《从立法技术层面看刑法修正案》,载《法学》2011年第4期。
⑤ 刘伟:《刑法修正的基本动向及客观要求研究》,载《政治与法律》2011年第5期。
⑥ 周道鸾:《我国刑法修正的重大突破——简评刑法修正案(八)》,《人民法院报》2011年4月13日第6版。
⑦ 游伟:《刑法修改需要更多的民意参与》,来源:法制网,http://www.legaldaily.com.cn/fxy/content/2010-09/09/content_ 2280245.htm? node=21408,访问时间:2012年1月1日。

安处分措施、社区矫正措施等。同时，针对基本刑罚制度的修正，应当更加慎重和严格，原则上应当反对由全国人民代表大会常务委员会来决定，而改由全国人民代表大会依照更加严格的修法程序予以修订颁行。

结语：刑法学术立场检讨

　　以上针对刑法修正案的观察与检讨，无不关涉刑法学术立场问题，这是"题外话"，因而作为结语简要阐述。

　　一是在我国社会主义法律体系形成之后，我们在刑法学术立场上应当增强系统完善和系统建设的意识，而不能仅仅停留在单纯解释适用法律的领域。这个问题法理学界有所讨论，明确提出了法学学术立场上尽管需要重点研究法律贯彻执行的问题，但同时还需要继续深入研究完善法律体系的问题，以追求"良法之治"。就刑法学术立场的具体内容而言，笔者认为，同样应该从深化完善我国社会主义法律体系的大局出发，继续深入研究刑法自身的修改完善问题，包括哪些具体内容的修改完善，以哪些方式、哪些技术来修改完善。要始终坚持刑法学术追求的创新立场，切实处理好刑法理论创新与服务刑法实践的辩证关系，加强刑法立法规范学与刑法规范解释学的关系，等等。

　　二是在我国社会主义法律体系形成之后，我们在学术立场上还应当进一步强化问题意识，保持适当的批判性。作为学者，我们需要经常性地检视我国法治建设，尤其是刑事法治建设的现实，努力发现问题、揭露问题、解决问题，提出更加符合科学、理性、人文的刑法学术见解，以适当保持刑法学术研究的批判性，引领我国刑事法治建设向着更加健康完美的方向发展。例如，我国刑法实践（包括立法实践和司法实践）是否切实坚守了罪刑法定原则等刑法基本原则，是否体现了刑法谦抑原则的基本要求并保持了某种适当的克制态度，刑法修正案的启动和制定出台是否足够严谨、科学、合理，是否恰当处理好了立法完善和司法公正的关系权衡，等等，均需要展开深入细致的调查研究。

第十六章

首例"男男强奸案"的刑法解释论分析*

刑法解释的保守性逐渐成为刑法解释论的一个重要命题，其核心主张是通过实质罪刑法定原则、实质犯罪论以及实质刑法解释的适当限制，以有效防范司法入罪时过度的实质解释可能存在的侵蚀人权保障机能的风险。[①] 其主要内容是强调坚守刚性化、形式化的入罪底线，即将"文本原意"（或"立法本义"、"立法本意"）作为入罪解释的刚性底线，[②] 只要关涉入罪，原则上都必须对刑法"文本原意"予以保守的、形式的审查（仅准许极其个别的例外规则），不允许动辄入罪，更不允许司法上的犯罪化现象。坚持刑法立法漏洞由立法填补的原则立场，即通过修订刑法以完善刑法立法，追求刑法立法上的"良法之治"，原则上反对司法填补立法漏洞。同时，在出罪场域可以通过包容的、实质的刑事政策审查和刑法解释以实现司法上的非犯罪化现象。[③] 因而刑法解释的保守性是与刑法解释的过度性相对立的一个新命题。应当说，这种刑法解释的保守性在我国首例"男男强奸案"司法裁判上得到了较好的体现。

---

* 本章系笔者所承担的2012年度国家社科基金项目重点课题《刑法解释原理与实证问题研究》的阶段性成果之一（课题批准号：12AFX009）。

① 魏东：《论社会危害性理论与实质刑法观的关联关系与风险防范》，载《现代法学》2010年第6期。

② "文本原意"，在基本意义上等同于"立法本义"与"立法本意"，尽管在更为精细化的学术研究中仍然有人主张其间存在一定差异。大体上可以说，文本原意就是立法者原意在立法文本中的真实反映，只不过文本原意突出了立法"文本"的重要性和客观性，亦即，若所谓立法者本意在"文本"中没有反映，则应当承认该所谓立法者本意因在法律文本上无以为据而不能获得法律解释上的有效确认。有关"文本"与"文本原意"，可参考法国学者保罗·科利尔的精彩论述，参见洪汉鼎《诠释学——它的历史和当代发展》，人民出版社2001年版，第294—300页。

③ 魏东：《实质主义刑法观简论》，载《人民检察》2010年第21期。

【判例】我国首例男男强奸案。① 2010年5月9日晚11点左右，北京某保安公司的张某在保安宿舍内，对其18岁男同事李某实施"强奸"，导致李某肛管后位肛裂。经法医鉴定，李某的伤情已经构成轻伤。北京市朝阳区法院以故意伤害罪对被告人张某判处有期徒刑1年。

有关媒体报道称，这是我国首例对强奸男性者定罪追究刑事责任的判决。就性权利保护而言，我国现行刑法主要规定有第236条的强奸罪，第237条第一款、第三款分别规定的强制猥亵、侮辱妇女罪和猥亵儿童罪，第358条第一款规定的组织卖淫罪和强迫卖淫罪等罪名。依据这些刑法规定，除组织卖淫罪和强迫卖淫罪对男性性权利有保护外，强奸罪、强制猥亵、侮辱妇女罪及猥亵儿童罪的犯罪对象均不能为14周岁以上的男性。亦即14周岁以上的男性因受强制而被迫与他人发生性交或者猥亵之行为是不受我国刑法保护的。例如，按照我国刑法第236条规定，男性在我国是被明确地排除在强奸罪被害人的范围之外的，既否认女性强奸男性成立强奸罪的可能，也不承认男性对男性的性侵犯成立强奸罪。因此，按照罪刑法定的原则，法无明文规定不为罪、法无明文规定不处罚，此类案件是不可能以强奸罪论罪的。由本案的审判结果可见，这则被称为全国首例"男男强奸案"的判决并没有惩罚被告人的"强奸行为"，男性的性权利还处于刑法漏洞的状态。由此进一步引发了人们对"男性性权利"如何保护的广泛关注和思考。

著名刑法学家赵秉志教授认为，目前法院以故意伤害罪来评价对男性实施性侵犯的行为实为无奈之下的牵强之举。我国现行刑法典中的强奸罪对象只包括女性，这从逻辑的角度看，存在着明显的立法不周延问题，保护的范围欠缺。面对近年来我国时有发生的"强奸"男性案件，我国也应当借鉴国外一些先进的立法经验，将男性纳入强奸罪的对象范围，这是平等保护男性性权利等人身权的需要，也是弥补我国刑法漏洞的需要。目前，德国、意大利、俄罗斯、瑞典、芬兰、挪威、丹麦、西班牙、奥地利等国的刑法典在规定强奸罪及其他侵犯型的性暴力犯罪时都将受害人表述为"他人"。如《法国刑法典》第222—23条规定："以暴力强制威胁或

---

① 此处案例来源、媒体报道及赵秉志教授评论等内容，均参见陈志娟《"男男强奸"存法律空白，学者建议将其纳入强奸范围》，来源：正义网，http://news.jcrb.com/jxsw/201102/t20110214_497125.html，2011年2月14日。

趁人不备,对他人施以任何性进入行为,不论其为何种性质,均为强奸罪。强奸罪,处十五年徒刑。"这里的"他人",显然既包括女性也包括男性。可见,对于男性的性权利应当如同女性的性权力不可侵犯一样,受到法律上的尤其是刑法的同等保护。

笔者认为,媒体报道对我国首例"男男强奸案"司法判决理由的阐释以及赵秉志教授对此案判决的评论意见,均在一定程度上诠释了刑法解释的保守性命题,值得刑法解释论予以深入检讨。

一 "文本原意"成为入罪解释的刚性底线

从法解释论立场观察,"文本原意"获得了刑法解释论的充分确认,并将其作为入罪解释时不可逾越的刚性底线,以有效杜绝司法上犯罪化现象。从而,即使特定"刑法规范用语"在现实社会生活中获得了"新的含义"并且实现了语言学扩容,但是,只要司法者能够有效确认该刑法规范用语之既有的"文本原意",则在刑法解释论上仍然禁止入罪时的客观解释与扩张解释(但出罪时的客观解释和扩张解释则另当别论)。就我国首例"男男强奸案"判决而言,尽管应当说我国现实社会经验能够使司法者(刑法解释者)明白,男男强奸、女性强奸男性甚至女性强奸女性的社会现象已经客观存在并且具有严重社会危害性,其"应该"被予以犯罪化处置(立法论上良法之治的应然要求),而且世界上不少法治国家已经通过修订刑法立法的方式将男男强奸等行为明确规定为强奸犯罪,但是,在我国现行刑法明确规定强奸罪的"文本原意"仅限于男性强奸女性的情形之下,司法者仍然只能以我国现行刑法规定的强奸罪之"文本原意"来解释适用刑法,而不能采用客观解释立场将男男强奸行为解释为司法裁判上的强奸罪。

我国有学者否定"文本原意"之客观存在,强调"解释者应当懂得,生活事实在不断变化,刑法用语的含义也在不断变化","解释者应当正视法律文本的开放性,不断接受经由生活事实所发现的法律含义,从而实现刑法理念",[①]并且在刑法方法论上和刑法解释论上反对探求文本原意、反对动辄研究修改刑法,这是值得反思的。而我国首例"男男强奸案"

---

① 张明楷:《刑法学者如何为削减死刑作贡献》,载《当代法学》2005年第1期。

的判决和解释,恰恰表明了刑法司法审判和刑法解释论均肯定承认"文本原意"之客观存在,并以此作为刑法解释论上追求法律客观性和确定性、法律诠释的客观性和确定性之法治意旨。

从法理学的角度来看,我国首例"男男强奸案"判决和解释的法理根据正在于,"文本原意"获得新的法解释论确认,标识了一种反思后现代主义法哲学解释学而回归现代主义法哲学解释学、反思哲学诠释学而回归传统解释学(古典解释学)、反思本体论法解释学而回归方法论法解释学之法解释论范式的立场转变,宣示了现代刑法解释论返璞归真的重大转向,① 法治意义特别重大。法解释论进而还强调,"法律诠释的客观性包含两个方面:一是法律本身应具有客观性;二是诠释者理解法律时应有追求客观性的方法",并且由于"对法律诠释的客观性的追求,表达了人们希望法治愿望能够实现",② 因而,在法解释论上确认"文本原意"是核心和关键。

现代法解释论的发展,是承认并探求立法者本意(作者原意)、立法本意(文本原意)与法解释者领悟之意(领悟之原意与新意)三者(三要素)及其相互关系,其中"文本原意"(立法本意)毋庸置疑地成为刑法解释论追求法律客观性的核心目标。因而,现代法解释论并不同于艺术解释论,其所秉持的是认识论与方法论诠释学,而非本体论诠释学。③ 可能还需要注意的问题是,尽管现代法解释论并不否认法解释者领悟之"新意",但是并不主张将此种"新意"作为消解文本原意和法律客观性的合法手段。尤其是刑法解释论上,不应当简单承认法解释者领悟之"新意"的合法性,除非这种"新意"已经以新的立法规范予以确认之后,但是这时其在相对意义上而言又已经是法解释者领悟之"文本原意"了。

可见,在我国当下,"强奸"是一个明确的刑法规范用语,传统解释论均将其含义限定为"男性针对女性"的强迫性行为(违背妇女意志的),并不包括"男性针对男性"、"女性针对男性"或者"女性针对女性"(仅指单独行为意义上而不是共犯意义上的"女性针对女性")。随着

---

① 姜福东:《法律解释的范式批判》,山东人民出版社2010年版,第128—129页。
② 谢晖、陈金钊:《法律:诠释与应用——法律诠释学》,上海译文出版社2002年版,第108—109页。
③ 姜福东:《法律解释的范式批判》,山东人民出版社2010年版,第107—108页。

社会发展,其中包括人类性行为方式发展的状况而言,"强奸"的含义在现代语言学上已经扩容,囊括了"男性针对女性"、"男性针对男性"、"女性针对男性"以及"女性针对女性"所有情形下的强迫性行为,并且这种语义扩容已经获得了全体社会成员的全面认同。唯独因为我国现行刑法没有在立法上予以确认,因而导致现实司法实践中男性被强奸案无法适用强奸罪之罪刑规范。亦即,在刑法解释论上,司法者以及其他解释者出于尊重我国现行刑法明确规定之"强奸妇女"与"奸淫幼女"之类的表述、罪刑法定原则立场,并不将"男性针对女性"之外的"男性针对男性"、"女性针对男性"以及"女性针对女性"情形下的强迫性行为"解释"为强奸。因此,就"强奸"而言,现实生活虽然确认"强奸"语义扩容(这成为下一步立法完善的观念基础),但是在当下仍然禁止"强奸"刑法解释论扩张。

"男男强奸案"司法判决之中这种解释论现象的理论发现,还具有以下重要的刑法解释论意义:

其一,刑法解释论上可否以实质解释论或者客观解释论为依据,或者以语言辐射边界论、语义射程所及论、"心中充满正义"解释目标论等各种理论,针对特定刑法规范用语的明确文义(含义)予以刑法解释论扩张?比如,针对我国刑法第358条第一款之第四项"强奸后迫使卖淫的"之规定,可否将其中"强奸"解释为包括"男性针对女性"、"男性针对男性"、"女性针对男性"以及"女性针对女性"的所有情形下的强迫性行为?刑法解释论上妥当的答案只能是否定答案。因为,尽管我们可以在相当程度上认可"犯罪定型属规范性类型,应当进行实质判断,属实质类型",但是,我们必须认真对待和充分尊重特定刑法规范用语的明确文义(含义),而不得通过刑法解释论扩张这种"解释技术"公然超越刑法条文的明确文义而得出对被告人不利的解释结论。更何况还应注意,在同一刑法典的不同法条之中,已有法条明确限制性规定了"强奸"的含义为"强奸妇女、奸淫幼女",那么,其他法条之中并无针对"强奸"含义的其他解释与规定的情况下,刑法解释上应对其作出相同的含义阐释。

其二,刑法解释论上可否以"可能语义"(可能文义)解释特定刑法规范用语?我国部分实质解释论者指出,尽管"文义解释是一切解释的出发点,这是安定性优先的刑法解释目标对解释顺序的要求",但是同时又将文义本身划分为"通常文义"与"可能文义",并且认为刑法解释论上以"可能文义"（在不超出可能文义的范围内）对刑法规范用语予以扩张解释具有合法性。[①] 应当说，部分实质解释论者的这种学术主张由于忽略了刑法解释的保守性特点，稍不注意即可能演变成为某种存在较大的人权风险的解释论立场。对此，有的形式解释论者更是较为极端地指出，从"实质解释结论来判断，无一不导致扩大入罪或者加重处罚的后果"[②]，而这也正是笔者所主张的刑法解释的保守性立场（保守的实质解释和保守的客观解释）所特别强调的必须时刻加以防范的问题。由此可见，刑法解释的立场和方法的极端重要性，"厘清刑法解释的基本立场并使用科学的解释方法解释刑法，以符合刑法适用正义性的实质要求，实现刑事法治及法律正义"[③]。因此，我们认为，从刑法解释的保守性立场出发，刑法解释应针对法条规范用语的"可能文义"进行罪刑法定原则意义上的实质审查，当其"可能文义"倾向于出罪时才可以一般地承认扩张解释的合理性。而当其"可能文义"倾向于入罪时，则只能个别地承认扩张解释的不得已性与合理性。

其三，刑法解释论上可否更进一步地消解特定刑法规范用语的通常文义和可能文义，随机性地制造出一个"同质性的"或者"类似性的"可能文义？比如，可否因为"手淫"、"波推"与"卖淫"在同属于"性和淫"之"同质性的"和"类似性的"行为特点而将"手淫"和"波推"解释为"卖淫"，可否因为"大炮"与"枪支"具有同属于武器之"同质性的"特点而将"大炮"解释为"枪支"，可否因为"教唆和帮助自杀"与"故意杀人"具有"同质性的"特点而将"教唆和帮助自杀"解释为"故意杀人"，可否因为"假冒和充当"与"冒充"具有"冒和充"之"同质性的"特点而将"冒充"解释（拆分）为"假冒和充当"？刑法解释论上妥当的答案仍然只能是否定答案。

这里以近期出现的部分手淫案的司法适用解释为例作如下展开说明：

手淫（俗称"打飞机"）是否可以解释为刑法意义上的"卖淫（卖淫嫖娼）"，在我国不同法院判决中存在不同的结论，同案不同判现象凸

---

① 参见苏彩霞《实质的刑法解释论之确立与开展》，载《法学研究》2007年第2期；苏彩霞《刑法解释方法的位阶与适用》，载《中国法学》2008年第5期。

② 高仕银：《形式与实质：刑法解释论的进路考察与选择》，载《当代法学》2011年第6期。

③ 王军民、夏威：《刑法解释立场论》，载《当代法学》2011年第1期。

显。福建、四川、上海等地的部分生效判决将手淫行为解释为卖淫,进而将手淫关联行为直接解释为卖淫关联行为并定罪(如引诱、容留、介绍卖淫罪和组织卖淫罪等);而广东等地法院对相同情形的手淫行为没有解释为卖淫,从而在刑法解释适用中对手淫关联行为不予定罪。[①] 那么,手淫在刑法适用解释中是否应当解释为"卖淫"呢?这需要我们展开刑法解释论分析。"卖淫"作为一个规范的刑法语词,在我国刑法的部分条款中有所体现,如刑法分则第六章第八节的节罪名"组织、强迫、引诱、容留、介绍卖淫罪",刑法第 358 条规定"组织他人卖淫或者强迫他人卖淫的"、"为组织卖淫的人招募、运送人员或者有其他协助组织他人卖淫行为的",刑法第 359 条规定"引诱、容留、介绍他人卖淫的"、"引诱不满十四周岁的幼女卖淫的",刑法第 360 条规定"明知自己患有梅毒、淋病等严重性病卖淫、嫖娼的",等等。尽管从"容留他人卖淫"等规定可以明确异性之间、同性之间均可以存在卖淫行为,但是客观上应当承认刑法条文本身并没有对"卖淫"的具体含义予以特别规定,因而"卖淫"在刑法适用中需要予以依法解释、适当解释,同时应当反对违法解释、不当解释。公安部对"卖淫"进行了解释,认为卖淫嫖娼是指不特定的异性之间或者同性之间以金钱、财物为媒介发生性关系(不包括推油等按摩服务,包括口淫、手淫、鸡奸等)的行为。其解释特点是,将卖淫与嫖娼联系起来解释,强调以金钱、财物为媒介。同时以发生性关系为界限。公安部的这种解释方法本身应当说是比较恰当的,但是,其针对"发生性关系"的具体解释界定可能存在歧义。值得注意的现象是,公安部针对发生性关系的具体解释中强调口淫、手淫、鸡奸等属于发生性关系(不包括推油等按摩服务),而北京警方进而认为"胸推"也应当解释为卖淫,这些解释是否适当就值得进一步深入分析。性行为方式在当代有所发展,尤其是在同性恋和同性之间性行为逐渐成为一个司空见惯的现象以来,"发生性关系"确实需要作出适当扩大的解释,如口淫、鸡奸等行为通常可以解释为发生性关系(性行为)。不过,刑法适用中对性行为的这种适当扩大解释应当有一个限度,不宜过度扩张而进行某种过度解释。

[①] 参见中国新闻网报道《粤高院:手淫服务是否犯罪应由立法和司法部门明确》,来源:新华网,http://news.xinhuanet.com/legal/2013-06/27/c_124918852.htm,访问时间:2013 年 6 月 27 日;京华时报报道《北京警方:"打飞机""胸推"均认定为卖淫》,来源:新华网,http://news.xinhuanet.com/legal/2013-06/27/c_124917333.htm,访问时间:2013 年 6 月 27 日。

我们认为，在刑法解释论上应重点强调，性行为必须具有性器官上的"性侵入"特征，并以此作为判断性行为的一个重要标准，从而将那些与性行为相关甚至相似的行为排除在性行为之外，以充分体现刑法解释的保守性立场，并适度限制刑法惩治卖淫关联行为的范围。以此为据，下列情形是否可以解释并认定为性行为就值得刑法解释论上予以特别审查：（1）同性之间乃至异性之间的口口亲吻（不宜解释为口交），尽管有一定的"性侵入"特征，但是在社会相当性上难以将其解释并认定为性行为，从而在刑法解释的保守性立场上不宜将其解释为"卖淫"。但是，女性对于男性生殖器的口交，因其具有性器官上的性侵入特征，就可以解释为性行为。（2）手淫（俗称"打飞机"），通常是指女性对男性生殖器的手淫行为，由于其难说有"性侵入"特征，因而在刑法解释的保守性立场上也不宜将其解释为"卖淫"。（3）"波推"，因其客观上没有"性侵入"特征，故在刑法解释的保守性立场上不宜将其解释为"卖淫"。

二 "法律漏洞"获得新的法解释论意义

法律漏洞是法理学上一个十分重要的、异常纠结的理论问题，对其如何恰当界定、逻辑划分、可否填补以及如何填补等问题，均存在理论争议。而我国首例"男男强奸案"可能为此贡献了具有研究素材性质的新的法解释论意义。

"男男强奸案"确认了我国现行刑法规范没有对男男强奸行为予以规范的现实，在法理上这是一个无法以法律解释加以填补的"法律漏洞"，因而无法将男男强奸行为解释为"强奸罪"。为什么"这个"法律漏洞（刑法立法漏洞）无法以法律解释加以填补？这是一个值得进一步追问并从刑法解释论立场进行分析总结的问题。

从刑法解释论立场言，"法律漏洞"应当进一步区分其规范功能属性，将其划分为"真正的法律漏洞"与"非真正的法律漏洞"。前者属于规范功能性法律漏洞，因其缺失堵截性法律规范为刑法解释提供指引，在法律上难以找到任何明确的扩张解释依据，因而原则上不允许以法律解释加以填补而只能予以立法完善，但刑法解释论上也适当承认个别例外的规则；后者属于非规范功能性法律漏洞，因其终究有某种明确的堵截性法律规范提供解释指引，允许予以法律解释加以填补（司法填补）。从而，"法律漏洞"获得新的解释论意义。

"真正的法律漏洞"由于缺失规定（缺失堵截性法律规范），因而是一个无法依赖于法解释论予以填补（司法填补）的真正的法律漏洞。如前所述，"强奸"在我国现行刑法规定中由于明确规定为"强奸妇女"，可以明确其缺失堵截性法律规范（缺失堵截"强奸"语义学上所具有的"强奸男子"的法律规范），因而无法予以法解释论填补。类似情况还有非法制造"大炮"行为、"教唆和帮助自杀"行为等，均属于无法予以法解释论填补的情形。

而"非真正的法律漏洞"由于仅仅是表面上的法律漏洞而并非真正缺失规定，相反，其具有堵截性法律规范，因而是一个有赖于法解释论上予以法解释论填补的非真正的法律漏洞。其中最典型的现象，可能是一些侵财性犯罪（案件）中的侵犯"财产性利益"问题，在法解释论上可否将"财物"解释为包括"财产性利益"在内？比如，贪污罪、受贿罪、诈骗罪、盗窃罪等，其犯罪对象是"财物"，可否在法解释论上解释为包括"财产性利益"？笔者认为，答案应当是肯定的。理由是，除已有大量的确认财产性利益为侵财性犯罪对象的生效判决的案例之外，法律规范（刑法规定）上交叉使用了"财物"、"财产"、"合法收入、储蓄、房屋和其他生活资料"、"生产资料"、"股份、股票、债券和其他财产"等刑法规范用语，如刑法（总则）第91条、第92条等的规范用语。此外，刑法（分则）第265条更是直接规定了"盗窃财产性利益"（使用盗窃）行为依法定盗窃罪；有关司法解释文本更是大量规定了"以交易形式收受贿赂"、"收受干股"、"以开办公司等合作投资名义收受贿赂"等"收受财产性利益"行为依法定受贿罪。[①] 因而实际上，法解释论上承认盗窃、诈骗、贪污、受贿财产性利益为犯罪，已经逐渐成为世界范围内的一种基本共识，总体而言理论上争议不大。在此前提下也应当承认，我国刑法理论界目前对盗窃"财产性利益"行为之入罪解释客观上还存在一定争议，部分学者并不赞同这种解释结论，因此可以说，中国学者对这种解释结论的完全认同还有一个循序渐进的过程。不过从刑事法治理性发展方向而论，对盗窃财产性利益的行为做入罪化处理是一个基本结论，其方法

---

① 见两高2007年7月8日发布的《关于办理受贿刑事案件适用法律若干问题的意见》。

路径有两种主张:一是主张以刑法的立法修订方式予以明确,笔者曾经坚持这一立场并明确提出过在刑法上增加设置"使用盗窃罪"罪名的立法建议;[①] 二是主张以刑法的解释方式予以明确,其法理依据等同于诈骗罪、贪污罪和受贿罪的解释原理一样,符合作为例外的、个别的实质解释入罪的基本条件,因为可以将盗窃财产性利益的行为予以实质解释入罪。近年来,笔者对此进行了较多反思和斟酌之后逐步倾向于认为,盗窃财产性利益的行为,诸如盗窃财物使用价值(尤其是重要财物的使用价值)、盗窃虚拟财产等行为不但在刑法解释论上可以作为特例予以入罪解释,逐渐地有学者明确主张赞同并论证这种解释结论,[②] 而且在司法实践中已经越来越多地出现赞同这种解释结论的生效判决,因而应当将盗窃财产性利益行为同诈骗、贪污、受贿财产性利益的行为一样通过例外的实质解释入罪,其仅限于例外的、个别的且可以限定数量的实质解释入罪的做法并不违反刑法解释的保守性的基本立场。

再如2011年媒体广泛关注的"河南偷逃天价过路费案",被告人时军锋和时建锋兄弟使用购买的虚假武警部队军用车牌照偷逃高速公路过路费49万元,平顶山鲁山县人民法院于2011年12月15日再审宣判,时军锋犯诈骗罪,判处有期徒刑7年,罚金5万元;时建锋犯诈骗罪,判处有期徒刑2年6个月,罚金1万元。[③] 而此前于2010年12月21日,河南省平顶山市中级人民法院一审刑事判决,认定被告人时建锋构成诈骗罪,判处无期徒刑。[④] 笔者认为,作为诈骗罪犯罪对象的"财物"可以在法解释论上解释为包括"财产性利益",其理由在于:(1)诈骗罪对象包括财产性利益,是刑法学界的基本观点,也是司法实践中的基本做法。刑法第266条并没有使用"骗取"财物这种表述,原话是"诈骗"公私财物。

[①] 参见魏东《论"使用盗窃"犯罪的立法设置方案》,载《中国刑事法杂志》2006年第4期。

[②] 参见黎宏《论盗窃财产性利益》,载《清华法学》2013年第6期,第122—137页;郑泽善《网络虚拟财产的刑法保护》,载《甘肃政法学院学报》2012年第5期;代玉彬《使用权纳入盗窃罪客体之探析》,硕士学位论文,四川大学,四川大学法学院2012年9月印制,第34—37页。

[③] 报道:《"天价过路费"案的尘埃仍在》,来源:新华网,http://news.xinhuanet.com/legal/2011-12/16/c_111249884.htm,2011年12月16日。

[④] 报道:《我院成功举办"京师刑事法专题论坛"第30期》,来源:京师刑事法治网,http://www.criminallawbnu.cn/criminal/Info/showpage.asp?pkID=29730,访问时间:2011年2月1日。

之所以将诈骗罪"理解"为"骗取财物及财产性利益",是由于刑法解释论上将诈骗"解释"为这样。同理,"只是在解释论上学者们认为,财产性利益可以成为诈欺等财产罪的侵害对象。因此,在我国,作为财产罪侵害对象的财物是从广义而言的,自然包括了财产性利益"①。其实,受贿罪等特别类型的侵财罪的对象也是如此,例如实践中将土地使用权受贿、由行贿人支付嫖娼费用的受贿、购买房产时以明显低于市场优惠价的价格购房的受贿等,这些"财产性利益"受贿行为均被认定为受贿罪,那么,诈骗罪的道理也与此相同。(2)取得财产性利益的行为应作实质理解。"财产性利益"包括积极利益和消极利益两种。积极利益,是指取得权利之类的含有积极增加财产意义的利益;消极利益,是指免除债务之类的不消极减少财产而产生的利益。②因而,取得财产性利益的含义需要进行实质解释,并非一定向对方在形式上"支出"或者"交付",诈骗行为人自己不一定要在形式上"取得",而是要看实质上对方财产性利益损失与行为人财产性利益收益之间是否具有关联并形成对应。(3)取得财产性利益的方法。理论上归纳为三种类型:一是使对方负担债务;二是使自己免除债务(或者延期履行债务);三是接受别人提供的劳务。③不过,第三种类型"接受别人提供的劳务"有一定特殊性,其在难于精确计算财产性利益量的场合存疑。

另外,法律漏洞在刑法解释论上还应进一步区分其政策功能属性,将其划分为犯罪化功能性的法律漏洞与非犯罪化功能性的法律漏洞。这是基于刑法的刑事政策化命题所进行的法律漏洞的类型划分,更具有刑法解释论上的特殊性。犯罪化与非犯罪化是刑事政策学上犯罪政策的两种基本样态,具有十分重要的刑法解释论意义。现代刑事政策在价值权衡上必须以人权保障为核心、为出发点和归宿点,统筹兼顾和综合权衡自由、秩序、效率和公正诸项价值并恰当确定其价值目标,恪守现代刑事政策上的谦抑宽容价值理念和"三大一小理念",即体现最大限度地保障人权、效率和公正("三大"),最小限度地维持必要秩序("一小"),尤其是在自由和秩序的价值权衡中必须特别强调"人权保障至上"从而反对"犯罪防控

---

① 刘明祥:《财产罪比较研究》,中国政法大学出版社2001年版,第38页。
② 同上。
③ 同上书,第38—39页。

至上"的理念,在公正和效率的价值权衡中必须特别强调"公正至上"从而反对"效率至上"的理念。[①] 刑事政策功能有整合功能、导向功能和调节功能三项,这些刑事政策功能尤其充分地体现在刑事政策随时随地对刑事法律的立法和司法进行校正过程之中,并且"在现行罪刑法定原则所确认的刑事政策精神下,刑事政策与刑事法律二者之间在犯罪防控的具体措施上所具有的这种校正与被校正的关系具有相当的特殊性。这种特殊性可能表现为一种'单项校正',即只能表现为一种情形:当现行刑事法律规定为犯罪的行为在实质上不符合特定刑事政策精神时(如不具有社会危害性或者不利于保障人权),就可以根据刑事政策精神对该行为不作犯罪追究;而不能相反。……如果现行刑事法律没有规定为犯罪的行为但是在实质上具有社会危害性,则对该行为不应当追究刑事责任,因为这种做法本身就不符合罪刑法定原则所确认的特定刑事政策精神"[②]。因此,在现代刑事政策理念下考量真正的法律漏洞时应注意区分其政策功能属性,犯罪化功能性的法律漏洞是不准许通过刑法解释加以司法填补的,但是非犯罪化功能性的法律漏洞则可以进行刑事政策考量并准许通过刑法解释加以司法填补。如男男强奸行为,由于我国刑法规定存在真正的法律漏洞并且其属于犯罪化功能性的法律漏洞,因而在刑法解释论上不准许通过刑法解释加以司法填补,亦即不得将男男强奸行为解释为我国现行刑法规范上的强奸罪之强奸行为。

至于"非真正的法律漏洞",虽然准许进行刑法解释论上的司法填补,但是仍然需要适当注意其政策功能属性,适当限缩其犯罪化功能性的法律漏洞的适用范围。如刑法第 114 条、第 115 条所规定的"以其他危险方法危害公共安全"行为,在刑法解释论上应注意适当审查对象行为必须与放火、决水、爆炸和投放危险物质的行为具有等质性和相当性,适当限缩对象行为被解释认定为"以其他危险方法危害公共安全"行为的适用范围。如上海肖永灵投放虚假炭疽病菌的行为,依法不应解释认定为"以其他危险方法危害公共安全"行为,其道理正在于此。

[①] 参见魏东主编《刑事政策学》,四川大学出版社 2011 年版,第 51—53 页。
[②] 魏东主编《刑事政策学》,四川大学出版社 2011 年版,第 32—33 页。

三 "良法之治"成为诠释刑法
解释保守性的基本法理

刑法解释的保守性,在基本立场上就是承认刑法立法漏洞并主张通过刑法立法修订的方式来填补刑法立法漏洞和完善刑法立法,反对通过过度地使用刑法解释技术来填补刑法立法漏洞,真正实现良法之治。

如前所述,在我国现行刑法之下规范解释适用强奸罪表明,男男强奸行为犯罪化问题不能采取刑法解释或者司法犯罪化的方式,因为这是一个无法通过刑法解释或者司法犯罪化的方式来填补的刑法漏洞,而只能通过立法上犯罪化的方式来填补刑法漏洞并解决问题。基于刑法立法论立场,针对男男强奸行为进行刑法立法完善论考察,应当具体分析考察男男强奸行为的性伤害考量方法与入罪方案选择问题。

男男强奸行为对被害男性的权利伤害(社会危害性)主要有两个方面:身体伤害和性伤害。我们通常可以撇开被害男性的身体伤害不谈,因为在被害男性有身体伤害时可以对该伤害行为以故意伤害罪定罪处罚(如北京男性保安被强奸案)。单就强制奸淫男性行为对于被害男性的"性伤害"而言,我们通常认为,被害男性的性伤害与强奸罪中的被害女性的性伤害应当是大致相当的,因而主张应当将强制奸淫男性行为在立法上纳入强奸罪(修改现行刑法规定的强奸罪的罪状)。但是,有人指出其社会危害性判断具有一些特殊性:被害男性所受的性伤害,在特性上不能与被害女性所受的性伤害等质,但可能与"女性被强制猥亵"行为等质,进而可以考虑将强制奸淫男性行为纳入并修订完善强制猥亵妇女、侮辱妇女罪(即将罪名修改为"强制猥亵、侮辱他人罪")。理由是:其一,现在还是某种男性中心社会,男性在绝大多数情况下是处于主动进攻和乐于同女性进行性行为的,仅在极少数情况下存在男性不情愿同女性进行性行为而有某种被猥亵、被侮辱的感觉,其羞耻感和委屈心态远远不及女性被强奸。其二,男性生理结构特点也表明,男性被强奸一般表现为男性生殖器被强迫插入女性生殖器,而不是反过来(因为无法反过来),这种实际状况客观上不会对男性造成太大的性伤害,而只能造成某种程度上被猥亵、被侮辱的感觉。

由此,强制奸淫男性行为可以有两种入罪方式:一是将强制奸淫男性行为纳入强奸罪,修订完善强奸罪的罪状,将妇女、幼女等规范用语修改为"他人、未满十四周岁的未成年人";二是将强制奸淫男性行为纳入强制猥亵、侮辱妇女罪之中,修订完善罪名和罪状,将罪名修改为"强制猥亵、侮辱罪",将罪状中"强制猥亵妇女或者侮辱妇女"修改为"强制猥亵他人或者侮辱他人",从而使得强制奸淫男性行为入罪后的法定刑设置适当轻于强奸罪的法定刑。

笔者倾向于认为,应当将强制奸淫男性行为纳入强奸罪,通过修订完善强奸罪立法的方式来解决这个问题。理由主要在于:其一,这是世界上相当部分国家的成功经验,有利于逐步形成全球性共识,有利于实现对男性人权的有效保障。其二,性行为观念与实然状态的发展所致。现在很难说还是保留了某种男性中心社会的特点,不但变性活动增添了性别识别的困难,"双性人"乃至"性别待定人"的存在也是一个新的问题。① 而且强制奸淫男性行为也可采取诸如插入肛门、口交等同于强制奸淫女性行为的情形,难说强制奸淫男性行为不能等质于强制奸淫女性行为,从而主张被害男性的性伤害小于被害女性的性伤害。其三,有利于协调其他刑法制度的一体化贯彻执行,如遭受性伤害的被害男性可以依法实行正当防卫以及特别防卫权。如山东滕州78岁老汉被年轻男子强奸致死案,即表明在遭受男男强奸行为时被害男性应当具有特别防卫权。②

可见,承认、发现刑法漏洞尤其是真正的刑法立法漏洞,然后通过修订完善刑法立法以填补刑法立法漏洞,而不是通过刑法解释技术来对刑法漏洞进行司法填补,是实现良法之治的基本要求,也是刑法解释的保守性所内含的基本立场。但同时必须特别申明的是,将贪污罪、受贿罪、诈骗

---

① 参见吴情树《奸淫"双性人"构成强奸罪吗?》,来源:正义网法律博客,http://qingyuanshan.fyfz.cn/b/780094,访问时间:2013年11月16日。

② 案例来源:新浪新闻网,http://news.sina.com.cn/o/2013-01-14/113826029953.shtml,访问时间:2013年6月9日。【案例】山东滕州78岁老汉被年轻男子强奸致死案。2013年1月14日,在山东滕州的一个果园里,人们发现了一具男尸。死者是一个78岁的老汉,身上有多处淤青。更让人难以置信的是,法医在现场经过检查之后发现,这名老汉竟然是被人强奸后活活虐待致死。而随后不久被抓获的该案犯罪嫌疑人,1982年出生,今年刚满30岁的陈某说,由于母亲精神失常,他从小跟着爷爷奶奶生活,他对老人有一种依赖感,在他18岁时,曾被一中年男子性侵长达一年,他的生理趋向也因此扭曲,之后,他主动寻找老年男人作为性伙伴,在几次受挫后,他开始对老年男性产生怨恨,最终干出了令人发指的罪行。此案例的案情叙述由四川大学法学院2012级法律硕士研究生符沁莹同学归纳整理,特予说明并向符沁莹同学致谢。

罪、盗窃罪四罪的犯罪对象"财物"实质地解释为包括"财产性利益",由于其具有实质的刑法规范依据、生效的司法判例且在刑法学界形成了基本的学术共识,因而其仅限于例外的、个别的且可以限定数量的实质解释入罪的做法并不违反刑法解释的保守性基本立场。

致 谢

本书较多成果系笔者所承担的国家社科基金项目重点课题《刑法解释原理与实证问题研究》（编号：12AFX009）和教育部规划项目课题《中国当下刑法解释论问题研究》（编号：12YJA820080）的阶段性成果，且部分成果已以学术论文形式公开发表，因而本书收录这些研究成果时基本保持了学术论文原貌，其中个别论述内容出现交叉和重复，请读者阅读时给予适当注意。本书约有五章内容系笔者同钟凯博士生、田维博士生、王德政博士生和何为硕士（律师）的合作研究成果，均在书内注释中予以专门标注。

特此说明，谨致谢忱！

魏 东

2015 年 3 月 11 日

于四川大学法学院办公室